LUDOVICA SQUIRRU DARI

HORÓSCOPO CHINO
2017

MVFOL

URANO
Argentina - Chile - Colombia - España
Estados Unidos - México - Perú - Uruguay - Venezuela

GALLO DE FUEGO

2005 · 2017 · 2029

1.ª edición Octubre 2016

EDICIÓN
Anabel Jurado

PRODUCCIÓN GENERAL E IDEAS L. S. D.

COORDINACIÓN EDITORIAL Y CORRECCIÓN
Marisa Corgatelli

DISEÑO Y SUPERVISIÓN DE ARTE
Natalia Marano

PRODUCCIÓN GRÁFICA
Mirian Negro

FOTOS TAPA, CONTRATAPA, INTERIOR Y PÓSTER CALENDARIO
Claudio Herdener
gatophoto@gmail.com
gatophoto.blogspot.com

RETOQUE DIGITAL
Alejandro Calderone
accphoto@gmail.com

ARTE INTERIOR
Juan Carlos Marchesi

VESTUARIO
Claudia Pandolfo
claudiapandolfo@gmail.com
Portofem
Desiderata
Portsaid
Mona Estecho
Poty Hernandez

ZAPATOS
Michelluzi
Iván Salinas by May Casal

BIJOU
Perfectos dragones

MAQUILLAJE
Gabriel Oyanarte
gabrieloyhanarte@gmail.com

COLABORACIONES ESPECIALES
Miguel Grinberg
mutantia@gmail.com

Cristina Alvarado
islacentral@yahoo.com

Acacia Engfui
acaciaengfui@gmail.com

Ana Isabel Veny
zonaatomica@gmail.com

Hoby De Fino - Entrevistas
@hobydefino

AGRADECIMIENTOS
Juan Cruz Sáenz
Lidia Urdinez
Mario Campitelli, por los maravillosos gallos
campitellim@gmail.com
Pollero Jesús Ojeda

Fundación Espiritual de la Argentina
http://www.ludovicasquirru.com.ar/html/fundacion.htm

DIRECCIÓN DE INTERNET
www.ludovicasquirru.com.ar

CORREO ELECTRÓNICO
lulisquirru@ludovicasquirru.com.ar

© 2016 by Ediciones Urano, S.A.U.
Aribau, 142, pral. – 08036 Barcelona
www.edicionesurano.com

ISBN: 978-84-7953-954-2
E-ISBN: 978-84-16715-14-5
Depósito legal: B-9.827-2016

Fotocomposición: Montserrat Gómez Lao

Impreso por: REINBOOK Serveis gràfics, S.L. – Passeig Sanllehy, 23 – 08213 Polinyà

Impreso en España – *Printed in Spain*

Dedicatoria

A los Gallos de Tierra
ISMAEL CALA
MASHENKA
MAXI MONTENEGRO
FRANCISCO GUEVARA LYNCH
BRIGITTE COOPMANS
EDUARDO BISCAYART
OLGA SALLABERRY

A los Gallos de Metal
NINA BONOMO
CARITO CASTELLANI
ENRIQUE ACOSTA

A los Gallos de Fuego
MUNA, mi abuela que marcó mi destino serrano

A los Gallos de Agua
ACACIA ENGFUI
YOKO ONO
MARCELA MAYOL
SANTO DEFINO
CHICO NOVARRO
JUAN FLESCA
JOAQUÍN SABATÉ
FLORENCIA VELOSO
FRANCISCA MORENO QUINTANA

Bienvendios al Tai Sui
DON, ALFREDO VERCELLI, editor y amigo visionario
INDIO ROMERO
LOLA SÁENZ
ANDREA TENUTA
ALFI
EMILIO, del Hostal Armesto
SANDRA MIHANOVICH
NICOLÁS REPETTO
GUILLERMO CANTON
GUILLERMO OLIVARES
FERNANDO IGLESIAS
CECILIA «PALOMA MENSAJERA»
ANDRIETTI

A los Gallos de Madera
SOPHIE HELLINGER
PABLO ALARCÓN
CATALINA PRODAN

L. S. D.

Índice

Cacareando el prólogo

Me entusiasma comenzar a cacarear el prólogo del libro chino al mismo tiempo que se inician las clases en las escuelas de casi todo el país, como cuando era pequeña y el colegio empezaba el 1.º de marzo.

Ayer despedí el febrero bisiesto con ñoquis verdes de espinaca, sintiendo en el aire el cambio del verano al DOYO (estación intermedia entre el verano y el otoño).

Después subí a la terraza y aprecié el atardecer porteño en mi azotea digna de *Una giornatta molto particolare*, en la que SOFÍA LOREN y MARCELLO MASTROIANNI se enamoran locamente entre las cuerdas donde se tienden las sábanas, toallas y ropas íntimas de cada día, para que el sol ventile los vicios ocultos que nos igualan cuando entresoñamos escenas eróticas que nos asaltan intempestivamente.

Ha pasado casi una semana desde mi regreso de MIAMI, último chakra de la gira simia de cuatro meses que en noviembre, cuando aún la primavera no despertaba de su letargo, arrancó rumbo a SANTIAGO DE CHILE y me trajo de retorno a mi BUENOS AIRES QUERIDO para dar el parto natural con los astros chinos, mayas y criollos a favor. Luego continuó hacia LIMA, GUADALAJARA, ciudad muy extrañada en una ausencia de un katún (veinte años), y me llevó a aterrizar en CÓRDOBA para refundar espiritualmente el país, en la rueda de los trece años que cumplimos con armonía y vocación junto a los fundanautas[1].

Después de los seminarios, un breve paso por BUENOS AIRES, y directo a URUGUAY, para dejar las preocupaciones del año de la cabra en el mítico ARGENTINO HOTEL de Piriápolis.

Celebrar las fiestas, seguir en la zona con más presentaciones y llegar a COLONIA, el mojón que nos da alineación y balanceo antes de cruzar el RÍO DE LA PLATA, a pocos días de comenzar el áspero enero que duele por las ausencias y los fantasmas que nos visitan aunque estemos con protector solar factor 45 por el hueco difícil de sostener de la constelación familiar.

La térmica porteña, los cortes de luz, el flotar en la nada y prepararse para LA FELIZ[2] en la segunda quincena de enero.

---

[1] Término creado por la autora para hacer referencia a las personas que desean refundar espiritualmente su país de residencia (Argentina).

[2] Así se le llama a Mar del Plata, principal ciudad balnearia de la provincia de Buenos Aires, en Argentina, pues allí va la gente de vacaciones, con ánimo de divertirse.

Luego BARILOCHE, VILLA LA ANGOSTURA, con amigos que unen rutas y precipicios de tierra y secretos con lupa, para retornar una semana a las sierras, al hogar, a la parra, y a sentir el olor húmedo de los yuyos serranos, ver a las liebres saltar entre los matorrales y a SIRIO brillar como nunca vi a ninguna estrella al amanecer.

Buenos Aires de base, despegue, intento de ayudar al prójimo soltando el globo al espacio sideral.

Ezeiza, sin karma para llegar por las autopistas y contar con la salud propia y ajena para el despegue a Miami.

Querido zoo, como hoy es día caballo, les conté al galope los titulares de la última gira simia.

Este año les narraré mis andanzas de escritora china, con condimentos latinos y cosmopolitas en cada rincón de la Argentina, mi tierra de nacimiento y elección de vida, porque sé que les divierten las crónicas de viaje de la mona de fuego rumbo a su TAI SUI (año celestial).

SIENTAN QUE SE LOS CUENTO AL OÍDO A CADA UNO DE USTEDES, en la situación que más les agrade, con o sin música de fondo, entre almohadones, esterillas, vagones de tren, el asiento de un avión, en la playa, o a la orilla de un arroyo.

Son ustedes el motor que se enciende cada año para que evoque a través de mis experiencias y poemas espejos de amigos que cuentan inéditas historias de vida y sabiduría. Son ustedes quienes desde el sentir y el pensar me inspiran para que hilvane cada hebra del próximo libro.

Con té Earl Gray y miel revivo los últimos seis meses de salir del centro de mi existencia a explorar la selva y sus enseñanzas.

Día AJMAQ 13 en el TZOLKIN
El Día del Perdón
Será por eso que decidí ir al cine a ver *Primera plana*.

Y agradecí al salir, en pleno mediodía en el barrio de la Recoleta, que a través de un diario, en Boston, y sus humanos y profesionales periodistas, el mundo sepa lo temible que es la religión en las marcas psíquicas y físicas que deja si quienes la utilizan desde el «poder divino» cometen aberraciones.

Momentos previos a la gira simia
Septiembre me pone de muy buen *mood* (estado de ánimo), cuando siento unos días antes un cambio de temperatura en el aire, el canto de los pájaros, y por supuesto en mi jardín los aromos en flor de los espinillos.

A través de NANCY VILALTA recibí la grata invitación para retornar a la querida Feria del Libro en San Lorenzo, provincia de Santa Fe, que despuntaba rumbo a la primavera.

Madrugar es algo innato en mí, y cuanto antes salgo a la ruta mejor me siento; ver asomar o ponerse el sol en la pampa es un ritual que confirma mi condición de ahau maya[3].

Catman se subió al espléndido vehículo URANIANO y en silencio llegamos hasta el amoroso hotel HORIZONTE, donde la conserje, FELICIA, y la calidez del lugar nos recibieron con la corriente del Paraná a favor en un día de sol para redimir pecados.

Desde allí a la cita obligada con el zoo de LOS NOTABLES, el programa de radio mítico que nos da espacio, tiempo y respeto, que ya casi escasean en todo el mundo.

Se transmite dentro de la Feria del Libro, mientras aún descansan los estands con los libros y los fantasmas de otros años para reencarnar a partir de las seis de la tarde, cuando la gente llega de lejos o desde su ciudad para escuchar a sus autores, ver muestras de cuadros, fotos, bailes autóctonos o conciertos de jazz o tango.

Después de una merecida siesta, salimos a caminar al atardecer por el camaleónico río PARANÁ, visitado por camalotes, ramas y barcos de diferentes tamaños y colores, remolcadores, pequeñas lanchas que dan un toque pintoresco al lugar.

QUÉ MILAGRO ES LA VISTA. Recuerdo aquel paseo como uno de los momentos en los que agradezco tener este sentido, pues pude captar esa paleta cromática, y los perfumes que me hacían el amor ininterrumpidamente.

Cruzamos el CAMPO DE LA GLORIA rumbo a un bar que ya conocíamos, para comer algún pescadito del gran río.

De pronto sonó mi teléfono móvil (que nunca suena), y la voz de LINO PATALANO, mi gran amigo perro de la tierna juventud, me sorprendió gratamente. Los recuerdos me inundaron con imágenes de la fe que tuvo ese gran perro con su olfato de productor para descubrir talentos. Me dijo que había soñado conmigo hacía poco, y que teníamos que hacer algo juntos. SAY NO MORE.

Le comenté mi deseo de un buen desembarco en España, y causalmente me dijo que iría allí en menos de un mes.

GUAUAUAUUA.

---

[3] Ahau es en el Tzolkin (calendario maya) el signo del sol.

Al día siguiente presentaría mis libros en el teatro de la Feria y compartiría día y lugar con FEDERICO ANDAHAZI, alguien a quien siempre quise conocer por su obra, misterio y perfil bajo. *Best seller*, algo atípico en nuestro país, conejo de agua que con sus novelas ha seducido a lectores de todo el mundo, manteniendo la distancia óptima con el universo mediático.

Amanecer en SAN LORENZO es un privilegio que les recomiendo experimentar alguna vez, además de repasar la batalla donde SAN MARTÍN y sus gauchos demostraron ser héroes «A PURO HUEVO Y CANDELA».

De regreso al hotel, un descanso antes de reencontrarme con el público y el mensaje que dejo fluir como la corriente del ancho Paraná.

Antes de cada presentación me preparo *in and out*, y ese día salí al jardín a hacer taichí. Al abrir el ventanal que da a la piscina vi a un hombre delgado, moreno y muy concentrado mirando hacia el río; sentí que era extranjero, aunque me resultó familiar.

No lo saludé; sentí que ya nos conocíamos.

Cuando estuve inmersa en el taichí solté mis pensamientos al cielo azul profundo de la siesta, respiré hondo y caminé despacio hacia el exterior, donde me esperaba un taxi para llevarme a la feria del libro.

Una multitud le daba vida al ámbito que encontré el día anterior. Y de pronto por el altavoz se anunciaba la charla de Federico Andahazi, que insistía en hacerla en el gran predio y no dentro del mágico teatro.

Me senté con inmenso gusto en primera fila, a escucharlo, a disfrutarlo con el placer que intuyo tiene la gente cuando me espera para que les cuente cómo escribo mis libros.

A mi lado Catman, y casi todo el teatro lleno de mujeres esperando al escritor de origen húngaro que nos transportó a la historia de sus ancestros, literalmente fascinante, que narra en LOS AMANTES BAJO EL DANUBIO, un libro que leí este verano y es otra joya de su autor, guiado por su inagotable imaginación y refinamiento.

Después de nuestras respectivas charlas compartimos la firma de libros en el mismo lugar, pues Federico también asistió a mi presentación.

Qué avidez cultural hay en San Lorenzo, y artistas talentosos que tienen la oportunidad de lucirse en esta ocasión.

Finalmente, la posibilidad de cenar y conocernos más se eclipsó con las fanes del célebre escritor, que fue el banquete de las organizadoras, ávidas de seguir encarnando las historias fabulosas que estimulan a su público.

Despedirnos de San Lorenzo, en un amanecer fosforescente, plateado, es una promesa de regreso.

GUILLERMO, nuestro tigre *taxidriver*, nos esperaba para llevarnos a las sierras, a casa, a la mejor cita que nos brinda la vida después de un tiempo entre Buenos Aires y los viajes laborales cortos, en los cuales sigo sembrando y cosechando al unísono amigos, experiencias y materia pura para mis libros.

Catman devoró el libro de Federico en las casi siete horas de autopista y serranía, mientras LSD hacía *zapping* con noticias muy desagradables de los fontaneros en MAXIMONA, mi hogar porteño, inundado irremediablemente y ante un nuevo arreglo. OMOMOM.

El viento seco de septiembre deja mustia a la naturaleza.

Y a pesar de la recompensa de los aromos en flor de los espinillos, invoqué a CHAAC, EL DIOS DE LA LLUVIA DEL POPOL VUH, para que nos visitara.

Estancia con el equinoccio de primavera en la Madre Tierra, y sentir que la tarea del año tenía una tregua entre la escritura del libro finalizada en el invierno y la megagira que se anticipaba, con compromisos en COMODORO RIVADAVIA y VIEDMA.

BUENOS AIRES por unos días, chequeos médicos que dieron bien, y a cumplir con MARIO y VERÓNICA MENDOCA, unos insistentes luchadores de la zona petrolera que me buscaban hace años para participar de una charla en LA GRAN GOURMET, que ya es un clásico en Comodoro.

Invité en esta ocasión a MARCELA SÁENZ, mi amiga cabra, a quien en su año, como siempre, los mimos no le venían mal.

Y porque su padre, Dalmiro Sáenz, y su madre, Tatana Caride, en cuanto se casaron fueron, como colonizadores, a vivir en un campo que les dieron para producir lo que pudieran con manos, imaginación y resistencia a las inclemencias climáticas y desoladoras de la región.

La esquirla de ovejas fue terapéutica para el semidiós Dalmiro Sáenz, que destilaba músculos y pasión en lo que la vida le ofrecía.

Gran encrucijada en la existencia de esta muy enamorada pareja tigre-dragón, que en aquellas soledades supo reinventarse, engendrar hijos y, por suerte, Dalmiro debutó en la literatura con su primer libro, *Setenta veces siete*.

Marcela quería recordar su tierna infancia, el lugar donde vivió hasta que se establecieron en Buenos Aires. Volver a Comodoro Rivadavia, donde nacieron María José y Justo, para sorpresa del zoo.

Partimos antes del amanecer, cuando la noche desde el aire comienza a convertirse en luz azul oscura con destellos rojizos.

Fue un vuelo muy agradable; resguardadas de las inclemencias del gélido viento que nos recibió al llegar.

Nos esperaba una combi, rumbo al hotel; hacía más de quince años que no volvía a esta ciudad joven, improvisada en su crecimiento petrolero y sin un atisbo de FENG SHUI.

Gracias, hotel, por la calidez, el desayuno y, como siempre ocurre, a las inquietas periodistas que no perdonan ni cinco minutos la entrada en el lugar para invitarte a programas de televisión, radio, web.

«No, gracias –dije–. Aún no llegaron los seis cuerpos restantes; vengan hoy a la Expo Gourmet al atardecer».

El cuarto de Marcela tenía vista al mar empetrolado, y el mío miraba el CERRO CHENQUE, cosa que me perturbó durante toda la estancia, hasta que descubrí cuál era la razón.

Este cerro arenoso de 212 metros de altura con forma de volcán fue el cementerio de quienes habitaron la región hace centurias y allí fueron enterrados. CHENQUE quiere decir cementerio, y por eso mirar hacia allí no me daba paz.

En el cerro hay dos grandes molinos de electricidad, y otros en el cerro Vitteau. A 20 kilómetros del centro hacia el *far west* está el mayor parque eólico de América del Sur, con dieciocho aerogeneradores de 45 metros de altura. Qué desolación, Dios mío.

Debía prepararme para la tarde y, después de soñar con piratas y bucaneros, despertar para encontrarnos con Verónica, la mona anfitriona que nos llevó a la feria y en el coche hizo catarsis de su vida en Comodoro: es de San Nicolás, vive con Mario y sus hijas, descendientes de los primeros BÓERES, mezcla holandesa y afrikáner que llegaron de Sudáfrica, diezmados por los ingleses, después de la Segunda Guerra Bóer.

Una constelación para un picnic de Hellinger.

La Expo, un lujo total: con los chefs y representantes de las mejores bodegas del país.

Cuando llegó el turno de mi charla, la sala estaba en silencio, la gente miraba los vídeos de giras anteriores y había un cariñoso estand de fotos prematuras del lanzamiento simio.

El tema: LA INFLUENCIA DE CADA SIGNO DEL ZODÍACO CHINO EN LA COMIDA.

Rememoré mi libro *Alimentación y horóscopo chino*, y creo que en él pude integrar la medicina china con la alimentación a través de la energía de cada persona, además de su signo chino.

Un público que escuchaba y evaluaba atentamente.

Fue un parto con asistentes gratos y, para cerrar la noche, con Marcela degustamos los vinos, los quesos, las aceitunas, la paella de mariscos y algún bocadillo, que sin dudar mi «vesícula *less*» me hizo notar.

CUÁNTA GENTE CREATIVA, BIEN DISPUESTA, HAY EN LA ARGENTINA.

Y trabajan con pasión todo el año, hasta mostrar sus frutos.

La estancia en COMODORO coincidió con la gira del papa Francisco en EE. UU. Seguí, cuando la agenda me lo permitió, cada minuto de su viaje trascendente para la historia de EE. UU. y del mundo, y una vez más nos sorprendió con su mensaje original y revolucionario.

Al día siguiente, Mario, Verónica y su hija nos buscaron para llevarnos a conocer RADA TILLY, ciudad cercana y con mejor FENG SHUI para vivir, y también invitaron a los participantes de la Feria a un pantagruélico almuerzo.

Allí conocimos a PEDRO, a DIANA, su marido, periodistas, y disfrutamos de un lugar con vista panorámica al mar patagónico en un día de sol inolvidable.

Mientras el resto del equipo retornaba a la Feria Gourmet, nos pareció buena idea quedarnos y recorrer un poco más la zona. Subimos en un taxi hasta una duna desde donde se ve CALETA OLIVIA.

Marcela invitó a su imaginación a ubicar a sus padres gozando en esas playas salvajes con un océano peligroso y médanos rebeldes.

Un amable hombre nos esperaba para sacar fotos y nos contaba sobre el crecimiento de Rada Tilly y del cacique que tiene el monopolio de supermercados, licitaciones, restaurantes y la mar en coche.

Me tocó verlo en uno de sus lugares, sintiéndose Napoleón en la inmensidad de sus conquistas...

En estos días, sale a la luz el escándalo de la cifra infinita que nos saqueó a los argentinos con su petrolera. ¿HABRÁ JUSTICIA?

La tarde patagónica nos acarició con un sol tenue y sin viento; pudimos respirar el vasto océano con sus archivos de misterio que cala travesías remotas hacia esas playas, y sentirnos plenas con nuestra estancia en la región.

El taxista nos tomó de confesoras de sus desventuras y nos depositó en el hotel cuando el sol se escondía.

Al día siguiente, muy temprano, nos levantamos con espíritu de *girl scouts* para seguir nuestro *rally* en bus hacia Viedma. En el instante en que me despedía del conserje, me anunció que tenía una llamada...

¿A ESA HORA, 8 DE LA MAÑANA? ¡Qué raro!

La voz de LITO GONZÁLEZ, nacido en Comodoro, resucitó casi dos katunes debajo de las dunas de la vida. ¡¡¡Qué emoción!!!

Fuimos actores en nuestra juventud e integramos el elenco de un musical que fue un hit: *Todos somos stars*.

Viajar es capturar lo inesperado de la existencia y volverlo a la vida.

Hacía frío y llovía cuando el taxista nos llevó a la terminal, para el periplo de doce horas que une ambas ciudades y provincias.

Tanto Marcela como yo somos buenas en el arte de recorrer leguas y kilómetros y disfrutar del viaje, que sabíamos no era muy bello paisajísticamente.

Éramos tres pasajeras al inicio, y en cada estación: TRELEW, MADRYN y LAS GRUTAS, se sumaron más rumbo a RETIRO, mítica estación del país.

En la década que iniciaré en breve, TAO mediante, el placer de poder darse un atracón con amigas, indexando muchos temas y vida, es para mí el lujo más grande.

Y así fue nuestro largo viaje hacia Viedma, adonde llegamos de noche. Allí no vimos a nadie de Cultura esperándonos, así que tomamos un taxi rumbo al hotel.

La noche estaba calma, fresca, y con estrellas que titilaban fuerte en nuestra llegada.

Al registrarnos en el amoroso HOTEL AUSTRAL, con vista al río, irrumpió una mujer que se presentó como nuestra guía en Viedma, enviada por Cultura.

Era CELESTE, con quién no nos encontramos en la terminal, y nos dio sus datos para continuar con mi autoconvocatoria para dar una charla sobre LA FUNDACIÓN ESPIRITUAL DE LA ARGENTINA, en la ciudad que ALFONSÍN propuso como posible capital del país en el año 1987, y fue aprobada por el Congreso Nacional.

Qué belleza el río de noche, con sus lucecitas de la rambla y a lo lejos la ciudad de CARMEN DE PATAGONES. A dormir, después de tantas imágenes y palabras en el bendito bus que nos depositó en una ciudad de la que me enamoré a primera vista cuando clareaba apenas el día.

Río Negro del Este; soñaba con viajar en el tren que une BARILOCHE con VIEDMA. ¡Cuántas maravillas existen en nuestro país que no conocemos hasta el momento que llegamos!

El médium de esta hazaña fue PAULO CAMPANO, librero de DON QUIJOTE, un templo de la cultura en Viedma, además de antropólogo y cineasta.

La prensa fue buena: radio, diario, y como la presentación era el día previo a la apertura de la FERIA DEL LIBRO, me mimaron mucho.

Celeste nos paseó por Viedma y Carmen de Patagones, que nos fascinaron, y nos llevó hasta el balneario EL CÓNDOR, donde vive, orgullosa de su lugar, y fue muy amable con las forasteras que apreciamos este paseo hasta la desembocadura del Río Negro en el mar.

Magia, inmensidad, leyendas, sensaciones, perfumes, saliva con gusto a océano para siempre en mi memoria emocional.

La presentación en el teatro fue con bastante público.

Aquí no era LSD con sus libros sino la otra semilla que germinó hace trece años en Traslasierra para fundar nuestro país bien aspectado astrológicamente bajo las cosmovisiones maya, mapuche, asirio caldea y china.

Con un vídeo realizado por JUAN CRUZ y MARCELA SÁENZ, mis amigos y fundanautas de una Argentina que comenzó a sacudir sus entrañas olvidadas, a casi un mes de la definición presidencial, sentí ganas de llegar hasta Viedma con esta idea que ya es una realidad.

Paulo apareció ese día para acompañarme en esta idea, y como un caballero de fina estampa, de los que no abundan, nos invitó a cenar y nos contó su vida.

Qué gran amigo hicimos en esta estancia llena de buenos presagios.

Una tarde de lluvia nos condujo hasta la librería donde JUAN CARLOS MARCHESI exponía unos cuadros sobre el árbol, que me emocionaron mucho.

Sin que lo notara, el mismo pintor estaba a mi lado en menos de lo que canta un gallo.

Admiración mutua y el regalo de un cuadro que está en mi dormitorio porteño dándome ganas de vivir cada día.

Sé que este viaje es el preámbulo de otro que espero realizar pronto; dejé algunas partículas de alma allí para retornar.

El centro de la ciudad es muy acogedor. Bares y restaurantes con hombres estilo Clint Eastwood en *Los Puentes de Madison*.

Buenas picadas, pizzas y sándwiches, y por suerte caminatas en las dos orillas del río CURRU LEUVU.

Octubre despuntaba al día siguiente, y el diluvio era el del Génesis.

Avión retrasado, pocas ganas de embarcar con anuncios de tornados en la escala previa.

OMOMOM.

Nos despedimos de Paulo y las adorables mozas del lugar, sin mirar atrás. En Buenos Aires nos esperaban Catman y Rodolfo, que nos extrañaron más que nosotras a ellos.

Octubre caprino transcurrió entre Buenos Aires y Córdoba; con un viaje relámpago para visitar a mi hermana con mi ahijado en un reencuentro histórico en el ADN, y como este mes está tatuado con profundas tristezas de muertes y colapsos, intento prepararme con el currículo de artilugios recolectados en mi experiencia de bruja blanca.

Desde nuestro valle serrano partimos con Catman a Santiago de Chile, iniciando oficialmente la gira simia.

El cerdo consorte tiene *panic attack* a vuelos, aviones, aeropuertos. Por eso, querido zoo, para no repetirme en el prólogo, imaginen en cada punto de llegada y partida de la megagira un cerdo rumbo al matadero y una mona aguantando con espíritu de Shiva estos eternos momentos de la gira.

Cruzar la cordillera es siempre inquietante, con o sin turbulencias aparecen los uruguayos que sobrevivieron allí milagrosamente. Y para mí, volar es prepararme en la víspera con mis rituales que no pueden faltar.

Catman no viajaba a Chile desde hacía más de veinte años: en nuestra *love story* soy la lazarilla que lo transporta hacia otras kalpas[4].

Allí nos esperaban dos de los tres mosqueteros del año equino: RICARDO DE LA VEGA, el mono que estaría a cargo de la prensa, y ABDULA, el dragón hiperrealista que conducía, filmaba y entregaba sus emociones para que las transformáramos en material exclusivo de archivos secretos.

Nos dejaron, un día gris y frío de primavera en PROVIDENCIA, en un hotelito familiar que nos recibió con calidez.

Por contrato y gracias a la generosidad de los dueños de URANO, esta pareja transcurre la gira en dos dormitorios (para no cometer ningún atentado al equilibrio emocional de ambos) y es parte del programa elegir o decidir quién duerme en cada cuarto, en lo posible cercanos, para visitarnos SIN INVADIRNOS.

Llamar a MAGUI: escuchar el mismo *blues*, y comenzar con la agenda laboral después de una buena siesta.

Los medios chilenos –radio, televisión, prensa– son muy amables y serios con LSD. Los visité uno a uno, con escapadas y para ver a nuevos amigos como PATRICIO INHEN, que es un hombre excepcional, por su ayuda y humanidad.

---

[4] Los hindúes llaman así a las vidas que hay que atravesar hacia las reencarnaciones.

Estaba contenta de volver a LA FERIA DEL LIBRO DEL MAPOCHO, a la que no asistía desde hacía veinte años, y donde siempre hay sorpresas cuando se recorre el espinel de la trayectoria.

Santiago es un infierno más dentro de las metrópolis de AMÉRICA LATINA, y hay que calcular una hora extra para llegar a destino.

Así entré en el gran predio, antes estación ferroviaria o mercado central de la originaria ciudad, respirando aire de libros, estands, estudiantes, libreros, amantes de la literatura, que estaban allí al atardecer del 4 de noviembre.

Mi presentación era en el simpático comedor de la Feria convertido en salón y bar. Y mientras probaba el sonido, el DVD de la gira, un hombre muy familiar en la memoria afectiva me saludó pausadamente.

¿¿TE ACUERDAS DE MÍ??

SÍÍÍÍÍÍÍÍÍ; DE TODO, pero tuve una laguna con su nombre. ARTURO INFANTE, mi querido editor de mis comienzos en SUDAMERICANA PLANETA, me abarcaba con su mirada y nuestros treinta años que se diluyeron en pompas de jabón.

Es un shock emocional revivir todo antes de la presentación; y tuve que respirar hondo e ir al baño a recolocarme.

Arturo ya tiene su CATALUÑA, editorial fundada por él en honor a su madre.

Y después me presentó con inmenso cariño a su mujer gallita y a sus empleados.

Las canas le sentaron bien a este buey, que no detuvo jamás su camino a pesar de ciertos infortunios que supo sobrellevar.

La gente que concurrió fue atenta, receptiva, y fluí en la charla integrando el clima y los imponderables del día. Después me enteré de que los competidores locales eligieron el mismo día y horario para presentar sus libros...

La competencia, querido zoo, no tiene fronteras.

A Catman no le entusiasma ir a comer, charlar con los fanes, después de las presentaciones y me pide que regrese con la panza vacía al hotel, y como me rebelo en la mayoría de las ocasiones, terminamos en el MEGA SHOPPING DE CÉSAR PELLI, devorando unos *penne rigatti* en un restaurante italiano que estaba a punto de cerrar.

Al día siguiente fui a BUENOS DÍAS A TODOS, el programa más visto en Chile y en el mundo por web, y fue tal el éxito que volví al día siguiente. TODOS CONTENTOS. Los anfitriones, DON RICARDO y mis custodios, cálidos y generosos.

Santiago creció tanto desde mis primeros viajes que ya no la reconozco; aun así, la llevo en mi corazoncito y la admiro.

La sensación de que nos puede sacudir un seismo, un temblor, está presente siempre. Efectivamente, cuando partíamos, tanto Catman como yo intuimos que podría ocurrir una conmoción como despedida.

El vuelo salió en un atardecer de lilas y ocres; y fue apacible como la llegada a Buenos Aires.

Al día siguiente encendí la televisión y vi que en la madrugada un seismo había sacudido Santiago.

OMOMOM. GRACIAS NAHUALES Y ÁNGELES.

Urano me pidió el año pasado hacer un lanzamiento en Buenos Aires, más prensa y revuelo, y así fue.

Fui al clásico programa de MIRTHA LEGRAND, y compartí mesa con SERGIO MASSA, a pocos días de la elección presidencial, la última, en la que su acompañamiento sería clave para el PRO.

Logré invitar a la anfitriona y a los comensales a sacar cartas del I CHING para entresoñar el futuro de la patria.

Y la sinergia grupal produjo «EL ENTUSIASMO».

En el día del patrono de Buenos Aires, San Martín De Tours, recibía a amigos, fanes, editores y artistas en un ámbito excepcional en Palermo, Casa SOD.

El FENG SHUI del lugar me sorprendió gratamente: un espacio abierto con pecera, jardines y muy buena sintonía fueron el amoroso sitio para la presentación del libro simio, después de siete años de ausencia en la ciudad donde nací y vivo parte del tiempo, pero de la que me alejé por esta larga noche oscura que la envuelve. ¿Volverá a ser la que añoramos, la Reina del Plata? QUÉ NOMBRE ACERTADO: LA REINA DEL PLATA, Y DE LA PLATA QUE SE FUGÓ EN LA GALAXIA ANDRÓMEDA.

El personal de Casa SOD es voluntario, y son personas que meditan, no comen carne, practican la antroposofía y participan en actividades artísticas como forma de vida.

Aplausos para JUAN PRETINI y ANDREA MOLINA, el dúo rata-buey encargado de gestionar la agenda nacional e internacional de LSD.

NOCHE INOLVIDABLE.

Desde el clima, el perfume de las glicinas y los jazmines que entraba por la ventana, el cóctel y las multitudes que se acercaron a celebrarlo como CHITA en la jungla de cemento.

Fui feliz.

Es bueno esfumarse un tiempo de la «levedad del ser», y volver con algún mensaje más claro y preciso para el que se acerca al fogón.

Más prensa en Buenos Aires y partir a mediados de noviembre a Lima, ciudad que visitaría por segunda vez y a la que iríamos con Catman; estaba muy entusiasmada por las amigas que allí me esperaban.

Vuelo plácido un domingo y un coche de alquiler con un joven amable que nos depositó en el hotel de San Isidro.

Desensillar, aclimatarnos, aceptar los límites de cada lugar y su entorno.

El planeta sigue girando, cada país, nación, ciudad, pero los afectos están esperando para cabalgar cuando aparece la gente querida.

Así fue. TITI, FERNANDA, que se incorporaba a Urano como directora, y CRISTINA nos recibieron con inmenso cariño.

El día que llegué, al entrar en mi cuarto, una pantagruélica canasta con frutas típicas y un monito amoroso de peluche me daban la BIENVENIDA.

La agenda de prensa en LIMA es maravillosa.

Retorné a programas de radio y televisión de muy buen nivel, hice otros, mientras me impregnaba de la REALIDAD SOCIOPOLÍTICA DE PERÚ.

Nada que envidiar al querido pueblo descendiente de los INCAS. EL KARMA DE LATINOAMÉRICA APESTA: corrupción en la política, y a partir de allí, sus derivados: pobreza, desigualdad social, avasallamiento a los derechos humanos, crímenes, prostitución, trata de personas, esclavitud… UN DESCENSO A LOS INFIERNOS DE DANTE.

Fui a una librería única por su contenido y buen gusto e hice notas en el barrio donde estábamos y aprecié el esfuerzo de un grupo de abogados que crearon esa sucursal.

Lima siempre gris, nublada, húmeda y fría. La panza de burro[5] nos acompañó durante nuestra estancia, que fue de una semana.

Por la mañana, el canto de un pájaro era mi despertador.

INOLVIDABLE, solo lo escuché en Lima y tal vez en GUATEMALA.

Las chicas PERUANAS estaban fascinadas con BLOW UP CLAUDIO, y se desvivían en poses y ojitos que tuve que señalar y corregir más de una vez para que no se pasaran de la raya.

Y un imborrable mediodía nos invitaron a LA ROSA NÁUTICA, uno de los restaurantes más románticos de Lima, sobre el Pacífico, con

---

[5] Alude a un fenómeno meteorológico que consiste en una acumulación de nubes a baja altura.

manjares marinos que lentamente degustaba en mi paladar para atesorarlos como un cofre hundido en ese mar en la época de la salvaje conquista de Pizarro.

Fotos, caminatas y seguir en Lima, mudados al barrio de MIRAFLORES, que nos encantó.

Su rambla infinita sobre el Pacífico, sus plazas, sus bares y bancos para eternizarse, que alguna o muchas veces habrá recorrido MARIO VARGAS LLOSA, inspiraban mi sed de escribir.

Recuerdo especialmente la PLAZA DEL AMOR, con un FENG SHUI digno para quedarse en ese laberinto de pasiones entrecruzadas leyendo frases y poemas de escritores célebres, y volviendo a la pubertad, esa etapa de la vida en la que se «vive en estado de enamoramiento perenne».

En Lima sobrevuela gente haciendo parapente o planeando como pájaros sobre nuestras cabezas; son aves con intenciones divinas que desafían al viento y al agua del agitado Pacífico.

El parque MARÍA REICHE tiene tanta armonía como esa mujer alemana, custodia de las LÍNEAS DE NAZCA, que sintió en sus venas el amor de los incas, y preservó un legado cósmico con entereza.

Caminábamos mucho con Catman, su sed fotográfica conjugaba con la mía para decir «GRACIAS AL TRABAJO», que nos abre otras dimensiones y nos inspira para expresarnos.

Un sábado al mediodía discutimos y me fui caminando sola hacia un restaurante que miraba al mar.

Quería olvidarme de mí con un buen piscolabis, y gratificarme con los frutos de mar.

No sé cómo lo hizo, pero me encontró en las escaleras azules que daban a unas terracitas y desde allí observamos la vida pasar.

Transpiré con el LOCOTO y los picantes en los que son expertos, y disfruté saboreando un helado de CHIPIRONGA, fruto exótico y extático.

El último domingo tomamos un taxi desde el hotel rumbo al BARRANCO. Esa zona fue un descubrimiento, y por la mañana se podía disfrutar sin turistas.

La gran plaza tenía esculturas de animales de madera o papel maché. Y un gallo nos esperaba para darnos la bienvenida y anticiparnos el próximo año con su presencia en medio de árboles, flores y puentes que nos comunicaban con la bella postal de la cual éramos protagonistas.

Nos metimos en callejuelas, patios, y desembocamos en una panorámica hacia el infinito mar que se fundía con el cielo gris plomizo.

Un simpático bar nos llamó la atención: «EL MUSEO DEL CAFÉ», e hicimos una pausa degustando su perfume y el sabor del grano recién molido allí mismo.

Luego, una visita guiada por el proceso, desde la plantación hasta el envasado, nos sorprendió gratamente.

Cuánto amor en quien nos explicaba paso a paso el trabajo que da tener cafetales para que los mortales tomemos cada taza sin percibir el recorrido que hay detrás.

Un domingo de turistas en EL BARRANCO que nos capturó con su arte e historia. Frugal almuerzo en un escondido bar-restaurante y volver al centro antes del atardecer.

Al día siguiente debutaba en la Feria del Libro de LIMA, un predio con buen FENG SHUI sobre la rambla con vista al Pacífico y sus espíritus. Era un lunes y había poca gente.

Di la charla para quienes se arrimaron al fogón y ofrendé las cartas del I CHING para su porvenir.

MARÍA FERNANDA, la gallita todo terreno, nos invitó a degustar las delicias del lugar y nos despedimos diciendo «Hasta siempre, queridos amigos PERUANOS».

Son tan dulces como la humita en chala⁶ que los mantiene sanos como los peces que forman parte de su menú diario.

Se nota que no comen carne de ternera en el trato, en los modales, en la templanza ante tanta injusticia social que los azota desde las entrañas. Quien se acerca a compartir un tiempo con ustedes percibe la desolación que siembran aquellos que desde el poder dinamitan a sus pueblos.

A las 4 de la mañana salimos del hotel para tomar el vuelo a México DF, escala hacia GUADALAJARA. El hombre que nos vino a buscar en medio de la noche puso boleros desde que subimos hasta que bajamos en el aeropuerto.

Adiós, Lima, nos trataste muy bien.

Catman parecía un pollo mojado ante otro vuelo de cinco horas o más hacia México DF, y además teníamos que tomar otro avión a Guadalajara, ciudad que él no conocía, y que LSD no visitaba hacia un katún.

Llegar sanos y salvos siempre es una bendición; teníamos el segundo vuelo muy «pegado», y entre maletas que no aparecían y tardaban, y el cambio de horario, ¡lo perdimos!

¡QUÉ ESTRÉSSSSSSSS, QUERIDO ZOO!

---

⁶ Plato de origen peruano, que consiste en una pasta o masa de maíz levemente aliñada, envuelta y cocida o tostada en las propias hojas (chala) de una mazorca de maíz.

Realmente nadie ayuda en esas situaciones, ni la aerolínea, ni las empleadas… ¡NADIE!

Tuve que sacar billetes de avión nuevos para todo el viaje. Y embarcamos finalmente al atardecer, sobrevolando como águilas los cielos fosforescentes y vislumbrando el paisaje tan pintoresco de la región.

Agotados, tomamos un taxi rumbo al hotel que resultó un útero protector en la para mí desconocida Guadalajara, que en mi memoria era un gran pueblo rodeado de montañas y lagunas. Allí se celebra la Feria del Libro, evento multitudinario de editoriales, escritores, reporteros, público, músicos, artistas excepcionales.

Llegamos dos días antes que la mayoría de la gente y nos zambullimos en notas, caminatas y deliciosas serenatas en el hotel VICTORIA.

Catman siempre con sus somatizaciones y días en *off*, pero ya estoy canchera[7] y organizo mi agenda laboral.

Después de buenos programas de televisión y radio nos mudamos al hotel HILTON, enfrente de la Megaferia del Libro, donde se alojan la mayoría de los editores, escritores y periodistas que acuden a este evento cultural de escala mundial.

Me reencontré con IVÁN y LARISA, los representantes de Urano en México, y fue muy grato integrar a EDISON, un corcel de metal que me ayudó mucho con las notas y en cuadrar la agenda.

Nos reunimos con los JOAQUINES SABATÉ, padre e hijo, en una noche de mariachis y buena sintonía que compartimos en Guadalajara.

Por la mañana, fuimos a visitar el estand, a conocer a MIGUEL RUIZ, el chamán *best seller* mexicano y su gente, y a compartir notas y saludos afectuosos.

Al día siguiente, domingo, era mi presentación oficial en la Feria. La gente que se acerca es muchísima, y resulta difícil no quedar atrapada en pasillos, escaleras y salas antes de dar el grito de CHITA.

La charla fue amena y cálida, y la gente presente después concurrió al estand para que le firmara los libros.

Buena estancia en Guadalajara, despedirnos de los amigos y prepararnos para tomar un vuelo a medianoche hacia PANAMÁ rumbo a la amada Córdoba.

Y a pesar de lo bien que lo pasamos, este retorno era diferente: volvíamos a nuestro hogar y directamente al DUODÉCIMO ANIVERSARIO DE LA FUNDACIÓN ESPIRITUAL DE LA ARGENTINA.

---

[7] Es un modismo que se usa en Argentina y se refiere a alguien que tiene mucha práctica para realizar algo.

La térmica húmeda y agobiante de Panamá, en una escala de ocho horas, fue densa.

No salimos del aeropuerto a hacer *shopping*, como acostumbra la mayoría de la gente que tiene sus escalas antes de tomar el vuelo definitivo. Fue girar y girar entre el salón vip atestado de gente y los locales sin ofertas muy *exciting* para estos viajeros cansados de no estar en casa.

El vuelo era directo a Córdoba, y al embarcar una simpática mujer me reconoció y me dijo: «NOSOTRAS TODOS LOS VERANOS HACEMOS: MATE, PISCINA Y TUUUUUU LIBRO, espera que te muestro fotos», y le creí, pues rebosaba amor. En medio del vuelo me mostró la foto y el libro simio reinaba allí entre amigas.

Vuelo impecable y llegamos a la medianoche.

Allí nos esperaba GUILLERMO, y estábamos más despabilados que siempre para cruzar las Altas Cumbres y llegar a FENG SHUI casi al amanecer.

Qué felicidad el canto prematuro de los pájaros y los perfumes de los yuyos caseros. GRACIAS, MAXIMÓN, por traernos a casa sanos y salvos.

Rumbo al 4-12

Y a recibir amigos de todo el país, poner en órbita las casas y el ánimo.

Fue un día en el que sentí que se cerraba el primer círculo de comprensión acerca de practicar lo que se predica, y dar seminarios durante una semana.

Los fundanautas cayeron con el corazón abierto: MIGUEL y FLAVIA GRINBERG, CLARA LÓPEZ GORDILLO, JUAN NAMUNCURÁ y amigos, VERÓNICA y MARIO MENDOCA y nuevos amigos de COMODORO RIVADAVIA. Y HOBY REAPARECIDO.

Todo convergió: la fundación fue bendecida por un diluvio y mientras FERNANDO MANGUS, músicos, amigos nos refugiábamos dentro de la casa, la semilla seguía floreciendo en cada ser humano.

Para mí el año empieza el 4 de diciembre, y soy reacia a las celebraciones de fin de año, para las que prefiero estar en Uruguay, donde termino la gira entre NAVIDAD y EL AÑO SOLAR.

Una escala en Buenos Aires para saludar a SANTIAGO, mi amado sobrino cabrita que llegaba de Holanda después de tres largos años y se reencontraba con el ADN sardo.

Es un clásico de hace tiempo que termino la gira en MONTEVIDEO y luego dejo los siete cuerpos en el ARGENTINO HOTEL de Piriápolis.

Y así fue: notas, reportajes con nivel cultural del pueblo uruguayo, antes de la presentación en el RADISSON, donde el zoo fiel desde hace décadas comparte el último libro de LSD entre amigas como CECILIA HERRERA, ADRIANA RODRÍGUEZ, ANABELLA JUNGER Y AGO PÁEZ VILARÓ entre otras.

ÉXITO TOTAL, Y EL PREMIO AL LIBRO EXTRANJERO MÁS VENDIDO.

Como una presa que queda en libertad, sueño con llegar antes de las fiestas al ARGENTINO HOTEL, donde solo se siente a los fantasmas deambular por los corredores, y a nuestros lindos anfitriones.

Por suerte para la convivencia, con Catman teníamos dos habitaciones comunicadas e independientes, y esa tarde al llegar, al atardecer, él vio que había un muerto en la playa.

Me asomé por mi ventana y también lo vi: «¡Qué triste! –pensamos ambos–. ¿Quién será?».

La tarde era ya casi el ocaso, el mar se mecía sin compases, detenido en esta partida.

Al día siguiente supimos que era un turista australiano, que se aventuró mar adentro y dejó su alma en aguas uruguayas.

Los días antes de Navidad fueron de limbo: descanso, siestas, playa, piscina, lectura.

Nos reencontramos en el hotel con USCHI, la ilustradora, y una amiga; ella esperaba la presentación del libro chino para lucirse por sus dibujos.

Y la amorosidad de la gente del mítico hotel, doña RENÉE, JOSÉ, sus empleados, a quienes conozco desde hace treinta años.

El 30 de diciembre presenté el libro en el OCTÓGONO DE AGO PÁEZ VILARÓ. Fue una ceremonia inolvidable de amor, arte, sinergia, almas sedientas de búsqueda espiritual, un sinfín de situaciones dignas de la gran mujer que sabe plasmar como su padre el arte con la amistad.

NOCHE INOLVIDABLE Y MUCHA MAGIA.

Un áspero inicio de 2016, sin rituales, con rencores, falta de solidaridad ante lo insondable del agujero interior y remar hacia el estreno del año.

Gracias a SANDRA BLANCO, quien me dejó su libro y cartas, pude sobrellevar esa fecha y las siguientes, identificándome con su sabiduría y talento.

El 2 de enero cumplí un sueño: dar la charla sobre las escalinatas del ARGENTINO HOTEL, con el atardecer más nítido de la temporada y el zoo charrúa, amigos fascinados ante esta puesta en escena.

Al día siguiente partimos a COLONIA: a la tarde, en la vereda del amado DRUGSTORE, daba la charla en un cálido remolino humano que celebraba mi llegada, y junto a amigos de oro: BILLY, ROBY y GACHI.

AMO COLONIA, esa pausa entre el bien y el mal, el antes y el después, el cielo anterior y el posterior.

De vuelta a cruzar el charco: Buenos Aires, diez días sin luz, con calor y con ausencias afectivas.

Ir a MAR DEL PLATA en enero me trae siempre recuerdos de la infancia fértil en amores de abuelas: MAMMA nos esperaba con cariño cada diciembre en el barrio STELLA MARIS. Y allí volví, en esta ocasión al simpático ALTOS DE GÜEMES, hotel boutique, ex casa familiar.

Nota con FRANCO BAGNATTO, siempre cálida, humana y original.

Es tierno estar allí rumbo a Villa Ocampo, mi útero amado con hadas madrinas que siempre me ayudan a dar lo mejor de mí.

Sola caminé al atardecer del día que llegué hasta el faro Stella Maris, y me regocijé con músicos que tocaban muy buen *jazz*, *blues*, *soul* cuando Venus apuntaba mi frente.

Esperar a Catman el domingo al mediodía, para la presentación, pues a él LA FELIZ le cae fatal todo el año, a pesar de tener a la tía MELI y a los primos allí.

Mi querida amiga y maquilladora MARIANA PAZ no me falló para dejarme BEAUTIFUL y poder deslumbrar al zoo que llegó en multitudes en un atardecer soñado por duendes y elfos de LA VILLA.

CEREMONIA VITAL.

INTERCAMBIO.

CONCIENCIA.

APOSTAR AL CAMBIO DENTRO Y FUERA DE CADA UNO.

GRACIAS, MARPLATENSES Y TURISTAS, amo dar mi prana allí entre espíritus de pescadores y lobos marinos.

En seguida me hice amiga de unas mujeres santafecinas que estaban sin maridos ni parejas, pasándolo muy bien. Coincidió con la caída de los prófugos de fin de año en CAYASTÁ, lugar que parece es muy bonito y que pasó a ser un lugar histórico del país.

Un enamorado llegó exhausto a buscar a su amada a LA FELIZ; conversamos sobre el amor, la reciprocidad, el arriesgarse por alguien aunque no nos valore. UN CONEJO ENAMORADO se fundió en un abrazo con su perrita que movía la cola feliz de verlo.

Con Catman no lo pasamos mal en MARDEL, y después de cumplir con su zoo regresamos unos días a Buenos Aires, antes de retornar a BARILOCHE, la meca del Sur.

Salimos un domingo inhóspito, como el vuelo que tomamos, y llegamos hambrientos con deseos de comer un chivito[8].

Así lo comimos y digerimos por el precio con el que –sabemos– en verano «matan a los turistas».

ROBERTO y DELIA nos esperaron en el aeropuerto, nos abrazamos con cariño y nos organizaron la estancia en cabañas en las afueras.

Notas y compartir unos días con ADRIÁN, que nos organiza la gira de maravillas.

Catman estaba irritable, no le gusta moverse tanto, maletas, nuevos lugares, a pesar de que siempre vamos a hospedajes muyyyyyyy acogedores.

Mi alma estaba en tránsito, navegando mis luces y sombras.

Llegaron el día y la hora, y en el mejor lugar de convenciones de Bariloche, sobre el Nahuel Huapi, me reencontré con JULIETA y su gente, que ponen mucho amor en lo que hacen, y se nota.

Magia, mujeres cálidas, hombres valientes se acercaron esa tarde inolvidable en Bariloche.

Doy hasta la última gota de prana y sé que lo valoran.

El OSO SÁNCHEZ SALGADO interrumpió, como cada año, la presentación, y me trajo de regalo un monito con el que duermo abrazada cada noche. Lo bauticé Chino, por sus ojos rasgados.

Después, querido zoo, no imaginen a LSD AGASAJADA CON COMIDAS, MANJARES Y MENÚS; «AL SOBRE»[9], y Catman viendo sus series favoritas sin inmutarse.

El bosque y el lago son el cuenco de mis lágrimas secas.

Hacía veinte años que no visitaba VILLA LA ANGOSTURA, y me pareció buena idea autoconvocarme para presentar el libro allí.

El enlace fue MINKY BRAND, una amiga del TAO, que con gran generosidad hizo de médium entre el Mercado Galería de Arte y LSD.

Levanté de la cama al cerdo –que no quería madrugar– rumbo a la terminal de lindas proporciones para tomar un bus local hacia la Villa.

Hacía frío, y algunas personas me reconocían, sobre todo después del maravilloso programa de televisión de SANDOVAL en vivo, el día anterior.

Nos subimos al bus y nos dejamos impregnar por la belleza del

---

[8] El chivito es un sándwich de carne y otros ingredientes, generalmente aderezado con salsa mayonesa y acompañado de patatas fritas, algunas veces con ensalada rusa u otra guarnición. Es un plato típico uruguayo.
[9] Es una expresión que se usa en Argentina y significa «a la cama».

paisaje y en mi caso feliz de ser anfitriona de BLOW UP en uno de los lugares más bellos de la ARGENTINA, y tal vez del mundo.

En verano, la naturaleza está desbordada de verde, floresta, perfumes, y ambos nos emborrachamos sensorialmente.

Llegamos a media mañana bajo una lluvia fina y consistente.

El lugar había cambiado su fisonomía; era ya una ciudad muy pulcra, artística y con gran actividad.

Teníamos reservas en las cabañas LANCUYEN.

Un amable taxista nos depositó en un nuevo útero con vista frondosa de árboles centenarios dignos del Sur.

Alejados del centro, le pedimos que nos rescatara al mediodía para ir al puerto a degustar el cordero patagónico.

La calidez del lugar y la vista del Nahuel Huapi realmente nos hechizaron.

Con la barriga llena, volvimos al hotel a descansar antes de la presentación en el centro cultural muy bien llevado por los jóvenes.

MINKY apareció en seguida con sus bellísimos cuadros, que también expuso, junto a fotos de BLOW UP.

Y en un pub oscuro y con energía de *rock* di la charla ante un zoo interesado y atento, agradecido y mágico.

¡¡¡QUÉ BUENA IDEA!!!

Una joven en medio del análisis del lugar y su exasperante belleza dijo: «DETRÁS DE ESTE TELÓN MAJESTUOSO SE ESCONDEN TANTO DOLOR, INJUSTICIA Y SITUACIONES INVISIBLES».

REALMENTE UNA METÁFORA QUE ME CALÓ EL ALMA.

¡¡Cuántas vivencias en solo un día!!

Nuevos amigos, contactos, gente cariñosa, y más experiencia en la *Argentina secreta*.

Madrugón al día siguiente y un joven que nos fue a buscar en un coche rojo para llevarnos al aeropuerto de Bariloche.

Cómo nos transmitió su amor por Neuquén. Las ventajas de subsidios, de beneficios, de gente que emigró de las ciudades para ganar en calidad de vida.

Y el paisaje nos envolvía como una gasa etérea para dejarnos allí.

Amo conocer nuestro país y su gente; soy la doble dimensional de MARIO MARKIC en su programa de televisión EN EL CAMINO.

Al llegar al aeropuerto se rompió una botella de vino AMOR, que me regalaron los chicos de El Bolsón. Un episodio teñido de la sangre de Cristo que fue rápidamente olvidado por la eficacia de la gente de limpieza.

Este avión con escala en ROSARIO nos depositaría una semana en FENG SHUI antes del mítico viaje a MIAMI.

Para Catman, reencontrarse con su parra era una cita impostergable del largo verano de ausencia.

Para LSD, mi casa, mi perrita, y el contacto con la Madre Tierra, una necesidad curativa.

Breve *step* porteño, inicio del año del mono de fuego sola, meditando, mientas en el Tigre y en el Barrio Chino de Belgrano ya es una tradición que se festeja como en China.

Y para el cumpleaños de Catman, a medianoche, el vuelo a MIAMI con todas las somatizaciones previas. Fue un viaje tranquilo, amable, y llegamos al amanecer, cuando el mar y el cielo se tiñen de turquesa.

DESTINO: BRICKELL.

Y en ese moderno hotel nadie nos esperaba. Ni los recepcionistas, ni el gerente, ni la gente de Urano.

Fue una mala sintonía *heavy*; estar *homeless* ocho horas, hasta que ESTEBAN, mi amigo gato de toda la vida se apiadó y nos vino a buscar con Allegro, su nuevo perrito, para dar una vuelta por CORAL GABLE.

¡¡QUÉ MAL HUMOR!!

Después de mil llamadas a los responsables, a las 5 de la tarde caíamos redondos en la cama, después de una ducha… y vista al más allá.

Hacía mucho frío, y realmente el *landing* es clave para el futuro emocional de una gira.

AMARILIS, LUCÍA, MARIELA fueron las encargadas de organizar el retorno de LSD a Miami.

Debutaba con JAIME BAYLY la noche siguiente, estaba contenta pues tres años antes me había hecho un buen reportaje y tuvimos *feeling*.

PERO CAMBIA, TODO CAMBIA…

Esa noche, el conductor ofídico estaba junto a su hermosa dama y parece que el plan era hacerme un *ping-pong* de preguntas acerca de los candidatos presidenciales en EE. UU.

Le seguí apenas la corriente y luego le conté que no me dedico a predecir con nombre y apellido sino a orientar a la gente a elegir.

Jaimito estaba enfadado, y como un tifón que emerge debajo del TRIÁNGULO DE LAS BERMUDAS, en el corte me mandó un vómito negro que dejó en shock a quienes estaban en el estudio, menos a mí, que le seguí el «brote de soja» con naturalidad, desdoblada ante esta locura del supuesto conductor, que se ha transformado en un *showman* adicto a poner incómodos a los entrevistados.

RESULTADO: AL DÍA SIGUIENTE ESTABA MI LIBRO PRIMERO EN VENTA EN AMAZON EN ESPAÑOL, POR EL SUPUESTO INCIDENTE EN TELEVISIÓN.

GRACIAS, JAIMITO.

Siguieron días de prensa humana, interesante, cálida y con buen *feed back*. Con Catman matizamos caminatas, amigos, salidas por BRICKELL, que está en su *boom* inmobiliario y no descansa.

Y llegó el día en BOOKS AND BOOKS, la librería más importante de Miami, donde ya había debutado el año anterior.

ESTEBAN me maquilló como cábala, y mi nueva amiga, MÓNICA PRANDI, mona de fuego que me había entrevistado previamente, me presentó como NADIE EN LA VIDA lo hizo en tres décadas.

La sala colmada, con gente parada; el vídeo de Catman de la gira fue un preámbulo para una charla en la que se conjugaron la trayectoria, las predicciones, el sentido del humor y las ganas de seguir sembrando en un país donde hay tantos latinos como habitantes en la Argentina.

Aparecieron GABY GUIMAREY, ROLI EPSTEIN, OLGA y ALFI, JUAN PABLO ENIS, entre otros, y sumamos sinergia en una noche inolvidable.

Lo celebramos en LOUI, el restaurante de LOS MARCELOS, muy cariñosos, y en busca de su destino.

A MIAMI PÍDELE POCO, QUE TE DARÁ MUCHO.

Y así es.

Dos días de despedida de amigos y ya con ganas de volver a casa.

Horas antes estábamos en el vip viendo el *sunset* y haciendo el yoga del desprendimiento; HASTA SIEMPRE, MIAMI.

En el vuelo se acercó una azafata amorosa y me dijo: «Soy tu prima, MARIANA GONZÁLEZ».

AYYYYYYY, la vida y esta constelación-*less* que me tocó en esta reencarnación.

Un amor, recordamos a su padre, QUIQUE. A su madre, NOEMÍ, y a su hermana melliza.

Febrero hirviendo en Buenos Aires, y esa sensación de cobro de facturas y peajes de quienes te esperan para reclamar lo que no son ni tendrán en sus inodoras, insípidas y descoloridas existencias.

No quiero dejar de citar que para Semana Santa fui a la FERIA DEL LIBRO DE LA GRANJA, un evento humano y literario que merece todo el reconocimiento de sus organizadores, en Córdoba.

Fue sentir que esté donde esté, el mensaje es siempre el mismo.

Y QUE SOY PROFETA EN MI TIERRA.

L. S. D.

Cultura chino-criolla básica y fundamental para ser un animal respetable

El primer requisito indispensable que necesitamos para saber a qué animal pertenecemos en el horóscopo chino es CONFESAR LA EDAD (la real, no la imaginaria), pues si se miente, jamás se sabrá el signo del animal al que uno pertenece y se producirá un *shock* de identidad que ni Freud resucitado podría curar. Teniendo el año, es importante saber el mes, pues como el año nuevo chino nunca empieza en la misma fecha (sino el primer día de la luna nueva de la primavera china), las personas que nacen bajo el signo occidental de Capricornio o Acuario, si no se fijan correctamente en qué período han nacido, creerán que pertenecen a un signo y no al que efectivamente les corresponde.

Hay doce signos –tanto para el zodíaco chino como para el zodíaco solar–, y cada animal tiene la característica de su mes, además del ascendente, que se obtiene por la hora de nacimiento, y que también está simbolizado por un animal.

En la astrología china hay cinco energías que están relacionadas con la medicina china, pues ambas ciencias derivan del taoísmo. Estas energías están en la naturaleza, y producen interrelación entre ellas; se generan y se dominan entre sí.

Un ciclo completo dura 60 años, y en ese tiempo los doce animales completan su vuelta pasando por las cinco energías.

El ciclo de los 60 años está formado por la combinación de las ramas celestes y terrestres. Las diez progresiones de orden celestial, basadas en la naturaleza de la energía y el tipo de energía constitucional de cada signo (*yang* y *yin*) crean nuestro orden espiritual, mental y emocional; las doce ramas del orden terrenal crean nuestro orden físico, material y social. Combinados cielo y tierra crean a su vez ciento veinte posibles condiciones atmosféricas, en distintas situaciones determinadas por los años, meses, días y horas.

La influencia celeste, los 10 Kan, que son los elementos a los que pertenecemos, más la influencia terrestre, los 12 Shing –nuestros signos– determinarán el Ki 9 Estrellas, que es de gran importancia en nuestro destino.

El calendario chino está basado en el año lunar, a diferencia del occidental, basado en el año solar.

Otro tema que se presta a grandes confusiones en la correspondencia o equivalencia de cada signo oriental con el occidental. Esto significa que a cada signo solar (mes) le corresponde un signo lunar (animal) según la correspondencia de las estaciones. Si hay 4 estaciones y 12 animales, esto significa que hay 3 animales por estación. Como China está en el hemisferio Norte, ellos hacen la equivalencia con las estaciones del año correspondientes a cada animal.

Los doce animales del zodíaco chino son: la rata, el búfalo, el tigre, el conejo, el dragón, la serpiente, el caballo, la cabra, el mono, el gallo, el perro y el cerdo.

Cómo saber nuestra energía

Para saber qué energía nos corresponde debemos fijarnos en la última cifra de nuestro año de nacimiento.

Terminación	0 y 1	2 y 3	4 y 5	6 y 7	8 y 9
Energía	METAL	AGUA	MADERA	FUEGO	TIERRA

Las energías

Cuando en el año 1988 fui a China a festejar el año del dragón, y a comprobar hasta qué punto la astrología es ciencia o superstición, mi mayor sorpresa fue descubrir que para los chinos, la energía (metal, agua, madera, fuego y tierra) es lo más importante para hacer un estudio profundo de un ser humano, pues no solo se pueden obtener datos radiográficos sobre el alma, corazón y mente de una persona sino que se puede hacer un diagnóstico acerca de sus enfermedades y tendencias psicosomáticas.

La visión oriental de la vida es holística, por eso en la tradición china las cinco energías están relacionadas con ciencias como la acupuntura, el tai chi chuan (meditación en movimiento), el chi kun (técnicas respiratorias) y las disciplinas que unifican esencia, espíritu y energía. En el I CHING o *Libro de las Mutaciones* también encontramos en los trigramas las energías de la naturaleza.

Fue el filósofo Chou Yen (350-270 a. C.) quien creó la doctrina de las cinco energías. Antes de él no se la practicaba. En China cada dinastía estaba simbolizada por una energía:

El reinado de Huang-I, el Emperador Amarillo, fue marcado por la aparición de gusanos y hormigas gigantes, lo que demuestra el predominio de la energía tierra. Por esa razón fue elegida como emblema de la dinastía y el amarillo como color de la librea.

Luego, durante el reinado de Yu El Grande lo predominante fueron los árboles, por eso la madera es la energía, y verde el color de la librea.

La dinastía Tang fue representada por el bronce, por eso el metal es la energía que la representa, y el color es blanco.

Cuando llegó al poder el rey Wen, de la dinastía Chou, había fuego en el cielo, por eso el fuego es la energía y rojo el color.

Luego, la dinastía Chin (de allí proviene el nombre de China) llegó a reinar; su energía es el agua y el color el negro.

Las dinastías que siguieron repitieron las energías; recibían los mandatos del firmamento en épocas de sequía, lluvia u otros designios de la naturaleza.

Relaciones entre las energías
Cada estación y punto cardinal está regido por un color. Las energías se generan una a una y también se dominan entre sí.

DE GENERACIÓN
Del metal se obtiene agua.
Del agua se obtiene madera.
De la madera de obtiene fuego.
Del fuego se obtiene tierra.
De la tierra se obtiene metal.

DE DOMINANCIA
El metal es dominado por el fuego.
El fuego es dominado por el agua.
El agua es dominada por la tierra.
La tierra es dominada por la madera.
La madera es dominada por el metal.

Características de las energías
METAL: Estas personas son fuertes y resistentes como el metal. Tienen firmes ambiciones, y no paran hasta lograr sus objetivos. Intelectuales, inteligentes y muy refinados, programan cada acto de su vida calculando fríamente cada movimiento. Tienen mucha seguridad,

determinación, y un espíritu competitivo. Concretan sus metas materiales olvidando a menudo la espiritualidad. El fin justifica los medios.

AGUA: Estas personas son los principales médiums de la alquimia vital. Su gran sensibilidad y emotividad les permite ser grandes artistas, filósofos o seres contemplativos con una gran receptividad. Son comunicativos, inquietos, ciclotímicos y muy intuitivos. Son el termostato de la realidad y sabios consejeros a los que hay que escuchar.

MADERA: Estas personas son rústicas, prácticas y casuales. En lo que hacen resultan muy creativas e imaginativas, captan la esencia de la vida en cada acción que emprenden; integran la naturaleza en su plenitud en la profesión, vocación o vida familiar, la mayoría de las veces forman familias numerosas, sólidas y constituidas. Son coléricos cuando se les provoca, y sufren de estados depresivos. Necesitan estar rodeados de gente para no convertirse en autistas.

FUEGO: Estas personas tienen un temperamento nervioso. Hiperactivo, volátil y agresivo. Tienen rasgos de liderazgo, son innovadores, aventureros y muy audaces. Gozan de buena salud física y vitalidad. Tienen ideales que cumplen con honestidad, esfuerzo y convicción. A veces son arbitrarios, déspotas y sadomasoquistas. *The sky is the limit.*

TIERRA: Estas personas son estables, confiables y muy organizadas. Previsores, metódicos, analíticos, no actúan si no están seguros de los resultados. Muy conversadores, detestan la improvisación en cualquier sentido. Son muy sibaritas, delicados, y tienen sentimientos muy arraigados. En el amor se entregan primitivamente, esperando lo mismo de los demás.

Correlaciones de las energías

	METAL	AGUA	MADERA	FUEGO	TIERRA
Órganos	Pulmones	Riñones	Hígado	Corazón	Bazo
Entrañas	Int. grueso	Vejiga	V. Biliar	Int. delgado	Estómago
Color	Blanco	Negro	Verde	Rojo	Amarillo
Estación	Otoño	Invierno	Primavera	Verano	Fin de verano
Sabor	Picante	Salado	Agrio	Amargo	Dulce
Energía	Seco	Frío	Viento	Calor	Humedad
Planeta	Venus	Mercurio	Júpiter	Marte	Saturno
Sentimiento	Pena	Miedo	Cólera	Alegría	Reflexión
Cereales	Avena	Soja	Trigo	Arroz	Maíz

El *yin* y el *yang*

La base de la astrología oriental está sustentada en el principio *yin* y el *yang*, de donde parte toda nuestra esencia.

Por eso les quiero brindar una idea de lo que significa *yin* y *yang*. Son los símbolos que componen el TAO, y que están en la naturaleza y en la vida, interactuando, aunque no los veamos.

El principio *yin* representa a lo femenino, a lo frío, a la tierra, a la noche, a lo interior, lo negativo, lo más psicológico y mental.

El principio *yang* representa lo masculino, lo fuerte, lo cálido, al cielo, al día, a lo exterior, a lo positivo, a lo más físico y social.

Esto no significa que si somos mujeres no tengamos el principio *yang*, o que los hombres no tengan el *yin* en su naturaleza.

El hombre y la mujer *yin* o el optimismo por el Hombre

En la categoría *yin* están clasificados animales emblemáticos cuyo temperamento es frío, lento y paciente. Los animales *yin* se esconden voluntariamente. Estos son la rata, el búfalo, el conejo, el mono, el perro y el cerdo.

Morforesonancia

Estatura mediana y fuerte corpulencia; posee los recursos físicos desproporcionados para su cuerpo. Su salud es excelente; haga lo que haga no logrará nunca romper el perfecto equilibrio. Su vida será larga; únicamente un accidente podrá acortarla. Su manera de vestir es en general sobria, aunque resalte en los colores cálidos.

Psicoresonancia

Le preocupa mucho el ombligo, siempre se lo mira, y según su humor encontrará que su intimidad es rica o pobre; vive el «aquí y ahora». Se enfrenta cara a cara con usted mismo; sin embargo, el fracaso le resulta fatal, lo pone frente a las tinieblas del poder de Dios, y la superstición –tendencia en estado latente– se activa y lo somete al imperio del fuego que lo destruye.

Socioresonancia

Optimista con usted mismo, lo es con los demás; cree en el destino de la humanidad si se trabaja para ello. Su vida es activa y exterior; la organización de la existencia colectiva lo apasiona ¡qué importan los éxitos personales! Usted no trabaja para lo espectacular ni para lo grandioso, sino para la eficacia y el pragmatismo. La búsqueda del bienestar material para usted y sus semejantes ocupa todos los instantes de su vida, y la colectividad para la cual trabaja le estará agradecida.

Las profesiones *yin*
Mujer/hombre público (político e industrial). Sindicalista, sociólogo, etnólogo, arquitecto y promotor inmobiliario, fontanero, escritor (popular), músico (de variedades y de cabaret), militar, actor, pintor, médico, funcionario, instructor o profesor.

Las distracciones *yin*
Hacer política, asociarse con amigos para hacer algo «social» y ayudarse, encuentros familiares y con amigos en grandes comidas y comilonas, fuerte tendencia al acto sexual, bricolaje.

La tendencia esencial
El hombre *yin* es fervoroso con el hombre y la humanidad, y duda del Gran Espíritu y de la naturaleza.

El hombre y la mujer *yang* o el optimismo por el Gran Espíritu
Los animales emblemáticos que pertenecen al símbolo *yang* viven bajo la luz del Gran Espíritu, y son el tigre, la cabra, la serpiente, el caballo, el gallo y el dragón.

Morforesonancia
Usted puede tener cualquier talle, su corpulencia es mediana, esbelto, gran atractivo físico. Su salud es delicada, y tal vez algún accidente rompa su equilibrio psicológico. Será propenso a todas las enfermedades, entonces trate de actuar preventivamente eligiendo el mejor médico. Sus facciones son alargadas y su manera de vestir es rebuscada en formas y colores.

Psicoresonancia
Usted prefiere tener al Gran Espíritu de interlocutor antes que a sus congéneres. A la inversa del hombre *yin*, usted no cree en que los hombres sean felices por la sola organización colectiva de sus ideas, al contrario, cree en el desarrollo de la personalidad individual que incentiva la inteligencia y la lógica para acercarse a lo divino. El

hombre *yang* es individualista sin ser solitario, aunque esté rodeado de mucha gente. Su felicidad es inalterable porque no espera nada material, qué le importa el sol, si la luz está en lo más profundo de sí mismo.

Socioresonancia

El hombre *yang* no es un hombre de vida colectiva, no tiene el sentido del grupo, ni el de la familia. Se considera como un hijo del Gran Espíritu, rechaza la jerarquía de los hombres.

Las profesiones *yang*

Son principalmente las profesiones que tienen que ver con el hombre y la naturaleza, con el Gran Espíritu y con lo absoluto. Sacerdote de todas las religiones, filósofo, ecologista, historiador (especialista en filosofía y religión), escritor (muy independiente de todas las corrientes), músico (compositor o intérprete), comediante, veterinario, agricultor, psiquiatra, psicoanalista, pintor (simbolista y abstracto).

Las distracciones *yang*

La lectura, los conciertos, la pintura, los deportes individuales (alpinismo, esquí, atletismo), criar animales, jardinero.

La tendencia esencial

El hombre *yang* cree en el Gran Espíritu y la naturaleza, y duda del hombre y la humanidad.

El cielo
es lo único que cambia
cuando viajo.
Me quedo largo tiempo
capturándolo.
Sé dónde está,
dónde se dibuja,
me rechaza, ampara o escupe.

Sé dónde podría a la intemperie
quedarme
o dónde mirando las estrellas
seguirlas hasta el alba.
El cielo nunca miente
siempre dice algo.
Solo hay que enfrentarlo.
L. S. D.

Astrología poética

Siento que es misión
guiarlos con mi intuición.
Necesito alejarme para darte lo mejor.
A los treinta fui a China, luego desandé América Latina
con los mayas como guías; maestros, Dionisio
un platillo volador
o el amor como lección.
El mundo está dentro mío.
Nacer y morir en muchas vidas
es filosofía china
limpiar tus errores es posible con aciertos.
Si no llegás a Buda, arrimate al fogón,
el camino hacia el Nirvana
es tan real como irreal
dependerá de tu elección.

L. S. D.

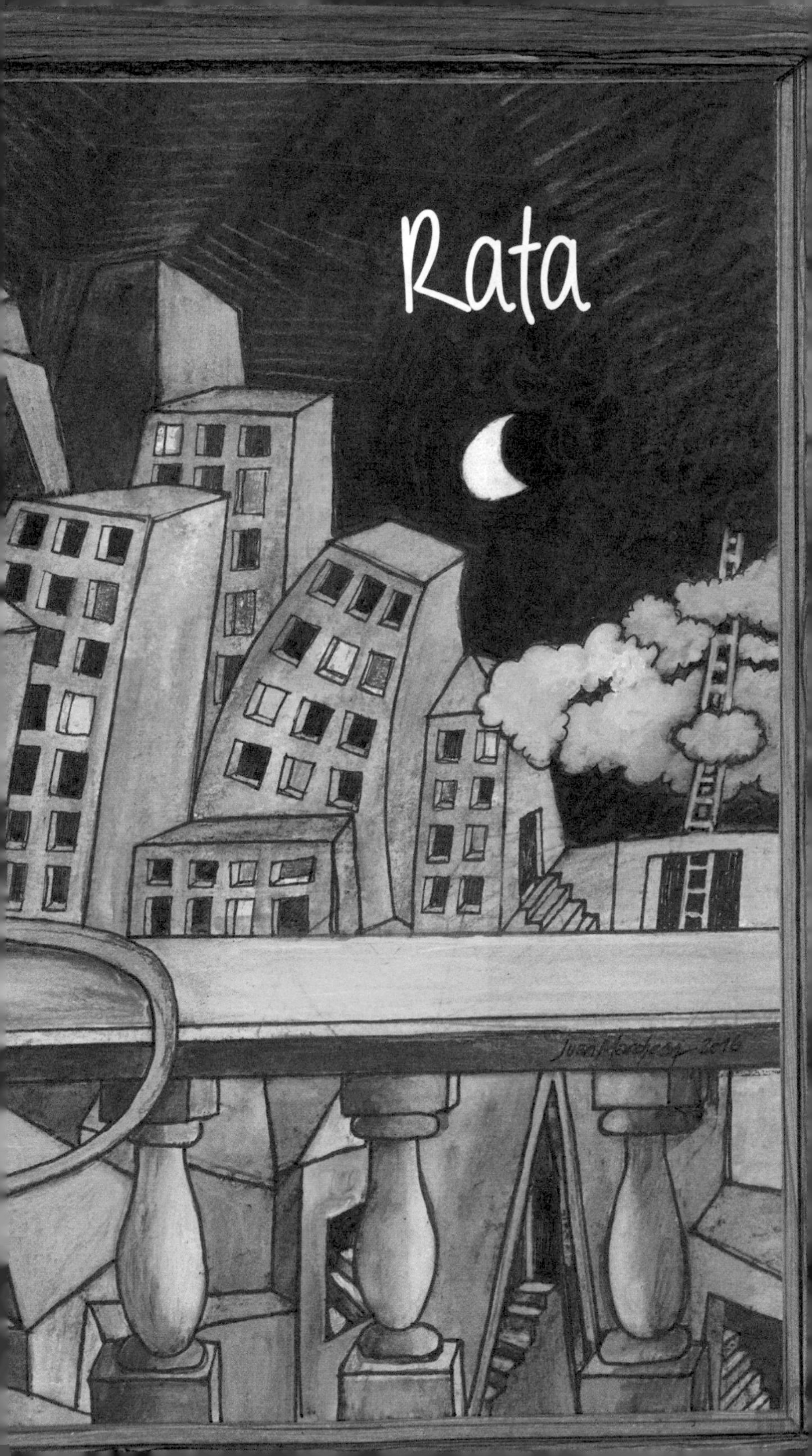
Rata

Ficha técnica

Nombre chino de la rata
SHIU

Número de orden
PRIMERO

Horas regidas por la rata
23.00 A 01.00

Dirección de su signo
DIRECTAMENTE HACIA EL NORTE

Estación y mes principal
INVIERNO-DICIEMBRE

Corresponde al signo occidental
SAGITARIO

Energía fija
AGUA

Tronco
POSITIVO

Eres rata si naciste

18/02/1912 - 05/02/1913
RATA DE AGUA

05/02/1924 - 24/01/1925
RATA DE MADERA

24/01/1936 - 10/02/1937
RATA DE FUEGO

10/02/1948 - 28/01/1949
RATA DE TIERRA

28/01/1960 - 14/02/1961
RATA DE METAL

15/02/1972 - 02/02/1973
RATA DE AGUA

02/02/1984 - 19/02/1985
RATA DE MADERA

19/02/1996 - 06/02/1997
RATA DE FUEGO

07/02/2008 - 25/01/2009
RATA DE TIERRA

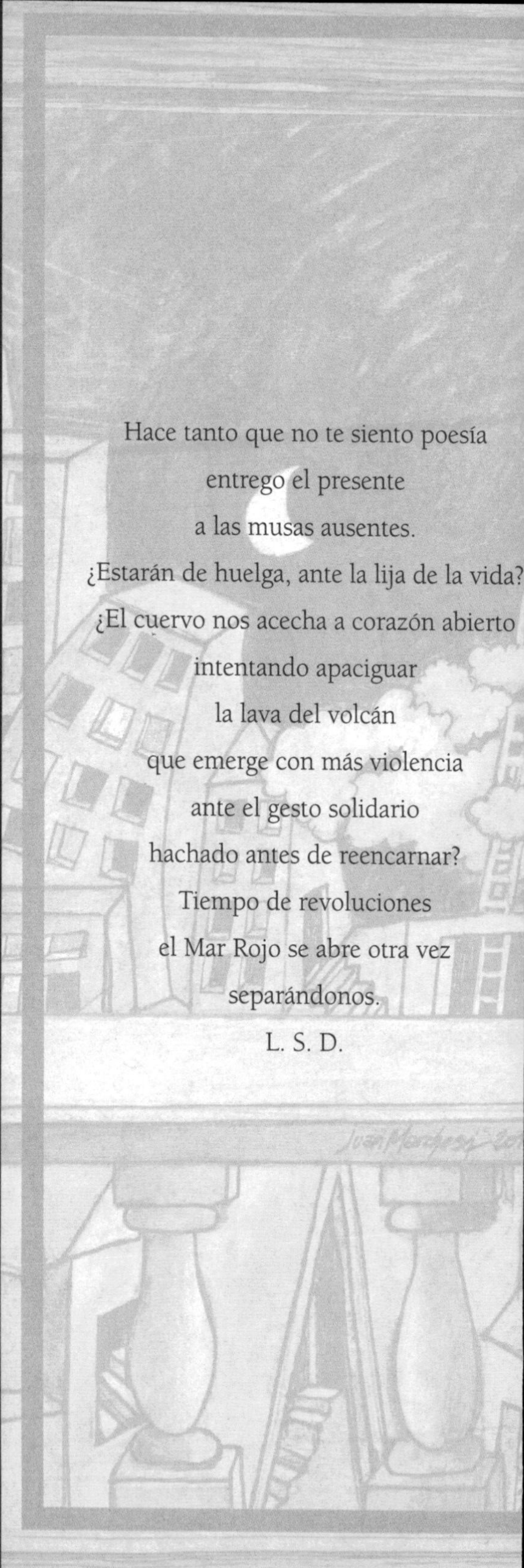

Hace tanto que no te siento poesía
entrego el presente
a las musas ausentes.
¿Estarán de huelga, ante la lija de la vida?
¿El cuervo nos acecha a corazón abierto
intentando apaciguar
la lava del volcán
que emerge con más violencia
ante el gesto solidario
hachado antes de reencarnar?
Tiempo de revoluciones
el Mar Rojo se abre otra vez
separándonos.
L. S. D.

Rata

Cuando el año pasado volví al consultorio del doctor Bruzzo para seguir explorando mi dentadura, Ailyn abrió la puerta del querido lugar con una sonrisa que iluminaba el gris del día.

Su acento era de otro lugar; tardé unos minutos en reconocerlo; de Brasil, sí, creo que sí…

Ese día debutaba con el adorado búfalo Emilio, y estaba nerviosa y atenta a cada indicación que con paciencia china le daba el doctor.

Realmente, me puse en su lugar; recordé mi etapa estudiantil y laboral, y el empeño que le ponía a cada actividad.

Me enterneció esta chica joven, lindísima y que demostraba estar muy concentrada.

Con su pulcro guardapolvo blanco cumplía sus funciones en el escritorio y como auxiliar del odontólogo, con LSD.

Sí, a Ailyn le tocó debutar conmigo ese día.

Me di cuenta de que estaba en todos los detalles y me divertía la relación que ya existía entre ambos; Emilio no entendía nada de lo que le decía, y yo traducía cuando podía.

El año pasado tuve que ser atendida en varias sesiones; la dentadura no es mi fuerte y realmente el doctor me reprendió por llegar siempre pidiendo auxilio.

En una de las visitas, pude preguntarle a Ailyn su signo chino: ratita de fuego de 1996.

¡¡CON RAZÓN TANTA EMPATÍA!!

Pasaron ocho meses y volví hace poco.

Ailyn me abrió la puerta y me alegré; la extrañaba y deseaba que aún estuviera trabajando con Emilio.

Como el doctor dedicó largo tiempo a la atención de un paciente, esa prolongada espera dio lugar a una conversación que me impactó y que me dio fe en la juventud que, como Ailyn, emprende misiones humanistas.

Me contó que en enero fue a Mozambique a trabajar para la comunidad con gente de diversos países de América. Y que se dedicó a ayudar a niños, mujeres y hombres que no conocen la asistencia médica ni odontológica, y les brindó su servicio.

Me explicó en detalle cada día allí; el agobiante calor y su vida en los campamentos, su manera de relacionarse con cada persona, sin hablar el idioma, en ocasiones con traductor, aunque el vehículo más noble es el amor que puso en cada uno de ellos.

Me mostró fotos del lugar, del África que a veces soñamos o imaginamos, del silencio que solo atraviesa un pájaro exótico o un pavo real que abre su abanico multicolor dejando a la gente embelesada.

Me mostró fotos de las mujeres con su indumentaria colorida, diversa, florida, divertida como Ailyn.

Y sentí una gran admiración por esta mujercita, por esta hermosa muchacha que eligió en sus vacaciones ir al otro extremo del planeta a dar su cariño, vocación y servicio.

Es madura, equilibrada, maravillosa; irradia luz en cada silencio, pausa, gesto; me vi reflejada en ella cuando me animé a embarcarme hacia China en busca de mi destino.

El doctor abrió la puerta y salió el paciente retenido, y nada cambió en la energía entre los tres.

El querido Emilio, padre de dos varones, apreció mucho el viaje a Mozambique de su secretaria, que podría haberse esfumado en las sabanas, dunas, desiertos con poblados pobres, y cambiar su GPS de rata de fuego.

Reflexioné sobre el fuerte contraste entre ese mundo humanista de la historia de Ailyn y la indolente Buenos Aires colmada de banalidad e indiferencia por el prójimo.

Y caminé hasta mi casa con relámpagos de fe, con ganas de asistir a quien se me cruzara por la calle en ese momento. Un testimonio como el de Ailyn me hizo sentir la fuerza de esta joven que tiene el corazón abierto como un cántaro, y además ya es odontóloga y estudia medicina en Buenos Aires, lejos de sus afectos.

Celebro tu vida, Ailyn; eres una ratita pura sangre encauzada hacia el bien, hacia los más profundos ideales oxidados en esta era hostil y materialista.

La rata es un signo que no se pierde ninguna experiencia; diseca, degusta con sus sentidos cada situación y oportunidad que le da la vida.

Sabe apreciar los encuentros, los contactos sociales, laborales, estudiantiles o de búsqueda personal.

Tiene el don de gustar, seducir, capturar el néctar de quien se acerque, y libarlo.

Sabe tocar el punto G con su mirada inquisidora y profunda, y seducir con su voz a quien se le arrime a pedirle una dirección en la calle.

Astuta, inteligente, hipersensible, consigue llegar a sus objetivos con su profunda fe y convicción en lo que se propone.

La rata necesita sobredosis de adrenalina para sentirse activa, vital, en carrera.

Y toda su vida corre peligro de ser cazada, apresada, o de caer en su propia trampa que actúa como un *boomerang* en lo que produce cuando quiere llamar la atención.

Signo de aventureros, filósofos, pensadores, amantes del arte y la buena vida, estar con una rata jamás será una experiencia más… es inolvidable.

La Rata en el Amor

A través de mi experiencia con los roedores, confirmo que quien se enamora de ella o viceversa, tendrá un viaje hacia el centro de la galaxia, hacia las Pléyades, Orión, Venus o hacia el Xibalbay, inframundo maya, acueductos, túneles o bóvedas enterradas en los confines del planeta.

LA RATA ES UNA COME SESOS.

Se dedicará con fervor, ahínco, perseverancia, a taladrar como un pájaro carpintero cada célula del cerebro hasta desparramar su dopamina en el ser elegido.

Seductora, cariñosa, sensible y perceptiva, sabe tocar el alma, el punto G, los lugares oscuros de nuestra vida para sumergirse en ellos y dejarnos *full time* dependientes de su estilo.

Guardiana implacable, astuta, es persistente cuando echa el ojo a la persona que le gusta o que tiene deseos de conquistar.

Sabe desplegar sus dones, talento, fuerza oculta; es esotérica, cerebral, refinada en sus regalos o promesas de amor eterno, y sobre todo en su erotismo.

El amor físico es importante; a pesar de ser intelectual, necesita acariciar y que la acaricien, sorprender con un manual de ideas acerca del TAO DEL AMOR Y DEL SEXO Y disfrutar a cada instante.

A la rata le gusta formalizar y llevar a su pareja al altar cuando se enamora; y es fiel y leal si siente reciprocidad.

También en gais, lesbianas y transexuales, la rata se entrega con locura y sabe de amores prohibidos.

Se desvive por su pareja; la mima, la contiene, la saca a pasear, aunque sea a un picnic en Tigre[10] y logra mantenerla «al rojo vivo».

Su pasión es genuina; padece de celos, envidia, rencores de épocas lejanas que muchas veces vuelca en quien ama, lastimándolo.

Sabe escuchar, contener, mimar, dar aliento a su cónyuge o amigovio y cantarle boleros, *zambas de mi esperanza* o contratar a la Filarmónica de New York para el cumpleaños de su amado.

Signo sibarita, intuitivo, profundo y capaz de cruzar de Oriente a Occidente y de Alaska a Ushuaia en busca de su amor hasta encontrarlo.

Un banquete para semidioses o ratas con vocación de Don Juan o Mesalina.

La Rata en el Trabajo

Hay dos tipos de roedores: los que se esfuerzan y cumplen con el horario desde jóvenes, pues saben que ser independientes económicamente es mejor que depender de un patrón, sueldo y horario, y los que viven chupándoles el prana a los generadores de empleo fijo o trabajos golondrina, temporales, y saben inmiscuirse en las venas del prójimo para sacar su tajada.

La rata que nace con dones, talento, capacidad creativa e imaginativa logra llegar adonde se propone.

Maradona, a pesar de su ciclotimia, siempre encuentra gente que estuvo ligada a él viviendo aún de su leyenda.

Shakespeare es el mejor escritor de todos los tiempos, y su obra es inmortal.

La voluntad de mejorar, progresar, salir de la madriguera en busca de nuevos desafíos es el *leitmotiv* de la rata, sabe encontrar su queso y ahorrar en tiempos de crisis.

Signo astuto que acorta caminos y encuentra socios y amigos que lo ayuden a poner una PyME, un bar, una pizzería o un banco sin fondos, confiando en su seguridad y atrevimiento.

---

[10] Tigre es una localidad del Gran Buenos Aires, ubicada en la zona norte, en el Delta del río Paraná, y abarca sus islas. Es un punto turístico muy visitado durante todo el año.

La rata siempre está lista para trabajar cuando lo necesita; de lo contrario será un parásito de la sociedad: usurera, prestamista, apostará en las quinielas o estará esperando alguna oportunidad para asaltar un Banelco[11].

La rata con vocación es disciplinada y mantiene su rutina.

Es tan inteligente y sagaz que el zoo recurre a ella para acortar caminos o conseguir algún contacto o ascenso en la empresa.

A veces derrocha el dinero, que le quema en los bolsillos. Necesita mostrar su billetera, exhibir su patrimonio y demostrar que tiene más de lo que realmente tiene.

Hay otras ratas que son «canutas»[12], avaras, y guardan en los zócalos sus ahorros o tesoros recolectados a través de una vida.

La rata es materialista y le gusta tener seguridad social y económica. Algunas veces es constante y otras, muy volátil en sus antojos.

Nunca se morirá de hambre: tiene infinitos recursos para conseguir el sustento y descansa cuando aparecen mecenas y amigos que la ayudan en sus necesidades.

ES EL SIGNO DEL ZOO CHINO CON MÁS SUERTE PARA SOBREVIVIR.

La Rata y la Familia

Este signo ama ser parte de una tribu de ADN o de amigos que serán su familia a través de su vida.

Juega con libertad su rol; adora criar niños, ser amante ardiente, esposa fiel y muy programada para tener bajo control la organización de la casa.

Sabe compartir tristezas, penas, alegrías y remar a favor cuando hay serios problemas en la familia.

Cariñosa, alegre, divertida, su presencia siempre da ganas de vivir. Es musa inspiradora de cambios y aventuras y una fuente para desarrollar nuevos caminos en el zoo.

A veces la rata pasa por situaciones traumáticas dentro de la constelación, pues es muy entrometida, manipuladora y no deja fluir a su prole.

---

[11] Red de cajeros automáticos de Argentina.
[12] Modismo usado en Argentina para referirse a alguien que guarda o esconde dinero, información u otras cosas.

Pongan atención, ratitas: si saben administrar su vocación samaritana y no ocupan roles antisistémicos lograrán ser amadas *for ever*.

L. S. D.

Cacaréame tu secreto

A Lidia Urdinez llegué por la insistencia de Claudia Pandolfo para que esté bien vestida y cómoda.

Su diseño es original e ideal para katuneras[13].

Un día pegajoso y melancólico de otoño viajó especialmente desde Mar del Plata para que nos conociéramos.

Y allí me contó que también escribe, y me mostró este texto con el cual me identifiqué en estas épocas de feminicidio, y quiero compartirlo porque considero que es ideal para esta sección. Y es rata.

Mujeres nuevas

María vivía sola.

Como tantas mujeres que hoy no necesitan compañía para desarrollarse con plenitud, ella era ejecutiva de una multinacional, puesto que alcanzó por su inteligencia y capacidad de trabajo.

Cuando entró en la compañía, joven y hermosa, fue su primera secretaria. Sebastián se daba aires de gerente por tener bajo su mando a esta muchacha tan hermosa, a quien podía impartir órdenes indiscriminadamente enarbolando su posición de poder. Pronto todos empezaron a vislumbrar que el trabajo de María se destacaba del resto, a diferencia del de su mediocre «jefe».

Se quedaba más tarde de la hora si era necesario para cumplir con su tarea, y aportaba enriquecedoras propuestas. Sebastián le decía que no valía la pena, que nadie lo reconocería.

María le gustaba mucho, y soñaba con llevarla a la cama y someterla a sus deseos como hacía en la oficina. Logró

---

[13] «Katún» es una medida de tiempo usada por los mayas que equivale a veinte años; en este caso alude de manera simpática a mujeres cuya edad suma algunos katunes.

convencerla y salieron un corto tiempo hasta que ella le dijo que no quería continuar con la relación. Él se sentía intimidado, no pudo doblegar esa personalidad fresca y chispeante, segura de sí misma. Cuando se separaron, en tono de burla le dijo: «Nunca vas a encontrar uno que te banque[14], por eso estás sola».

En la empresa, sus iniciativas e ideas innovadoras trascendieron a la dirección, y fue ascendiendo a mejores puestos de trabajo, para envidia de su exjefe que la odiaba por sus logros, y por no poder someter a esa mujer que lo superaba en todo.

Seguimos viviendo en sociedades profundamente machistas. A la mayoría de los hombres les molestan las mujeres de carácter decidido. Las llaman brujas, arpías, machorras, porque sienten miedo a no saber qué hacer con ellas. Las tildan de lesbianas, que es lo más parecido que encuentran a su propio sexo.

¿Cómo osaron desafiar al poder masculino? ¿Dónde están las hembras sumisas, jóvenes y bellas que no discuten, siempre con la sonrisa en la boca, dispuestas a satisfacer al macho cavernícola con elogios y atenciones?

A los machistas los pone en jaque esta nueva «mujer de verdad», la que protesta y no se somete, la que tiene independencia económica, intelectual, y decide si quiere tener sexo y cómo. El matrimonio ya no es una atracción para hacerlas prisioneras.

Ya no las pueden dejar plantadas, en silencio o en roles subordinados. Muchas veces ganan más que sus parejas, entonces no las pueden «comprar». Toman la iniciativa y generalmente les cuesta encontrar un «macho» a su medida. Tienen su propio poder y no necesitan competir con el hombre.

En realidad, a María no le interesaba demasiado tener una pareja estable, o convivir. Los hombres no comprenden que las mujeres independientes pueden canalizar su libido a través del intelecto con mil actividades altamente satisfactorias y enriquecedoras, sin que el sexo tenga que intervenir todo el tiempo como único medio de placer. Ella

---

[14] En Argentina y Uruguay, bancar significa mantener o respaldar, soportar, aguantar a alguien o algo.

tampoco era una mojigata, pero pretendía que el sexo también fuera de calidad. Había disfrutado de una relación con un hombre casado que aceptó con madurez, sin reclamos, y vivió con plenitud. Él tenía una mente abierta y comprendía a la perfección las necesidades de una mujer como María. Culto, de modales refinados y conocedor del mundo, había sido la compañía más interesante para esta mujer inteligente. Hacía un año que lo habían trasladado a Hong Kong, y dejó un vacío que Sebastián nunca podría llenar.

Durante milenios los machos radicaron su poder en la fuerza bruta.

La mujer evolucionó y dio grandes pasos en los últimos cincuenta años, decidió tener o no tener hijos, capacitarse y ser independiente, y los hombres se quedaron mirando con sorna cómo pasaba, sin la capacidad de adaptarse rápidamente a las nuevas reglas del juego. Ya no los necesitan ni para ser madres.

Como trabajan a la par de los hombres o más, por ser abnegadas, también llegan a casa de noche, cansadas, de mal humor ¡y sin ganas de cocinar! No son más como sus santas madres, dependientes y sumisas.

Afortunadamente, las nuevas generaciones deberán adaptarse irremediablemente si pretenden vivir en pareja y criar hijos en el seno de una familia. Nuevos códigos para ambas partes, límites y negociaciones harán posible la vida familiar.

Cuando los hombres pongan bajo control el burro machista que llevan dentro, se vuelvan más sensatos y racionales, y se den cuenta de que estas mujeres valientes, que exigen, producen, molestan y protestan, son las más estimulantes, las más entendidas, y con las únicas que se pueden establecer relaciones maduras y enriquecedoras, dejarán de idealizar a la jovencita de culo perfecto y piel lisa, de escaso contenido, que muchos llevan de adorno por un tiempo, hasta que ellos se hacen más viejos, y son descartados. Entonces, subirán un peldaño, y sabrán buscar aquellas dignas, con las cuales compartir ideas, amistad, pasiones, independencia y respeto, aunque no estén de acuerdo y a veces los corrijan.

Lidia Urdinez

Datos clave de la Rata

Principales cualidades: *Charme*, inteligencia e imaginación.
Principales defectos: Agresividad e individualismo. Insistencia en hacer vivir a su ritmo.
En el trabajo: Sagaz y oportunista. No sirve para trabajar en grupo; salvo si todos dependen de ella.
Mejor rol: Agente confidencial.
Peor rol: Empleada administrativa.
Dinero: Codiciosa y despilfarradora.
Suerte: Nacer una noche de verano, pues en invierno están los graneros vacíos y tendrá que trabajar mucho para sobrevivir.
No puede vivir sin: Pasión.
Adora: Seguir alguna pista, cazar en algún castillo, comer patatas fritas en Marruecos, y bailar *cheek to cheek* con Madonna.
Detesta: Agendas, relojes, álbumes fotográficos.
Tiempo para el ocio: Cualquier viaje programado por ella.
Lugares favoritos: Grutas, catacumbas, cavernas, pasadizos secretos.
Colores: Rojo y negro.
Plantas: Arbustos donde pueda esconderse y espiar a los demás.
Flores: Orquídea, cardo, abrojo.
Oficios: Vendedora, representante comercial, experta legal o financiera, librera, crítica, escritora, política de extremos (nunca del centro), detective, criminalista, anestesista, y, por supuesto, espía.

La Rata y las cinco energías

RATA DE MADERA (1924-1984)

Afable y progresista, sabe cómo sacar ventaja de las distintas situaciones que la vida le ofrece y aprovecha todo de todos. Es la más versátil de todas las ratas, cuidadosa con los demás y a la vez pendiente de la aprobación de ellos. Incansable en el trabajo, el futuro le genera ansiedad.

RATA DE FUEGO (1936-1996)

Fuerte y caballerosa, esta rata se involucra en todo lo que la rodea. Es la más abierta y generosa; siempre está dispuesta a luchar por sus propios ideales, aunque le falte paciencia, y adora la competencia más que todas las otras ratas. A veces poco diplomática, algo torpe, tiene devoción por el trabajo y hacia su pareja. Cuidado con ahogarla, huiría repentinamente.

RATA DE TIERRA (1948-2008)

Tiene acentuados algunos de los típicos defectos del roedor: no está muy dispuesta a compartir su patrimonio, es astuta y maniática. Práctica al extremo, ordenada, meticulosa, siempre mide costos y beneficios antes de arriesgarse en algo. Cuida mucho su imagen y por eso trata de mantener buenas relaciones con los demás. Cierta vanidad e intolerancia se unen a un gran cariño y sentido de protección hacia sus afectos más próximos.

RATA DE METAL (1900-1960)

Es la más emotiva de todas las ratas, y le cuesta mucho controlar sus sentimientos. Idealista y vivaz, aunque le guste mucho el dinero puede llegar a gastar fortunas con el único objetivo de deslumbrar. Maneja con dificultad su ira, sus celos y deseos de dominio en el amor. Tiene una ambición desenfrenada en el trabajo y constantemente busca apoyos.

RATA DE AGUA (1912-1972)

Comprensiva y conciliadora, en ciertos momentos tiene dificultad en manejar su propia emotividad. Goza generalmente de mucha popularidad y respeto, sabe sembrar amistades provechosas con espíritu agudo y calculador. A veces termina complicándose por ser demasiado aficionada a la charla y el chismorreo. Culta y literaria, tiende a mantener los lazos con las tradiciones y por eso también es algo conservadora.

La Rata y su ascendente

Rata ascendente Rata: 23.00 a 01.00
Seductora sin piedad y un poco soberbia. Mezcla de ama de casa y mujer u hombre de la calle. Su punto G son sus bajos instintos. Buena escritora y ávida lectora.

Rata ascendente Búfalo: 01.00 a 03.00
Este ejemplar se distinguirá por su personalidad pausada y tenaz, tendrá la astucia de la rata al servicio de la constancia y el temple del buey.

Rata ascendente Tigre: 03.00 a 05.00
Una rata que se destaca por ser agresiva y dominante. Se dispersa mucho y se le nota el arribismo. El tigre le hará derrochar el usufructo del trabajo.

Rata ascendente Conejo: 05.00 a 07.00
Será irresistible, disimulará el encanto de la rata con la astucia del gato[15]. Su espíritu calculador se incrementará con los años y resultará una trampa sin escapatoria.

Rata ascendente Dragón: 07.00 a 09.00
Será expansiva y de gran corazón. Le gusta darse todos los gustos, que son muy lujuriosos, y adora agasajar a quien ama. Una combinación muy refinada.

Rata ascendente Serpiente: 09.00 a 11.00
Tendrá una corte de los milagros que la seguirá a todas partes. Todo lo que toca lo transforma en oro. Tendrá una gran intuición para huir de los peligros y jamás será atrapada.

Rata ascendente Caballo: 11.00 a 13.00
Rata suicida, correrá muchos riesgos en la vida. Tendrá una vida sentimental turbulenta, con pérdidas de control peligrosas. Vivirá en situaciones límite.

---

[15] En Vietnam, el conejo —cuarto animal del zodíaco chino— es reemplazado por el gato.

Rata ascendente Cabra: 13.00 a 15.00

Será una rata emotiva y sentimental. Esta combinación es la de dos oportunistas que sabrán de antemano a qué puerta están llamando.

Rata ascendente Mono: 15.00 a 17.00

Combinación fascinante y explosiva, pues ambos sabrán usar todas las tretas necesarias para llegar a sus objetivos. No tendrá corazón pero sí un sentido del humor genial y negro.

Rata ascendente Gallo: 17.00 a 19.00

Es inteligente y voluntariosa. Su contradicción estará en ahorrar dinero y gastarlo. ¡Es la más soberbia!

Rata ascendente Perro: 19.00 a 21.00

El perro la convertirá en una rata imparcial y sin prejuicios; a pesar de eso, su esencia es ambiciosa. Ideal para ser periodista o filósofa.

Rata ascendente Cerdo: 21.00 a 23.00

Esta ratita será honesta; antes de cometer un delito, se confesará con el universo. Sensual e inteligente, un buen partido.

Cuéntame un cuento chino

Inés Efron • Rata de Madera • Actriz • Argentina

Cuando veo ratas en la ciudad siento que vivo en un lugar absurdo, donde el exceso de cemento fundó una vida subterránea que se alimenta de los desechos humanos, una vida prolífica gestada en la sombra. Las ratas de Buenos Aires suelen mostrarse poco, pero todos sabemos que viven con nosotros y de nosotros, y si por esas casualidades de la vida reaparecen desde el anonimato entrando en nuestro domicilio privado tienen el enorme poder de causarnos malestares cardíacos y psíquicos.

Trato de pensar qué emoción me genera la rata en sí, creo que la rata es más bien un bicho neutral y las emociones las determina su entorno. Si la viera en un laboratorio de investigaciones, sentiría piedad; en una película animada, sentiría simpatía; en mi casa, repugnancia; en la calle, inseguridad; en el campo… en el campo sentiría… que es ridículo ver una rata en el campo; me sería mucho más natural verla hablando con otra rata mientras da caldas a una colilla.

Personajes famosos

RATA DE MADERA (1864-1924-1984)
William Shakespeare, Lauren Bacall, Hugo
Guerrero Marthineitz, Henry Mancini,
Andrés Iniesta, Charles Aznavour, Marcelo
Mastroianni, Toulouse-Lautrec, Eva Gabor,
Narciso Ibáñez Menta, Scarlett Johanson,
Johan Strauss (padre), Paula Chávez, Doris
Day, Lisa Simpson, Mark Zuckerberg, Carlos
Tevez, Marlon Brando.

RATA DE FUEGO (1876-1936-1996)
Charlotte Brontë, Wolfang Amadeus Mozart,
Anthony Hopkins, Mario Vargas Llosa,
Norma Aleandro, Pino Solanas, Mata Hari,
Antonio Gades, Úrsula Andress, Kris
Kristofferson, Glenda Jackson, Pablo Casals,
Rodolfo Bebán, Padre Luis Farinello,
Bill Wyman, Richard Bach, Jorge Mario
Bergoglio.

RATA DE TIERRA (1888-1948-2008)
Gerard Depardieu, Leon Tolstoi, Robert
Plant, Irma Salinas, Rubén Blades, Olivia
Newton-John, Grace Jones, príncipe Carlos
de Inglaterra, Thierry Mugler, Lito Nebbia,
Karlos Arguiñano, Vitico, Brian Eno, James
Taylor, Donna Karan, Chacho Álvarez,
Indio Solari.

RATA DE METAL (1900-1960)
Cura Brochero, John John Kennedy, Jorge
Lanata, Tomás Ardí, Antonio Banderas,
Roberto Arlt, Tchaikovsky, Lucrecia Borgia,
Luis Buñuel, Gustavo Francisco Petro
Urrego, José Luis Rodríguez Zapatero, Bono,
Ayrton Senna, Nastassia Kinsky, Spencer
Tracy, Daryl Hannah, Sean Penn, Juan Cruz
Sáenz, Alejandro Sokol, Gabriel Corrado,
Ginette Reynal, Diego Maradona.

Día de la Horticultura Argentina
Rata de Fuego

RATA DE AGUA (1912-1972)
Charo Bogarín, Raj Patel, Antonio Gaudí, Loretta Young, Cameron Díaz, Gene Kelly, reina Letizia Ortiz, Facundo Arana, Zinedine Zidane, Lawrence Durrell, Lolo Fuentes, Pablo Lescano, Maju Lozano, Eve Arden, Pity Álvarez, Valentina Bassi, George Washington, Roy Rogers, Antonio Rossini, Pablo Rago, Valeria Mazza.

Tabla de compatibilidad

	Amor	Salud	Trabajo	Amistad
Rata	4	3	4	2
Búfalo	3	3	2	1
Tigre	2	2	3	1
Conejo	2	2	3	1
Dragón	2	4	5	4
Serpiente	1	1	2	1
Caballo	3	2	1	2
Cabra	2	2	2	1
Mono	3	1	1	2
Gallo	4	1	4	3
Perro	5	2	5	3
Cerdo	1	3	2	2

1 • mal
2 • regular
3 • bien
4 • muy bien
5 • excelente

Búfalo

Ficha técnica

Nombre chino del búfalo
NIU

Número de orden
SEGUNDO

Horas regidas por el búfalo
01.00 A 03.00

Dirección de su signo
NOR-NORDESTE

Estación y mes principal
INVIERNO-ENERO

Corresponde al signo occidental
CAPRICORNIO

Energía fija
AGUA

Tronco
NEGATIVO

Eres búfalo si naciste

06/02/1913 - 25/01/1914
BÚFALO DE AGUA

25/01/1925 - 12/02/1926
BÚFALO DE MADERA

11/02/1937 - 30/01/1938
BÚFALO DE FUEGO

29/01/1949 - 16/02/1950
BÚFALO DE TIERRA

15/02/1961 - 04/02/1962
BÚFALO DE METAL

03/02/1973 - 22/01/1974
BÚFALO DE AGUA

20/02/1985 - 08/02/1986
BÚFALO DE MADERA

07/02/1997 - 27/01/1998
BÚFALO DE FUEGO

26/01/2009 - 13/02/2010
BÚFALO DE TIERRA

Antes del equinoccio
domingo silencioso
para meditar.
Nublado, sin ganas de mejorar
frío anticipado en la yugular.
En el medio cielo no hay caricias
solo libertad
elección de continuar en el macrocosmo
conversando con los Siete Cabritos
Sirio y la Estrella Polar.
En la Tierra nadie sabe qué pasará,
la sangre de la familia
diluida en nebulizaciones sin fertilidad
L. S. D.

4 Búfalo

Rafael, mi padrino, partió en marzo en pleno «saturnazo»[16], antes de cumplir 91 años.

En su cumpleaños anterior pude visitarlo por un breve espacio de tiempo a la hora del té.

–Me pesan los 90 –me dijo.

–Me imagino –le dije–, tengo treinta menos y me parece que viví mil años.

El hermano menor de mi padre Eduardo fue un búfalo de madera que dejó huellas en el arte latinoamericano porque supo ver con su tercer ojo a los que tenían vocación y talento y les dio el apoyo necesario a través de críticas agudas que dolían como agujas de acupuntura en la tela de sus obras, para que no claudicaran.

Su vida es una leyenda digna de su descendencia de inmigrantes sardos, españoles, y por suerte de sangre guaraní por parte de la abuela Margarita.

Siempre lo admiré, y me acerqué a mi padrino «el Rafa» cuando mis primas me dejaban.

Los celos son un cepo que impide fluir hacia la fuente, y el cántaro debe adaptarse a las circunstancias hasta llenarse.

Rafael fue un hombre que tenía estampa, carácter y una inteligencia pragmática.

Se parecía a Gregory Peck: y en los años que vivió en Washington como agregado cultural de la OEA lo confundían con el célebre actor.

Estudió en Escocia e hizo de abogado en esas lejanas tierras habitadas por los celtas, druidas y energías misteriosas que siguen apareciendo en Inglaterra, donde vivió y se enamoró de Mary Dodd, la madre de sus hijas, mis primas hermanas.

La celestina de la unión fue la China Zorrilla.

---

[16] Se le llama así al período de los cuarenta días previos al cumpleaños.

Rafael, a pesar de permanecer casado con la tía perro de agua, dejó un tendal de enamoradas con intentos de suicidio, promesas en el altar, desnudas como las Venus en hoteles y buhardillas del planeta y tal vez de otras galaxias.

Poeta fantástico, sus palabras laceran al que se anima a desandarlas. Está considerado entre los diez mejores críticos de arte del mundo.

Pasó su vida entre talleres, trementina, óleos, crayones, caballetes, pinceles y tinta china. Su tercer ojo le permitió ver «más allá» y destacar el trabajo de Berni, Petorutti, Carlos y Raúl Alonso, Miguel Ocampo, Ana Candioti, Raquel Forner, Héctor Giufre, Pérez Celis, Salatino entre cientos de artistas de la amada Latinoamérica.

Su rutina de buey aró el terreno para que la siembra de su genio diera buenas cosechas en el arte de nuestro país y continente.

Mi adolescencia y juventud estuvo impregnada de su padrinazgo en bares donde se reunían cada mañana estos artistas e intercambiaban sus obras esperando el juicio de Rafael, entre comentarios agudos, sentido del humor y esa bohemia extinguida patéticamente en Buenos Aires y el planeta globalizado.

Rafael tradujo el *Hamlet* de Shakespeare, completó la trilogía que escribió mi padre sobre la tragedia del rey David, Saúl y Salomón.

Junto a su amigo Fernando Demaría fundaron en Quemú Quemú «el hombre nuevo» con un monumento a Kennedy en medio de los impedimentos de la época.

Pero en la Argentina, además de fundar el Museo de Arte Moderno y apoyar el movimiento Di Tella con los artistas de ese tiempo, empezando por mi tercer tío Charly, Dalila Puzzovio, Marta Minujín, Miguel Ángel Rondano y otros, su presencia de crítico de arte fue diluyéndose en medio de la banalización, la tontería y la liviandad del ser que lo hundió aún más en las sombras del *«to be or not to be»*.

Este búfalo, al que muchos temían por sus ataques de ira, mal humor, órdenes militares a sus tres mujeres que marchaban al ritmo de la Marsellesa, ocultaba una gran ternura, calidez, sentido solidario con quienes golpeaban su puerta en busca de un consejo, unas palabras de aliento y, por qué no, jugar al truco los domingos por la tarde.

A veces, cuando soñaba con ninfas, diosas del Olimpo, doncellas, se oían sus bufidos.

A la mayoría de los búfalos les atrae vivir en la naturaleza; a Rafael le gustaba el asfalto caliente de Buenos Aires en verano y gélido en invierno para entresoñar su destino incompleto.

El Búfalo en el Amor

No esperen el romanticismo del siglo XVIII, ni flores cada aniversario, ni dulces palabras al levantarse por la mañana.

Son prácticos y conservadores con la persona que sin duda entra en su existencia y a quien siente la posesión más valiosa, hasta que la vida le demuestre lo contrario.

El buey *yin-yang* y en sus variedades considera al sexo como el principal factor de amor.

Sabe disfrutar el placer de compartir la vida cotidiana aunque sea con restricciones de horarios, economía y hábitat.

El hiperrealismo mágico de sus deseos será saciado con sus órdenes; la amistad, la complicidad y la solidaridad son fundamentales para que el buey construya un matrimonio sólido (aunque no pase por el registro civil) y tenga un zoo numeroso.

La lealtad es más importante que la fidelidad física para este signo, y aunque parece incapaz de un desliz, sabe que tiene fanes esperando turno en su pradera.

El amor se tiñe de una diversidad cromática muy original en el buey.

Sabe compartir el claroscuro de la vida y está cuando lo necesitan real o virtualmente.

Cuando se enamora u obsesiona por alguien es capaz de atravesar la Muralla China con un ejército para conseguir su amor o desprecio, porque tiene tendencia a caer en amores sadomasoquistas.

Es ideal para formar una familia, aunque sea el buey el que imponga las reglas.

El Búfalo en el Trabajo

En China este signo simboliza el trabajo.

Es un clásico ver en los arrozales a los campesinos arando y sembrando la tierra con los bueyes.

Dice la mitología que hay dos especies de búfalos: los que nacen en verano serán más holgazanes y sin compromisos de horarios; trabajarán por lo esencial y de forma independiente. Los de invierno, en cambio, son los que trabajarán horas extras desde el amanecer hasta el anochecer, a pura tracción humana.

El sentido del deber y la responsabilidad son parte de su ADN; tiene voluntad y una gran autoexigencia consigo mismo.

Saben organizar equipos y PyMES con sentido común; tienen intuición para elegir gente y transmitir su experiencia.

En estos días partió Nicolás García Uriburu, un búfalo que no claudicó en su vida con su obra y con su convicción en el arte y en la construcción de una vida telúrica sazonada de episodios agridulces en la constelación familiar.

Extremistas en el amor, el trabajo y la amistad, muchas veces pierden el Norte por quedar apegados a situaciones traumáticas que les impiden fluir con naturalidad.

El Búfalo en la familia

Si no fuera por el buey, tanto en China como en Occidente la familia, en su sentido real, habría desaparecido.

Su precoz búsqueda de una sociedad que le permita desarrollarse será el motor de sus sueños.

Lo conseguirá, y a partir de allí tendrá fuerza, como Napoleón, para conquistar el planeta.

En la mayoría de los casos tendrá descendencia o adoptará a quienes sienta como propios.

Sabrá educar y poner límites, y pecará de severo y autoritario.

Su vocación familiar será notable; organizará safaris, viajes para escalar el Aconcagua, hacer terapia mediante el arte de la cocina, jardinería, artesanía o en inventar juegos por internet.

Tal vez no sea el Tío Rico, pero jamás le faltará nada para la supervivencia y podrá proteger a sus seres queridos a través de su oficio o profesión.

Un ejemplo de trabajo y vocación que contagia al zoo chino.

L. S. D.

Cacaréame tu secreto

¿Crees en el psicoanálisis?
Creo que el psicoanálisis ayuda a despertar la conciencia, a veces. Depende mucho del terapeuta y el paciente, pero cada vez más creo en las terapias alternativas que pasan más por el corazón/intuición que por la mente/raciocinio.

¿Prefieres terapia individual o grupal, y por qué?
Las dos me ayudaron en otros momentos de mi vida. Hoy elijo la grupal, porque me parece que ayuda a ver otros espejos.

¿Qué es el amor?
Para mí el amor es pasión, bondad, libertad, generosidad, cuidado, respeto, entusiasmo. Es lo que le da sentido a este mundo, y a mi vida.

¿Qué es la música?
Una compañera incondicional en mi vida. Es la melodía de la vida. Me recuerda momentos, emociones, personas, lugares... No concibo la vida sin ella.

¿Qué te emociona?
El amor, la música, la naturaleza, la ascendencia (mis padres, abuelos) y la descendencia (hijos), la armonía, la dignidad, el esfuerzo para lograr lo deseado, llegar a una meta.

¿Hablas con los no vivos?
De alguna manera sí. Creo en los sueños como conectores hacia otros estados de conciencia. También creo en las señales como comunicación con ellos.

¿Qué te falta completar de todo lo que imaginabas cuando eras pequeña?
No tengo recuerdos de haber imaginado de pequeña algo para cuando fuese mayor, pero la música estaba en mis sueños.

¿Qué hacemos con el resentimiento, como se puede transmutar?

El resentimiento lo veo como enfado acumulado y no expresada, por lo tanto creo en poder dejar salir el enfado y concienciarla para después poder aceptar la realidad y poder tener compasión hacia quienes nos hirieron o nos lastimaron y entender sus limitaciones.

¿El dinero calma los nervios? ¿Da felicidad?

A mí me da cierta tranquilidad, seguridad, me respalda pero no me da felicidad. La felicidad la voy construyendo día a día y minuto a minuto con los momentos que elijo vivir.

¿Crees en un mundo ecuménico?

Sí. Creo en la unidad del ser humano y la aceptación de las diferencias de las personas. Cada persona con sus deseos y creencias.

¿La paz interior es posible? ¿Cómo se logra?

A mí me ayuda a lograr la paz interior el ser sincera conmigo, aunque no me guste muchas veces lo que veo y siento, me hace cambiar lo que no me gusta, respetar mis convicciones y mi naturaleza.

¿Qué haces cuando ves la vida negra y no encuentras la claridad?

Dejo que el tiempo y la vida me conduzcan hacia la salida, hacia la claridad que no estoy viendo o encontrando.

¿Qué deseas para el futuro?

Deseo que se empiece a recurrir al amor y a la conciencia, para poder resolver los problemas del mundo. Poder dejar de lado el odio y la violencia, que llevan a la destrucción y al resentimiento. Y así construir un mundo feliz.

Datos clave del Búfalo

Principales cualidades: Un trabajador apasionado, paciente y equilibrado.
Principales defectos: Testarudo, mal perdedor. Le cuesta aceptar lo que es distinto a él, y no tiene sentido del humor.
En el trabajo: Honesto y perseverante. Altamente responsable.
Mejor rol: Árbitro moral.
Peor rol: Contador de chistes y cuentos.
Dinero: A veces derrochador, otras veces imprudente.
Suerte: Nacer en una familia que lo ame y respete y poder fundar la propia con amor.
No puede vivir sin: Contacto con la naturaleza.
Adora: Cuidar su jardín, tener tiempo para el ocio creativo y filosofar.
Detesta: Estar equivocado, o sentirse atrapado en la multitud.
Tiempo para el ocio: Pasear por parques públicos, jardines botánicos, plazas y, si tiene tiempo, conquistar nuevas tierras.
Lugares favoritos: Cerca de la naturaleza, con confort. Estar con otros sin llamar la atención.
Color: Verde.
Plantas: Salvia, hiedra y ruda macho.
Flores: Violeta y peonía.
Profesiones: Estadista, hombre de acción en la guerra, arquitecto, arqueólogo, gerente de empresa, economista distinguido, granjero, jardinero, líder de alguna secta religiosa (fanático seguramente), dictador, policía y marchante de arte.

El Búfalo y las cinco energías

BÚFALO DE MADERA (1925-1985)

En este búfalo la actitud hacia la acción se conjuga con el método de forma sorprendente. Es el más dúctil y sociable, siempre con buenos propósitos y dispuesto a conciliar sus ideas. La lentitud típica de este signo se combina aquí con la reacción de la madera, y ofrece una excelente capacidad de adaptación y transformación frente a situaciones nuevas. Posee una buena disposición a trabajar en equipo, pero debe ser líder.

BÚFALO DE FUEGO (1937-1997)

Con actitud hacia el liderazgo, testarudo, y con mucha fuerza de voluntad, resulta el más enérgico y apasionado de los búfalos. Puede ser objetivo y sincero, aunque inflexible ante quienes desafían su voluntad. No tiene ningún temor ni cautela en enfrentarse abiertamente y pasar al ataque, sobre todo cuando están en juego sus afectos y sus amores.

BÚFALO DE TIERRA (1949-2009)

Quizá sea falto de espíritu de iniciativa, pero no de sentido del deber. Consciente de la lentitud de sus ritmos, se toma todo el tiempo necesario para cumplir con sus objetivos, que generalmente tienen que ver con la estabilidad y la seguridad. Sincero y a veces arisco, le gusta envejecer con quien ama a su lado. Solo detesta ceder lo que ha logrado conquistar.

BÚFALO DE METAL (1901-1961)

Determinado y calculador, siempre sabe lo que quiere y cómo obtenerlo. Culto y elocuente, sabe de qué manera convencer utilizando pocas palabras, siempre correctas. Le cuesta manifestar abiertamente sus sentimientos, aunque es absolutamente fiel a sus compromisos y a su palabra. Su adicción mayor es el trabajo, en el cual puede llegar a anularse.

BÚFALO DE AGUA (1913-1973)

Paciente, silencioso, idealista, tiene una mente extremadamente aguda y predispuesta hacia la organización. Es el más racional e intelectual de los búfalos, no muy severo, pero observador fiel de la ley y el orden. Puede desempeñar, sin esfuerzo, distintas actividades a la vez, elaborando estrategias sin perder la calma, la lógica y el método.

El Búfalo y su ascendente

Búfalo ascendente Rata: 23.00 a 01.00
Un búfalo sentimental. La rata lo aviva y suaviza. Será divertido, rígido, imaginativo y muy *sexy*. Cuidará el dinero.

Búfalo ascendente Búfalo: 01.00 a 03.00
Será un extremista. No tendrá humor ni imaginación. El fin justifica los medios.

Búfalo ascendente Tigre: 03.00 a 05.00
Será un búfalo cautivante y de gran magnetismo. Tendrá sed de selva y de justicia. ¡Cuidado con los ataques de cólera!

Búfalo ascendente Conejo: 05.00 a 07.00
Será un búfalo diplomático, discreto, culto y refinado. Amará viajar y dedicarse a negocios de alto nivel.

Búfalo ascendente Dragón: 07.00 a 09.00
Será un búfalo alado. Imaginativo, ambicioso, autoritario y muy sibarita. Habrá que tener mucha suerte para que nos dedique un poco de tiempo.

Búfalo ascendente Serpiente: 09.00 a 11.00
Un ejemplar muy misterioso y atractivo. Será reservado, rencoroso, astuto y tendrá suerte en el azar.

Búfalo ascendente Caballo: 11.00 a 13.00
Este búfalo no soportará estar encerrado. Febril, ardiente, sensual y rebelde, no se conformará con lo que tiene. Siempre querrá más.

Búfalo ascendente Cabra: 13.00 a 15.00
Un búfalo con tendencias artísticas, y muy tierno. Sabrá hacer dinero con su talento. Elegirá la vida cerca de la naturaleza y fomentará la ecología.

Búfalo ascendente Mono: 15.00 a 17.00
Este búfalo no se tomará demasiado en serio los problemas. Será

astuto, divertido, locuaz y brillante para los negocios. Tendrá siempre un naipe escondido dentro de la manga.

Búfalo ascendente Gallo: 17.00 a 19.00
Este búfalo será dinámico y concienzudo. Antes de usar los puños se valdrá de sus «cocorocós». Una especie de sacerdote entre predicador y soldado.

Búfalo ascendente Perro: 19.00 a 21.00
Este búfalo nació para defender los derechos humanos. Tendrá agilidad, humor y una gran capacidad de sacrificio.

Búfalo ascendente Cerdo: 21.00 a 23.00
Este búfalo es afectuoso, exigente, y adora a su familia. A lo largo de su vida deberá atravesar pruebas de fuego para probar su integridad.

Cuéntame un cuento chino

**Luis Alberto Spinetta • Búfalo de Tierra • *Cosmic man*
Argentina**

Quisiera ser tigre, pero soy búfalo.

Es decir, me gustaría tener las cualidades de un felino: sigilo, mirada implacable, soberanía mortal, estilo de silencio. Todos creyendo que las bestias nos deparan el espíritu ganador, según las condiciones del pronóstico zoológico.

Creo que el animal soy yo y los hermosos ejemplares están dotados con las propiedades irrefrenables del alma humana. Todo esto porque en el año en que nací, estoy en el límite entre el tigre y el búfalo… con lo cual no me aseguró nada, por ejemplo, nacer bajo la constelación del arado y del cangrejo al mismo tiempo. Uno va para adelante y el otro para atrás.

De todos modos, en las estrellas hemos depositado nuestros sentimientos, nuestras estructuras, nuestras herramientas y hasta nuestros animales.

Y así las estrellas nos devuelven tanto animal.

A los animales los entendemos incluidos dentro de la humanidad. Lo cierto es que soy búfalo, me lo aseguró Ludovica.

El buey no solo es español, sino que además es una persona afincada en su cuerpo, como si fuera el caparazón de una tortuga infinita.

Recio pero humilde, calentón pero paciente, con plena conciencia de su historia humana (quizá por los cuernos). El buey se inclina devotamente al aliento y observa la fragilidad.

¡¡¡Esto sí que es la vida!!!

En estas se acerca a un frigorífico.

Personajes famosos

BÚFALO DE MADERA (1865-1925-1985)
Rafael Squirru, Paul Newman, Peter Sellers, Bill Halley, Johann Sebastian Bach, Carlos Balá, Richard Burton, Roberto Goyeneche, B. B. King, Jack Lemmon, Dick van Dyke, Malcolm X, Johnny Carson, Rock Hudson, Rosario Ortega, Tony Curtis, Bert Hellinnger, Sammy Davis Jr., Jimmy Scott.

BÚFALO DE FUEGO (1877-1937-1997)
Dustin Hoffman, Herman Hesse, Trini López, Robert Redford, Boris Spassky, Martina Stoessel, Jack Nicholson, Jane Fonda, Facundo Cabral, Diego Baracchini, rey don Juan Carlos I de España, José Sacristán, Warren Beatty, Norman Brisky, María Kodama.

BÚFALO DE TIERRA (1889-1949-2009)
Luis Alberto Spinetta, Meryl Streep, Jairo, Renata Schussheim, Richard Gere, Fernando Parrado, Ángeles Mastretta, Paloma Picasso, Joaquín Sabina, Oscar Martínez, Jessica Lange, Claudio Gabis, Alejandro Medina, Billy Joel, Charles Chaplin, José Pekerman, Sergio Puglia, Jean Cocteau, Gene Simmons, Napoleón Bonaparte.

BÚFALO DE METAL (1901-1961)
Louis Armstrong, Enzo Francescoli, Nadia Comaneci, Barack Obama, James Gandolfini, Boy George, Alfonso Cuarón, Alejandro Agresti, Ronnie Arias, Cinthia Pérez, The Edge, Jim Carrey, Sergio Bergman, Ingrid Betancourt, Walt Disney, Eddie Murphy, Juana Molina, Diego Capusotto, Alejandro Awada, Lucía Galán, Andrés Calamaro, Andrea Frigerio.

Luis Alberto Spinetta Búfalo de Tierra

BÚFALO DE AGUA (1853-1913-1973)
Albert Camus, Belén Esteban, Zambayonny,
Vivien Leigh, Inés Sastre, Nicolás Pauls,
Bruno Stagnaro, Alan Ladd, Juliette Lewis,
Burt Lancaster, Iván González, Cristina
Pérez, Sebastián Ortega, Juan Manuel Gil
Navarro, Cecilia Carrizo, Juan Manuel de
Rosas, Carolina Fal, Carlo Ponti, Martín
Palermo.

Tabla de compatibilidad

	Amor	Salud	Trabajo	Amistad
Rata	2	5	5	3
Búfalo	2	4	3	2
Tigre	3	4	3	2
Conejo	3	4	3	3
Dragón	5	5	4	5
Serpiente	4	5	4	5
Caballo	4	4	5	5
Cabra	4	3	3	5
Mono	3	4	2	1
Gallo	3	3	3	4
Perro	3	4	2	2
Cerdo	4	2	4	2

1 • mal
2 • regular
3 • bien
4 • muy bien
5 • excelente

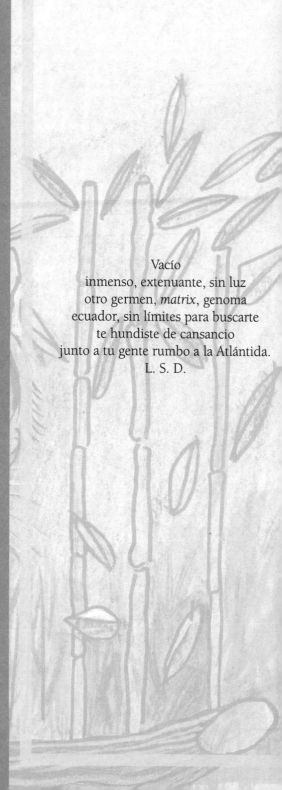

Ficha técnica

Nombre chino del tigre
HU

Número de orden
TERCERO

Horas regidas por el tigre
03.00 A 05.00

Dirección de su signo
ESTE-NORDESTE

Estación y mes principal
INVIERNO-FEBRERO

Corresponde al signo occidental
ACUARIO

Energía fija
MADERA

Tronco
POSITIVO

Eres tigre si naciste

26/01/1914 - 13/02/1915
TIGRE DE MADERA

13/02/1926 - 01/02/1927
TIGRE DE FUEGO

31/01/1938 - 18/02/1939
TIGRE DE TIERRA

17/02/1950 - 05/02/1951
TIGRE DE METAL

05/02/1962 - 24/01/1963
TIGRE DE AGUA

23/01/1974 - 10/02/1975
TIGRE DE MADERA

09/02/1986 - 28/01/1987
TIGRE DE FUEGO

28/01/1998 - 15/02/1999
TIGRE DE TIERRA

14/02/2010 - 02/02/2011
TIGRE DE METAL

Vacío
inmenso, extenuante, sin luz
otro germen, *matrix*, genoma
ecuador, sin límites para buscarte
te hundiste de cansancio
junto a tu gente rumbo a la Atlántida.
L. S. D.

Transitando el año del mono de fuego, me encuentro con tigres todo el día, en cada lugar: bares, negocios, en la calle, y me rugen lo difícil que lo están pasando en el año de su opuesto complementario, el mono.

La astrología china realmente resulta infalible.

Así es, queridos felinos, no se salvan aunque sean los reyes de la selva.

La ferocidad del tigre está en jaque este año, y muestran sus zonas vulnerables con candidez, espontaneidad, desparpajo y humildad.

¡¡¡AL FIN!!!

Los amamos igual: ustedes saben que las crisis los fortalecen y les dan tiempo para reinventarse y seguir el safari en el TAO.

Hace unos días, me fui a celebrar el cumpleaños de Dalmiro Sáenz con parte de su tribu y su mujer jabalí.

Dalmiro cumplió 90 años.

Y llegar ese día a su casa en el centro porteño, al atardecer, fue una ceremonia de doble festejo: era el día del escritor, y por eso sentí que saludarlo lo ennoblecía aun más.

Marcela, su hija cabra, me abrió la puerta en el vestíbulo y subimos contentas al ágape.

Un ámbito atemporal, con poca luz y proporciones ligeras son el territorio del tigre de fuego que estaba sentado en una mesa de madera que es cómoda, amplia, y testigo de la cotidianidad de sus vidas, base de un libro de Borges, ya sin tapa, con el cual Dalmiro viaja con la imaginación al releerlo.

Es a lo único que se aferra, al libro de Borges.

Su mirada penetrante, intimidatoria, de flecha certera a preguntas prematuras es parte de su seducción que las décadas acentuaron aun más.

—¿Te acuerdas de mí? —le dije un poco insegura.

—Sí, por supuesto, Ludovica. ¿Tienes novio?

—Sí, hace nueve años, con el fotógrafo que me saca en las cubiertas de los libros.

—¡Ahhhh! ¿Dónde está?

—En este momento, en Córdoba.

Lo mismo me preguntaba hace cuarenta años cuando nos conocimos un verano en Punta del Este, junto a quien es hoy una de las pocas y elegidas amigas del corazón, Marcela.

Poco a poco, llegaban sus hijas e hijos, de nueve que engendró con Tatana aparecieron cinco, cada uno con un saludo especial, cariñoso, algún chiste sobre el padre ausente y famoso, y la forma en la que se las arreglaron para crecer sanos, alegres, creativos, solidarios y autosuficientes.

Tacito, el gato siamés, caminaba sobre la mesa degustando los manjares que llevamos entre todos y era parte del festejo; es el gran amigo de Dalmiro en las eternas horas de soledad y recuerdos que parecieran no pesarle en el alma.

Su interés por saber qué decíamos, en medio del chismorreo, fue notable.

Se reía cuando Juan Cruz comparaba los bastones de ambos por diferentes circunstancias y lo integraba en su lento andar cansino al baño sin dejar que lo ayudaran.

Este tigre no dejó un deseo, un sueño, una aventura sin explorar en su vertiginosa existencia.

Desafió la ley de gravedad con su insolencia, coraje, optimismo, estado atlético y mental.

Rompió corazones, los coleccionó y dejó que se reciclaran artísticamente en medio de rupturas dignas de Henry Miller y Anaïs Nin, cuando nadie imaginaba quiénes eran entre las sábanas y en la literatura.

Fue innovador arquitecto de cuevas marinas que eran hogares cálidos en el inframundo, recolector de muebles olvidados en pueblos del Uruguay y de La Pampa para reciclarlos y darles categoría en los anticuarios de San Telmo o de Barrio Norte y cobrarlos como si fueran de la época renacentista.

Afrontó dificultades para ganarse la vida mientras escribía libros que eran trasgresores, de vanguardia y con títulos siempre originales y provocativos.

Médium de lo lejano e imposible, sin horarios ni ataduras.

Libre como el viento que no se atrapa y cambia según las energías cósmicas que nos rigen el biorritmo.

Galán, enamoraba sirenas, elfos, almejas y siemprevivas entre la Gorriti y la Isla de Lobos.

Siempre atlético, deportista, quemado por los soles de ambos hemisferios y de las cuatro estaciones a la intemperie.

Locuaz, agudo, cínico.

Donde estaba Dalmiro siempre ocurría algo que era noticia.

Lúdico, cariñoso, frontal, despierto aunque se mantuviera en vigilia.

El tigre apenas peina canas; sigue guapísimo y destilando ondas misteriosas desde su psiquis.

Devorador de retazos de vida ajena para llevarlas al papel y dejarnos atónitos, sorprendidos, estimulados.

Un tigre que bajó algunos decibelios, gestos intempestivos, y los atenuó como un buen cuadro que tiene luces y sombras exactas para disfrutar en silencio y aprender a envejecer sin molestar, adaptándose al tictac de los relojes blandos de Dalí.

El Tigre en el Amor

Desde que nace y husmea el entorno —después de esperar nueve meses para estrenar su espíritu salvaje, valiente y aguerrido— es un animal que se guía por la intuición y el instinto cuando siente deseos de poseer a quien elige de un zarpazo y sin pedir permiso.

El amor está condimentado de múltiples ingredientes que encuentra en cada paso que da en la selva, o cuando sueña con los safaris de Salgari, que protagoniza real o telepáticamente.

Su belleza innata se destaca por su físico en ambos sexos: seguridad, insolencia y seducción lo convierten en un signo con hándicap para tener romances, idilios, aventuras y también matrimonios, de los que sale y entra con total facilidad.

Apasionado, *sexy*, es capaz —como Otelo— de matar si siente celos y de desplegar su radiación solar, eólica y nuclear para capturar a su legión de enamorados.

Al tigre no hay que pedirle compromisos ni formalidades.

El amor es parte de su ADN, y no dejará víctima por explorar desde la médula hasta los chakras para saciar su voracidad afectiva.

Jamás te aburrirás con un tigre: sabe muy bien cuál es el punto G del elegido y no descansará hasta atraparlo en sus garras mientras deshoja la margarita.

El Tigre en el Trabajo

Es el rey de la tierra para los chinos, y deberá cumplir con funciones imperiales.

No les aconsejo contratarlo de 9 a 17 horas; no lo encontrarán ni en el baño de la oficina.

El tigre es libre y necesita ser su propio empresario, generar ideas para producir y ejecutarlas.

Tampoco es buen socio, tiene sus reglas y no soporta que lo contradigan.

Buscará súbditos, empleados que le rindan pleitesía y en los que pueda confiar.

Su imaginación le asegura la supervivencia en el lugar del planeta donde se encuentre.

El fin... ¿¿justifica los medios??

Encontrar a un tigre en el mismo lugar en una empresa a través de las décadas es una utopía. Buscará trabajos golondrina que le permitan viajar, comer y rezar hasta saciar su sed de aventuras.

Cuando sus amigos le pregunten si se jubiló, se sorprenderá con una carcajada digna de un temblor en la montaña.

El tigre es pan para hoy, hambre para mañana.

O un excéntrico millonario como *El Lobo de Wall Street* antes de fundirse.

El Tigre y la Familia

Es el signo más reacio a cumplir con los roles en la constelación familiar, y será trasgresor cuando le exijan hacer los deberes.

Amará sin tabúes; soltará su energía cuando lo crea propicio para participar en situaciones familiares en las que lo reclamen o cuando sea el protagonista de algún escándalo que lo alejará de la familia.

Errático, ciclotímico, inestable, detesta que le exijan horarios o días en que debe reemplazar a alguien, o cuidarlo, o acompañarlo al médico.

Compensará su conducta con viajes alrededor del mundo con su pareja, hijos y nietos y dejará una huella en el corazón de quien lo ame sin condicionamientos.

L. S. D.

Cacaréame tu secreto

¿Cómo podemos ser más ecológicos en las relaciones humanas?

No creo posible ninguna forma de ecología medioambiental sin una urgente y necesaria ecología humana. Los vínculos sociales, las múltiples formas de la comunicación tanto en ámbitos privados como públicos necesitan revisión. Proliferan las tecnologías de la comunicación al tiempo que aumentan la soledad, el maltrato, la incomprensión y la insensibilidad, todo lo cual es el combustible del consumismo. Necesitamos nuevas maneras de ser en el sentido social, formas renovadas de democracias, es decir, nuevas formas de «contrato social».

¿Por qué el dinero es tan importante?

Precisamente porque representa esa «varita mágica» que nos pone cualquier deseo al alcance de la mano. Así se vuelve una herramienta de satisfacción inmediata del deseo de consumir. Si tengo dinero, tengo «poder»; no necesito nada ni a nadie más.

¿La felicidad existe o es un invento occidental?

No creo que podamos hablar de LA FELICIDAD con mayúsculas, pero sí entiendo y creo que cada sociedad va construyendo sus ideales de felicidad. En la actualidad, y más aún cuando vivimos en un mundo «globalizado», esos ideales se mundializan, lo cual tiene un aspecto interesante y es que en cada rincón del planeta puede haber personas intentando construir sus propios horizontes de felicidad en respuesta contracultural a los que el modelo globalizado impone.

¿La verdad, siempre, a la larga, se sabrá?
No lo sé, veo la vida y todo lo que existe, me refiero a todo lo que la creación ha creado, como una obra inigualable en su belleza, armonía y creatividad. Me gusta sentir que ciertas claves de semejante creación no sean accesibles al hombre, por lo menos a este sujeto que estamos siendo nosotros. Me satisface que se mantengan mágicas y misteriosas.

¿Cuál crees que es el signo de estos tiempos?
La voracidad.

¿El amor todo lo puede?
Sí y no.

¿El sexo es energía fundamental del universo?
Dicho así, no sé... El impulso sexual es por cierto el que canaliza nuestra capacidad de crear vida humana, aunque también es a través de la sexualidad que vislumbramos ese misterio de la vida... ¡eso si tenemos buenos orgasmos!

¿Cómo es la soledad?
Es la conciencia de ser yo misma, separada y diferente a los demás. Es como un abismo.

¿El mundo de las redes sociales nos acerca o aleja?
Depende... nos permiten tener acceso a información inmediata lo cual es muy útil; en este sentido las redes nos acercan a lo que necesitamos, son facilitadoras. Ahora, no creo que nos acerquen en el sentido de vincularnos... ahí creo que las relaciones que nacen o se mantienen a través de las redes sociales pueden dar sensaciones semejantes a un vínculo real, pero no son lo mismo sin el cuerpo y toda su manifestación sensible incluida.

¿Todo tiempo futuro será mejor?

Todo tiempo «presente» es mejor y como cada «aquí y ahora» se vuelve pasado con solo nombrarlo, entonces prefiero el hoy con la cabeza alta.

Datos clave del Tigre

Principales cualidades: Lealtad, coraje, entusiasmo y generosidad.

Principales defectos: Imprudencia, soberbia, excesiva impulsividad y falta de tacto.

En el trabajo: Brillante, pero solo si él es el patrón.

Mejor rol: Salvador de la nación, o en segundo lugar, monarca o presidente.

Peor rol: Mendigo.

Dinero: Al límite de la riqueza o de la pobreza.

Suerte: Nacer de noche. Su sed de sangre será saciada entre las sombras.

No puede vivir sin: Ser protagonista.

Adora: Dominar la situación y vivir situaciones imprevisibles. Aprovechar las oportunidades, dar el zarpazo.

Detesta: La hipocresía, el cinismo y los escándalos.

Tiempo para el ocio: Visitar países a caballo, caminando, en moto, pero no en coche o autobús. Adora los safaris.

Lugares favoritos: La selva, los matorrales impenetrables, y las alcobas palaciegas.

Colores: Anaranjado y dorado.

Planta: Bambú.

Flores: Violetas.

Profesiones: Todas aquellas en las que sea el jefe o líder. Presidente, *boy scout*, Papa o Dalai Lama. Adora tener un ayudante para hablar y confiar en él.

El Tigre y las cinco energías

TIGRE DE MADERA (1914-1974)

Asombrosamente intolerante, aunque menos individualista, está dispuesto a colaborar con tal de progresar rápidamente. Su sueño no tan oculto es el de liderar y dirigir. Sus defectos más notables son la falta de disciplina, la irresponsabilidad y cierta superficialidad, todos equilibrados con una creatividad sin límites.

TIGRE DE FUEGO (1926-1986)

Prende la chispa muy fácilmente y ahí nadie lo puede detener. Vital, activo, independiente, es el más anticonformista y teatral de los tigres. Le encanta brillar, estar en primera plana, asombrar con su generosidad y unicidad. Su anhelo de experimentar todo sobre su propia piel le produce grandes placeres, así como dolores inconmensurables.

TIGRE DE TIERRA (1938-1998)

Puede resultar menos brillante que otros tigres, pero es el más constante y atento, el que lo tiene más claro. A veces rígido, orgulloso, quizás insensible, no deja de tener su lado bizarro condimentado con una buena dosis de intelectualidad. Presenta una dedicación absoluta al trabajo, cosa que se toma con extremada seriedad.

TIGRE DE METAL (1950-2010)

Quiere todo, lo quiere ya y a toda costa. Mucha garra y espíritu de competición. Acostumbrado desde cachorro a querer en exceso, no tiene capacidad para distinguir sus propios deseos. Aprovecha repentinamente toda ocasión que se presente, sin escrúpulos; la mayoría de las veces despliega su irresistible atractivo y sale ganador.

TIGRE DE AGUA (1902-1962)

Su vida es la representación de un drama constante, siempre en ebullición, aunque cuenta con la capacidad de dominar sus instintos. Junto a las características típicas de su signo posee una insospechable humanidad. Abierto e intuitivo, siempre muy objetivo, sabe evaluar bien distintos contextos y domina las situaciones sin tener que abusar de la autoridad.

El Tigre y su ascendente

Tigre ascendente Rata: 23.00 a 01.00
Buscará la pelea para luego reconciliarse; es su forma de excitarse y sentirse invencible. Será más ahorrativo que generoso.

Tigre ascendente Búfalo: 01.00 a 03.00
Es una combinación de equilibrio y sensatez. Tendrá autodisciplina y grandes contradicciones. Trabajará cuando se sienta obligado.

Tigre ascendente Tigre: 03.00 a 05.00
Será vivaz, ciclotímico, extremista, nómada, imposible de atrapar, y el James Dean del zodíaco chino. Mostrará las garras y aceptará todos los desafíos.

Tigre ascendente Conejo: 05.00 a 07.00
Es una combinación hiperfelina, solo para audaces y espíritus elevados. Controlará su impetuosidad e impaciencia.

Tigre ascendente Dragón: 07.00 a 09.00
Si no se mostrara tan desconfiado podría ser un gran líder. Apuntará alto, sembrará y se esforzará para recoger sus frutos.

Tigre ascendente Serpiente: 09.00 a 11.00
La serpiente frenará el impulso del tigre, dándole seguridad y firmeza en la acción.

Tigre ascendente Caballo: 11.00 a 13.00
Será un tigre apasionado, arriesgado y muy eficaz. Es fantasioso y se va detrás de un amor, dejando todas las responsabilidades.

Tigre ascendente Cabra: 13.00 a 15.00
Calmo y observador, pero posesivo al extremo. La cabra puede atemperar su agresividad y darle un toque artístico.

Tigre ascendente Mono: 15.00 a 17.00
Combinación mágica de músculo e ingenio. «El cielo es el límite».

Tigre ascendente Gallo: 17.00 a 19.00
Personalidad fascinante. Irá venciendo uno a uno los obstáculos que se le presenten. Un tigre emplumado.

Tigre ascendente Perro: 19.00 a 21.00
Es un tigre razonable y cooperativo. Sus tácticas serán irresistibles. Jugará limpio, será muy agudo y tendrá humor negro.

Tigre ascendente Cerdo: 21.00 a 23.00
Este tigre usa la razón y aplica tácticas endiabladas. Muy sensual, se dedicará a las altas y bajas pasiones.

Cuéntame un cuento chino

Cristina Tejedor • Tigre • Actriz • Argentina

Soy Tigre y Tauro. Desde niña tuve clara mi vocación. A los 18 años dejé mi Ciudad (Mar del Plata), y me vine a Buenos Aires a trabajar y estudiar Teatro. Tenía un objetivo y lo cumplí. Hice de todo, pero ningún trabajo me asustaba. Eran desafíos. Y cumplía metas.

Amo lo lúdico. Soy rebelde. Creía que podía cambiar el mundo, pero me di cuenta de que tenía que empezar por cambiar mi entorno. Puedo tener mucho dinero pero no me interesa. Vivo austeramente pero con las comodidades simples que no me aten a nada. Amo la libertad. Por momentos disfruto el ocio sin ninguna culpa. Amo amar. Soy fiel y doy todo. La traición es una herida que llevo de por vida. ¡¡Pero no hieras a un Tigre!!

Celosa, posesiva y fiel. ¡Necesito hacer sentir al otro el dueño del Universo!

No entiendo el abandono y la mentira. Pido explicaciones y sigo como un tigre herido, me lamo las heridas pero demuestro fortaleza. Aunque me hayan partido el corazón. Mi palabra es más importante que un papel firmado. Cuando siento que me engañan, mi malhumor me supera. Pero trato de amarte de manera que nunca olvides que un Tigre pasó por tu vida.

Personajes famosos

TIGRE DE MADERA (1854-1914-1974)

Oscar Wilde, Penélope Cruz, Julio Cortázar, Adolfo Bioy Casares, Richard Widmark, Germán Paoloski, Thomas Merton, Robbie Williams, Rafael Amargo, Leonardo Di Caprio, Alberto Castillo, Marguerite Duras, Elena Roger, Dani Umpi, Meg White, Ariel Ortega, Emmanuel Horvilleur, Eleonora Wexler, María Julia Oliván.

TIGRE DE FUEGO (1866-1926-1986)

Rafael Nadal, Sai Baba, Martín Piroyansky, Mel Brooks, Luis Suárez, Marilyn Monroe, Alfredo Distéfano, Dalmiro Sáenz, Lady Gaga, Martina Soto Pose, Jerry Lewis, Lea Michele, Klaus Kinsky, Miles Davis, Robert Pattinson, Oscar Ustari, Alberto de Mendoza, Fidel Castro.

TIGRE DE TIERRA (1878-1938-1998)

Roberto Carnaghi, Rudolf Nureyev, Alejandro Sessa, Pérez Celis, Angela Torres, Isadora Duncan, Tina Turner, Roberta Flack, reina Sofia de España, Issey Miyake, Karl Lagerfeld, Alan Watts, Ellen Johnson-Sirleaf, Jaime Torres, Héctor Larrea, Kofi Atta Annan, Augusto Mengelle, Leonardo Favio.

TIGRE DE METAL (1890-1950-2010)

Norberto «Pappo» Napolitano, Carlos Gardel, Hugo Arias, Matildo Ubaldo Fillol, Quinquela Martin, Stan Laurel, Stevie Wonder, Dolli Irigoyen, Miguel Ángel Solá, Oscar Mulet, Peter Gabriel, Laura Esquivel, Michael Rutherford, Charles de Gaulle, Laurie Anderson, Pelito Gálvez, Marcela Tinayre, Teté Coustarot.

Dalmiro Sáenz Tigre de Fuego

Ian Astbury, Jodie Foster, Alfredo
Casero, Simón Bolívar, Tom Cruise,
Carola Reyna, Divina Gloria, Ricardo
Iorio, Andrea Bonelli, Ivo Cutzarida,
Bahiano, Sandra Ballesteros, Fernando
Bonfante, Karina Lascarin, Leonardo
Becchini, Silvina Chediek, Juan
Namuncurá, Ana Tarántola, Juanse
Gutiérrez.

Tabla de compatibilidad

	Amor	Salud	Trabajo	Amistad
Rata	2	4	2	2
Búfalo	3	4	3	2
Tigre	2	4	1	2
Conejo	2	4	3	4
Dragón	2	2	3	3
Serpiente	1	2	3	2
Caballo	5	4	3	5
Cabra	4	3	1	5
Mono	4	4	3	3
Gallo	1	1	2	4
Perro	2	2	5	3
Cerdo	4	5	5	3

1 • mal
2 • regular
3 • bien
4 • muy bien
5 • excelente

Conejo

El amor mutó como el clima en los
últimos veinte años,
sin embargo soñé dos veces al amanecer en
Marruecos.
Y sentí que volvía sin tu cara
porque allí había estado antes de nacer
L. S. D.

Conejo

Estamos con Catman en Las Rabonas en pleno solsticio de invierno, reinventándonos desde la dermis a la epidermis.

Testigos de la última *full moon*, que en la prematura noche se enciende hasta el amanecer, delineando presagios, dudas, cambios de ruta internos, en los otros, en el país, en el mundo y en el universo en expansión.

Dentro de la luna, el conejo de cristal nos vigila. Lo observo relajado dentro de ella, que se llenó para que sepamos que desde allí siguen nuestras andanzas.

Aquí, en la Tierra, celebramos los goles, la destreza y la maestría del conejo de fuego Lionel Messi en el umbral de la final de la Copa América.

Cuántas pruebas para este hombre, que sobrevuela el globo terráqueo para dejar su huella de genio en cada estadio, partido, competición, mientras desafía «el lado oscuro de la luna», afrontando en España deudas impositivas al fisco.

Signo dual; *yin-yang* dotado de poderes sobrenaturales, bendecido por Buda por su suerte y adaptación a las pruebas que la vida le pone mientras está despierto, dormido o en vigilia.

Su carisma hipnotiza y atrae: posee tacto, refinamiento, buen gusto, audacia y sentido del humor.

Si nace con vocación y talento tendrá asegurado el éxito, que es su aliado durante toda su vida.

Cuando un conejo aparece en tu vida, la transmuta con sus poderes de alquimista, mago o hechicero.

Es una ráfaga de aire puro y cristalino que huele a bosques milenarios donde crecen setas y habitan duendes, elfos y espíritus protectores.

Su piel está aromatizada con fragancias de madreselva, jazmín y rosa mosqueta.

Estar a su lado es siempre una sorpresa; jamás se aburre ni te aburre.

De pronto en Palenque te propone que te des un baño en el asiento de la reina en medio de la selva lacandona y con Pacal Votan espiándote detrás de una ceiba.

El conejo te desvía de tus planes en un minuto; como *Alicia en el país de las maravillas* cuando se dejó guiar por el conejo blanco, pasarás a la quinta dimensión en experiencias psicodélicas, eróticas y artísticas.

Como Federico Moura, conejo de metal, te meterá en el agujero interior.

Signo muy deseado por su simpatía, *sex appeal* y liviandad del ser.

Tiene un as en la manga y siempre caerá bien parado.

Placer, placer y placer son sus armas para seducir y derretir a sus víctimas, harén, fanes o seguidores, mientras baila la danza de los siete velos.

Las reglas del juego en las relaciones las pone él, aunque nos haga creer lo contrario.

Esta criatura sobrenatural prefiere calidad a cantidad de tiempo en los vínculos afectivos, familiares, sociales y laborales.

«Vos te querías comprar un perro…, pero soy un gato», me dedicó Charly García en su canción «Gato de metal».

Sus poderes de videncia e intuición son maravillosos y es capaz de pensar en alguien que no ve hace veinte años justo antes de que aparezca en su puerta con un ramo de flores, confesándole su amor con retraso.

El conejo crea un microclima de intimidad en cuanto lo conoces; sabe cocinar tu plato favorito, te canta la canción que más te gusta o la compone para tí, y se desnuda mientras te desnuda con ritmo para disfrutar de cada instante hasta el éxtasis.

Sutil, puede afectar la psiquis del prójimo, enviando mensajes telepáticos o siendo un apóstol del bien o del mal.

En China lo veneran, en Japón se representa con la liebre y en Vietnam con el gato.

He comprobado que tienen setenta mil vidas; se exponen a riesgos que a otros les costaría la vida y el más allá.

Para él la longevidad y la juventud eterna son la recompensa que recibió del Emperador de Jade al ofrecerse como alimento para un campesino hambriento que lo encontró en su TAO.

Su vida es cinematográfica; como Axel, Coppola, Michael Bublé, Brad Pitt, Angelina Jolie o Gustavo Santaolalla sabrán poner a favor los impedimentos para esculpir su talento creativo, artístico, y brillar en escenarios o ámbitos del arte, la ciencia y la política.

Tendrán cábalas, amuletos, brebajes, sortijas, llaves que los transportarán hacia otras dimensiones, entrando y saliendo ilesos, con experiencias que serán el patrimonio de sus vidas.

«*Let it be*» es la canción del conejo.

El Conejo en el Amor

Este pícaro, irrepetible espécimen, trae en el ADN todas las sustancias: dopamina, testosterona, hormonas, en mayor cantidad que el resto del zoo, y así logra atraer a millones de años luz amores de vidas pasadas, presente y futuras.

Su atractivo físico le pone en desventaja y dedicará horas del día en el gimnasio a practicar pilates, *fitness*, yoga y todas las cirugías que se descubren por minuto para ser Dorian Gray, Luisana Lopilato y Dolores Barreiro, símbolos de eterna juventud y belleza.

El amor es el *leitmotiv* de su vida; algunas conejas sueñan con casarse de blanco, otras son más modernas como Anaïs Nin, pero cada inhalación y exhalación estarán dedicadas a alguna musa inspiradora.

Suelen ser difíciles de atrapar, y a pesar de su adicción al sexo, jamás se dejarán atrapar si no están perdidamente enamorados.

Pueden disfrazarse de lobos o corderos; debajo de su tersa piel se esconde un ser sensible, frágil, romántico, visionario, lleno de magia para hechizar a quien desee.

Algunos conejos tendrán varias parejas en sus vidas: necesitan del otro como una adicción y saben que crean dependencia *full time*.

En ambos sexos aprecian a quienes admiran y podrán ser amantes ardientes cuando dejan que los guíen en territorios que no conocen; a pesar de que les gusta tener el control de las decisiones.

Un artista dedicado al amor que logrará dejar rasguños profundos en el corazón.

El Conejo en el Trabajo

Este afortunado signo tocará puertas y estas se abrirán a las oportunidades que siempre soñó.

No es muy bueno cumpliendo horarios, administrando dinero o como jefe. Prefiere los trabajos por la tarde o noche y tener tiempo para su aseo personal y ponerse al día con Facebook y Twitter.

Su talento multimedia le permite alternar entre diversos oficios y profesiones.

Dependerá de la necesidad de supervivencia o ambición para dedicar más tiempo a actividades humanistas o filantrópicas.

Le gusta la buena vida. A veces prefiere ser socio o coautor y no el generador de una fortuna que, según sean su educación y cultura, dilapidará o conservará para sus hijos y nietos.

Sin duda es muy afortunado con su trabajo y llegará a la cima del éxito si cuida su salud holísticamente.

El Conejo y la Familia

En China sostienen que el conejo no está muy encariñado con su propia familia; adoptará seres estrambóticos, marginales, originales y los llevará a vivir con él o compartirá el circo, la carpa, o quizás un castillo en la Costa Azul.

Las obligaciones entre padres e hijos, hermanos o cónyuges son un desafío.

No moverá un dedo si no siente estímulos que lo reconforten: empatía, admiración, amor al arte, y a sus favoritos los malcriará sin complejos.

Se puede contar con él diplomáticamente, pero detesta las peleas, los gritos y las confrontaciones en la constelación familiar.

Es educado y muy gentil con sus seres queridos y sabe escuchar cuando le piden consejos.

Un amigo de oro y siempre disponible para socorrer a quien lo necesita.

L. S. D.

Cacaréame tu secreto

¿Cómo eres realmente?
Tierna, amorosa, transparente, y con carácter para que no se note tanto.

¿Cómo iluminas tus zonas oscuras?
Siendo servicial y complaciente.

¿Te consideras egoísta?
A veces, por ejemplo, disfruto más si pido sushi sola que si lo comparto con una amiga... Tiene que ver con el estado de ánimo, en mi caso.

En lo amoroso, ¿jugaste a conquistar sabiendo que no iba a funcionar?
Totalmente, los deportes hay que practicarlos con regularidad para mantener el tono muscular jajaja.

¿Ocultas lo que te pasa de alguna manera?
Considero que todos ocultamos algo, por eso hay tantos psicoanalistas... En mi caso, oculto ayudando a otro, haciéndome cargo de lo que no me corresponde, es como una forma de limpiarme, de meditar en el otro.

¿Cómo eres en la intimidad?
Cruda. Realista.

¿Cuáles son tus placeres egoístas?
Cocino muy bien y nadie lo sabe, detesto que me conviertan en la esclava *gourmet* del grupo, y como tienden a eso, lo callo.

¿Alguna vez hiciste nudismo?
Soy un poco exhibicionista pero nunca fui a una playa nudista. Disfruto de hacerlo sola, o a mi manera.

¿Tienes secretos?

¡Claro! Me gusta embadurnarme de crema y caminar desnuda con las cortinas abiertas después de una ducha; además, otro secreto es que soy consciente de que no me pueden ver porque ¡tengo claro que no se ve desde ninguna parte!

¿Alguna vez contaste secretos ajenos?

Sí, pero con amor y cautela; no soy una correveidile, puedo usar como ejemplo en una anécdota la historia de otra persona, pero va más por el lado de compartir la información si el momento lo requiere.

¿Cuánto confias en tí misma?

Lo suficiente, la gente confía en mí naturalmente, se abren, estoy acostumbrada a eso, quizá no me interesa tanto pero los escucho, me da la pauta de que proyecto seguridad, y la sensación de que todo está bien.

¿Qué te da pudor?

Las cosas que digo cuando tengo un orgasmo.

¿Qué te da lo mismo?

El protocolo.

¿Quieres contar algo bajo anonimato?

Le miro el culo a las personas de mi mismo sexo.

Datos clave del Conejo

Principales cualidades: Discreto, prudente, honesto.
Principales defectos: Vengativo, egoísta, pedante.
En el trabajo: Serio y perseverante. Incentivado por una profunda vocación, tiene viento a favor para triunfar.
Mejor rol: Amigo, nadie más ideal.
Peor rol: Revelador de secretos.

Dinero: Prudente ante las necesidades y derrochador otras veces.
Suerte: Nacer en verano. Su destino será calmo y más exitoso.
No puede vivir sin: Casa propia.
Adora: Quedarse calentito al lado de la chimenea, cuando la tormenta se desencadena afuera.
Detesta: Sentirse forzado a tomar una decisión apresurada, o estar en situaciones conflictivas que lo saquen de sus casillas.
Tiempo para el ocio: Le gusta hacer de todo; siempre que no tenga que organizar o hacerse cargo de las cosas.
Lugares favoritos: Lugares silenciosos y clandestinos, preferentemente de noche y cerca de su casa; los suburbios y tejados.
Color: Blanco.
Planta: Ombú.
Flor: Siempreviva.
Profesiones: Filósofo, diplomático, administrador, político, sacerdote. Puede desempeñar cualquier rol, menos jefe del ejército.

El Conejo y las cinco energías

CONEJO DE MADERA (1915-1975)

Lleva al extremo las características típicas del conejo. Es generoso y comprensivo hasta resultar excesivamente tolerante. Enemigo de la rigidez, le cuesta tomar posición. Le gusta trabajar en conjunto, pero huye con paso suave y elegante frente a la autoridad.

CONEJO DE FUEGO (1927-1987)

Disimula su emotividad y su fuego interior con la diplomacia. Le encanta la diversión, es extrovertido y desinhibido, y siempre busca alguna confirmación. Se expresa con soltura y logra imponerse dialécticamente, pero no le gusta el enfrentamiento. Muy sensible a los cambios, se desilusiona con facilidad y guarda rencor.

CONEJO DE TIERRA (1939-1999)

Racional y reflexivo este conejo siempre tiene las ideas claras. Equilibrado, realista y disciplinado, termina siendo menos indulgente en comparación con sus semejantes, y quizás algo indiferente frente a las exigencias ajenas. Sabe cómo utilizar de manera eficiente sus recursos para llegar a cumplir metas concretas. Su mayor defecto es la tendencia a encerrarse.

CONEJO DE METAL (1951-2011)

Astuto y ambicioso, posee una notable fuerza y gran solidez interior. Necesita rodearse de personas con un alto nivel intelectual. El arte y la belleza lo conmueven más que cualquier otra cosa y siempre están en el centro de sus intereses. No le cuesta afirmarse, aunque padece algunas inhibiciones que le resulta difícil confesar.

CONEJO DE AGUA (1903-1963)

Vive en un mundo interior fantástico y le cuesta exteriorizarlo. Es el más tierno, emotivo e inofensivo de los conejos, y por eso también el más frágil y manipulable. Huye de las decisiones, reflexiona demasiado sobre los problemas y termina autocompadeciéndose. Tiene una excelente memoria y dotes extrasensoriales.

El Conejo y su ascendente

Conejo ascendente Rata: 23.00 a 01.00
Será un conejo a quien le interesará la gente. Hábil, cálido, culto y muy sexual, no dejará escapar ninguna presa.

Conejo ascendente Búfalo: 01.00 a 03.00
Tendrá éxito y autodominio. Será un conejo muy autoritario y con mucha fuerza de voluntad.

Conejo ascendente Tigre: 03.00 a 05.00
Será un conejo muy agresivo, pero sabrá controlarse. Un conejo rápido en el hablar y en el pensar.

Conejo ascendente Conejo: 05.00 a 07.00
Nadie lo atrapará. Jamás se la jugará por nadie y se cuidará solo. Será sabio, sutil, práctico y artístico.

Conejo ascendente Dragón: 07.00 a 09.00
Será líder y movilizará el inconsciente colectivo. Un conejo con verdadera ambición y resolución.

Conejo ascendente Serpiente: 09.00 a 11.00
Sensible a su medio y muy instintivo. Sabrá seducir y enroscar con maestría. Un conejo ambicioso, sibarita y vicioso.

Conejo ascendente Caballo: 11.00 a 13.00
Incitará a seguirlo a la luna. Su atractivo físico, *sex appeal* y humor serán contagiosos. Sabrá manejar lo malo y huirá cuando lo quieran cazar.

Conejo ascendente Cabra: 13.00 a 15.00
Será afectuoso, artístico y picará alto. Tal vez lo tiente la fortuna de alguien acaudalado, y consiga que sea su mecenas.

Conejo ascendente Mono: 15.00 a 17.00
Es un conejo capaz de meterse en las situaciones más difíciles y caer bien parado. Muy travieso, divertido, sutil y con sobredosis de humor.

Conejo ascendente Gallo: 17.00 a 19.00
Habrá que escucharlo, pues será un conejo sincero, directo y cantor de grandes verdades. Más vale no deberle dinero, pues insistirá hasta obtenerla.

Conejo ascendente Perro: 17.00 a 21.00
Será un conejo franco y generoso. Asumirá compromisos y se preocupará por los derechos de los otros.

Conejo ascendente Cerdo: 21.00 a 23.00
Pensará en los demás, sin sacrificarse demasiado. Conejo afrodisíaco, capaz de brindar placer, placer y placer.

Cuéntame un cuento chino

**Lourdes Ferro • Conejo de Agua • Astróloga •
Especialista en terapia floral • Uruguay**

Amanece

Los que vivimos en la ciudad no miramos el cielo. Yo tengo la fortuna de que mi Conejo compañero me regaló una ventana. Adoro despertar y subir al espacio donde está *La Ventana*; en casa hay otras ventanas, pero esta es la que me permite ver la vida, el amanecer, al Rey y sus infinitos vasallos que forman un ejército con blasón naranja, rojo y amarillo. Y todos los días se produce la misma lucha con la Reina y sus grises, violetas y negros, y al final siempre gana el Rey. Son muchos los días en los que Morfeo me suelta de sus brazos rápidamente, y me voy con mi *Ventana*, y las musas me pasean por infinitos caminos que recorro sin miedo, sumisa, curiosa, consecuente y ansiosa.

Los días me descubren siempre entre libros, hojas de papel, lápices negros y de colores, fotos, y decenas de partidas, documentos que me traen el cuento de la historia de mi familia.

Y construyo teorías con esos documentos y le pongo vida al frío registro; investigo mi linaje, busco mi origen, investigo mis raíces. Contacto con los tatarabuelos, choznos y más allá, descubro apellidos que me pertenecen, historias que me hacen ser quien soy, revelo conejos, cabras, serpientes, monos y dragones; el correr de los años repite ejemplares para perpetuar la historia. Y ahí, entonces, me identifico con todos los conejos de mi clan y fabrico quimeras para acercarme al pasado, y creo personajes para darles vida, o el carboncillo y las fibras los plasman en papel para ponerles cara, rostros que jamás vi, pero seguro se parecen mucho.

Cronos con su tictac me avisa que es hora de preparar el día, y así me bajo de la nave que atraviesa los tiempos. El día se presenta con sus planetas que le dan su identidad, y leo –como quien lee las noticias– el *Cielo de Hoy*. Ahí, sobre mi mesa, entre todos esos recuerdos, siempre está mi compañero inseparable: el Tarot; mi taza de café con leche que hace mimos a mi paladar, y a mi lado como dos guardianes, mis hijos-gatos, Lu y Amadeo, que silenciosos o estruendosos convierten mi mañana en el momento más feliz.

En el mapa del cielo ubico la Luna, que será la responsable de las emociones del día, y mientras tanto, al azar, una carta del Tarot me preparará para las horas venideras; y ahí está el consejo sabio de ese viejo amigo inseparable de todas las horas desde hace casi cuarenta años.

Ya está todo listo, casi todos están despiertos, y yo siento que robé un espacio de tiempo entre el sueño y el ensueño.

Y siguen transcurriendo los minutos y yo voy bajando cada vez más a la realidad. Una realidad que seguirá transcurriendo entre láminas de Tarot, planetas, documentos ancestrales y gatos, pero ya desde otro lugar más real, más científico, más estructurado, aunque sin perder ni un segundo el encanto de la magia. La magia de disfrutar de aromas y colores que minuciosamente elegidos acompañarán mi día, y en esa transformación comparto con mis pares la lectura del *Cielo de Hoy*, y todo el zoológico espera atento el mensaje del cielo y del arcano.

Y regreso a mi guarida, como todos los conejos regresan a su madriguera; y ya *La Ventana* muestra que la Reina, con sus grises, violetas y negros, gana la batalla, la Oscuridad transforma todo en sombras y yo prefiero cerrar *La Ventana*. Me preparo para entregarme a la tibieza del lecho donde me espera mi conejo compañero tan solitario y soñador como yo. Él acompaña en silencio todas mis rutinas y sus brillantes ojos me dan fuerza y apoyo para seguir el viaje. Un viaje que juntos comenzamos hace muchos años y como buenos conejos seguiremos hasta el fin de nuestros días.

Personajes famosos

CONEJO DE MADERA (1855-1915-1975)
Orson Wells, Ingrid Bergman, Abel Santa Cruz, Edith Piaf, Osvaldo Miranda, Liliana Simoni, Michael Bublé, Anthony Quinn, Paola Barrientos, Angelina Jolie, Daniel Hendler, Dolores Barreiro, Tiger Woods, David Beckham, Luciano Castro, Bertin Osborne, Jack White, Charly Menditeguy, Hernán Crespo, Gabriel Ruiz Díaz, Billie Holiday, Leticia Brédice, David Rockefeller, Enrique Iglesias, Eugenia Tobal, Frank Sinatra.

CONEJO DE FUEGO (1867-1927-1987)
Raúl Alfonsín, Ángel di María, Gabriel García Márquez, Gilbert Bécaud, Peter Falk, Jimena Barón, Tato Bores, Choly Berreteaga, Leo Messi, Gina Lollobrigida, Luisana Lopilato, Neil Simon, Mirtha Legrand, Harry Belafonte, Ken Russel, Emilia Attias, Francisca Valenzuela, Raúl Matera, Osvaldo Bayer.

CONEJO DE TIERRA (1879-1939-1999)
Paul Klee, reina Victoria, Andrés Percivale, Francis Ford Coppola, Albert Einstein, Peter Fonda, George Hamilton, Centro Bert Hellinger de Argentina, Stalin.

CONEJO DE METAL (1891-1951-2011)
Ana Belén, Christian Lacroix, Sting, Anjelica Huston, Cheryl Ladd, Carlos Barrios, Michael Keaton, Confucio, Hugo Porta, Pedro Almodóvar, Rosa Gloria Chagoyan, Gustavo Santaolalla, Thelma Biral, Romeo Gigli, Raymond Domenech, Isabel Preisler, Jaco Pastorius, Juan Leyrado, Charly García, Valeria Lynch, León Gieco.

Osvaldo Bayer Conejo de Fuego

CONEJO DE AGUA (1843-1903-1963)
Niní Marshall, Whitney Houston, Fabián
Gianola, Fernando Peña, Quentin Tarantino,
Brad Pitt, Bob Hope, Fatboy Slim, Rosario
Flores, Gisela Valcárcel Álvarez, George
Michael, Norma Antunes, Hilda Lizarazu,
Ramiro Agulla, Sergio Goycochea, Xuxa,
Elio Rossi, Sheila Cremaschi, Germán
Palacios, Gabriela Epumer, Fernando
Samalea, infanta Elena de España, Gustavo
Elía, Jaime Marichalar, Johnny Depp, Costi
Vigil, Fito Páez.

Tabla de compatibilidad

	Amor	Salud	Trabajo	Amistad
Rata	3	5	4	2
Búfalo	3	5	4	3
Tigre	2	4	3	3
Conejo	3	3	4	3
Dragón	2	3	3	2
Serpiente	3	2	3	3
Caballo	2	5	3	4
Cabra	2	4	4	2
Mono	1	4	4	2
Gallo	2	3	3	2
Perro	2	1	1	2
Cerdo	2	1	1	2

1 • mal
2 • regular
3 • bien
4 • muy bien
5 • excelente

ficha técnica

Nombre chino del dragón
LONG

Número de orden
QUINTO

Horas regidas por el dragón
07.00 A 09.00

Dirección de su signo
ESTE-SURESTE

Estación y mes principal
PRIMAVERA-ABRIL

Corresponde al signo occidental
ARIES

Energía fija
MADERA

Tronco
POSITIVO

Eres dragón si naciste

03/02/1916 - 22/01/1917
DRAGÓN DE FUEGO

23/01/1928 - 09/02/1929
DRAGÓN DE TIERRA

08/02/1940 - 26/01/1941
DRAGÓN DE METAL

27/01/1952 - 13/02/1953
DRAGÓN DE AGUA

13/02/1964 - 01/02/1965
DRAGÓN DE MADERA

31/01/1976 - 17/02/1977
DRAGÓN DE FUEGO

17/02/1988 - 05/02/1989
DRAGÓN DE TIERRA

05/02/2000 - 23/01/2001
DRAGÓN DE METAL

23/01/2012 - 09/02/2013
DRAGÓN DE AGUA

Veinte años después
a China viajé
en una siesta cordobesa.
Evoqué el milagro
del amor a primera vista
con sexo y poesía
precipicio de muralla pirca
sin red al mar amarillo
donde se congela el deseo de los navegantes
China intrauterina
agujas de acupuntura en los ovarios
gimen por tu pasión de asceta
en mis cartílagos de Sannya.
Sol cansado de febrero
exacto
al que despedí en ese viaje iniciático.
L. S. D.

龍 Dragón

Estoy en el Aeroparque de la Ciudad de Buenos Aires en un día de sol radiante que da ganas de vivir, despertando los sentidos aletargados de un otoño de ciencia ficción en Argentina.

El vuelo hacia Córdoba va retrasado por el momento –hora y media–, algo usual; acertar si se vuela o no se vuela es más difícil que ganar al «Telekino»[17].

Encomendarme a mi amigo el dragón es siempre un ritual que no abandono en viajes por el mundo antes de dejar mi *home-sweet home*.

Cuando en abril murió Rita, mi alter ego, mona de metal, llegué temprano al entierro en el cementerio de la colina en Nono, y observé a los sepultureros preparar su morada terrenal.

Allí descansan Muna, mi abuela gallo, Beba, tía cerdo, y Marilú, mamá perro; imagino que también estaré allí (aún dudo si incinerada o dejando la osamenta) para fertilizar la tierra en el lugar donde elegí seguir cursando las materias de esta reencarnación.

Cuando estaba inmersa en mis pensamientos, un coche estacionó a mi lado.

Una mujer llena de magia abrió la puerta de su coche y vino decidida hacia mí como flecha certera.

–Hola, Ludovica –me dijo como si me conociera–: soy Virola.

Sus ojos celestes como el Mar del Norte encontraron una cómplice para tan especial ocasión; ninguna de las dos teníamos tristeza porque Rita vivió como dice Osho, con las dos puntas de la antorcha prendidas.

–Soy dragón y sé que eres mono como Rita –sentenció–. Soy astróloga y leo tus libros.

Sentí con certeza que Virola llegó a mí enviada por Rita.

---

[17] Un juego de azar por apuestas común en Argentina.

Es otra mujer estoica, extranjera en tierra comechingona[18], que atraviesa una de tantas vidas en nuestro Cuzco[19].

La empatía crecía en un mediodía nublado, pegajoso, en el que las gotas de lluvia eran lágrimas que humedecían la fértil tumba donde Rita soñaría la vida de ensueño que diseñó en la tierra.

Sé que mi vida está marcada por encuentros trascendentales cuando la causalidad lo determina; Virola ya es otra amiga sabia que comparte unas palabras en este libro en las predicciones del Dragón de Tierra.

Así son los dragones: aparecen y desaparecen cuando menos lo imaginamos, aletean nuestra cotidianidad y la transforman.

Rey del cielo para los chinos, representa el poder divino, al padre, a los designios cósmicos en la tierra.

En ambos sexos su carácter se manifiesta cuando están en la placenta; las madres aseguran que se mueven más que otros niños y envían mensajes telepáticos en los sueños.

Serán líderes en el hogar, el jardín de infancia, la escuela, la universidad, y desplegarán sus alas y lengua precozmente con superproducción de *reality show*.

Inspiran respeto; a pesar de ser invasores con su despliegue energético, es bueno graduarlos, mantener la distancia óptima, dejar que se expresen de todas formas, que suelen ser artísticas, creativas, originales, de vanguardia y con mensajes que dejarán huellas en el alma y la historia como Lennon, el Che Guevara, Sigmund Freud, Nietzsche y Bruce Lee entre otras especies.

Rebeldes, no soportan críticas ni que los contradigan.

Son vengativos y pueden ser obsesivos cuando alguien los abandona.

Su labor, desde que nacen hasta el momento de morir, es pulverizar el ego exaltado, estimulado por la legión de fanes, admiradores, militantes que le rinden pleitesía.

Para los chinos el dragón representa la armonía, la longevidad, la riqueza y la belleza.

Su presencia se destacará en cualquier fiesta, reunión, convención, y tiene un arsenal de armas de seducción para hipnotizar al elegido.

En la mitología china el dragón, junto a la serpiente, son los únicos animales quiméricos que no se vuelven a reencarnar.

---

[18] La autora hace referencia a la zona habitada por los comechingones, que fueron dos etnias originarias que vivieron en las sierras de las provincias de Córdoba y San Luis, de la República Argentina.
[19] La autora denomina así a la zona de Traslasierra, ubicada en la provincia de Córdoba (Argentina) por su parecido con los paisajes montañosos de Cuzco (Perú).

Es sorprendente la capacidad para transmutar, cambiar el *look*, el lugar donde viven, y adaptarse con la velocidad del rayo a nuevos países y personas.

Excéntrico, ruidoso, exuberante, mediático, desplegará «luz, cámara, acción» en cada situación en la que tenga público, o en la soledad de su camerino cuando sienta que no figura entre los «*top ten*» de la semana.

Generoso hasta apabullar con regalos, viajes o joyas a quien decida, será su «juguete rabioso» a corto, medio o largo plazo; no acepta ser rechazado y se convertirá en un íntimo enemigo en el momento de enfrentarlo.

El día continúa traslúcido, los aviones aterrizan y despegan con distintos rumbos, guiados por el dragón, que decide sobre nuestro destino en el aire y también en algunos recovecos de las Altas Cumbres.

El Dragón en el Amor

«*All we need is love*», dicen los Beatles, y el dragón sabe que es verdad. Su motor es amar y ser amado.

La dedicación debe ser durante toda la vida.

Dará todo de sí; su voltaje es intenso: pasión, sexo, amor incondicional, magia, arte, compañerismo y entrega.

Es exigente, también le encanta malcriar, sorprender y dar llamaradas de caricias cada instante de su vida, como si fuera el último.

Ama la idea de tener una familia grande; casarse de blanco e invitar a los reyes del mundo.

Protagoniza escándalos de gran magnitud: amantes, exesposas y concubinas en su fiesta de cumpleaños, y que vuelen platos como en una boda griega.

Necesita admirar para sentirse enamorado. Buscará amores imposibles y muchos sentirán ganas de esperar hasta llegar a ocupar el lugar de favorito.

En la vejez recordará cada amor con nostalgia.

Para ambos sexos la juventud es el karma más fuerte que deberán superar… o hacer un pacto con el diablo para mantener la juventud eterna.

El Dragón en el Trabajo

Nacen con la estrella del éxito y saben cultivarla desde que son niños. Tienen objetivos claros y los ponen al servicio de sus sueños, utopías, para plasmarlos a corto, medio o largo plazo.

Tienen la autoestima elevada; sabrán desarrollar su vocación con buenas relaciones sociales y profesionales que valorarán su rendimiento, y les permitirán ascender en empresas o puestos de decisiones clave.

Al dragón le gusta amasar una fortuna y pondrá su empeño en lograrlo.

La mayoría goza de buena salud. Ejercitan técnicas para estar más concentrados, trabajar menos tiempo y obtener más rendimiento.

Son líderes en su profesión; saben escuchar a quienes respetan y valoran, y conducen al zoo a crecer en sus áreas.

El dragón no tiene límites en su ambición; es recomendable que cuiden lo que consiguen y no lo despilfarren en una noche, ni en el casino, ni en la «feria de vanidades».

Es el signo más afortunado del zodíaco chino.

El Dragón y la familia

Ellas son Susanita[20], ellos necesitarán formar la propia para sentir que no les deben rendir cuentas a sus progenitores.

Sus lazos son pasionales: «amodio» (amor-odio).

Cambian de humor, son antojadizos y rebeldes.

Saben que la familia siempre los recibirá aunque tengan las alas quemadas como Ícaro.

Las travesías, aventuras y cambios bruscos en su existencia serán parte de su vínculo con hermanos, hijos, pareja; y podrán contar con ellos en momentos de crisis.

La soberbia y la omnipotencia los alejan muchas veces de sus seres queridos y tendrán que aceptar ayuda terapéutica, constelaciones familiares, para retornar al nido.

L. S. D.

---

[20] Personaje de la historieta *Mafalda*, de Quino. Susanita siempre sueña con casarse y tener hijos.

Cacaréame tu secreto

¿Cómo eres en la intimidad?
Me entrego con pasión.

¿Eres la persona que imaginaste cuando eras pequeña?
Creo que nunca imaginé, durante mi niñez, cómo sería de mayor, y eso me gusta... hay menos decepciones.

¿Qué te gusta hacer cuando estás sola?
Adoro leer, me gusta encontrar los momentos de soledad para reconectar con el alma.

¿Qué opinas cuando en el cine ves a una persona sola mirando la película?
¡¡Que es valiente!!

¿Qué es la soledad para ti?
No creo en la soledad, creo que siempre estamos acompañados, habitados por nosotros mismos y a la vez por algo MÁS GRANDE, creo que la soledad es mera ilusión.

Cuéntame un secreto.
Dios existe.

¿La gente te cuenta muchos secretos?
Sí, muchos, suelen compartir sus secretos conmigo, frecuentemente.

¿El alma tiene secretos?
Creo que sí, y que también son necesarios.

¿Qué nos dice el pasado?
El pasado nos habla del camino recorrido no solo por nosotros, sino también por nuestros ancestros, es información valiosa que puede ayudarnos a sanar, pero no me gusta aferrarme al pasado, me gusta honrarlo y, desde allí, sacar la fuerza necesaria para seguir hacia adelante, hacia la vida.

Si no te gusta algo del otro, ¿se lo dices?
Depende, si siento que le va a aportar algo bueno para su persona, sí; de lo contrario, opto por el silencio.

¿Qué cosas te dan vergüenza ajena?
La ridiculez.

¿Qué miras en la calle?
Generalmente me pierdo en mis pensamientos, en consecuencia no miro casi nada.

¿Qué opinas de la gente que no mira a los ojos cuando habla?
Que carga con sentimientos de vergüenza.

¿Y de la solidaridad?
Es uno de los grandes dones del ser humano.

¿En qué crees?
En Dios y en la fuerza que cada uno lleva dentro.

¿Rezas? ¿En qué momentos?
Sí, sobre todo cuando hay enfermos que lo necesitan.

¿Hablas con los muertos?
No, pero los reconozco como importantes, ellos forman parte de cada familia, aunque ya no sigan en este plano.

¿Cómo crees que se obtiene la felicidad?
Según mi propia experiencia, y siguiendo los principios de las constelaciones familiares, una herramienta maravillosa creada por Bert Hellinger, coincido en que la felicidad se logra cuando se ha aceptado a cada uno de nuestros padres biológicos en nuestro corazón; esto es con todo lo bueno y también con todo lo malo, aunque nunca los hayamos conocido o aunque ya no estén con nosotros.

Datos clave del Dragón

Principales cualidades: Activo, dinámico, escrupuloso y afortunado.
Principales defectos: Demandante, impaciente e intolerable.
En el trabajo: Nada es imposible para él, triunfará donde otros fracasen.
Mejor rol: Oráculo.
Peor rol: Diplomático.
Dinero: No es lo que lo hace más feliz; pero siempre tendrá, por las dudas…
Suerte: Siempre la tiene; pero si nació con tormenta le irá mejor.
No puede vivir sin: Espacio, oxígeno, aire puro, libertad.
Adora: Estar listo para los demás.
Detesta: Esperar, tener calma, paciencia.
Tiempo para el ocio: Ama la ciencia ficción, ver televisión, vídeos eróticos, todo lo que lo aleje de la Tierra.
Lugares favoritos: El cielo, el cosmos, o la soledad en la popa de un transatlántico.
Colores: Negro y amarillo.
Planta: Salvia.
Flor: Loto.
Profesiones: Profeta, orador, arquitecto, artista, actor, meteorólogo, astrónomo, astronauta, preferentemente famoso.

El Dragón y las cinco energías

DRAGÓN DE MADERA (1904-1964)

Es un dragón realmente brillante, generoso, creativo y disponible, pero no le pidan que se concentre en el mismo proyecto por un tiempo demasiado largo. Virtuoso e intrépido, también entiende cuando hay que llegar a un acuerdo y prescindir del orgullo… pero solo si puede vislumbrar algunas ventajas para él.

DRAGÓN DE FUEGO (1916-1976)

Es el Big Bang a punto de estallar: pura energía. Inquieto, exagerado, competitivo en todo lo que hace. Un verdadero líder, pero dotado de un espíritu imparcial y solidario. Agitador de conciencias, persigue constantemente la excelencia. Solo tiene que moderar su ímpetu dialéctico y reflexionar un poco antes de sacar conclusiones.

DRAGÓN DE TIERRA (1928-1988)

Insaciable y valiente como todo dragón, pero también concreto y reflexivo. Gracias a su constancia y disciplina es el que logra los mejores resultados. No le faltan ideas ni coraje, y actúa siempre con sangre fría y autocontrol. Es muy orgulloso; y si hay una cosa que lo enfurece es la ofensa a su dignidad.

DRAGÓN DE METAL (1940-2000)

El más combativo y exagerado de los dragones: honrado e inflexible, nunca vuelve su mirada hacia atrás. No le importa medir las consecuencias de sus actos, va para adelante fiel a sus instintos y a sus valores, y somete a todos y todo a su voluntad. Lo logra gracias a un carisma y un encanto fuera de lo común.

DRAGÓN DE AGUA (1892-1952-2012)

Quizás el más sabio de los dragones, el único dispuesto a esperar para evaluar, y eventualmente pactar una mediación o aceptar una negativa. No le interesa el centro de la escena o el reconocimiento público, sí la afirmación de sus valores e ideas. Excelente promotor y mediador.

El Dragón y su ascendente

Dragón ascendente Rata: 23.00 a 01.00
Le costará ser objetivo y terminante en las críticas. Tendrá equilibrio en la economía y en el afecto.

Dragón ascendente Búfalo: 01.00 a 03.00
Este es un dragón muy rumiante y firme en las decisiones. Escupirá fuego y se enfrentará con valor a sus adversarios.

Dragón ascendente Tigre: 03.00 a 05.00
Se meterá de cabeza en el trabajo. Tendrá impulsos irrefrenables por conseguir todo lo que se propone.

Dragón ascendente Conejo: 05.00 a 07.00
Fuerte, sutil, reflexivo y de ideas claras. Es una combinación de diplomacia y fuerza.

Dragón ascendente Dragón: 07.00 a 09.00
Su sentido de la vida es la esencia de la armonía cósmica. Un Dalai Lama. Impone obediencia y devoción.

Dragón ascendente Serpiente: 09.00 a 11.00
Su ambición no tiene límites. Esconde sus jugadas, pero actúa con precisión. ¡Un dragón peligrosísimo!

Dragón ascendente Caballo: 11 am a 13.00
Puede descolocarse si no tiene disciplina en la vida. Le gusta el riesgo. Es el rey de la diversión.

Dragón ascendente Cabra: 13.00 a 15.00
Este es un dragón atemperado y comprensivo, que logra superar escollos sin discutir ni recurrir a la fuerza.

Dragón ascendente Mono: 15.00 a 17.00
Tiene gran sentido de la entereza y del humor, ¡ojo por ojo, diente por diente! *Superstar*, combinación de fuerza y justicia.

Dragón ascendente Gallo: 17.00 a 19.00
Con él, jamás un momento de aburrimiento. Dragón intrépido y fantasioso, con un gran amor propio. ¡Estará siempre alerta!

Dragón ascendente Perro: 19.00 a 21.00
Atacará a la injusticia y tendrá mucho humor y estabilidad. Es un dragón práctico.

Dragón ascendente Cerdo: 21.00 a 23.00
Siempre se podrá contar con él. Este dragón tendrá un corazón de oro… ¡y será tan humilde!

Cuéntame un cuento chino

**Santiago Rojas • Dragón de Madera •
Médico cósmico y escritor • Colombia**

Desde hace años he pensado que la ciencia de la meteorología explica hoy en día muy bien lo que podemos valorar de esta milenaria astrología. La moderna ciencia nos proporciona tendencias, nos muestra condiciones y eventos que ocurren sobre nuestros propios terrenos al tiempo que aporta herramientas para adaptarnos a los cambios y condiciones diversas que se presentan. Ahora bien, de cada uno depende cómo va a vivir su vida frente a lo que ocurra, aunque llueva con tormenta, no tiene por qué mojarse, pero sí, tiene que saber cómo resguardarse.

Sabemos que el clima local, regional y general influye sin duda en todo lo que pasa, estando este determinado por fuerzas invisibles y poderosas que mueven a nuestro planeta, al sol y al mismo cosmos en cada momento. Fuerzas impulsoras incomprensibles en su origen y sentido, aunque evidente en sus efectos y manifestaciones.

Estas fuerzas que influyen a todo nivel, colorean la vida humana de todas las maneras posibles, siendo evidenciadas por grandes sabios en la antigüedad y explicadas de manera sencilla para conocernos mejor y desarrollar nuestra vida de una manera más armónica con las energías presentes en cada momento. Por eso, utilizar esta simple y poderosa experiencia de toma de conciencia como la que escribe Ludovica, enriquece nuestra vida al descubrir mejor quiénes somos y cómo podemos ayudarnos en nuestro viaje personal de una manera favorable. Por todo esto me gusta aún más ser dragón, algo que seguro les puede pasar a muchos que conocen bien su signo del zodíaco chino. En mi caso cada vez que lo leo me identifico con ser dragón por completo, de la misma forma en lo que puede verse favorable como en lo que significa un reto para trabajar y transformar.

Entonces, querida Ludovica, gracias a ti cada año espero con alegría qué «clima» se le presentará al dragón, para sacarle siempre el mejor provecho posible, logrando así volar con libertad, aterrizando seguro cuando el tiempo lo permita.

Personajes famosos

DRAGÓN DE MADERA (1844-1904-1964)
Osvaldo Pugliese, Pablo Neruda, Sandra Bullok, Ricardo Balbín, Sergio Lapegüe, Gustavo Bermúdez, Bing Crosby, Humberto Tortonese, Salvador Dalí, Palo Pandolfo, Jorge Drexler, Kevin Johansen, Tita Merello, Eleonora Cassano, Felicitas Córdoba, Esther Feldman, Matt Dillon, Raúl Urtizberea, Nietzsche, Mario Pergolini.

DRAGÓN DE FUEGO (1856-1916-1976)
Paloma Herrera, Gregory Peck, Glenn Ford, Nadine Heredia Alarcón de Humala, Shakira, Damián Szifron, Françoise Miterrand, Paz Vega, Sigmund Freud, Monoto Grimaldi, Pérez Prado, Luciano Cáceres, Valeria Subbert, Roberto Galán, Dante Spinetta, Anita Álvarez Toledo, Carola del Bianco, Kirk Douglas, Florencia de la V.

DRAGÓN DE TIERRA (1868-1928-1988)
Martin Luther King, Shirley Temple, Roger Moore, Adam West, Sarita Montiel, Javier «Chicharito» Hernández, Alan Pakula, Carlos Fuentes, Ximena Navarrete, Ernesto «Che» Guevara, James Brown, Eddie Fisher, Rihanna.

DRAGÓN DE METAL (1880-1940-2000)
Al Pacino, Ringo Starr, Jesucristo, Tom Jones, John Lennon, Amelita Baltar, Pelé, Andy Warhol, Joan Baez, Brian De Palma, Frank Zappa, John Kale, Wangari Maathai, Oscar Araiz, Raquel Welch, John Maxwell Coetzee, Muta Maathtai, Muhammad Yunus, Herbie Hancock, Antonio Skarmeta, Federico García Vigil, David Carradine, Bernardo Bertolucci, Bruce Lee, Nacha Guevara, Carlos Bilardo.

David Lebón Dragón de Agua

DRAGÓN DE AGUA (1892-1952-2012)
Guillermo Vilas, Nito Mestre, Mae West,
Miguel Ruiz, Hugo Soto, Robin Williams,
Federico Trillo, Sylvia Kristel, Norberto
Alonso, Jimmy Connors, Susú Pecoraro,
Raúl Perrone, Jean Paul Gaultier, Ferit
Orthan Pamuk, Lalo Mir, Stewart Copeland,
Soledad Silveyra.

Tabla de compatibilidad

1 • mal
2 • regular
3 • bien
4 • muy bien
5 • excelente

	Amor	Salud	Trabajo	Amistad
Rata	5	5	5	5
Búfalo	4	3	4	2
Tigre	3	2	1	0
Conejo	3	4	2	3
Dragón	2	2	2	2
Serpiente	5	4	3	5
Caballo	5	5	5	5
Cabra	5	4	3	5
Mono	5	5	5	5
Gallo	3	2	1	4
Perro	4	3	3	2
Cerdo	4	2	3	3

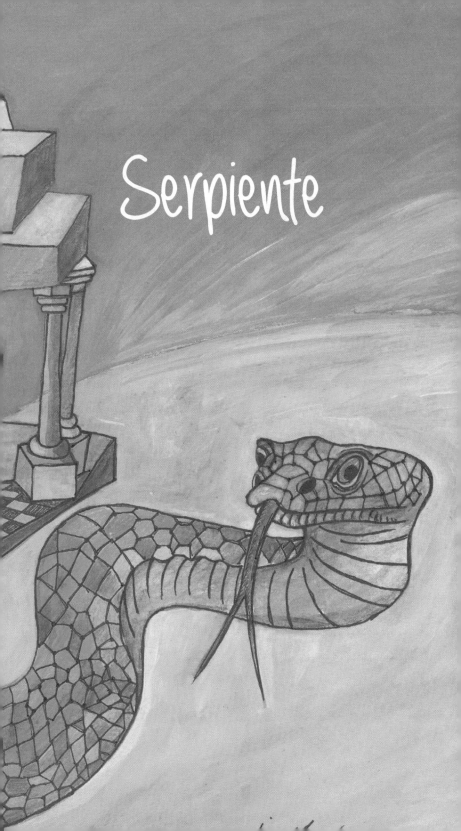

Serpiente

Ficha técnica

Nombre chino de la serpiente
SHE

Número de orden
SEXTO

Horas regidas por la serpiente
09.00 A 11.00

Dirección de su signo
SUD-SURESTE

Estación y mes principal
PRIMAVERA-MAYO

Corresponde al signo occidental
TAURO

Energía fija
FUEGO

Tronco
NEGATIVO

Eres serpiente si naciste

23/01/1917 - 10/02/1918
SERPIENTE DE FUEGO

10/02/1929 - 29/01/1930
SERPIENTE DE TIERRA

27/01/1941 - 14/02/1942
SERPIENTE DE METAL

14/02/1953 - 02/02/1954
SERPIENTE DE AGUA

02/02/1965 - 20/01/1966
SERPIENTE DE MADERA

18/02/1977 - 06/02/1978
SERPIENTE DE FUEGO

06/02/1989 - 26/01/1990
SERPIENTE DE TIERRA

24/01/2001 - 11/02/2002
SERPIENTE DE METAL

10/02/2013 - 30/01/2014
SERPIENTE DE AGUA

Vivir-Viviendo

Correr dos cuadras el bondi
no llegar a la esquina
soñar despierta, parada
la gente me esquiva
subir diez escaleras
confundirse de día
estar colgada en las nubes
bañarme vestida
mojarme de gotas de lluvia.
Caerme por el agujero de Alicia
pegarme de cara al piso
tropezarme con la silla.
Día de la madre un domingo con lluvia y
pelis de jardinería
desayunar ravioles fríos.
Enfermarme en el campamento
perderme las escondidas
subirme a un árbol largo
caerme patas pa' arriba
observar a la gente cansada
bostezar y quedarme dormida
cuando el sol se apaga de golpe
el día se termina
los ojos se cansan de ver
se cierran las pupilas.

Uma Nielsen

蛇 Serpiente

Cuando presenté el libro simio en el octógono de Ago Páez Vilaró, estaba empapada de sudor y de la energía volcánica de quienes fueron al encuentro esa tarde de fin de diciembre.

El templo zen donde Ago, con su cosmovisión, creó un espacio para los buscadores eternos del TAO estaba de fiesta.

Dentro de la fila cariñosa que me dio tanto afecto, mimos y resonancia, una hermosa mujer, serena, con su postura física logró detener en el lugar a los otros y me tomó las manos para darme un regalo.

Me dijo: «Te servirá y guiará en tu vida, y nosotras estamos unidas por nuestra misión. Vivo en España, pero estoy acá por un tiempo».

El gentío, el *postshow*, las energías de esa noche fueron atesoradas en mi corazón lacerado de tantos sobresaltos de los últimos tiempos.

No pasé un feliz año nuevo en Piriápolis; el balance inevitable del año, las deudas afectivas, el amor interrumpido de la pareja y el ADN se confabulan para un gran estallido.

Y el 1 de enero, después de una caminata a pleno sol, volví a mi habitación y descubrí el regalo de esta misteriosa mujer envuelto y lo abrí intuyendo que tenía un mensaje.

Un libro con cartas me esperaba para responder a mi estado existencial.

Carta 59 (mi edad): El Perdón.

Y la leí, despacito, despacito, sintiendo cada letra como una caricia, una sanación, una madre sabia que me abrazaba en el desconcertante 1 de enero del 2016.

¿Quién es esta mujer?

Sandra Blanco, la autora del libro *El bosque de las Magas Blancas* y de las bellísimas cartas que son parte de mi cotidianidad.

Muchas energías se movilizaron desde entonces, y esta serpiente de madera continúa actuando en mi vida telepática y virtualmente sintonizando los cuerpos etéricos.

Signo venerado en Oriente por su poderosa intuición, clarividencia, sentido común y belleza.

Junto al dragón, su hermano kármico, no se reencarnan nunca; por eso este signo no dejará nada por explorar, hacer, intentar en todas las posibilidades que esta reencarnación le permita.

Su suerte está ligada a su historia familiar. Si recibió afecto, apoyo a su autoestima, estudios, contactos que la beneficien, podrá ser Cleopatra o Gandhi; si no conoció el calor del afecto su sangre fría se potenciará hasta extinguir un país de un bocado.

La serpiente es disciplinada, inteligente, astuta y conoce los secretos que se esconden en las profundidades de la tierra, el amor, los ríos, las cavernas, las selvas; captura la esencia de cada ser, situación, y las descifra a los mortales.

Estudia hasta llegar al origen de las causas y los efectos de lo cósmico-telúrico-político-social-humano y, sobre todo, de su especialidad: el arte de amar y ser correspondida, adorada, idolatrada.

Absorbe como una esponja o una manguera los deseos, intenciones, pensamientos de quienes la inspiran y rodean.

Estratega, hábil diplomática, política sacará el jugo de su equipo de colaboradores hasta exprimirlos, y les pedirá obediencia de por vida.

Este signo, en ambos sexos, y en sus variantes, se distingue por su exótica belleza, su *glamour*, notable refinamiento, su sofisticación y ambición.

Les gusta la buena vida y trabajarán con tesón como Sebastián, mi amigo sierpe que es un multimedia *handy man* y sabe de cañerías porque las habita en su trabajo perfeccionista, y acude como un bombero cuando lo llamo para encender mis estufas del paleolítico en Buenos Aires.

Algunas serpientes apelan a su inteligencia de reloj suizo, y calculan milimétricamente su certera picadura para conseguir lo que se proponen.

Son eficaces, locuaces o mudas, seductoras irresistibles hasta que logran hacerte sentir que te ahogan en sus anillos fosforescentes y solo puedes salvarte si saltas a tiempo hacia un nuevo árbol, si eres mono, o hacia una estepa imaginaria para no ser atrapado y devorado en su mandíbula.

Atrae como un faro en alta mar, silenciosamente se desliza como Iván de Pineda por países, culturas, mares, ciudades y personas dejando alguna de sus pieles en hoteles cinco estrellas, playas del Caribe, o médanos del Sahara.

Signo iluminado por mensajes proféticos, convive la dualidad en su interior, y son pocos los ejemplares que se alinean en el bien de la humanidad.

La Serpiente en el Amor

OMOMOM.

¿Tuvieron esta experiencia religiosa?

Se la recomiendo con suero antiofídico.

De repente, estás en cualquier situación, lugar del planeta, tren, suburbano, avión, en una playa, en un ascensor, y tu energía es atrapada por la de la serpiente.

Un fuerte temblor debajo del suelo sacude tus entrañas; ella te vio sin que la vieras y extendió su plan de control para tenerte prisionera, ser su posesión divino tesoro, «juguete rabioso».

El placer que da es infinito, sabe enroscar perfectamente cada uno de tus órganos, cada músculo, cada sentido hasta saciarse, y de pronto descubres que tienes un cuerpo que nadie había amado, acariciado y sentido como el ofidio.

¡¡GULP!!

Entras en una dimensión fuera del tiempo y del espacio.

Recuperas las ganas de vivir, de planear viajes cortos, medianos o largos; de derretirte como un bombón al sol y explorar EL TAO DEL AMOR Y DEL SEXO.

La serpiente, si se enamora, te mantendrá *hot, hot*, inspirada, estimulada y moviendo las neuronas del cerebro, pues aprecia la gente culta e inteligente.

El matrimonio es una meta muy importante en su vida; buscará buenos candidatos en ambos sexos y será socia de la fortuna que generen juntos.

La infidelidad es parte de su vida; física o mentalmente logrará tener secretos de alcoba y muchas veces el amante le exigirá ser reconocido en la sociedad, lo que le causará espanto.

Su necesidad física es conocida por el zoo, a veces coquetea con juegos prohibidos, incestos, o adicciones que pueden mandarla al más allá.

La pasión y la razón están bien distribuidas en esta serpiente que sabe apuntar con su tercer ojo a quien elige.

La Serpiente en el Trabajo

El fin justifica los medios es el *leitmotiv* del signo más ambicioso del zoo chino.

Estamos en pleno volcán político en la Argentina, siendo testigos de la gestión de CFK (Cristina Fernández de Kitchner) y sus consecuencias.

Por favor, amadas serpientes, las respeto, valoro y admiro.

Cuando tienen vocación o quieren obtener algún beneficio están dispuestas a madrugar, a trabajar horas extras, a pasar de cadete a secretario, luego socio y después jefe.

Ponen cuerpo y alma en sus objetivos y saben esperar la gran oportunidad para dar el gran salto cuántico y llegar a ser Onassis, Jackie Kennedy-Onassis, rey Hassan de Marruecos.

Su vida estará plagada de encuentros fortuitos, golpes de suerte, también de cambios inesperados para viajar a otro país, ciudad o provincia por mejores ofertas.

La serpiente es avara; acumula *cash* pero prefiere el trueque en el momento de pagar sus servicios.

Algunas, en cambio, son generosas al extremo, y dilapidan su fortuna o sus ahorros por ayudar a su zoo o a amigos que les piden ayuda.

Tienen el don de tocar algo y convertirlo en oro u otra forma de riqueza.

Deberán graduar su ambición, modales y ego; pues serán motivo de conflictos y rupturas con socios y jefes.

La Serpiente y la Familia

Este signo cree profundamente en la importancia de la familia en su vida y en la sociedad.

Si nace en una familia pobre o indigna, intentará ocultarla a lo largo de toda su vida.

Su fuerte carácter necesita quien le ponga límites al nacer y durante su infancia; si no, podrá echarse a perder con sus arrebatos de poder y omnipotencia.

Es sumamente celosa, posesiva y le cuesta compartir con hermanos o familiares el sustento, los regalos y lo que es de la comunidad donde vive.

Podrá tener hijos, a quienes les exigirá más de lo que pueden ser y dar.

El precio que pagarán sus súbditos, familiares o afectivos, es carísimo.

Deberán sentarse debajo del ombú a delinear los caminos sin que mamá o papá sierpe interfieran en el karma ajeno.

La ambición familiar podría destruir muchas generaciones que quedarán atrapadas en el karma.

Exitosa, mediática y amada por el zoo, la serpiente se destacará profesionalmente y brillará en la aurora boreal.

L. S. D.

Cacaréame tu secreto

¿Por qué la gente quiere ser famosa o necesita el reconocimiento?

La gente quiere ser famosa porque todavía no pudo darse cuenta de la ilusión que es el sistema.

La fama es la cereza de esa torta de humo.

¿En qué crees?
Solo creo en lo que no veo.

¿Cómo eres en tu interior?
Mejor que yo misma (cuando uno se mete dentro de uno mismo descubre el verdadero ser que es ese magma solar espiritual que todo lo salpica aunque no nos demos cuenta, pero por circunstancias ajenas a la especie humana no podemos explorarla en su plenitud).

¿Qué es lo primero en lo que te fijas en el otro?
Cómo vibro con su mirada.

¿Eres de enroscarte?
Por naturaleza, el ser humano siempre se enrosca, lo importante es saber en qué árbol; yo prefiero el árbol de la vida.

¿A los demás los enroscas?
En realidad no los enrosco sino que nos enroscamos.
Por lo general la serpiente enrosca a la víctima, pero a veces la víctima es la serpiente.

¿Cómo es tu verdadera naturaleza?
Pregúntale a las montañas.

¿Qué hay que hacer para estar mejor?
Ser fiel a uno mismo y hacer felices a los demás sin importar quiénes sean. Pienso que eso es lo que más me gusta en la vida.

Lo espiritual es clave, ¿qué haces en cuanto a eso?
Me conecto mucho con lo espiritual por medio de la música (me gustan los paisajes, no las postales), me gusta fundirme con el viento y sentir cómo las hojas masajean mis espaldas, también me interesa mucho el mundo onírico. Casualmente ayer soñé que iba con Osho en una moto que funcionaba con fotosíntesis.

¿Tienes vicios?
Tengo un solo vicio llamado amor.

¿Qué quieres para el día de mañana?
Que el mundo no se crea más el castigo que se autoinfligió.

Datos clave de la Serpiente

Principales cualidades: Sabiduría, practicidad y talento.
Principales defectos: Posesividad, celos, falta de escrúpulos.
En el trabajo: Todo lo que toca, lo transforma en oro. Multifacética y seria, si sigue su vocación nada es imposible.
Mejor rol: Dueña de un imperio. Rey Midas.
Peor rol: Pobre. Paria. Empleada.
Dinero: Afortunada, jamás le faltará. Será la sangre de su vida.
Suerte: Nació, vivirá y morirá con suerte. Sabe aprovechar las oportunidades. Tiene una estrella única.
No puede vivir sin: Lujo, placeres, mansiones, viajes, joyas, pieles y alguien para estrangular con sus anillos.
Adora: Hacer el amor todo el día en una cama, con sábanas de raso colorado y champán francés.
Detesta: No controlar absolutamente todo.
Tiempo para el ocio: Dormir más de lo normal, como buena culebra, y que nadie la despierte violentamente. Gratificarse con placeres físicos: masajes, tomar un *jacuzzi*, tenderse al sol; pasar horas soñando despierta.
Lugares favoritos: París, Nueva York, Londres, Punta del Este y los palacios propios o ajenos.
Colores: Beige, dorado y plateado.
Plantas: Cañas.
Flores: Camelia y siemprevivas.
Profesiones: Asesora, dirigente política, alto miembro espiritual, artista, ejecutiva, empresaria, cortesana, *playboy*, *playmate*, jugador de todo tipo, detective, música, escritora o cómico ambulante.

La Serpiente y las cinco energías

SERPIENTE DE MADERA (1905-1965)

Sabia y perceptiva, algo egocéntrica, posee creatividad y fantasía en abundancia. Le encanta leer y constantemente busca aprender, pero no se siente satisfecha hasta que lleva a la práctica sus nuevos conocimientos. Desde pequeña mostrará una marcada predisposición hacia el arte, la música y la naturaleza. En el campo del amor, es la más fiel de las serpientes, y tiene la capacidad de crear lazos profundos con su familia y sus hijos.

SERPIENTE DE FUEGO (1917-1977)

Dotada de gran atractivo y carisma, esta serpiente no tiene dificultad en llegar a lo más alto, sustentada también por su fortaleza y energía. Su fanatismo hacia la riqueza y el poder determinan una actitud desconfiada y una obsesión en el cuidado de su posición y de sus logros, por eso puede llegar a tener enemistades. Excesiva y exuberante en el amor y en el sexo, en realidad se preocupa, ante todo, por sí misma.

SERPIENTE DE TIERRA (1929-1989)

Esta serpiente es prudente y siempre se toma su tiempo para reflexionar antes de tomar una decisión; pero una vez que se decidió, persevera hasta lograr su meta. Tiene buena percepción y una mirada proyectada hacia el futuro. Se desenvuelve con sangre fría hasta en las situaciones más complicadas. Conoce bien sus límites y por eso no se expone más allá de lo debido. Gentil y conservadora, tampoco exagera con los gastos.

SERPIENTE DE METAL (1941-2001)

Racionalidad e inteligencia se conjugan aquí con la fuerza de voluntad. La más aguda y dominante de las serpientes es muy hábil para aprovechar sus oportunidades. Rápida y silenciosa, puede trepar sigilosamente hasta lo más alto, sin que se note. Ama el lujo y las comodidades, y por eso necesita y busca dinero y protecciones. Puede llegar a ser muy envidiosa y posesiva, y no tolera ni asimila las derrotas.

SERPIENTE DE AGUA (1953-2013)

Tiene una mente refinada y perceptiva, al borde de la telepatía, y puede lograr altos niveles de concentración psíquica. Es capaz de fluctuar por regiones fantásticas sin perder el contacto con la realidad. Ama tanto el arte, la literatura y la belleza como la practicidad en la vida. Cuidado con desilusionarla, porque guarda rencor para toda la vida.

La Serpiente y su ascendente

Serpiente ascendente Rata: 23.00 a 01.00

Esta culebra es animosa y delicada, con un instinto especial para la supervivencia. Es muy sentimental.

Serpiente ascendente Búfalo: 01.00 a 03.00

Posee el empuje, la fuerza y la obstinación bajo un barniz de simpatía y seducción irresistibles.

Serpiente ascendente Tigre: 03.00 a 05.00

Una serpiente alerta y a la defensiva. Desconfiada como ella sola. Es capaz de cometer «crímenes y castigos». Ávida por vivir.

Serpiente ascendente Conejo: 05.00 a 07.00

Esta mezcla dará una serpiente blanda y escéptica. Será astuta para los negocios y muy lujuriosa.

Serpiente ascendente Dragón: 07.00 a 09.00

Una serpiente fantástica. Quiere y encuentra fama, poder y dinero. Cuando se aburre destroza corazones. Un plato fuerte.

Serpiente ascendente Serpiente: 09.00 a 11.00

Te inmovilizará y no te soltará jamás. Es profunda, misteriosa y hedonista.

Serpiente ascendente Caballo: 11.00 a 13.00

Esta variedad es optimista, ocurrente y tiene un espíritu posesivo. Un *playboy* o una *playgirl* de lujo.

Serpiente ascendente Cabra: 13.00 a 15.00
Será una artista de gran capacidad y gustos caros envueltos en una gran dulzura.

Serpiente ascendente Mono: 15.00 a 17.00
Una serpiente irresistible, locuaz, astuta y calculadora. Un prodigio de talento y belleza.

Serpiente ascendente Gallo: 17.00 a 19.00
Tendrá siempre la batuta aunque lo disimule. Perseverante y bien informada. Será Sherlock Holmes.

Serpiente ascendente Perro: 19.00 a 21.00
Fiel, leal y ordenada, su vida será un sacerdocio. Tendrá ataques de cólera y jamás hará nada deshonesto.

Serpiente ascendente Cerdo: 21.00 a 23.00
Desprenderá sensualidad, belleza, simpatía y seducción. Estará destinada a formar una familia numerosa y será el sostén espiritual y material de su familia.

Cuéntame un cuento chino

Florencia Arietto • Serpiente de Fuego • Abogada • Argentina

No me sorprendió enterarme de que era serpiente de fuego en el horóscopo chino, fue la confirmación de una intuición: entre las culebras y yo había algo en común. Tampoco me sorprendió saber que mi signo del zodíaco era Tauro; también entre los toros y yo había algo en común.

Lo que sí me sorprendió –gratamente– fue saber que el signo reflejo de la serpiente era Tauro, me confirmó por qué soy como soy, ¡je! Hay una palabra común entre Tauro y la serpiente, dicen los que saben que son perseverantes, nunca mejor puesta una palabra en mi personalidad: soy perseverante. Creo en lo que hago, sabiendo que es un camino difícil.

Mi padre suele decir que cuando «Florencia arranca, rompe una pared si es necesario». Es cierto, soy de convicciones fuertes. Me gusta inspirar a las personas, a lo que sea, a animarse a avanzar, a pelear contra las injusticias, a no callarse la boca, a ser irreverentes, a perseguir los sueños, a arrebatarles a los malos el poder para hacer el bien, qué se yo...

También tengo un lado exigente, que en ocasiones me impide relajarme y disfrutar, siento a veces que todo es responsabilidad, por eso busco ayuda para poder equilibrar el disfrute y la responsabilidad y cuando lo logro suelo ser muy divertida e histriónica, la risa suele ser una gran antídoto contra todo, las serpientes de fuego solemos acordarnos de ella cuando estamos al límite.

Soy madre de otra serpiente y de una cabra, y esposa de un conejo, gran combinado de felicidad que me interpela permanentemente y me mantiene atenta y entusiasmada para poner lo mejor de mí en esta hermosa e intensa carrera que elegí que es la política, la cual también es un compromiso muy grande porque trabajo duro para dejarles a mi serpientita y mi cabrita un país mejor.

Búsquenme y siempre me encontrarán en la primera línea de la batalla, allí donde las guerreras peleamos para impedir que los malos se apropien de nuestro futuro.

Personajes famosos

SERPIENTE DE MADERA (1845-1905-1965)
Raúl Soldi, Greta Garbo, Pilar Sordo, Antonio Berni, Robert John Downey Jr., Inés Estévez, Christian Dior, Mariana Brisky, Gabriela Toscano, Pablo Motos Burgos, Daniel Barone, Gillespi, Willy Crook, Sergio Pángaro, Courtney Love, Javier Zucker, Gabriela Arias Uriburu, Bjork, Catherine Fullop, Mariana Arias, Fabián Mazzei, Henry Fonda, Moby, Charlie Sheen.

SERPIENTE DE FUEGO (1857-1917-1977)
Luciana Aymar, Mel Ferrer, John Fitzgerald Kennedy, Esteban Lamothe, Emanuel Ginóbili, Leonora Carrington, Gonzalo Valenzuela, Dizzy Gillespie, Fionna Apple, Iván de Pineda, Julieta Cardinali, Lucrecia Blanco, Natalia Oreiro, Leonardo Franco, Alika, Esther Cañadas, Julieta Díaz, Romina Gaetani, Dean Martin.

SERPIENTE DE TIERRA (1869-1929-1989)
Milita Bora, Gandhi, Irene Papas, Emilio «Miliki» Aragón, Jacqueline Onassis, Milagros Schmoll, Alejandro Jodorowsky, Belinda, princesa Grace de Mónaco, Imre Kertesz, Chet Baker, Carlos «Calica» Ferrer, Milan Kundera, Roberto Gómez Bolaños «Chespirito», rey Hassan de Marruecos, Jaser Arafat.

SERPIENTE DE METAL (1881-1941-2001)
Marta Pelloni, Paul Anka, Antonio Gasalla, Plácido Domingo, Luis A. Lacalle, Bob Dylan, Raúl Ruiz, Dostoievski, Pablo Picasso, Charlie Watts, Maria Teresa Campos, Tom Fogerty, Tina Serrano, Franklin Roosevelt, Sonia Breccia, Palito Ortega, Chik Corea, Carole King, Carlos Perciavalle, Lito Cruz, Papa Juan XXIII.

Catalinas Sur Serpiente de Madera

SERPIENTE DE AGUA (1893-1953-2013)
Herta Müller, John Malkovich, Oprah
Winfrey, Ricardo Bochini, Thomas Jefferson,
Raúl Taibo, Luca Prodan, Ana Botella, Alan
Moore, Osvaldo Sánchez Salgado, Zoilo
Cantón, Leonor Benedetto, Mao Tse-Tung,
Francisco de Narváez, Graciela Alfano.

Tabla de compatibilidad

	Amor	Salud	Trabajo	Amistad
Rata	4	3	2	4
Búfalo	5	5	3	5
Tigre	3	4	3	4
Conejo	5	4	2	2
Dragón	5	4	3	5
Serpiente	4	5	5	4
Caballo	5	3	2	4
Cabra	5	5	4	5
Mono	5	4	5	4
Gallo	4	5	3	2
Perro	4	3	2	4
Cerdo	4	2	3	4

1 • mal
2 • regular
3 • bien
4 • muy bien
5 • excelente

Caballo

Ficha técnica

Nombre chino del caballo
MA

Número de orden
SÉPTIMO

Horas regidas por el caballo
11.00 A 13.00

Dirección de su signo
DIRECTAMENTE AL SUR

Estación y mes principal
VERANO-JUNIO

Corresponde al signo occidental
GÉMINIS

Energía fija
FUEGO

Tronco
POSITIVO

Eres caballo si naciste

11/02/1918 - 31/01/1919
CABALLO DE TIERRA

30/01/1930 - 16/02/1931
CABALLO DE METAL

15/02/1942 - 04/02/1943
CABALLO DE AGUA

03/02/1954 - 23/01/1955
CABALLO DE MADERA

21/01/1966 - 08/02/1967
CABALLO DE FUEGO

07/02/1978 - 27/01/1979
CABALLO DE TIERRA

27/01/1990 - 14/02/1991
CABALLO DE METAL

12/02/2002 - 31/01/2003
CABALLO DE AGUA

31/01/2014 - 18/02/2015
CABALLO DE MADERA

¿Creíste que era tu juguete?
Y nunca pudiste aprender a jugar
tu condición de aceptarme como
un experimento que te salió mal.
L. S. D.

馬 Caballo

Hoy soñé con Haby antes del amanecer.

Fue un «*back to the future*»; en el sueño estábamos jóvenes ambos, y con situaciones calcadas de lo que fue nuestra historia de amor interrumpido.

Disfruté sentirlo vivo, pues partió en diciembre del año caprino y fue para mí una pérdida irreemplazable de realimentación holística.

El día que me enteré, estaba en la Galería del Este con un sol de mañana que quemaba, leyendo el I CHING, el libro que me regaló cuando despuntaban mis veintitantos y me marcó el destino.

Fue un amor de juventud que me dio mucha fuerza para ser quien soy, y autoestima en mi exótica belleza (él me decía: «Sos la Juliet Greco del subdesarrollo»); me admiraba como poetisa, a pesar de que ya era famosa por mi aparición con Tato Bores y Andrés Percivalle, algo que nunca pudo digerir públicamente pues el ego del hipocampo no da lugar al otro. Necesitaba ser el centro *full time* (y tenía muchas virtudes para serlo). Así se produjo la prematura separación de un amor que fue mutando en el tiempo y quedó inconcluso.

Haby tenía teorías parecidas a las de mi padre: no hay que casarse con el amor de tu vida sino con alguien del que no estés enamorado.

Aunque la vida, después, lo enamoró de su mujer francesa y trajo al mundo dos hijas que fueron la luz de su existencia; y pudo disfrutar de Zeli, su nieta dragón que lo mantuvo en éxtasis.

Por su sangre sefardí corrían ríos de historia que podía expresar artísticamente y en el arte de la seducción.

Guapo, elegante, *sexy*, divertido, tenía un buen equilibrio entre el *yin* y el *yang*, y seducía por igual a hombres, mujeres, gais, travestis y lesbianas; integrando su alma a los cuadros, dibujos, bocetos, tinta china que fluían en sus horas detenidas en el NAJT (tiempo-espacio).

Haby teñía la vida con su paleta cromática, despertando el eros, y verlo era siempre nutritivo.

Mi ascendente caballo es un imán para atraer a este signo.

A través de la vida, buenas y malas experiencias, más fuertes, pasionales, platónicas, sistémicas y antisistémicas me relacionan con el noble animal, venerado en Oriente por su defensa en los derechos humanos, su espíritu libre, coraje y espontaneidad para transmitir como un relámpago el inconsciente colectivo.

El caballo o yegua tienen carisma; por su belleza salvaje, genuina o sofisticada, se esmeran para ser eternos Peter Pan y hacer un pacto con el diablo y mantener la juventud eterna... ¿o inmadurez?

Saben que tienen dones para atraer como un faro a los náufragos en alta mar; relinchan, gozan y disfrutan con plenitud del sexo y se vanaglorian con el récord Guiness de víctimas que coleccionan en ambos sexos.

Tal vez se preservan de enamorarse para no sufrir, pues son desconfiados y cuando se enamoran una vez, les cuesta salir ilesos si reinciden.

Sienten nostalgia del pasado; tengan doce o setenta y cuatro años, añoran el barrio, amigos del barrio, novias cuando estudiaban el catecismo, o el útero materno si son edípicos, o las yeguas sufren del complejo de Electra.

Al caballo le gusta estar «en la movida»[21], en la vanguardia, sea de música, recitales, desfiles de modas, *vintage*, manifestaciones para defender los derechos de los más débiles, marginados y excluidos.

A pesar de que le cuesta recibir órdenes de sus jefes, socios o pareja, se deja influenciar por sus ídolos o gurús en el momento de actuar.

Es competitivo aunque lo niegue; no le gusta perder un partido de truco, polo, golf o a los dados; es mal perdedor y si caen sus fueros puede convertirse en un enemigo invisible.

La presencia del equino en una fiesta, velorio o recital es siempre un generador de energía que entusiasma a quienes están con *low energy*; y con su sentido del humor, que oscila entre negro y pistacho, ameniza situaciones a veces ásperas para darles una pincelada original.

---

[21] Es un modismo usado en Argentina y se refiere a participar de las salidas, la diversión, lo social, lo que dé exposición.

Sigo conmovida por el magistral programa de televisión *En el camino* de Mario Markic, con el cruce de la cordillera, rememorando la gesta histórica de San Martín.

Y miro al caballo, desde el inicio de su vida en el planeta hasta la actualidad, con sus modificaciones físicas y genéticas, y veo que es sin duda el coprotagonista del transporte de jinetes –gauchos, soldados, hombres, mujeres o niños– que anduvieron y siguen recorriendo kilómetros para llegar a su destino: pueblos, plazas, escuelas, clubes, campos de trabajo, rutas de tierra que unen con la comunicación del correo, de carretas; caminos que llevan a amigos, enemigos, amores legales y prohibidos, rodeos, trabajo rural, y a aquellas grandes conquistas de la historia de la humanidad.

Son tan hermosos, a pesar de su pedigrí, que hoy le agradezco a mi padre Eduardo que nos haya obligado, en la infancia, a estudiar su pelaje a través del magnífico libro de Emilio Solanet sobre pelajes criollos para detectar en cada situación si estoy frente a un lobuno, palomo, alazán tostado, bayo, picasso, gateado, malacara, zaino y tantas variedades como las del alma que los habita.

Tuve en mi adolescencia a Pipirí Porá, mi yegüita alazana, con ella iba junto a mi padre, que cabalgaba con orgullo a su «pasuco», y a Margarita, la yegua hermana con su Mona Guazú. Salíamos a disfrutar del Parque Leloir de entonces, aún virgen y no contaminado por la civilización que inexorablemente lo transformó en un gran país donde la gente vive tras los muros y las rejas por el traumático momento del país.

Libertad, magia, entusiasmo, son los atributos que nos brindan los caballos a los que cada día perdemos la dignidad de seres humanos.

El Caballo en el Amor

El caballo está destinado a vivir con amor.
OMOMOM.

Desde esa metáfora que se hace realidad apenas dejan la placenta materna, buscarán insaciablemente el amor materno, paterno, filial, erótico, sexual, platónico, en cada ser humano que se les cruce en el TAO.

Su instinto animal los confundirá hasta que se conviertan en matungos entre el amor, la pasión, el sexo, las relaciones libertinas o casuales. Les llegará el momento de madurar y darse cuenta de que ya les pasaron varios trenes, suburbanos, aviones, platillos voladores con «la mujer o el hombre ideal, soñado, utópico», pero como son muy insaciables y se creen eternos como la Vía Láctea, no lo podrán aceptar.

A veces las yeguas buscan cabalos semejantes para ser madres sin estar enamoradas, y otras dejan una vida cuando sienten que llega el jinete soñado.

El hombre estira al máximo su condición de Don Juan y su soltería hasta que alguna audaz lo lleva al establo para formalizar.

Son buenos progenitores, aunque celosos de quienes se acerquen a su cría; a veces ponen un bozal a quien intenta compartir sus afectos.

Desconfiado por naturaleza, no se entrega casi nunca.

Aparenta estar enamorado, pero en el fondo de su corazón sabe que tendrá más pretendientes para elegir con quien disfrutar en el heno una buena *performance*.

Dependerá de cada caballo la decisión de seguir su vocación o cumplir mandatos.

Algunos se casan jóvenes y son felices, otros se separan al poco tiempo, y son eternos novios de quienes se postulan.

Él y ella saben que su mayor virtud es enamorar sin darse cuenta…

El Caballo en el Trabajo

En general, al caballo le gusta trabajar cuando tiene vocación, y al paso, al trote y al galope llegará con éxito a sus objetivos.

Es emprendedor, carismático, original, innovador, audaz para trabajar en equipo; tiene sentido común y sabe dirigir grupos.

En ocasiones es muy necio, obstinado, y no puede con su ego; más de una vez pierde grandes oportunidades porque no admite errores ni que otros le fijen límites.

Inconstante, si se aburre abandona el oficio o el trabajo y, si es adinerado, viaja por el mundo aprendiendo el arte de sobrevivir sin ataduras. En el caso contrario, intentará de mala gana adaptarse a nuevos jefes y empleados, y mirará el reloj para salir galopando antes de tiempo.

Sueña con marquesinas titilando, con escenarios, y es infatigable como Paul McCartney dejando el alma de varias reencarnaciones desde Beatles, Wings a solista *on stage*.

El Caballo y la familia

OMOMOM.

Su necesidad de ser amado, reconocido, aplaudido y admirado nace en el campo de fútbol, desde que es un niño.

La vida dirá si llama la atención o es ignorado en su núcleo familiar; si no lo valoran, a pesar de ser una rara especie, moverá el casillero de ajedrez para hacerle jaque a la reina.

Su personalidad no pasará desapercibida.

Por locuaz, tímido, autista o muy brillante en sus dones, tendrá hándicap en la necesidad del zoo de tenerlo en casa entreteniéndolos y ocupándose de sus seres queridos.

A veces brillará por su ausencia; dirá: «Soy pan para hoy, hambre para mañana», y agitará sus crines y su escultural cuerpo en busca de amigos, amores y nuevos encuentros que lo dejen en libertad condicional.

En la madurez, valorará la familia, a sus padres, y les dedicará más tiempo reflejándose en ellos.

L. S. D.

Cacaréame tu secreto

¿Las cosas son como las vemos?

Creo que en general vemos las cosas claramente, pero también somos un signo muy idealista, y eso muchas veces nos juega en contra, ya que tendemos a magnificar o imaginar demasiado, y caemos en la ilusión, creamos mundos de unicornios alejados de la realidad, actuamos en consecuencia y después nos preguntamos: ¡¿Por qué a mí?!

¿Por qué la mayoría de los humanos necesitamos adorar a divinidades o dioses?

Creo que hemos pasado mucho tiempo alejados de nuestra esencia. Necesitamos aprender a creer más en nosotros, y eso ha provocado una búsqueda constante de dioses. Es necesario que retornemos a nosotros mismos. *Inside* está la clave. Guardo entre mis favoritas esa frase que dice

«Donde estés, cava profundamente; debajo de tus pies está la fuente».

¿Cuándo sucede la magia?

La magia nunca cesa, está en nosotros y a nuestro alrededor; pero estamos tan absortos en WhatsApp que no nos damos cuenta.

¿Cómo es una noche soñada?

Estar de viaje siempre será la mejor elección. Ya sea en el mar, las montañas o una gran ciudad, y caminar descubriendo lugares nuevos. Compartir una cena especial a la luz de velas, y sobre todo en buena compañía.

¿Qué hay después de esta vida en la tierra?

El ciclo de la vida es eterno; hay más y más vida de muchas otras formas. Creo que para respondernos sobre lo que viene es importante que grabemos causas positivas (buenas acciones constantes) en esta existencia presente, es la manera de ir transformando desde YA tanto karma negativo acumulado anteriormente, e iluminar nuestro futuro.

¿Qué podemos hacer con el sufrimiento mental?

Dejar de pensar y meditar. En mi rutina diaria hago Daimoku, canto un mantra. Pero todo lo que nos conecte nuevamente con el corazón y el espíritu suma y sana, actividades que alimenten el cuerpo y el alma.

¿Cómo se reconstruye un alma herida?

Haciendo constelaciones familiares, perdonándonos, permitiéndonos amar. Dejando la culpa, que nos retrasó tanto en la manera de relacionarnos. Tomando la responsabilidad de nuestros actos y entendiendo cada día como un nuevo punto de partida.

¿Cómo se conserva la entereza?

Creo que a la hora de hacer frente a los mayores desafíos de la vida, tendremos que recurrir a nosotros mismos, y para ser firmes en esos momentos es necesario trabajar en fortalecernos espiritualmente, desarrollando ese recurso inquebrantable y la solidez que solo puede darnos la FE.

¿Qué hay de un verdadero ser espiritual?

En mi caso he tenido la buena fortuna de encontrarme con la grandeza de la Ley Mística, comenzar a practicar budismo, y aprender a crear valor de cada situación, pero tengas la creencia que tengas, sostenerla y profundizarla a lo largo de tu vida puede hacer la diferencia.

Todo lo que imaginamos, ¿se puede lograr?

Todo y más. Nuestro potencial es ilimitado.

Datos clave del Caballo

Principales cualidades: Es leal, entusiasta y emprendedor.

Principales defectos: Es inestable, irritable, impaciente y charlatán.

En el trabajo: Ambicioso, odia perder.

Mejor rol: Aventurero audaz.

Peor rol: Para el caballo, contable; para la señora caballo, ama de llaves de la corte en la Edad Media o en cualquier época. Nacieron para dar órdenes.

Dinero: Derrochador y descuidado. Generoso e inconsciente. Afortunado, siempre tendrá alguien que lo mantendrá.

Suerte: Nacer en invierno; podrá mantener su cabeza más fría y racional.

No puede vivir sin: Ser atendido *full time*, ser aplaudido y estimulado.

Adora: Viajar, cambiar de ambiente, estar en la movida.

Detesta: El silencio y la incomunicación.

Tiempo para el ocio: Algunos adoran el deporte y la competencia; otros la vagancia y la masturbación.

Lugares favoritos: Cualquiera, menos donde vive, generalmente prefiere las casas de los otros, y si son castillos, mucho mejor.

Color: Violeta, rojo y negro.

Plantas: Palmera y naranjos.

Flor: Rosa, rosa, tan maravillosa.

Profesiones: Deportista, vaquero, técnico, líder, administrador, chofer, camionero, pintor, poeta, explorador y cualquier profesión relacionada con la comunicación: locutor, cantante, político, peluquero o dueño de *pubs*, o teatros.

El Caballo y las cinco energías

CABALLO DE MADERA (1954-2014)

Amigable y con más paciencia que los demás caballos, es entretenido y dinámico. Excelente conversador, se rodea de gente afín, que lo aprecia, y tiene disposición hacia lo creativo. Un verdadero optimista, puede reírse ante las adversidades. Le gustan la aventura, los viajes, y no teme a los cambios y las revoluciones.

CABALLO DE FUEGO (1906-1966)

Dinámico, magnético, indisciplinado y distraído, gasta muchas energías en cosas inútiles. Se mueve como un Don Juan, atractivo y sensual, siempre en la búsqueda de grandes emociones. Reacio a cualquier autoridad en el trabajo, es un aventurero solitario. Suele tomar las riendas de su propio destino, con posibilidad de ser exitoso.

CABALLO DE TIERRA (1918-1978)

Se encuentra más dispuesto que los otros caballos a tolerar la autoridad; es reflexivo y decidido. Su verdadero talento se despliega en el ámbito financiero y en las inversiones, donde puede llegar a ser infalible. A veces excede sus posibilidades por goloso, y tiende a cargarse de responsabilidades a las que no puede hacer frente.

CABALLO DE METAL (1930-1990)

Guiado por el ímpetu, la exuberancia y el coraje, es la quintaesencia de la rebeldía. Un trotamundos dedicado a miles de actividades, involucrado en múltiples situaciones y amores; su cabeza, y a veces su cuerpo, están siempre de viaje. Busca sin cesar nuevos estímulos que satisfagan su adicción a la adrenalina y a la excitación. Inquieto e irresponsable, cae fácilmente en problemas, pero siempre logra salir.

CABALLO DE AGUA (1942-2002)

El más intelectual de los caballos también es el más inquieto. Divertido, elegante y sensible, ama los viajes, aunque no renuncia al lujo y la comodidad de los hoteles cinco estrellas. Su mayor atractivo es su talento para la conversación entretenida, su humor fino, la capacidad de divertirse y divertir. Cambia repentinamente de ideas y le cuesta proyectar a largo plazo.

El Caballo y su ascendente

Caballo ascendente Rata: 23.00 a 01.00 am
Este caballo sabrá amarrocar[22] el dinero que gana. Sociable, divertido, será imposible no sucumbir a sus encantos físicos y mentales.

Caballo ascendente Búfalo: 01.00 a 03.00
Será un caballo obsesionado entre el placer y el deber. Amará profundamente y exigirá lealtad e incondicionalidad a su pareja. Vivirá la vida con alegría y solo en la madurez tomará responsabilidades. *Sexy*, gracioso, esotérico; habrá que seguirlo a la luna.

Caballo ascendente Tigre: 03.00 a 05.00
Deberá seguir su olfato y no desconfiar. Aquí se da una buena combinación de habilidad y osadía.

Caballo ascendente Conejo: 05.00 a 07.00
Será el más *egotrip*[23] de los caballos. Estará preocupado por el *look*, la conquista y la fama.

Caballo ascendente Dragón: 07.00 a 09.00
Es poderoso, soberbio y muy ambicioso. No tiene sentido del humor y será vengativo con quienes lo contradigan. Inconstante, sexual y resentido. Deberá hacer taichí o yoga para no desbocarse.

Caballo ascendente Serpiente: 09.00 a 11.00
La serpiente le brindará sabiduría y lo encaminará decididamente hacia el éxito.

Caballo ascendente Caballo: 11.00 a 13.00
Un purasangre, indomable, extravagante, inconstante. Sus impulsos sexuales lo llevarán al convento.

Caballo ascendente Cabra: 13.00 a 15.00
Enamoradizo y rey de la *dolce vita*. Tendrá buen gusto, será refinado, artístico y dotado para el amor. Conquistará gente de la nobleza y de la jet set.

---

[22] En Argentina, amarrocar significa guardar, juntar, amontonar, y en general se usa para referirse al dinero.
[23] Es un término que alude a alguien que ansía estar en el centro de todo, ser quien siempre marque el rumbo.

Caballo ascendente Mono: 15.00 a 17.00

Un egoísta seductor e inescrupuloso que hará lo que se le antoje. Intensa alianza de agilidad e ingenio.

Caballo ascendente Gallo: 17.00 a 19.00

No le faltará nada. Vivirá despreocupado, mitad en las nubes y mitad en el gallinero.

Caballo ascendente Perro: 19.00 a 21.00

Este caballo tendrá las mejores virtudes, será fiel, leal, intuitivo, original y práctico. Tendrá el «sí» flojo y las cualidades para ser tu mejor amigo.

Caballo ascendente Cerdo: 21.00 a 23.00

Tendrá «vicios ocultos» y será insaciable en el amor. Es cooperativo, original y un gran emprendedor. Un oráculo abierto para amigos y desconocidos y una caja de Pandora.

Cuéntame un cuento chino

Mario Vannucci • Astrólogo • México

Mis amados dueños del universo, soy Caballo en la astrología china y me siento muy identificado con esta figura; siempre me ha gustado cabalgar en la vida por campos de libertad que no me quiten el paso al andar. Prefiero las carreras sin obstáculos, que nadie se interponga en el camino de abundancia y luz que deseo tener a mi paso. La elegancia del caballo es algo que siempre me ha llamado la atención y la pongo en práctica: me encanta la seda en mi pecho y me dolió mucho cuando mi cabellera empezó a caerse ya que presumía mucho del cabello que tenía en mi adolescencia.

Ya en este tiempo, traspasando las barreras del ego, utilizo esta elegancia para caminar por los escenarios del mundo, en los cuales dicto conferencias y gozo de un dicho muy venezolano que dice así: «Aquí estoy yo si no me han visto», pero es solo para llamar la atención en lo que quiero difundir espiritualmente y lograr que me escuchen para poder cambiar y abrir la conciencia de las personas que se acercan a verme.

Ser caballo me gusta mucho; es un animal recio, valiente que puede llevar carga pesada. Lo viví desde muy niño, aprendí que ayudando a caminar a los demás me estaba ayudando a mí mismo, y también que los triunfos en conjunto me llaman mucho la atención, y como caballo –tirando de la carreta– me da mucha satisfacción ver llegar a la meta al grupo que llevo conmigo en mi senda.

Libertad, qué palabra más fuerte para un caballo, ya que debe conjugar en su mente la rienda que su amo le coloca con los deseos de correr libre por la pradera. Hoy en día pienso en esa oportunidad de vivir en plenitud, confiando en la abundancia absoluta del universo, sin las ataduras del éxito mundano y creciendo con los logros del espíritu.

¡Qué sería del mundo sin los caballos atrevidos que estamos haciendo cambios constantes e inspirando a tanta gente!

Personajes famosos

CABALLO DE MADERA (1894-1954-2014)
John Travolta, Kevin Costner, Matt Groening, Aníbal Landi, Luisa Kuliok, Carlos Alberto Berlingeri, Pat Metheny, Kim Bassinger, Bob Geldoff, Michael Rourke, Annie Lennox, Georgina Barbarossa.

CABALLO DE FUEGO (1846-1906-1966)
Salma Hayek, Marina Borenstein, Macarena Argüelles, Fernando Trocca, Rembrandt, César Francis, Thomas Edison, Samuel Beckett, Cindy Crawford, Marta Sánchez, Fabián Quintiero, Lucía Etxebarria, Gabriela Guimarey, Sinead O'Connor, Carla Bruni, Fernando Ranuschio, Hoby De Fino, Marco Rivara, Leticia Sabater, Mónica Mosquera, Julián Weich, Claudio Paul Caniggia.

CABALLO DE TIERRA (1858-1918-1978)
Mariano Mores, Robert Stack, Santiago del Moro, Carles Puyol Nelson Mandela, Catarina Spinetta, Rita Hayworth, Benjamín Vicuña, Gonzalo Suárez, Gael García Bernal, Liv Tyler, Pearl Bailey, Lionel Scaloni, Billy Graham, Leonard Bernstein, Raimon Panikkar, Dolores Fonzi, Mariano Martínez, Juan Román Riquelme.

CABALLO DE METAL (1870-1930-1990)
Alfredo Alcón, Federico Chopin, Clint Eastwood, Ray Charles, Sean Connery, Steve Mc Queen, Neil Armstrong, Carmen Sevilla, Sean Kingston, Harold Pinter, Robert Duvall, Boris Yeltsin, Franco Macri.

ARGRA (Asociación de Reporteros Gráficos de la República Argentina) Caballo de Agua

CABALLO DE AGUA (1882-1942-2002)
Beatriz Sarlo, Barbra Streisand, Paul McCartney, Rafael Argüelles, Caetano Veloso, Nick Nolte, Harrison Ford, Jimi Hendrix, Janis Joplin, Linda Evans, Martin Scorsese, Andy Summers, Felipe González, Chris Evert, Fermín Moreno Q., Lou Reed, Hugo O. Gatti, Mohammed El Baradei, Haby Bonomo, Carlos Reutemann.

Tabla de compatibilidad

1 • mal
2 • regular
3 • bien
4 • muy bien
5 • excelente

	Amor	Salud	Trabajo	Amistad
Rata	3	2	4	2
Búfalo	2	1	3	2
Tigre	1	2	2	1
Conejo	3	3	3	2
Dragón	4	4	4	3
Serpiente	5	4	5	2
Caballo	4	4	4	3
Cabra	3	3	3	3
Mono	4	3	3	3
Gallo	3	2	2	1
Perro	4	3	2	2
Cerdo	5	4	3	1

Cabra

Ficha técnica

Nombre chino de la cabra
XANG

Número de orden
OCTAVO

Horas regidas por la cabra
13.00 A 15.00

Dirección de su signo
SUR-SUROESTE

Estación y mes principal
VERANO-JULIO

Corresponde al signo occidental
CÁNCER

Energía fija
FUEGO

Tronco
NEGATIVO

Eres cabra si naciste

13/02/1907 - 01/02/1908
CABRA DE FUEGO

01/02/1919 - 19/02/1920
CABRA DE TIERRA

17/02/1931 - 05/02/1932
CABRA DE METAL

05/02/1943 - 24/01/1944
CABRA DE AGUA

24/01/1955 - 11/02/1956
CABRA DE MADERA

09/02/1967 - 29/01/1968
CABRA DE FUEGO

28/01/1979 - 15/02/1980
CABRA DE TIERRA

15/02/1991 - 03/02/1992
CABRA DE METAL

01/02/2003 - 21/01/2004
CABRA DE AGUA

19/02/2015 - 07/02/2016
CABRA DE MADERA

Otra vez la Vía Láctea
seguirá a la última luz de la tarde
desnudándome.
Los Siete Cabritos me amarán
despacito, despacito, despacito,
hasta recuperar el himen infinito
de la Cruz del Sur.
L. S. D.

Cabra

Un día antes del regreso desde Miami a Buenos Aires, fui a pasear por una zona de Brickell por la que sentía curiosidad, en busca de una peluquería.

Hacía calor, la mañana se ponía cada vez más calurosa a medida que pisaba una calle con negocios que te sacan del apuro las 24 horas del día, pero que también pueden sacarte hasta el último dólar que lleves encima.

De pronto, me topé con una peluquería unisex en la que entré, contenta con el hallazgo.

Un hombre terminaba su corte de pelo haciendo mutis por el foro; la peluquera me saludó amablemente y me invitó al sillón a esperar mi turno.

Solo quería cortarme las puntas y relajarme con un buen lavado de mi frondosa cabellera.

De pronto, me encontré inmersa en una charla con esta mujer que marcará mi vida para siempre.

No sé por qué, cuando le dije mi nombre dio un respingo:

–¿¿Usted estuvo en la tele ayer??

–Sí –dije sorprendida de que en Miami alguien me sintonizara.

–Ahhhhhhhhh, ¡¡me interesó mucho lo que dijo!! Una pena que no pude escucharla hasta el final… ¡¡pero es usted!! L-u-d-o-v-i-c-a.

–¿De dónde eres?

–De Cuba, mi hija. Me llamo María Inés.

–Ahh, como mi hermana mayor –le dije.

–¿Hace mucho que vives aquí? –le pregunté.

–Y… hace veinte años.

Su confesión:

–Salimos doce mujeres y un hombre en una balsa, de noche, a ese mar negro y peligroso, y remamos durante una semana, sin brújula, sin rumbo, pues cuando en casa de algunas mujeres terminamos de construir la balsa con esos neumáticos de coche que hay en Cuba, nos fuimos «sin nada», con lo puesto, y entregados al destino.

Al tercer día de remar día y noche, teníamos ampollas que nos explotaban, y nos sangraban las manos y el trasero.

A mi hijita la rozó un tiburón, casi la devora, la sujeté con la poca fuerza que tenía.

No llegábamos nunca a la costa, porque el hombre nos engañó, diciéndonos que no sabía dónde estábamos: no tenía brújula y nos desviamos rumbo al golfo de México.

Pasaban barcos de la policía cubana, pero nos perdonaron la vida.

En medio del agitado mar veíamos flotar otras balsas y los cuerpos de la gente a la deriva.

Jamás podré superar ese horror.

Soy asmática, y cada noche vuelven pesadillas de esos días de naufragar sin rumbo, a la deriva, y me ahogo.

Cuando apenas inhaló el poco aire que le quedaba mientras me contaba su historia, la sentí tan frágil como un capullo de seda.

Se animó a seguir con su odisea:

—Al quinto día de no saber dónde estábamos, sin agua ni comida, nos rescató un barco estadounidense y nos deportó a Guantánamo.

—¡¿¿Qué??!

Mi grito llegó hasta Cuba.

—Sí, estuvimos con mis dos hijas seis meses allí, y me sacaron porque soy asmática.

—¿¿Y después??

—Ayyy, no sabe lo que fue vivir en un asilo para cubanos, trabajé durante cinco años para un cubano ¡¡que me quitó todo el dinero!! Y tuve que empezar de cero.

Cuánta vida en esa mujer fuerte-valiente-retraída, entregada al destino, que la arrancó de sus raíces, como a miles de sus compatriotas, y que como un clavel del aire sobrevivió en Miami.

—¿Sabés a qué signo del zodíaco chino perteneces?

—No sé.

Le pregunté la fecha de su nacimiento y me la dio: 1955.

—Eres cabra de madera —le dije.

Le hice una reseña de su signo, que estaba a punto de acabar, y me confesó que le había resultado durísimo, aún estaba reponiéndose del inicio del año del mono.

Estábamos solas en ese ámbito que permanece intacto en mi memoria afectiva. Supe, sin querer comparar mi vida a la suya, que no me había pasado nada en la vida.

Tenía un nudo en la barriga, sentía un zumbido en los oídos cuando ya nos estábamos encariñando y me costaba despedirme.

Gracias, Inés, por tu historia, la llevaré en tinta china en mi alma.

Me dijo: «El corte no se lo cobro, porque me cayó muy bien».

Le pedí que escribiera para mi libro del gallo su historia.

Pero hasta este instante no tuve rastros de su vida, no recibí un *email*.

Al recordarla con plenitud en un mediodía gris de otoño en Buenos Aires, me entusiasma la idea de retornar a la peluquería y darle el libro, si el TAO quiere, para que lo lea sintiéndose una heroína.

La Cabra en el Amor

Creo y afirmo sin duda, que este signo es el que tiene más vocación para amar y ser amado.

Su espontaneidad, gracia, capacidad para adaptarse rápidamente a ser parte del rebaño, dejarse guiar por un pastor o una cabra madrina son parte de su *sex appeal*, al mismo tiempo que su talento en el arte, en su simpleza para instalarse en lugares donde le brinden cariño y protección y pueda expresarse libremente.

En ambos sexos y en las nuevas partituras del nuevo milenio, la cabra atrae físicamente, pues está dotada de una extraña belleza silvestre o muy sofisticada en sus modales, *look*, forma de vestir y bailar, cantar, dibujar o, como Osho, para desarrollar sus virtudes con disciplina para cautivar a alumnos, maestros, y escépticos.

El amor es el motor de su vida: algunas cabras o chivos buscarán la seguridad económica que les brinda estabilidad emocional para sentirse más libres dentro del corral.

En la juventud se enamoran todos los días y son capaces de dar el sí antes de tiempo con tal de sentirse parte de la colección de arte de su dueño o mecenas.

La cabra tiene capacidad para amar a más de una persona (aunque no sea infiel) y sentirse involucrada en la vida ajena.

A veces hace simbiosis con el cónyuge, pareja o amante y en ocasiones dentro de la relación toma decisiones que caen mal, pues no avisa, y produce *la guerra de las galaxias*.

Es una invasora nata: las cabras en el campo se amontonan en el corral, ensimismadas en sus balidos y caprichos hasta que sacian su hambre y su sed.

Si bien en la relación es una buena copiloto, precisa sentirse admirada, valorada, necesitada para elevar su autoestima y su seguridad afectiva.

Hay cabras célibes y promiscuas, samaritanas y adictas al sexo y a las relaciones peligrosas.

A pesar de ser ingenua, naíf, fresca, tiene un radar para detectar novios o amantes que la complazcan en todos sus apetitos y deseos.

Su belleza innata le abrirá puertas para casarse con un magnate, un presidente, o para ser el gigoló de una katunera en la Costa Azul.

El amor siempre la guiará y con los años valorará la lealtad, la amistad, los buenos momentos, y a quienes se los brindaron sin pedirle nada a cambio.

La Cabra en el Trabajo

En estos días, cuando la lava del volcán de la ruta K nos asfixia de groserías en su ambición, se me ocurrió saber qué es Lázaro Báez en el horóscopo chino.

Perdón al resto de las cabras.

Es cabra de madera; por un día no es mono de fuego. Y también Jaime. Ambos dilapidaron juntos fondos del Estado para su propia satisfacción y el tributo a la Cleopatra argentina y su corte antimilagros.

Es cierto que este signo ni en China tiene buena fama sobre cómo «se gana el sustento, consigue un trabajo rentable». Pero si vive de su vocación llega a ser Julio Bocca, Michelangelo, Adolfo Pérez Esquivel, Alberto Favero o Araceli González.

Su búsqueda de la seguridad será el *leitmotiv* de su existencia.

En general, la cabra tiene recursos de seducción para conseguir sus metas a corto, mediano y largo plazo.

Y al ser muy adaptable, dúctil y dócil es una candidata ideal para atesorar fortunas ajenas y quedarse con parte de ellas en la primera distracción o cambio de rumbo de sus dueños o patrones.

En honor a la justicia de las cabras con algún ascendente más noble, les cuento que si nacen con una vocación muy marcada, desde la infancia, estudiarán, se esforzarán, competirán por destacar en su oficio o profesión y no les importará tanto el sueldo como lograr con obsesión un trabajo que las conforme.

Son un patrimonio necesario en la comunidad de los hombres.

La Cabra y la familia

BEEEEE, BEEEEEE, BEEE..., DICEN LOS CABRITOS APENAS NACEN...

Necesitan de la madre, el padre, los hermanos, tíos, primos y toda la constelación familiar para sentirse amadas y correspondidas.

En la niñez son muy rebeldes, malcriadas y pidonas.

Hay que ponerles límites, marcarles el corral y pedirles que cumplan con el horario para que no solivianten al resto con su indisciplina.

Servicial, caritativa, solidaria, es el signo con el que podemos contar familiarmente en momentos de crisis o desazón.

La cabra adora adoptar gente; pueden ser de su propia tribu o personas que conoce fortuitamente y lleva a su casa para brindarles I-SHO-KU-JU (techo, vestimenta y comida).

Es la que estará cerca de sus padres en la vejez, pendiente día y noche de sus necesidades, cerca de sus hermanos, cónyuge y pareja.

Adoro a Santiago, mi sobrino cabrito, que partió joven a Europa buscando su destino, y lo encontró formando una familia y trabajando con ahínco.

Con él puedo contar y charlar a pesar de la distancia entre Niemegen y la Cruz del Sur cuando el corazón no encuentra dónde anidar y late alocado.

L. S. D.

Cacaréame tu secreto

¿A quién recurres cuando necesitas contención?

Cuando necesito contención recurro a mi pareja y a mis amigas más cercanas. Son importantes para mí, me conocen bien, y saben cómo ayudarme, aconsejarme. Me ayudan con mis inseguridades y tienen las palabras justas para mí. Son críticos y me ayudan a avanzar y a ver con claridad.

¿Sientes que tienes varias personalidades o una bien marcada?

Creo que la personalidad es una, pero que se muestra en diferentes facetas según la situación. Creo tener una personalidad marcada que despliego según el lugar y las personas. Depende mucho de la confianza que tenga, me doy a conocer tal y como soy solo con los más cercanos. Con quienes acabo de conocer soy más reservada.

¿Qué ves cuando te ves?

¡Según el día! Veo una mujer feliz que le gusta lo que hace, que trabaja para conseguir lo que quiere y que logró mucho de lo que quería. Agradecida de lo que tiene, positiva, que desea seguir creciendo personal y profesionalmente, que quiere seguir viajando y conociendo lugares, personas y nuevos ámbitos laborales. Otro día me puede costar ver quién soy y dónde estoy parada gracias a todo lo que fui haciendo, entonces disfruto de dormir, de no hacer nada y compartir un arroz con queso con mi novio.

¿Crees en el mundo invisible?

Creo en un mundo lleno de energías. No se ven pero se sienten y pueden atraer cosas buenas si son positivas.

¿Tu yo actual defrauda al ser soñado del yo niño?

Sí, de niña quería ser paleontóloga, pero no, porque creo que en el fondo quería ser una mujer libre buscando cosas nuevas y eso lo cumplo. En lo que sí lo defraudo es en no tener aún una reserva de felinos tipo refugio de animales.

¿Qué haces cuando no te gusta algo de tu pareja o amiga/o?
Me cuesta bastante hablar el tema… No suelo decir las cosas en el momento, me tomo el tiempo de procesarlas y después busco la mejor oportunidad para expresarlas. Con mi pareja y mis amigas más cercanas me cuesta menos y todo depende de qué sea lo que me molesta. Suelo recurrir al humor o a la ironía para empezar a decir las cosas.

¿Dónde pones el foco?
En las cosas que me gustan. En mi trabajo y en la relación con mi pareja.

¿Qué es la vida?
Es un camino que hay que recorrer hasta el cansancio, hasta que se agoten completamente las energías. Tiene diferentes tipos de obstáculos, se va cruzando con otros caminos: algunos te ayudan a potenciar tu energía y otros te la absorben. Solo uno puede juntar la fuerza de voluntad para superar esos caminos o esas bajadas y así seguir en búsqueda de los objetivos que desean ser cumplidos.

¿Qué te importa?
Me importa vivir la vida, disfrutarla con las personas que más quiero, que me hacen bien, y ayudar a que ellos estén bien; mi trabajo, seguir creciendo profesionalmente y haciendo cosas nuevas que me gusten; me importa también seguir conociendo, ya sea viajando o investigando.

Una imagen vale más que mil palabras…
Si no creyera eso no sería fotógrafa ni realizadora audiovisual, como soy.

¿Qué esperas del mundo?
Espero que cambie, que evolucione para bien y se terminen las desigualdades. Que se frene el calentamiento global, que baje el nivel de violencia y se trabaje por una sociedad más educada, respetuosa, consciente del otro y del ambiente y no solo de lo que le conviene a cada uno.

Datos clave de la Cabra

Principales cualidades: Es pacífica, adaptable y tiene un carácter dócil y generoso.

Principales defectos: Irresponsable, irracional, inconstante, insatisfecha e indisciplinada.

En el trabajo: ¡Qué idea horrible! La cabra ama el arte, pero lo considera un placer, no un trabajo.

Mejor rol: Ama de casa. Es un mago para organizar fiestas.

Peor rol: Director administrativo o financiero.

Dinero: ¡Ah! Si se pudiera vivir sin él...

Suerte: Nacer un día lluvioso. Estará más protegida ante las adversidades.

No puede vivir sin: Belleza.

Adora: La tranquilidad.

Detesta: Tener que tomar decisiones o responsabilidades.

Tiempo para el ocio: Visitar galerías de arte, museos, pasar fines de semana en el campo, la sierra o París, Roma o Nueva York y visitar al médico para hacerse un chequeo general.

Lugares favoritos: La cama.

Colores: Anaranjado brillante y azul cielo.

Plantas: Anís, ligustrina.

Flor: Madreselva.

Profesiones: Actor, actriz, música, artista, granjera, textil, ceramista y también cortesana, gigoló, bailarina y tramposa.

La Cabra y las cinco energías

CABRA DE MADERA (1955-2015)

Buena hasta el exceso, confía en quien ama, es afectuosa y muy frágil. Para no ser acosada es capaz de hacer cualquier concesión, y deja que se aprovechen de su gran paciencia y disponibilidad. Sus grandes amores son la familia y los hijos.

CABRA DE FUEGO (1907-1967)

De lejos, la más valiente e innovadora de las cabras, también es la más emotiva e irracional, capaz de derrochar fortunas. Tiene una gran disposición para fantasear con proyectos imposibles, y en el momento del fracaso manifiesta una naturaleza desconfiada y triste. En su vida hay muchos dramas y muchos gastos.

CABRA DE TIERRA (1919-1979)

Confiada y soñadora, pero también prudente, le gusta gastar aunque nunca más de lo que gana en su trabajo. A diferencia de las otras cabras, puede disponer de su vida de manera independiente. Su problema son los sentimientos, su tendencia a inhibirlos por autodefensa, sobre todo en el momento de las críticas.

CABRA DE METAL (1931-1991)

Vulnerable y susceptible, como sus pares, se atreve más que ellas y tiene mayor confianza en sí misma. Persigue la seguridad económica y afectiva, pero le cuesta controlar sus emociones y adecuarse a los cambios. Celosa, posesiva en el amor, pretende dominar este escenario con su dulzura.

CABRA DE AGUA (1943-2003)

Fascinante y frágil, se hace querer, pero concentra emotividad y oportunismo. Muy sensible y pesimista, resulta sugestionable y se siente perseguida. Tiende a victimizarse por su vena dramática. Por otra parte, posee una gran sensibilidad artística y musical.

La Cabra y su ascendente

Cabra ascendente Rata: 23.00 a 01.00

Muy sibarita y emotiva, oportunista y astuta. Será fuerte, muy resistente al sufrimiento y la adversidad.

Cabra ascendente Búfalo: 01.00 a 03.00

Su cuota de fantasía es el secreto de su seducción. Tendrá gran solidez y fuertes principios morales.

Cabra ascendente Tigre: 03.00 a 05.00
Será hipersensible y muy desconfiada. Le gusta la innovación y tiene garra. Su personalidad es creativa y erótica.

Cabra ascendente Conejo: 05.00 a 07.00
Posee un exquisito gusto estético. Será taimada. No le gustan los grandes esfuerzos ni está dispuesta a los sacrificios.

Cabra ascendente Dragón: 07.00 a 09.00
Permanentemente necesitará sentir la aprobación de los que la rodean. Tendrá coraje y convicción y siempre llevará a la práctica sus proyectos.

Cabra ascendente Serpiente: 09.00 a 11.00 am
Tiene grandes posibilidades y capacidad para sentir emociones profundas. Una cabra intuitiva y segura de sí misma.

Cabra ascendente Caballo: 11.00 a 13.00
Luchará por ganar dinero y al mismo tiempo gastarlo sin culpas. Será muy movediza, expresiva y fantasiosa.

Cabra ascendente Cabra: 13.00 a 15.00
Es básicamente impaciente e indecisa. Será ardiente y sensible. Muy independiente.

Cabra ascendente Mono: 15.00 a 17.00
Su seducción no tiene límites. ¡Cabrita arraigada e independiente!

Cabra ascendente Gallo: 17.00 a 19.00
Necesita a alguien a su lado que le organice la vida. Tendrá fantasías que no se materializarán.

Cabra ascendente Perro: 19.00 a 21.00
¡Se las arregla sola! Es una cabra fuerte y sensata, con gran sentido de la responsabilidad.

Cabra ascendente Cerdo: 21.00 a 23.00
¡Cuidado! Esperará siempre retribución. Oh, cabra caritativa y solidaria, es a la vez sensual y pecadora.

Cuéntame un cuento chino

**Luis Fernando Nunes • Cabra
de Madera • Politólogo • Perú**

Me considero un alma buena, detesto las injusticias y los abusos, no me gusta hacerle daño a nadie, incluyendo en esto a las mascotas y al Medio Ambiente, aunque esto último es muy difícil de lograrlo al ciento por ciento porque mucho de lo que consumimos implica el menoscabo de alguno de sus elementos.

Soy de posiciones firmes pero no soy inflexible a las opiniones ajenas. Mi pareja es Cabra de Fuego y compartimos nuestros sueños y dificultades, dándonos apoyo mutuo en las alegrías pero también en las tristezas.

No puedo vivir lejos del mar, tal vez porque nací en una isla portuguesa (Madeira), que, por cierto, está más cerca de la costa africana que de la europea. Me gustan el número siete y el color azul, y me considero altamente intuitivo. En mi vida profesional entrego mucho y con intensidad, doy mucha energía de mí mismo, tanta que, a veces, al pasar bajo una farola en la calle o frente a una pantalla de ordenador, estas se apagan de inmediato, yo necesito de su energía para reavivarme.

Dicen que para los chinos, el *yang* indica que también puedo ser Oveja o Carnero pero yo me siento Cabra y aunque no tengo hijos, a mis alumnos de tantos años y cursos los siento como mis frutos en evolución y desarrollo, y sus éxitos y progresos me alegran y enorgullecen.

Personajes famosos

CABRA DE MADERA (1895-1955-2015)
Isabelle Adjani, Patricia Miccio, Groucho Marx, Miguel Ángel Buonarotti, Alfredo Leuco, Nelson Castro, Rosa Benito, Nina Hagen, Elvis Costello, Marcelo Bielsa, Miguel Zabaleta, Johnny Rotten, Homero Simpson, Guillermo Francella, Nicolás Sarkozy, Marcela Sáenz, Steve Jobs, Jorge Valdano, Boy Olmi, Miguel Botafogo, José M. Recalde, Roberto Pettinato, Bruce Willis, Mercedes Morán, Julio Cobos, Krishnamurti, Aníbal Pachano, Mel Gibson.

CABRA DE FUEGO (1847-1907-1967)
Atahualpa Yupanqui, Frida Kahlo, Katharine Hepburn, Maximiliano Guerra, Julio Bocca, Miguel de Cervantes, Gastón Acurio Jaramillo, Carlos Casella, Andrés Giménez, Ivonne Reyes, Araceli González, Pepe Monje, Boris Becker, Julia Roberts, Milo Lockett, Karina Rabolini.

CABRA DE TIERRA (1859-1919-1979)
Dino De Laurentis, Lana Turner, Brenda Martin, Zsa Zsa Gabor, Andrea Pirlo, Evangeline Lilly, Adan Jodorowsky, David Bisbal, Nicole, Margot Fonteyn, Malcolm Forbes, Jack Palance, Vanesa Lorenzo, Diego Forlán, Ian Smith, Nicolás Cabré, Eva Perón, Andrea Galante.

CABRA DE METAL (1871-1931-1991)
Ettore Scola, Alice Munro, Lali Esposito, Candela Vetrano, Angie Dickinson, Gastón Sofritti, James Dean, Mariana Espósito, Osho, James David Rodríguez Rubio, Franz Liszt, Annie Girardot, Maggie Simpson, Mónica Vitti, Brenda Asnicar, Rita Moreno.

Colectivo 60 Cabra de Metal

(1883-1943-2003)

Catherine Deneuve, Charo López, Arnaldo André, Ernesto Pesce, Jim Morrison, Rubén Rada, Marilina Ross, Terrence Malick, Lech Walesa, Hermes Binner, Luis Aute, Adolfo Pérez Esquivel, Muhammad Alí, José Luis Rodríguez, Jimmy Page, Víctor Sueiro, Keith Richards, Joan Manuel Serrat, Mick Jagger.

Tabla de compatibilidad

	Amor	Salud	Trabajo	Amistad
Rata	2	5	5	3
Búfalo	3	2	1	3
Tigre	4	5	2	3
Conejo	4	5	3	2
Dragón	3	5	3	1
Serpiente	3	3	5	2
Caballo	3	3	5	2
Cabra	2	3	3	2
Mono	2	4	4	4
Gallo	4	1	1	5
Perro	3	1	3	5
Cerdo	4	4	3	1

1 • mal
2 • regular
3 • bien
4 • muy bien
5 • excelente

Mono

Ficha técnica

Nombre chino del mono
HOU

Número de orden
NOVENO

Horas regidas por el mono
15.00 A 17.00

Dirección de su signo
OESTE-SURESTE

Estación y mes principal
VERANO-AGOSTO

Corresponde al signo occidental
LEO

Energía fija
METAL

Tronco
POSITIVO

Eres mono si naciste

02/02/1908 - 21/01/1909
MONO DE TIERRA

20/02/1920 - 07/02/1921
MONO DE METAL

06/02/1932 - 25/01/1933
MONO DE AGUA

25/01/1944 - 12/02/1945
MONO DE MADERA

12/02/1956 - 30/01/1957
MONO DE FUEGO

30/01/1968 - 16/02/1969
MONO DE TIERRA

16/02/1980 - 04/02/1981
MONO DE METAL

04/02/1992 - 22/01/1993
MONO DE AGUA

22/01/2004 - 08/02/2005
MONO DE MADERA

08/02/2016 - 27/01/2017
MONO DE FUEGO

Vivo en el paraíso sin fronteras
donde los pájaros me recuerdan quién soy
donde inhalo eucaliptus medicinal
junto hongos y los seco al sol.
Vivo dentro de los sutiles límites
de mi psiquis,
intentando no derrochar energía
en almas estratificadas,
cocino sinsabores a fuego lento
dejándolos hervir hasta evaporarse
en espirales de luz.
Quemo palo santo con mi fuego
esperando el ocaso que revela lo
que nunca nació, creció y reencarnó.
L. S. D.

猴 Mono

Queridos hermanos del planeta de los simios:

Estrené TAI SUI, año celestial, hace una semana, y decidí estar en otro paisaje de mi hábitat porteño y serrano.

Enamorada de nuestra «Buda-Pest» criolla embarqué en un autobús al cerdo, que es un afortunado enojado, en un viaje al estilo *boy scout* con simpáticas paradas como La Plata y Bahía Blanca antes de llegar, a las 5.30 de la mañana, un domingo de niebla y lluvia finita que avivó la década que estaba dejando.

Y la estrella que no me abandona; en medio de la desolación de la estación, sin un alma, le pregunté a la única pasajera que viajó hasta Carmen de Patagones si tenía el dato de algún cristiano que nos rescatara rumbo al hotel.

En menos de lo que canta un gallo, marcó el número de un taxi local y, después de despedirse amablemente, dejó que ese aire de río nos saludara mientras llegaba el veloz taxista, al que seguramente levantaron de la cama.

La llegada a la Casa Crespo fue el umbral de mis 60, en un limbo que necesitaba para recolocar constelación familiar, pareja, vocación, profesión, mundo interior, planeta serrano y mis universos paralelos que siguen navegando, algunas veces en un mar revuelto, y otras en la quietud del amado Curru Leuvu.

Emilio es un personaje de *La tempestad*, de Shakespeare, que nos abrió el gran portal con cara de sueño y amabilidad.

No me había equivocado.

El hotel es una antigua casa reciclada que destila buen gusto en cada recoveco, ángulo, ambiente, y después de pedir agua para el primer mate subimos las escaleras de pinotea hacia otro cuerpo exterior del hotel, donde nos esperaba un amplio dormitorio con baño privado que daba a un jardín con un limonero que estaba lleno de limones, jazmines del país en arbusto, un níspero, un inmenso cactus y la calidez de un entorno que nos dio familiaridad al instante.

Catman, mudo aún, cebó los primeros mates, y cuando volví del baño estaba sumergido en la cama soñando con Temperley y su infancia.

Sin hacer ruido, me recosté mirando el jardín y agradecí «la vida», tal como la experimenté desde mi nacimiento hasta ese momento en el cual –como dicen los chinos– tanto un hombre como una mujer sabe lo que quiere cuando cumple sesenta años, porque es el retorno al año de nacimiento, con la misma energía: 1956-2016, mono de fuego.

Sentí que mis 60 eran la restauración de lo que me fue quedando en el tintero, en las kalpas, células, huesos, articulaciones flojas, en mi columna doblada como un bambú, en mi cara a veces joven, a veces sin tiempo, en la que se ve que pude aceptar cada etapa como un aprendizaje inevitable para evolucionar, para desmalezar las lianas carnívoras que intentaron devorarme como Cronos (Saturno) a sus hijos, y pedir ayuda cósmica, terrenal y psiquiátrica cuando fue «la noche oscura del alma».

Desandando el carrete del tiempo, como los mayas, aceptando lo cíclico, eterno, y también lo efímero.

Los cuatro días de la estancia fueron una meditación, WÚ WÈI, dejarme llevar por lo que salía del tantra, coincidir con mi compañero en caminatas por el pueblo o la ciudad, aprender la historia del lugar.

Visitamos la catedral de Nuestra Señora del Carmen, que comenzó en 1780 como templo parroquial y después de varias etapas de construcción –inclusive se importaron materiales desde Italia– es hoy Monumento Histórico Nacional. Dentro de la basílica están exhibidas las banderas brasileñas –trofeos de la invasión del Imperio de Brasil en aquellas tierras, en el año 1827– que dejan constancia de la real historia del país, y no la que nos sigue confundiendo desde hace doscientos años.

Respiré aire húmedo de río, lo vi desde las terrazas de día y de noche, iluminado por la vecina orilla, y los barquitos que lo navegan sin tiempo, como en una película de Claude Lelouch, *Un hombre y una mujer*, me olvidé de mí, de quien estaba dentro de esa cantidad de ponchos, chaquetas, chales, gorros y bufandas, para ser anónima por un rato. La gente está detenida en el tiempo, y si bien sabían que éramos forasteros, nadie me choluleó[24], y eso, sí, créanme, es un descanso. Amigos con vuelo existencial nos invitaron a celebrar el cumpleaños, a compartir charlas íntimas y poéticas.

Luego, a cruzar a Viedma en coche, y una siesta después de visitar a Lidia y Juan Marchesi en su templo hogar, caminar por la rambla deshojando el otoño, admirando sus colores, y embarcarnos en una lanchita de juguete para llegar a Carmen y su muelle que tiene un buen FENG SHUI.

Viajaban un músico con su guitarra y algunos turistas.

Y me pareció que recorría el Nilo en cinco minutos, llena de ganas de vivir y de seguir explorando en las islas y sus alrededores.

Cerca de la casa, en la misma calle, me tentó entrar en el museo del tejido, y con Catman apreciamos esa construcción de adobe de más de un siglo y medio aun en pie. Sacamos fotos y apareció su anfitriona, tejiendo con su tradición mapuche sus chaquetas, ponchos y gorras.

Le deseo que llegue a Nueva York; recibió hace una semana una carta de la Casa Blanca para invitarla a exponer en una feria mundial del telar, pero nadie la ayuda para llegar a la capital del mundo...

Le compré su arte pues disfruto lo que está creado con una cosmovisión y tanto esfuerzo.

El clima del cambio de década flotaba en cada hora del día; amanecía con frío, niebla, a veces una fina lluvia y a veces, a la tarde, asomaban unos rayos de sol, confirmando que el cielo es el gran padre y desde allí llegan sus enseñanzas. Me encomendé al Gran Espíritu para ser mejor persona. Ayudar en lo concreto, palpable, transmitir mi conocimiento y en el próximo tiempo estar más cerca de la gente nativa de la serranía. FUE UN VIAJE DE GRATITUD.

Al remontar el vuelo desde Viedma a Buenos Aires, en una calma tarde sin viento y con el cielo como un arco iris, tomé la revista de Aerolíneas Argentinas, y quedé deslumbrada con la tapa de VILLA LA ANGOSTURA en otoño.

Allí estuve este verano reencontrándome después de veinte años, y sintiendo que en la Argentina hay tantos lugares hermosos como para que cada uno de los cuarenta y cuatro millones que somos pueda

---

[24] En Argentina se llama «cholulo» a alguien adicto a los famosos. Tuvo su origen en el nombre del personaje de la historieta Cholula, loca por los astros, creada por Toño Gallo en la década de los 50. Aquí, como verbo, significa acosar a alguien por su condición de famoso.

elegir su favorito. Y descubrí que la villa es mono tauro de agua, pues se cumplen 84 años desde que los primeros pioneros la fundaron.

Mi alma voló en paz…

El Mono en el Amor

Me estuve recreando, en un día frío con poco sol en el barrio porteño, para estirar piernas e ideas y buscar gangas en precios de estufas, comida y lo que ya levantó vuelo en alas delta en el país…

Y pensé en mis amores, o en lo que es el amor para el mono.

Creo que es una vocación y búsqueda permanente para pertenecer a esa tribu humana que alguna vez fuimos y ya no seremos más.

El mono ama instintivamente cuando siente que le dan su lugar en la palmera, en el jardín, en la escuela, en el hábitat laboral, en el escenario, en el circo, en la caravana, en el barco donde navega, en la tienda donde vende con la mejor sonrisa y energía lo que nadie puede vender, en la feria del barrio, y donde esté dispuesto a vivir.

La base del amor es sentirse aceptado, con un lazo o vínculo que le dé calor en el alma, en su cuerpo hiperactivo, siempre atento a un abrazo sincero, un repentino erotismo que puede crear adicción, si es correspondido física, mental y espiritualmente.

Las formas de amar son infinitas y anticonvencionales.

Al mono no le gusta que le exijan horarios, compromisos formales con la parentela, reglas sociales; saldrá de la jaula y se perderá en la jungla con ganas de una larga temporada de celibato y meditación.

Volcará su libido en desarrollar su talento, compartir el fruto de sus hallazgos con el zoo y esperar sin desesperar al próximo candidato.

El mono atrae a personas muy diferentes. Su energía *yin-yang*, su extraña manera de crear dependencia en el enamorado (por su gracia, su alegría de vivir, aptitudes físicas e intelectuales) producen relaciones peligrosas, simbióticas y a veces unilaterales.

El mono es rebelde, indomable en ambos sexos, y en el caso de la mujer produce «estados alterados» en su pareja, que no puede controlarla, manejarla o sodomizarla.

Afirmo que es el signo más complicado para mantener una relación afectiva estable. Los monos que se casan jóvenes o por obligación, y a veces enamorados, interrumpen su matrimonio en pos de una carrera, oportunidad artística o mediática que los tienta y los aleja de sus afectos a la velocidad del rayo. A veces vuelven a formar una pareja, o intentan recomponer el pasado sin éxito.

En la madurez descubre que compartir la vida con un compañero es una bendición que debe valorar y ser más humano, cómplice y cariñoso.

Algunos monos sienten desde jóvenes la necesidad de formar su propia tribu y engendran hijos por el mundo sin importarle las consecuencias. Es un vehículo de amor, un manantial inagotable de estímulo para quien se anime a vivir con él venciendo prejuicios y dando saltos cuánticos en la evolución de Darwin.

El Mono en el Trabajo

A su juego lo llamaron. En cada mono hay un meteoro para llegar a concretar sus sueños y utopías.

Si tiene vocación, es trabajador, honesto y buena persona, se destacará rápidamente en su oficio.

Competitivo, audaz, innovador, original, sabe conquistar al zoo y ser líder en su empresa, poniendo el sello de su personalidad.

Su capacidad intelectual y manual se debe a que está adelantado en cada idea, acto, y los expresa con exactitud en el momento preciso.

El mono es una fuente creativa: romper con tabúes o ideas antiguas de trabajo imponiendo su imaginación y destreza física y mental al infinito.

Un genio en potencia que tendrá en su mano el as de la fortuna.

El Mono y la familia

OMOMOM...

¿Y ustedes como están?

El mono será la mosca blanca de la familia; si es amado, contenido, escuchado y le ponen límites en la infancia, se convertirá en un homo sapiens. Si es un paria, malcriado y pendenciero podrá ser la oveja negra con actos delictivos, y muy difícil de recuperar en su autoestima y conducta social.

La familia es el punto G del simio; si hace constelaciones familiares, terapia, y pide ayuda, podrá destacarse en crear lazos de amor, contención y salud holística entre los suyos.

Un gran desafío. ¡A intentarlo, hermanos simios!

L. S. D.

Cacaréame tu secreto

¿La esencia del ser humano cambia o es siempre la misma?

Creo que cambia, tanto como especie humana como individuo, o al menos tiene la posibilidad de cambiar, igual a veces me cuesta entender cuál es la esencia del ser humano.

¿Qué podemos hacer para que todo sea más justo?

Es bastante utópico pensar que en algún momento vamos a hacer un *«click»* y nos vamos a poner todos de acuerdo para hacer un mundo más justo, o al menos es una posibilidad que se ve muy lejana, creo que lo que podemos hacer es tratar de ser más justo cada uno, de ser mejor persona, ser honesto con uno y con sus cercanos, mientras más gente lo intente, más cerca estaremos de tener un mundo más justo.

¿La música es solo un sentimiento o también sirve para alguna otra cosa?

Para algunas personas quizá la música no represente nada (me cuesta hasta escribirlo) porque para mí es casi lo más importante en mi vida, fue de lo que me agarré en mis momentos más oscuros y la que me acompañó en mis mejores momentos, es lo que me puede cambiar el ánimo en tres minutos, lo que me hace viajar… Ni siquiera hablo de las letras de las canciones, de la poesía, solo de la música, ese lenguaje abstracto, mágico, que te puede pasear por miles de sentimientos sin un mensaje directo que te diga lo que tienes que pensar.

A mucha gente quizá solo le sirva para un pasatiempo; yo no puedo imaginar mi vida sin música.

¿Por qué la mayor parte de la humanidad necesita sedantes?

Supongo que porque la mayoría del mundo no está satisfecha con su vida y es la manera más fácil de huir, es mucho más rápido prender la televisión, quedarse tres horas en facebook viendo la falsa vida de los otros o tomarse medio sedante, que ver cómo se enfrenta uno a sus miserias. Porque tomo como sedantes las cosas que hacemos para no escucharnos, y no a los estupefacientes, que vienen en la siguiente pregunta.

¿Qué son las drogas?

Bueno, es un tema muy amplio, lo primero que hay que pensar es que no hubo ninguna civilización a lo largo de la historia en ninguna parte del planeta que no haya de alguna manera buscado su droga para tener otra percepción de la realidad, básicamente creo que es una necesidad del hombre, creo que eso son las drogas, sustancias que pueden sensibilizarte para abrir otra percepción de la vida.

Después está todo el otro tema: el consumo social, la comercialización, el negocio, los abusos, la autodestrucción y millones de otras cosas que tienen que ver más con las conductas sociales que con las sustancias en sí mismas.

¿Qué cosas son las que más nos afectan?

No creo que a todo el mundo le afecten las mismas cosas, ni que siempre le afecte lo mismo a una misma persona. Después están las cosas que nos quieren imponer para que nos afecten y hay cosas que, queramos o no, logran imponer y otras no tanto.

¿Hay una verdad absoluta o son relativas?

Creo que hay una verdad absoluta y es la mía, ja ja. No, no hay una sola verdad…

¿Qué hacemos para ponernos de acuerdo?

«Cada cual tiene un viaje en la cabeza, difícil que lleguemos a ponernos de acuerdo», Charly Garcia.

No tengo más que agregar.

Datos clave del Mono

Principales cualidades: Inteligencia, lucidez, astucia.
Principales defectos: Complejo de superioridad y subestimación de los demás.
En el trabajo: Todo lo que intente será exitoso. Las puertas están abiertas para él.
Mejor rol: Autoridad suprema.
Peor rol: Ninguno, pues puede transformar todo en algo maravilloso.
Dinero: Rico por épocas, pero puede derrochar todo o dilapidar una fortuna en un ataque de millonario.
Suerte: Es el animal más adaptado para vivir en la tierra, y si nace en verano su suerte será mayor.
No puede vivir sin: Movimiento, discusión, intercambio de ideas.
Adora: Cuidar a los demás y sentirse indispensable.
Detesta: Sentirse ignorado, excluido y atrapado en sus bajezas.
Tiempo para el ocio: Es sociable y le encanta circular por los lugares de moda, cócteles, fiestas, y ser adulado.
Lugares favoritos: Cualquiera donde la vida sea intensa y no se aburra; adora las vacaciones; su oficina, si ama su trabajo, es el paraíso para él.
Color: Violeta.
Plantas: Sándalo y cedro.
Flor: Jazmín.
Profesiones: Político, diplomático, embajador, escritor, orador, vendedor, actor y contrabandista.

El Mono y las cinco energías

MONO DE MADERA (1944-2004)

Por su talento para las cuentas podría ser una perfecta ama de casa tanto como un eficiente ejecutivo. Tiene ambición de éxito y, como es absolutamente reservado, este mono huye del chismorreo. Intuitivo e inquieto, casi nunca llega a la satisfacción plena, busca constantemente nuevas soluciones y no se resigna en las derrotas.

MONO DE FUEGO (1956-2016)

Pura energía innovadora y vital, nació para liderar. Su gusto por la competencia y el dominio pueden ser también sus problemas, ya que suele quedar arrollado por sus propias ideas y afectado por acciones irreflexivas y peligrosas. Es probable que su enorme voluntad se vuelva obstinación, y lo envuelva en polémicas y sospechas.

MONO DE TIERRA (1908-1968)

Un mono sorprendentemente quieto y sereno, pero también determinado a generar admiración y aprecio por sus logros. Necesita la aprobación de los demás para no encapricharse y volverse insolente. Muy culto, con ideas progresistas, generoso, no le faltan tampoco la devoción al trabajo y una gran honestidad.

MONO DE METAL (1920-1980)

Es un mono versátil, capaz de desenvolverse en distintas actividades al mismo tiempo gracias a su constancia y determinación. Luchador e independiente, también sabe cuidar sus ahorros, así como hacer inversiones cuidadas. Pasional y cautivador, también vanidoso y farsante, tiene un talento especial para generar nuevas tendencias.

MONO DE AGUA (1932-1992)

Este mono no da puntada sin hilo, y no hace nada por nada. Sensible y enigmático, es el menos conservador de su especie, capaz de cuidar sus secretos todo lo que sea necesario. Actúa con la habilidad típica de los monos para cumplir con sus metas, aunque, como es un refinado conocedor de la psicología, nunca manifiesta sus intenciones y prefiere rodear los obstáculos en vez de encararlos.

El Mono y su ascendente

Mono ascendente Rata: 23.00 a 01.00

Conseguirá todo lo que quiera sin el menor esfuerzo. Con su personalidad fascinante, no se privará de nada en la vida y será muy ahorrativo.

Mono ascendente Búfalo: 01.00 a 03.00
Hábil para sus propósitos, y muy sagaz. Un mono idóneo, culto y trabajador. Construirá un imperio y será muy protector.

Mono ascendente Tigre: 03.00 a 05.00
Desconfiado, astuto, intuitivo y arriesgado, no se privará de nada y tratará de sacar provecho de las situaciones.

Mono ascendente Conejo: 05.00 a 07.00
Sutil, amante de la sociabilidad y con inclinaciones artísticas. ¡Un mono con poderes extrasensoriales!

Mono ascendente Dragón: 07.00 a 09.00
Doblemente ambicioso, muerde más de lo que puede masticar. Será un mono poderoso, seductor, refinado, que buscará rodearse de lujo y honores.

Mono ascendente Serpiente: 09.00 a 11.00
Será un ser propenso a la calma y la meditación. Su presencia inspira equilibrio y respeto. Mono filósofo, culto, sabio y ocultador.

Mono ascendente Caballo: 11.00 a 13.00
Es muy independiente, transgresor, y jamás hará nada si no está inspirado. Atraerá a la gente más exótica y jugará con sus propias reglas.

Mono ascendente Cabra: 13.00 a 15.00
Mono trepador; no dará puntada sin hilo. Su seducción será irresistible y se rodeará de lo mejor. Es ingenuo y muy romántico.

Mono ascendente Mono: 15.00 a 17.00
Resentido, iluminado, imprevisible, malabarista de lo importante.

Mono ascendente Gallo: 17.00 a 19.00
Es un mono de alto vuelo. Tiene suerte en la vida y sus sueños se hacen realidad.

Mono ascendente Perro: 19.00 a 21.00
Muy popular, con una envidiable vitalidad y un gran sentido del humor. Es un mono rústico, pero muy lúcido en sus sentimientos.

Mono ascendente Cerdo: 21.00 a 23.00

Un gran sibarita; sabrá disfrutar los altos y bajos placeres de la vida. Será culto, reservado, gracioso y muy sensual. ¡El hombre o la mujer ideal!

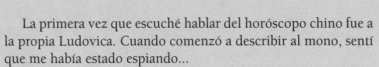

Cuéntame un cuento chino

Federica Pais • Mono de Tierra • Conductora • Argentina

La primera vez que escuché hablar del horóscopo chino fue a la propia Ludovica. Cuando comenzó a describir al mono, sentí que me había estado espiando...

Esa necesidad de juego permanente, de saltar de liana en liana, ese gusto por la libertad y la conexión con el silencio de la mañana para poder escuchar a los pájaros son mi parte de mona..., la necesidad imperiosa de no aburrirme, tratando de encontrar la diversión hasta en la tarea más rutinaria, ya sea buscar un lugar para estacionar, o colgar la ropa, todo lo transformo (o intento hacerlo) en un juego. Quizá por eso me dediqué a un trabajo tan poco previsible y rutinario, no puedo imaginarme realizando una tarea que sea igual todos los días, ¡por los años de los años! Eso, que a muchísima gente le da una gran tranquilidad, a mí me espanta.

Necesito el desafío de encarar cada día como un gran juego, y divertirme y gozar al hacerlo, teniendo la conciencia de que hay que honrar la vida, agradeciendo cada momento, a cada integrante de nuestra familia, la de sangre y la elegida; no son muchos (debo confesar que soy una mona bastante solitaria), pero todos muy amados, e intento cuidar a cada uno de ellos.

Luchando también con esa parte más brutal, dicen los que saben que es la más humana, la que habla de más, demasiado sincera... y no siempre el otro tiene ganas de tanto (sobre todo cuando no lo pregunta), a veces muy dura (empezando por mí), y tratando de dominar los enojos. Por suerte, los años no vienen solos y, poco a poco, va ganando la mona sobre la humana.

¿Para qué? Sólo para ser un poco más feliz día a día.

Personajes famosos

MONO DE MADERA (1884-1944-2004)
Gabriela Acher, Diana Ross, Danny de Vito, Susana Giménez, Eliseo Subiela, Bob Marley, George Lucas, Rod Stewart, Antonio Grimau, Arturo Puig, Selva Alemán, Sebastián Spreng, María Marta Serra Lima, Roger Waters, Michel Douglas, Marta Oyhanarte, Talina Fernández, Nora Cárpena, Mario Mactas, David Gilmour, Zulma Faiad.

MONO DE FUEGO (1896-1956-2016)
Luis Luque, Ludovica Squirru, Alejandro Kuropatwa, Ricardo Darín, Carolina de Mónaco, Imanol Arias, Bryan Lee Cranston, Geena Davis, Osvaldo Laport, Luz O'Farell, Andy García, Patricia Von Hermann, Ulises Sábato, Björn Borg, Julio Chávez, Helmut Lang, Peteco Carabajal, Daniel Grinbank, Celeste Carballo.

MONO DE TIERRA (1848-1908-1968)
Adrián Suar, Leonardo Abremón, Chayanne, Darío Sztajnszrajber, Nicole Kidman, Daniel Craig, Betty Davis, Gabriel Batistuta, Fabián Vena, Salvador Allende, Diego Olivera, Guillermo Andino, Martín Jacovella, Viviana Saccone, James Stewart, Antonio Birabent, rey Felipe de Borbón y Grecia, Alejandro Sanz, Cartier Bresson, Adrián Dárgelos, Fernando Ruiz Díaz, Nelson Rockefeller, Libertad Lamarque.

MONO DE METAL (1860-1920-1980)
Federico Fellini, Ray Douglas Bradbury, Mickey Rooney, Kim Kardashian, Ricardo Montalbán, Ronaldinho, Soledad Pastorutti, Olga Orosco, Charlie Parker, Justin Timberlake, Luis Ortega, Luis González, Valentino Spinetta, Marina Glezer, Nicole Neuman, Mario Benedetti, Lorenzo Anzoátegui, Luciana Salazar, Gabriel Milito, Papa Juan Pablo II.

Gato Barbieri Mono de Agua

MONO DE AGUA (1872-1932-1992)
Elizabeth Taylor, Magdalena Ruiz Guiñazú,
Peter O'Toole, Joaquín Salvador Lavado
(Quino), Anthony Perkins, Miley Cyrus, Cara
Delevigne, Omar Sharif, Neymar Da Silva
Santos Júnior, Eugenia Suárez, Felipe Sáenz,
Jean Cacharel, Mariano Grondona.

Tabla de compatibilidad

1 • mal   4 • muy bien
2 • regular   5 • excelente
3 • bien

	Amor	Salud	Trabajo	Amistad
Rata	3	3	3	3
Búfalo	3	2	4	4
Tigre	4	4	3	3
Conejo	2	3	2	3
Dragón	2	2	4	5
Serpiente	3	3	4	5
Caballo	4	4	5	3
Cabra	3	2	3	3
Mono	3	4	4	5
Gallo	4	3	2	3
Perro	4	5	4	5
Cerdo	4	3	2	3

Sí, fui feliz
alguna vez en la Feliz.
Costumbres argentinas
intento de familia sarda
en alta mar.
Algo quedó en mi retina
del mar caprichoso e imprevisible
de la bandera dudosa o peligrosa
casi nunca celeste para nadar.
Tuve amores de verano entre la sombrilla
y las algas,
teatro, amaneceres escarlata
rumbo de olas y espuma
salpicando mi postura.
Intentos de cordura
sin ancla ni capitán
sirena en la tempestad.
L. S. D.

gallo

Este capítulo se lo dedico desde lo más profundo del corazón a Acacia Engfui.

Esta mujer maravillosa, gallo de agua, desde mi desembarco en México DF en la década de los 90, es la fuente más importante de sabiduría y transmisión de las diversas técnicas, arte y ciencia chinas que han leído en mis anuarios a través del tiempo.

Acacia llegó a mí como un suave viento, cuando viajaba con continuidad por Latinoamérica en las alas de mi querido editor y amigo, Don Vercelli, gallo de fuego.

Tuve esa estrella que me acompaña en viajes y no me abandona, y la ayuda de personas como Acacia y su zoo, entre ellas Cristina Alvarado, su nieta, que es una colaboradora fundamental de los anuarios chinos por su conocimiento hermético y ancestral que comparte con LSD y sus lectores.

Siempre me impactó la armonía física, mental y espiritual de quien les hablo. De mediana estatura, altiva, suave en sus modales y forma de hablar, equilibrada, generosa con su conocimiento, desde que la conocí, la invité a compartir las presentaciones en la Casa del Risco en el barrio de San Ángel, en el templo mayor del DF, y en cuanta ocasión la vida nos ha ofrecido.

La última vez fue en Coyoacán, en una librería que tenía un tinglado que nos protegió de un diluvio al estilo mexicano.

Hacía más de diez años que no veía a Acacia, que estrenaba sus 80 prolíficos años de seguir cacareando su experiencia vital y estudios.

A pocos días de mi TAI SUI (año celestial), estrenando los 60 mayos, leo el capítulo que enaltece el libro del gallo y se refiere a la búsqueda insaciable de su vida.

Es cierto que los gallos saben que a veces irritan, molestan, cacarean antes de poner un huevo y marcan un compás que enerva a quien vive en estado de WÚ WÈI (no acción).

Su sentido del deber, la hiperresponsabilidad que traen de la placenta los convierte en el PC con software más sofisticado del planeta. Sin querer producen «estados alterados» en quienes comparten su gallinero, corral, área laboral y afectiva.

En ambos sexos, la búsqueda de la perfección en lo que hacen los mantiene con insomnio, madrugando antes que el zoo para asearse, vestirse, perfumarse y estar impecables en la oficina o en el supermercado, descontando las veladas de gala en el Colón o en el Madison Square Garden.

La mayoría de los gallos saben lo que quieren desde la tierna infancia: su vocación despunta prematuramente y, a pesar de cumplir con mandatos o roles que detestan, encauzarán su libido para enrolarse en la legión de la autodisciplina, la autoexigencia, el orden, y ejercerán con autoridad su rol en la sociedad.

Compartir un trabajo en equipo con esta ave venerada en Oriente es un lujo asiático.

Altruista, compañero, agudo, sagaz, tiene el tercer ojo muy abierto para dar ideas, directrices, marcar tendencias y dirigir al zoo en sus objetivos.

Es cierto que algunos gallos parecen pavos reales por su ostentación, ego y despliegue de territorio, en el que adoran sacudir su plumaje y brillar con adornos, joyas, o exponiendo sus logros como trofeos en los estantes de su gallinero.

Aparentemente extravertido, el gallo esconde sus traumas, sentimientos negativos, celos, envidia, rencor, timidez, resentimiento, y da lecciones al prójimo sobre cómo ser o comportarse.

ESPEJITO, ESPEJITO...

Son buenos interlocutores y amigos, y acuden rápido cuando se los necesita: su espíritu servicial y samaritano contiene situaciones límite a la velocidad del rayo.

La mujer gallo es ejemplo para el resto de las que dejamos de arreglarnos, de mantenernos en forma, no tenemos autodisciplina para estar seductoras durante el día y recién nos acordamos cuando se nos presenta alguna cita o evento.

Están a la vanguardia de la moda, saben elegir saldos y *outlets*, combinan genialmente lo que tienen en el ropero con lo nuevo y están al día con la revista *Hola* y los *looks* de la nobleza, y sueñan ser parte de ella.

En China, este signo es muy valorado. Le dicen «pollo» en algunas zonas del este asiático, y se lo venera por su tenacidad, su capacidad laboral, perseverancia, concentración para trabajar en equipo y por cumplir horarios. Ambicioso, sabe lo que quiere desde pequeño y no se desvía de sus objetivos.

Su empuje, solidaridad y sentido común lo convierten en un amigo invalorable.

El Gallo en el Amor

Cuando en el TAO (camino) de la gallina o el gallo se cruza alguien que logra sacarlo de su carrera, rutina, vicios, manías, obsesiones, seguramente lo seguirá hasta el fin del mundo y hacia otras galaxias.

Enamoradizo, es el galán ideal para cortejar a una mujer; sabe elegir un buen lugar para una cita, comprar el mejor regalo, perfume, vestido, coche descapotable, o sorprender a su elegida con dos pasajes a Montecarlo-Capri-Budapest-París para viajar en menos de lo que canta un gallo.

Lo que más lo excita es la conquista; una vez capturada la presa, puede convertirse en un ser pidón, cínico, soberbio, ególatra y desconsiderado.

La mujer gallo es la geisha perfecta: sabe satisfacer a su hombre o pareja con pasión, elegancia, refinamiento, y descorchar una botella de champán con la mejor lencería para hacer el amor con entrega y picardía.

En ambos sexos adoran coleccionar amantes, novios, y maridos, y vanagloriarse por ello con amigos compitiendo en «cantidad más que calidad».

A este animal le interesa formalizar y pasar por el registro civil y por varias iglesias y fiestas exóticas para exponer al mundo su decisión de formar una familia y traer hijos al gallinero.

A veces el gallo siente nostalgia del futuro; soñador, idealista, nunca estará conforme con sus decisiones, y buscará algún defecto o fallo en su pareja. Candidatos para constelaciones familiares, es bueno que antes de darnos lecciones de conducta familiar puedan ver sus problemas y solucionarlos. Defenderá a su cría cuando sienta amenazas a su alrededor y podrá disfrutar de los consejos de abuelos, tíos y primos cuando esté rumbo al *spiedo*.

El gallo está más enamorado de la idea del amor que del amor real.

El Gallo en el Trabajo

Es su motor en la vida.

Con Acacia como invitada de honor en este libro y su larga experiencia en el arte de vivir trabajando de la vocación, se sentirán representados la mayoría de ustedes.

Desde jóvenes les gusta ser independientes y ganar dinero, y aunque no les agrade la tarea, la harán con profesionalidad, hasta terminar sus estudios o dedicarse de pleno a continuar con la empresa familiar con éxito.

Don, mi amigo gallo, demostró ser «la excepción a la regla» cuando tuvo que desafiar al ADN del árbol genealógico para luchar por mantener la sección de libros de la editorial que había fundado, y le dieron la espalda. Finalmente la malvendieron a la peor empresa mexicana de la historia y, literalmente la fundieron.

Un gallo herido toma fuerza, como un titán, y duplica la apuesta consiguiendo un éxito a perpetuidad.

El gallo siempre conseguirá ganarse el sustento por su vocación para el trabajo, la tradición familiar en las empresas y el sacrificio.

Es un signo constante, metódico y lleno de ideas innovadoras y originales.

Un socio o compañero irreemplazable.

El Gallo y la Familia

Hay dos tipos de gallos: los que agobian, asfixian, demandan atención las 24 horas del día, y no dejan tranquilos a sus hijos, nietos y prole, y los que como Yoko Ono practican el *let it be*.

Adoran participar de actos escolares, bodas, cumpleaños, velatorios y funerales para marcar el terreno con su presencia y dejar la huella del DNI o del lazo sanguíneo.

Cómplices, protectores y solidarios, se puede contar con ellos cuando la vida se pone cuesta arriba o nadie se acuerda de una.

Su alegría y sentido del humor son contagiosos, y pueden ser los mejores anfitriones en veladas inolvidables.

L. S. D.

Cacaréame tu secreto

¿Crees en la vida después de la muerte?
Creo básicamente en que todo es energía, por lo cual creo en la transformación infinita de esta energía. Entonces sí, es una manera de continuar la vida después de la muerte.

¿Cuál es tu idea de esto que se llama vida?
Sentirla. Creo que esa es toda mi explicación respecto de la vida, ni siquiera es una experiencia racional, es sensorial.

¿Qué opinas de lo masculino/femenino? ¿Ambos tenemos las dos características?
Sí, creo que las energías masculina y femenina se encuentran en un mismo ser. Nuestro salvajismo fue educado por lo cual es difícil leer las características primarias. Pero creo que todos somos bisexuales. Que el amor y la atracción pueden darse entre dos seres del mismo sexo tanto como con los del otro sexo. Así como es interracial, entre edades diferentes, etcétera, también es intersexual. Hay funciones biológicas femeninas diferentes a las masculinas, eso es innegable y celebrable. Pero ambos sexos tenemos energías de contención y de acción. Y también ambos sexos tenemos tareas diferentes respecto de nuestro entorno. Hay que entender la diferencia funcional sin magnificarla y evitar provocar una ruptura cultural radical entre los sexos.

¿Qué te gustaría construir?
Me gustaría construir algo que nos permitiese volar individual y libremente por el espacio.

¿El amor lo puede sostener todo?
Aquí me gustaría aclarar o redefinir mi concepto de amor. Si hablo de amor como un sentimiento positivo de dedicación, interés, ganas, deseo, etcétera, entonces sí, el amor sostiene todo porque el amor es todo. No quiero que se confunda esto con el amor pasional de pareja, que sostiene todo lo

demás. Cuando uno vive su vida con amor, se dedica a amar en cada acto, en su trabajo, sus maneras, sus miradas, sus acciones, su casa, sus amigos, su pareja, en sí mismo sobre todo. Ese amor sí que lo sostiene todo.

¿La imaginación tendría que estar en el poder?
En el poder no debería estar ninguna de las funciones. Sí, la imaginación debería estar más cuidada y mejor desarrollada, eso sin duda.

¿Por qué crees que algunos tanto y otros tan poco?
Es una discusión eterna. Pero creo que cada uno es responsable de sí mismo y de sus decisiones.

¿Llegaremos a vivir en un mundo más justo en todos los sentidos?
Sí, creo que sí. Creo en teorías evolutivas. Soy optimista respecto al tiempo; las cosas se acomodan.

¿Qué es Dios?
Es una figura creada por el ser humano para sentir que uno mismo no es la autoridad máxima sobre sí mismo, para compartir el peso de la responsabilidad y no hacerse cargo de su propia fuerza. Dios es la energía de cada ser que habita el universo.

¿Qué ves cuando te miras al espejo?
Algo muy pequeñito, microscópico. Una chica simple trabajando por sus ideas complejas. Una luchadora, y un ser ínfimo transitando humildemente por la inmensidad del universo.

¿Qué sensación tienes sobre a dónde van las cosas?
Ya lo dije en una respuesta anterior. Soy optimista y evolutiva en mi forma de vernos. Creo que siempre van a un lugar mejor, sea cual sea esa situación, siempre será la mejor opción para evolucionar. El crecimiento siempre es doloroso.

Datos clave del Gallo

Principales cualidades: Honesto, franco, valiente y responsable.
Principales defectos: Vanidoso, porfiado, preocupado en la apariencia.
En el trabajo: Se dedica exclusivamente a él. La tradición dice que con sus patas y su pico de oro un gallo encuentra un tesoro en el patio de su casa.
Mejor rol: Militar, héroe, o figura cómica.
Peor rol: Espía.
Dinero: No resiste las tentaciones. Casi siempre está en números rojos.
Suerte: No tiene mucha. Toda su vida se encontrará forzado a trabajar para sobrevivir. Si nace en primavera tendrá mejor suerte.
No puede vivir sin: Seducir y admirar el *look* de otras personas o sus vidas (aunque no lo confiese).
Adora: De vez en cuando, pasar unas vacaciones tranquilo en un lugar lujoso y confortable.
Detesta: Que lo acorralen y le hagan ver sus defectos.
Tiempo para el ocio: Pasar las tardes filosofando o leyendo.
Lugares favoritos: Adora tener un rincón para él solo y decorarlo a su manera: un jardín secreto donde los demás solo pueden entrar con invitación.
Color: Amarillo.
Plantas: Genciana, naranjo y palmera.
Flores: Cactus y orquídeas.
Profesiones: Cualquier actividad comercial desde vendedor hasta director de ventas, o intermediario, oficinista, militar, dueño de restaurante, peluquero, relaciones públicas, granjero, atleta, manicura, maestro y vendedor de gallos.

El Gallo y las cinco energías

GALLO DE MADERA (1945-2005)

Un ser casi indescifrable, puede ser cuidadoso y previsor o perderse en laberintos construídos por él mismo. Mucho entusiasmo, esfuerzos desmedidos, y tantas pretensiones... Su forma de vivir puede llegar a enloquecer a quienes lo rodean. No le faltan honestidad e integridad, también es muy sociable, altruista, dotado de fantasía y creatividad.

GALLO DE FUEGO (1957-2017)

Un gallo con exceso de autoritarismo y energía inagotable. Autónomo, detallista, pero también farsante, inflexible e iracundo. Persigue el éxito con cierto fanatismo y con obsesión, sustentado en sus excelentes cualidades para el mando. Se ocupa mucho de su imagen pública, y no se deja enternecer por los problemas de sus subordinados.

GALLO DE TIERRA (1909-1969)

Su cabeza es como un disco duro, predispuesta para la acumulación de informaciones y nociones que puede analizar correctamente. Eficiente, detallista y cauteloso, siempre apunta a lo concreto, sin cuidar las apariencias, que tanto preocupan a los otros gallos. Su verdadera pasión es el trabajo, en el que se aplica con absoluta dedicación, casi con fanatismo, y llega a cosechar éxitos duraderos.

GALLO DE METAL (1921-1981)

Es la quintaesencia del trabajador incansable, práctico, puntual, eficiente. Su obstinación a veces le genera problemas, se cree infalible y por eso no es capaz de aceptar sus defectos o errores. Sus relaciones se ven afectadas por su excesiva racionalidad y rigidez. Tiende a reprimir sus sentimientos y tiene un desmesurado deseo de riquezas materiales.

GALLO DE AGUA (1933-1993)

Vuelca sus energías en trabajos intelectuales, para los que tiene mucho talento y vocación. Con este gallo se puede conversar o discutir sin ser avasallado por su autoritarismo. Podría ser un excelente ensayista, médico o ingeniero, y siempre su trabajo va a ser una inspiración para los demás. Solo debería corregir su obsesión por la perfección, que puede llegar a transformarlo en un pedante burócrata.

El Gallo y su ascendente

Gallo ascendente Rata: 23.00 a 01.00
Curioso, intrépido y jovial. Este gallito también será tierno, sentimental y flexible.

Gallo ascendente Búfalo: 01.00 a 03.00
Inflexible en su moral y capaz de encontrar oro en el patio de su casa. Es un gallo ávido de poder.

Gallo ascendente Tigre: 03.00 a 05.00
Su fuerza radica en la fe que se tiene a sí mismo. Gallo contradictorio y arremetedor.

Gallo ascendente Conejo: 05.00 a 07.00
Es un gallo intrigante y eficiente, tranquilo... ¡y muy cambiante!

Gallo ascendente Dragón: 07.00 a 09.00
Hará su voluntad y su ambición apuntará más allá de las nubes. Este gallo será un muro.

Gallo ascendente Serpiente: 09.00 a 11.00
Propenso a cavilar y rodeado por un halo de misterio, será un gallo reservado, temeroso e hipocondríaco.

Gallo ascendente Caballo: 11.00 a 13.00
Sus reflejos son rápidos y sus gustos pintorescos; posee audacia al por mayor. Un gallo con gallardía.

Gallo ascendente Cabra: 13.00 a 15.00
Sociable y un poco interesado, es un gallo sensible y con fuertes inclinaciones artísticas.

Gallo ascendente Mono: 15.00 a 17.00
Afortunado y resuelto, este gallo no sabrá lo que es perder el tiempo; es determinante, conciliador y bonachón.

Gallo ascendente Gallo: 17.00 a 19.00
¡Insoportable! Será el más excéntrico, criticón y quisquilloso.

Gallo ascendente Perro: 19.00 a 21.00
Sus ideales serán una causa justa, que buscará cumplir en este mundo. Este nativo es lúcido y llamativo.

Gallo ascendente Cerdo: 21.00 a 23.00
Una estrella fugaz, incapaz de cualquier deshonestidad. Un gallo samaritano con el que podrás contar siempre.

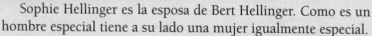

Cuéntame un cuento chino

Sophie Hellinger • Gallo de Madera • Alemania

Sophie Hellinger es la esposa de Bert Hellinger. Como es un hombre especial tiene a su lado una mujer igualmente especial.

Mutuamente se impulsan hacia áreas fronterizas y terrenos amplios siempre nuevos, tanto en conjunto como individualmente. Siempre están al servicio de mayores fuerzas que mueven todo.

Sophie Hellinger es una mujer extraordinaria, esposa, madre y abuela. Sus múltiples facetas y la forma como ella se nos presenta hacen que sea difícil describirla en palabras.

Desde hace décadas está trabajando en el ámbito de la ayuda para la vida. Los seminarios dirigidos por Sophie Hellinger son realmente únicos. La fuerte atención con gran aprecio que los clientes pueden experimentar hace que recuperen la confianza en la vida misma.

Quien va a su encuentro puede apreciar sus facultades, su estilo abierto y su modo directo y claro de decir las cosas. Lleva a la persona a sus zonas de luz y de sombra, a su totalidad, lo que se experimenta a menudo como un terremoto. Aquí se trata de acontecimientos extraordinarios, que enseñan conexiones que son más profundas y de un mayor alcance que las imágenes mentales limitadas.

Con facilidad, cruza las fronteras y conduce a niveles de soluciones que están alejados de la «conciencia común», pero atraen atención. Con sus conocimientos y habilidades trabaja con clientes en una amplia gama de temas, que van desde preguntas sobre su carrera profesional hasta problemas de salud, tanto mentales como físicos, y muchas otras áreas de la vida, y a menudo de las vidas pasadas.

Gracias a un talento extraordinario, reforzado por su interés y su franqueza siempre presentes, y una enorme experiencia y sabiduría, Sophie Hellinger dispone de una clarividencia casi sobrenatural en relación con dolencias mentales, físicas e interpersonales. Así que ella es capaz de proporcionarnos siempre una imagen que, en un entorno seguro, permite y garantiza el crecimiento interno y externo. En qué está fundado su potencial y cuál es su fuente, queda velado al espectador. A menudo parece ser pura magia.

Con gran amor Sophie Hellinger comparte sus conocimientos y habilidades, tanto en los talleres de las nuevas constelaciones familiares como en los talleres de *cosmicpower*. En los cursos, los participantes entran en contacto con las energías cósmicas que inician, fortalecen y apoyan un proceso ampliamente sanador de transformación.

Los seminarios se imparten en todo el mundo. En este caso, el multilingüismo de Sophie Hellinger (además de alemán e inglés habla español y portugués) asegura que las traducciones alcancen el más alto nivel de precisión y eficiencia y por lo tanto las personas presentes de todas las edades y con gran variedad de biografías y destinos se benefician de estas comprensiones.

Bert Hellinger dice: «Estoy a su lado, asombrado, aprendiendo, mirando y agradecido».

Indio Romero • Gallo de Fuego • Hombre con vuelo existencial • Fotógrafo • Director de Teatro • Argentina

Me acompaña la idea de que todo acaba de empezar. Esta travesía de cruzar el océano de la vida comienza a tener el color de lo verdaderamente inexplorado. Más se avanza, menos se sabe. Una nueva percepción está surgiendo y quizá tenga que ver con alguna forma de despertar. ¿Despertar de qué? He vivido bajo el consuelo de la ilusión y tal vez también este momento lo sea. Una ilusión más refinada. Como un barco un tanto gastado que se detiene hechizado cuando comienza la parte más honda, sobre este océano viviente; su profundidad trae la percepción renovada del tiempo como un hecho. Cada vez más y más y más, hasta el último de los días, la conciencia del instante que queda es más perpetua. Perpetua y fugaz la instancia que me sostiene. La memoria, el pasado y el futuro se descubren palpitando dentro de mi cráneo un tiempo psicológico. Y un cuerpo, sobre un tiempo presente. Todo lo que queda. ¿Puedo ser feliz ahora, entonces? ¿Encontrarme feliz ahora? ¿Indagar, discernir ahora? Lo que ahora haga, capte y comprenda es lo que seré mañana. El mañana está contenido en el ahora. Nadie cambiará mañana, si ahora no cambia. ¡Si pudiera captar y ponerme la corona del ahora! Eso sería pura acción.

El viviente escenario de la mente se propaga en una cápsula de ilusión. Una envoltura en la que no podemos hacer otra cosa que soñar con nosotros mismos.

Sentimos que iremos a alguna parte y que todo sobrevivirá. Tenemos fe y vivimos la alegría que el consuelo nos genera. Juegos de la mente.

Este cuerpo no sobrevivirá. Y nada me dice que sobreviva el alma, el espíritu. Son cosas mías. Probablemente el enigma sea más grande que lo que construya mi imaginación. Y la imaginación no tiene cabida para la nada. Me inclino a saborear la nada. Ese final del chispazo que me trajo aquí, y que no comprendo.

Todavía queda mucho por andar, por mirar, por oler, por abrir, calzar, desplazarse, tocar, presionar, gustar, arrancar, dormir, hacer sonar, hacer con el pensamiento y las manos. Indagar, discernir, cantar, tomar, besar, reír, acompañar, estar solo, amar.

Para Ludovica, soy un gallo. Hago cosas de gallo. Yo no puedo imaginarme en esta fauna planetaria. Tal vez sea la anarquía del fuego que se me vuelve en contra. Un gallo chamuscado consigo mismo, por el propio fuego. Pero los planetas mueven tu suerte, me dice. Destinan desde sus coordenadas un enigma para mí. Me perciben desde miles y miles de millones de años de distancia. Me alegra saber que es mi año. ¿A quién no le pueden atraer los atributos que dicen de este gallo? El héroe, el menos comprendido, el más excéntrico y el más inteligente y atractivo. Por su canto al nuevo amanecer y despertar. Gracias, Ludovica, por esta especie de talismán chino, con el que me entrego a tu juego. No sentiré soledad cuando levante la mirada hacia el cielo de la noche si la luna, los cometas y el sol enmarcan ahí una nueva pauta para este gallo, una prodigiosa relación, precisa y vacilante, que podría regir mi destino ahora, si es que estoy despierto y cantando.

Larisa Curiel • Gallo de Tierra • Directora editorial de Ediciones Urano México

Ser gallo, por lo menos en México, es ser un triunfador. O, para que se entienda mejor, ser un «chingón» (con el perdón de la palabra).

¡Ese es mi gallo! Es lo que se dice cuando uno se inclina por alguna persona o le apuesta a alguien dentro de cualquier área: deportes, política, finanzas, profesión... porque sabe que no lo defraudará y saldrá victorioso.

El gallo es el que sabe, es el que no duda, el que no pierde, el que tiene éxito y triunfa en todo. Eso es ser un gallo. Y yo lo soy.

Ja, ja, ja, debería sentarme junto a la modestia a disfrutar mi naturaleza china y cacarearla a los cuatro vientos, pero no. Para ser gallo hay que madrugar, hay que trabajar, hay que buscarle por dónde, hay que encontrar el maíz, la soja y el trigo, hay que volver al gallinero por las tardes a disfrutar de la familia y acurrucarse junto a ella. Hay que apostarle a la vida para obtener a cambio grandes recompensas.

Me gusta ser ese gallo, y yo soy «galla», todavía mejor, luchadora, independiente y no me rajo.

Y sí también, como buena «galla», que no gallina, le doy importancia a mi plumaje exterior, colorido y llamativo, pero sin descuidar nunca mi interior para alcanzar ese balance perfecto.

Adoro mi fase de mamá «galla». Mis polluelos son mi motor y mi pareja mi combustible. Me gusta ser la que ordena el gallinero y no me molesta no volar alto, porque sueños sí que tengo pero los vivo y los busco aterrizada en la tierra. Mi tierra, mi elemento, al fin y al cabo soy Gallo de Tierra.

Seguro que mi ascendente chino tiene un gran peso y modifica mi «modo gallo» en algo, porque aunque madrugar no me cuesta trabajo, sí que busco cualquier espacio posible para volver a la cama, soy dormilona, no lo puedo negar. Pero cuando estoy despierta, bien despierta que estoy y si amanezco antes de que salga el sol o con el primer rayo, créanme que puedo cacarear a todo pulmón un «buenos días» y bendecir que el mundo empiece a girar para mí.

Vivo el presente pero me gusta «futurear»; si sale todo bien, increíble; si no, ¡NO PASA NADA! Soy agradecida con la vida que tengo, quizá sea porque yo me la genero día a día.

Tengo un hermoso gallo de hojalata colocado estratégicamente sobre el mueble del comedor para que se vea desde que se entra en mi casa. Gallo soy. ¡Larga vida al gallo!

Caro Castellani • Gallo de Metal
Ceramista y Artista visual • Argentina

Creo en el Sentir,
creo en el Amor,
creo en Brillar,
en Ser Luz.

Creo en la Energía Cósmica.

Confío en ¡Soltar!
¡Soltar!
Creo en el Arte
y en la Magia.
Creo en la Risa.
Amo la naturaleza
y elijo ser uno con ella.
Creo en el Sol
y en la Luna.
Creo en el Barro
y la alquimia del fuego.
Me inspiran las hojas,
me veo en ellas,

me encuentro.
Me gusta amigarme con lo que siento…
Creo en el Sentir.

Love, Love, Love is all you need!
¡Quiquiriquí!

Yoli • Gallo de Agua • Argentina

Mi potencial suegra, a quien vi solo dos veces antes de
su partida, me dijo ya desde su última fase, por teléfono, en
una charla inolvidable:

Luli, yo soy como vos, positiva de nacimiento.
Le dictaré a Claudio una receta para que te la haga:
Es mi favorita.
Era gallo de agua, y quiero integrarla para ustedes también,
escrita de puño y letra por su hijo Claudio.

L. S. D.

GALLO DE MADERA (1885-1945-2005)
Sergio Renán, Diane Keaton, Peter
Townshend, Tanguito, Sandro, Eric Clapton,
Bette Midler, Carmen Maura, Gal Costa,
Franz Beckenbauer, Ritchie Blackmore,
Elton John, Bryan Ferry, Deborah Harry,
Julio Iglesias, Milo Manara, Piero, Luisina
Brando, Juan Alberto Mateyko, Luiz Inácio
Lula Da Silva, Yoko Ono.

GALLO DE FUEGO (1897-1957-2017)
Alicia Moreau de Justo, Daniel Day-Lewis,
Fernando Iglesias, Juan Luis Guerra, Katja
Alemann, Melanie Griffith, Alejandro
Lerner, Andrea Tenuta, Luis Salinas, Daniel
Melero, Vando Villamil, Robert Smith,
Sandra Mihanovich, Miguel Bosé, Miguel
Botafogo, Jorge Valdivieso, Siouxsie Sioux,
Sid Vicious, Nicolás Repetto, Ricardo Mollo,
Alfie Martins.

GALLO DE TIERRA (1849-1909-1969)
Guiseppe Verdi, José Ferrer, Gwen Stefani,
Diego Korol, Marguerite Yourcenar, Alex
Ross, Valeria Bertucelli, Elia Kazan, Juan
Di Natale, Joselillo, Laura Novoa, Horacio
Cabak, Diego Rafecas, Cecilia Milone, Pablo
Echarri.

GALLO DE METAL (1861-1921-1981)
Peter Ustinov, Astor Piazzolla, Dick
Bogarde, Simone Signoret, Dionisio Aizcorbe,
Charles Bronson, Deborah Kerr, David
Nalbandian, Fernando Alonso, Luciano
Pereyra, Jane Russel, Esther Williams, Tita
Tamames, Alex Haley, Laura Azcurra, Javier
Saviola, Ana Aznar, Britney Spears, Natalie
Portman, Andrés D'Alessandro.

Cruce de los Andes Gallo de Madera

GALLO DE AGUA (1873-1933-1993)
Alberto Migré, Roman Polanski, Tato
Pavlovsky, Caballé Montserrat, Benito Cerati
Amenábar, Jean Paul Belmondo, Joan
Collins, Juan Flesca, María Rosa Gallo,
Santo De Fino, Carol Burnett, Costa-Gavras,
Larry King, Sacha Distel, Alberto Olmedo,
Quincy Jones.

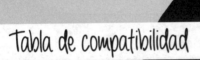

Tabla de compatibilidad

	Amor	Salud	Trabajo	Amistad
Rata	3	2	4	4
Búfalo	3	2	4	5
Tigre	2	3	2	4
Conejo	2	3	2	2
Dragón	2	2	3	2
Serpiente	3	1	3	1
Caballo	2	2	3	2
Cabra	2	3	2	4
Mono	3	4	1	4
Gallo	3	1	1	1
Perro	4	3	3	2
Cerdo	4	3	2	1

1 • mal
2 • regular
3 • bien
4 • muy bien
5 • excelente

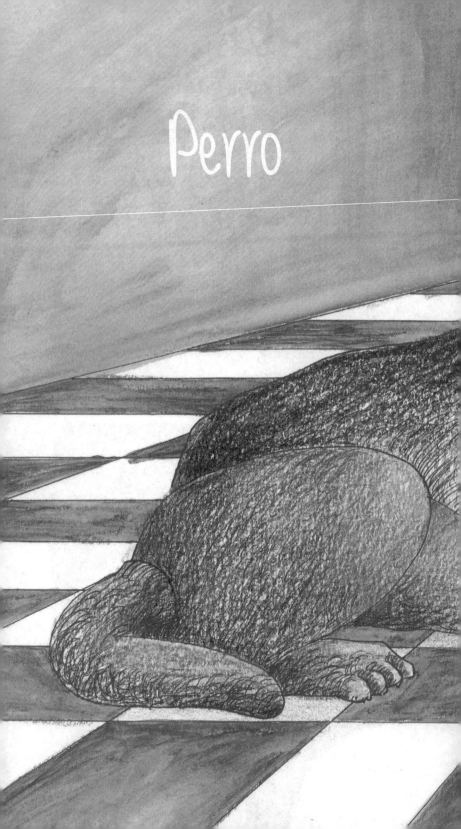

Perro

Las piedras.
Piensan
Hablan
Sienten
Copulan
Olvidan
Crecen
Desaparecen
Continúan
Respaldan
Amparan
Comunican
Saben
Ocultan
Espían
Respiran
Raspan
Confirman
Sueñan
Desnudas.
L. S. D.

Perro

Hoy, 3 de junio, se celebra en el país el día de «Ni Una Menos»[25]. ¡Qué ironía! Encauzar este drama nacional y mundial en un día.

Estoy leyendo hace un mes la historia de la violencia hacia la mujer desde el origen de la historia, y escribiría un tratado al respecto.

Y aparecen imágenes de mi infancia, de mi madre, de mi padre... Y del mandato que recibí desde que emergí «en el planeta de los simios».

Inhalo el aire frío de un día que amaneció con sol en Buenos Aires y sé que esta marca en el ADN es lo que nos iguala a las mujeres del mundo, de cada país, región, edad, clase social y también a los hombres, que llevan como marca a fuego la sensación de que fuimos, somos y ¿¿seremos?? un objeto o pertenencia para disponer de nosotras según sean el amor y respeto que sientan, ante todo, por su madre. OMOMOM.

Lo cierto es que el primer movimiento feminista nació en la Argentina en el año 1970: UFA Unión Feminista Argentina.

Y es perro de metal en el horóscopo chino.

Asocio a las valientes mujeres que encabezaron esta idea para seguir en una lucha cotidiana, de la que me siento parte y todo.

María Luisa Bemberg, perro de agua, marcó un hito en nuestro país, junto con otras mujeres.

Mi madre perro lo pasó mal con ambos maridos, padres de sus hijas. Uno juez y otro abogado, parecían desconocer las leyes del respeto universal por quien era su esposa, compañera, socia y compinche, como pude vivirlo con mi padre, el jabalí talibán Eduardo Squirru, cuyo mandato en nuestra finca aún suena como un disco rayado en mi memoria celular:

«La mujer no debe molestar y en lo posible hacerse útil».

[25] Ni Una Menos es una convocatoria nacida por iniciativa de un grupo de periodistas, activistas, artistas. Surgió en 2015, en la Argentina, contra la violencia machista y los feminicidios. Miles de personas y cientos de organizaciones en todo el país, escuelas y militantes de todos los partidos políticos se suman a sus marchas, manifestaciones y actos.

Creo que hasta hoy, con los hombres con quienes estuve intentando ser pareja, cumplí al pie de la letra con mi padre, y lo extendí al zoo, a amigos, a los hombres con los que trabajé a través de mi vida.

Es cierto, después de zambullirme en constelaciones familiares, que la identificación con la madre es inevitable y se repite intergeneracionalmente, como en mi caso.

Marilú, la hermosa perrita que por su colorido sería una rottweiler bordó, o castaña rojiza, fue el emblema de la mujer soñada por un varón en esa época.

Bella, personal en sus costumbres de decidir qué hacer, cómo y cuándo, con *charme*, *glamour*, *sex appeal* y un ácido sentido del humor, atraía al instante a cualquier hombre que la olfateara.

Sabía seducir por teléfono a quien marcara su número, por error o acierto, con una voz que parecía de un 803 de *hot line*; y era especialista en «poner la oreja» para dar sabios consejos a quienes los pidieran o no (interfería en el karma ajeno) sin darse cuenta. En mi caso, durante mi adolescencia y juventud, me producía grandes trastornos para «ser yo misma» y no lo que mi madre quería que fuese.

En ambos sexos el perro es posesivo, dominante y absorbente.

Tiene sus propias reglas de moral, sigue su instinto o intuición, que no falla jamás, y decide en un instante lo que a otros les llevaría una vida. Audaz, valiente, innovador, original y combativo, bajo ninguna circunstancia se callará ante una injusticia que se le cruce en la caseta, el vecindario, el pueblo o el país.

Saldrá con sus colmillos afilados, sus ladridos estereofónicos, su destreza física –aunque sea un perro callejero o un salchicha– para enfrentarse a lo que presiente como un enemigo.

Sabe que la noche es larga, y más en invierno, y tiene que cuidar a su amo, sus cachorros y su territorio, que marca cuando siente que alguien lo invade sin permiso.

Es un amigo ejemplar, único. Cuando leía el maravilloso libro *El bosque de las magas blancas*, de Sandra Blanco, saqué la Carta 30, «Hermandad en su máxima expresión», y sentí que describe perfectamente las cualidades del perro en la amistad.

Hay dos tipos de perros: introvertidos y extravertidos.

Los primeros padecen de anestesia emocional por traumas de la infancia, el abrupto corte de lazos con sus padres, el desarraigo, la convivencia con la jauría en la que apenas podían obtener un hueso cuando lo peleaban a muerte, y el desamparo de no tener un amo que los cuidara y les diera asistencia, buena alimentación, vacunas y una caseta para atenuar los diluvios, las nevadas o los granizos que algunas veces los envejecían prematuramente.

Los perros expresivos, cariñosos, demostrativos son los que tuvieron sobredosis de amor en la infancia, y hasta debieron hacer terapias para soportar el ahogo de su tribu para amaestrarlo.

Los perros lectores que siguen mis anuarios saben cómo he amado y sufrido la pérdida de mis perras y perros en mi vida serrana.

Inexplicable conexión de varias vidas o tal vez de esta; han sido mis compañeros incondicionales del día a día, de caminatas, noches de luna llena cuando ladran hasta el insomnio y me desvelan, intuyendo algún extraño espíritu en el jardín que quiere visitarme o rondar mis secretos no revelados.

Gipsy y Mariana, amigas del TAO, siempre están cuando me crujen las entrañas de soledad o ganas de estar monísima para el zoo que me sigue en las giras en las que aparezco para ladrarles cómo será el año en curso.

Su fuerte personalidad es adrenalina pura; estar cerca de ellos genera sensación de movimiento, sinergia, entusiasmo y creatividad.

Animal noble, milenario en su mutación de lobo estepario a perro, compañero de destino y camino de los humanos.

El Perro en el Amor

Es igual que el amado perro que tenemos, tuvimos, o que nos sigue en la calle si lo acariciamos o le damos un poco de comida.

El perro ama incondicionalmente y elige a su dueño, a veces porque necesita amparo, una caseta, un espacio en la galería, que le saquen las pulgas; a cambio, ladra si siente amenazado el territorio de su amo, lo despierta por la mañana con besos, mimos y moviendo la cola de alegría.

El perro es amor: solidario, samaritano, social, filial; también su corazón abarca al desvalido, al excluido, enfermo, huérfano: no todos adoptan o ponen en práctica esta filosofía, pero se puede contar con ellos en momentos críticos para abrir la caseta y no dejar sin hogar a quienes lo necesitan.

Si se enamora... Es el signo más fiel, leal, honesto, sincero, adaptable a su amante, pareja, o «portero de noche», según sea su autoestima.

Sabe marcar el territorio, no deja entrar a nadie cuando siente su seguridad amenazada en la relación con su pareja, y puede convertirse en un cancerbero rabioso si alguien cruza la línea invisible del ser amado.

En ambos sexos, le da mucha importancia al erotismo, al TAO del amor y a pasar horas y días haciendo el amor hasta el paroxismo.

Necesita que le digan y afirmen que lo aman, que lo acaricien y estimulen física y espiritualmente.

Es un progenitor suigéneris; puede tener mucha cría o descendencia, pero no sobreprotege y deja que salgan al mundo desde cachorros en busca de su hueso y destino.

Hay que enseñarle a graduar su sobredosis afectiva cuando inhala el aire del prójimo y lo asfixia. Un amor que dejará huellas en el zoo.

El Perro en el Trabajo

En este campo hay tantos tipos de perros como razas.

Los que se conforman con el hueso diario haciendo trabajos temporales y sin horario fijo para disfrutar del ocio creativo o simplemente porque no son ambiciosos, y prefieren estar en la calle defendiendo los derechos humanos y creando con su imaginación nuevos paradigmas.

Otros, con autodisciplina, sabrán dónde enfocar su inspiración y trabajarán infatigablemente para llegar a cumplir sus objetivos.

Un perro con vocación es una bendición: destila su imaginación como el perfume de una magnolia y lo expande a quienes se acercan en busca de sus sabios consejos, olfato, sentido común y coraje.

Aparece Lino Patalano en esta mañana porteña, que desde muy joven fluyó con su talento de hombre multifacético: productor, escenógrafo, director, y sigue siendo un faro para artistas que recién empiezan o están consagrados y les brinda su apoyo como empresario y, principalmente, amigo.

La ambición dependerá de las necesidades reales y familiares que tenga y a veces de las ganas de mejorar el FENG SHUI de su casa, de darse algún gusto viajando o de invertir en ropa y un ropero nuevo.

Algunos perros tienen fama de ser avaros, de no invitar jamás a nadie a su casa ni a comer una fainá[26] en El Cuartito[27], y otros administran su dinero con inteligencia para la época de vacas flacas. GUAUAUAUA.

---

[26] La fainá es un plato típico de Argentina, hecho a base de harina de garbanzos, agua, aceite de oliva, sal y pimienta y que se sirve en las pizzerías.
[27] Pizzería tradicional de Buenos Aires.

El Perro y la Familia

Cada perro tendrá el karma que se merece con el zoo.

Algunos forman una familia cuando son muy jóvenes para huir del hogar de nacimiento y descubren con el tiempo que no estaban preparados para el matrimonio y algo más... Otros solo sueñan... las perras con ser Susanita[28] y llegar al altar «blanca y radiante».

La realidad les golpea muy temprano en la caseta y saben que tienen que asumir responsabilidades afectivas, laborales y económicas que serán el sustento de su cría.

El perro es esencialmente dependiente; necesita llegar a casa y sentir que ya están esperándolo, o compartir alguna novela o noticiero con hijos, pareja o cuñada mientras ceba unos mates.

Adora compartir tareas en común: limpiar la caseta, cocinar, jugar a la canasta, y estar siempre disponible por alguna emergencia.

Es cierto que su mal humor puede ser una amenaza a la paz hogareña, y le hace falta tener alguna excusa para descargar su *spam* en la constelación familiar. Cuando se queda solo, a veces lo disfruta y otras veces extraña el calorcito de la salamandra y los rasguños que daba a quienes siempre le apoyaron y escucharon. Hay excepciones a la regla.

Ojalá llegue alguno de ellos a tu vida.

L. S. D.

Cacaréame tu secreto

¿Cómo eres cuando nadie te ve?

Nostálgica, soñadora, todo el tiempo pienso cosas que pueda crear. No paro de pensar en el bienestar de mi familia. ¡Soy gran guardiana de los míos!

¿Eres igual en relación con los hombres y las mujeres?

No, soy algo pudorosa. Soy bastante vergonzosa, al menos al principio; en confianza todo cambia. Estoy muy pendiente del qué dirán, no lo puedo evitar. Con las mujeres soy cero competencia, por suerte nunca sentí envidia; es más, si las puedo ayudar ¡obvio, ahí estoy!

---

[28] Personaje de la historieta *Mafalda*, de Quino. Susanita siempre sueña con casarse y tener hijitos.

¿Sientes que tienes doble o triple personalidad?

¡¡Cuádruple también!! Soy justo como dice mi psicóloga: impredecible. Debo tener cuidado con mis impulsos, a veces puedo llegar a desubicarme sin medir las consecuencias, mi personalidad me divierte y a la vez me trae complicaciones; soy impulsiva, la injusticia me saca de quicio.

¿Qué cosas te dan vergüenza?

Que mis hijos sean irrespetuosos; decir algo fuera de lugar delante de gente extraña. Entrar en lugares donde no conozca a nadie y tratar de charlar con alguien e interactuar con extraños; soy pésima para eso.

Cuando el mundo tira para abajo, ¿cómo reaccionas?

¡¡Tiro para arriba a *full*!! Soy como un tractor gigante, no me para nadie, saco valentía no sé de dónde, y si se meten con los míos soy capaz hasta de liarme a tortazos, de hecho ha ocurrido en mi adolescencia.

¿Cómo te llevas con la soledad?

Soy totalmente cambiante, a veces lo llevo estupendamente, el trabajo me ayuda, pero otras me invade la nostalgia y me paso al otro extremo: el ocio total.

¿Qué te importa?

La felicidad de mis seres queridos. La Justicia, la verdad, la vida, ¡¡la salud!! Mi gran ambición: que no existiera más la pobreza, que el mundo fuera más parejo para todos, sin niños ni ancianos desprotegidos, que los gobiernos hagan el bien para su pueblo y no para beneficio propio. Todavía creo que existen las buenas personas. No quiero perder nunca la Fe; me ayuda a seguir adelante.

En los momentos en que se ve todo negro, ¿cómo actúas?

Saco fuerzas de mi Yo Interior Salvaje, ¡y no me para nadie si se trata de una injusticia! Y que no se les ocurra meterse con los míos, se van a encontrar con un TSUNAMI. Puedo llegar a ser un perro salvaje, no tengo límites.

¿Crees que los animales son mejores amigos que el ser humano?

Totalmente, son auténticos. Una vez me dijeron que el único que siempre te recibe con alegría al llegar a casa es tu perro, y cuánta razón tenían. De vez en cuando le pido disculpas a Felipe (mi caniche) por si lo trato mal o me enojo con él.

¿En qué crees?

¡¡En el bien y en la lealtad!! Si uno obra bien, a la larga o a la corta ¡te va bien! Creo totalmente en la Gran Justicia Divina, todo se paga aquí en esta vida. Creo en las buenas personas, creo en mis hijos, creo en mí, por más que cometo muchísimos errores. Creo en el amor para toda la vida, tuve la suerte de ver a mis abuelos amarse verdaderamente durante 64 años, casi toda su vida. Creo en el sol y la luna: son fieles cada día.

Datos clave del Perro

Principales cualidades: Lealtad, buena fe, y humildad.

Principales defectos: Ansiedad, pesimismo y sumisión. Su vida es un valle de lágrimas.

En el trabajo: Muy activo y honesto, es apreciado por sus superiores y subalternos. Casi siempre antepone el interés de los otros al suyo.

Mejor rol: Profeta de catástrofes.

Peor rol: Actor en una compañía teatral.

Dinero: Si su familia lo necesita, él se preocupará. Pero no es lo indispensable que necesita para vivir.

Suerte: Nacer de día; el perro nocturno pasará su vida alerta y sin paz.

No puede vivir sin: Ser servicial.

Adora: Cualquier cosa oculta, misteriosa, extraña, paranormal, parapsicológica. Y estar enterado de lo que pasa en el mundo.

Detesta: Que traten de convencerlo de algo. Ser invadido sin aviso.

Tiempo para el ocio: Ir al cine, ver la televisión, películas de terror o románticas, jugar a las cartas con los amigos, o limpiar la casa.

Lugares favoritos: Le encantan los lugares solitarios y salvajes. Un viaje a Nuevaw York, París o Roma para hacer compras.
Colores: Negro, azul marino, rojo.
Planta: Tilo.
Flores: Junquillos, margaritas y dalias.
Profesiones: Sindicalista, sacerdote, misionero, juez, abogado, doctor, científico, crítico de arte, investigador.

El Perro y las cinco energías

PERRO DE MADERA (1934-1994)

Generoso, sin reservas con sus afectos y amistades, y desconfiado hacia los desconocidos. Honesto y cuidadoso, es querido por su armonía; necesita estímulos artísticos e intelectuales para alimentar su espíritu. Goza del éxito y de la gloria y los comparte con otros, sin dejar de ser algo materialista.

PERRO DE FUEGO (1946-2006)

Fiel sobre todo a sus principios, es belicoso, seductor y también un comediante. No conviene agredirlo ni obligarlo a hacer cosas que no quiere, porque llegaría a defenderse con la ferocidad de un mastín. Autónomo y valiente, se diferencia de otros perros en que sabe apreciar las novedades. Virtuoso, creativo y con fuertes ambiciones.

PERRO DE TIERRA (1958)

Bajo el influjo de la tierra, todas las características del perro se potencian en una unión de honestidad y sabiduría. Fiel y persistente en el amor, cauteloso y práctico en el trabajo, tiene mucha paciencia. Defiende sus principios pero puede someterse a la voluntad de la mayoría. No exige a los otros más de lo que él esté dispuesto a hacer.

PERRO DE METAL (1910-1970)

Inquebrantable en sus convicciones y extremadamente crítico hacia las faltas. Se aplica con dedicación y seguridad para perseguir sus ideales, y los defiende con los colmillos si es necesario. Riguroso y obstinado, se exige más a sí mismo que a los demás, y se toma muy en serio tanto el trabajo como las relaciones amorosas.

PERRO DE AGUA (1922-1982)

Tiende a la introspección, y la combinación con el agua lo hace más amable, intuitivo y reflexivo. Dispuesto a la mediación, no renuncia a las gratificaciones y las aventuras. Esconde sus emociones y disimula la realidad de sus sentimientos. Ecuánime, imparcial en sus juicios, también está provisto de elocuencia y capacidad de seducción.

El Perro y su ascendente

Perro ascendente Rata: 23.00 a 01.00

Astuto, intelectual y criticón. En materia de dinero será muy avaro.

Perro ascendente Búfalo: 01.00 a 03.00

Despótico, rebelde y desordenado, será un perro con fuertes ideales y convicciones inamovibles.

Perro ascendente Tigre: 03.00 a 05.00

Muy crítico y arbitrario. Será un perro activo, valiente y representativo de un tiempo histórico.

Perro ascendente Conejo: 05.00 a 07.00

Hogareño y responsable; pero como es un perro taimado, estudiará el panorama antes de arriesgarse.

Perro ascendente Dragón: 07.00 a 09.00

Amplio en sus conceptos. Muy dogmático e idealista, será santo, mártir o misionero.

Perro ascendente Serpiente: 09.00 a 11.00

Es un ser superior, que no vacilará en tomar decisiones que lo beneficien. Macro *dog*, romántico, profundo e intelectual.

Perro ascendente Caballo: 11.00 a 13.00

Está en todos los detalles y sabrá ser un amigo para toda la vida.

Perro ascendente Cabra: 13.00 a 15.00

Cometerá excesos. Tendrá el corazón blando; será minucioso, cambiante, con sensibilidad artística.

Perro ascendente Mono: 15.00 a 17.00
Dispuesto a saber y a estar al tanto absolutamente de todo. Es un perro de mil caras; con mucha iniciativa, muy original.

Perro ascendente Gallo: 17.00 a 19.00
Predicador e intelectual, es un perro con ideales pero le cuesta enfrentarse cara a cara.

Perro ascendente Perro: 19.00 a 21.00
Revolucionario, activo, no tiene paz. Es un perro con las antenas siempre alertas y a la defensiva.

Perro ascendente Cerdo: 21.00 a 23.00
Tendrá sensualidad hasta para comer y vestir. Buscará defectos en los demás y formará una familia numerosa.

Cuéntame un cuento chino

José Bianco • Meteorólogo de Canal 13 y TodoNoticias • Perro de Agua • Argentina

Sobre cómo somos los Perros de Agua, y hablando en primera persona, me considero previsible y poco variable. En cada una de las ramas en las que se puede analizar o describir a una persona siento que presento solo algunos altibajos aislados.

Vivo principalmente en una zona de confort donde reinan la rutina y lo cotidiano, me resulta muy difícil apartarme de lo habitual para aprender cosas nuevas o proponerme desafíos arriesgados.

En los momentos en los que me aparto de esa cómoda calma lo hago con mucha energía y por breves períodos, días o a lo sumo semanas. Suelo tener buenos resultados y situaciones reconfortantes y es este el motivo por el cual siento que tengo que romper la rutina con mayor frecuencia.

En el amor siento que soy poco comunicativo, a veces descuidado pero muy compañero y fiel. Siempre estoy para la persona que quiero aunque a veces mi falta de diálogo pueda hacer que la otra persona dude en algún instante de mi incondicionalidad.

Muy familiar y fanático de las reuniones y cenas de amigos. Soy el que nunca quiere que los amigos se vayan de casa y el que de pequeño organizaba cuanto partido de fútbol o reunión fuese posible.

En el trabajo lo doy todo cuando estoy motivado, y cumplo con lo necesario cuando la motivación es esquiva. Tengo que mejorar mi trabajo en equipo ya que, nuevamente por mi mala comunicación, se dificulta la interacción en algunos momentos. Me gusta trabajar en equipo cuando puedo confiar cien por ciento en las personas del grupo de trabajo.

Con el resto de las personas suelo relacionarme en forma de «espejo». Inicialmente con una actitud amable y cortés, puedo cambiarla rápidamente a una postura menos amigable si la otra persona no devuelve la buena sintonía inicial. Suelen molestarme las pequeñas injusticias de lo cotidiano aunque con el tiempo y tras quince años de vivir en la Capital aprendí a generarme cierto escudo contra la mala sintonía y lo negativo de las personas «opacas». Puedo llegar a responder con una palabra o una acción para evitar alguna injusticia cotidiana aunque al instante puedo estar cometiéndola yo mismo sin notarlo. Por este último motivo estoy intentando ejercer más frecuentemente esto de ponerse en el lugar del otro para mejorar la interacción con mi entorno inmediato.

Creo firmemente que en muchos aspectos de la vida uno desarrolla «rachas». No me refiero a las rachas de «buena o mala suerte», si es que la suerte existe. Me refiero a que una vez que uno rompe la inercia inicial y logra «ponerse en movimiento» las cosas fluyen con mayor facilidad y menor esfuerzo. Sucede también, y por el contrario, que por pequeños descuidos uno entre en una racha negativa de la cual es muy difícil salir si no es a base de redoblar esfuerzos y cierto optimismo, hasta si se quiere inconsciente.

Resumiendo, creo que soy poco comunicativo de mis pensamientos y sentimientos, bastante estable aunque con altibajos en la motivación y la confianza personal. También me siento muy compañero, sobre todo en los momentos en los que más me necesitan.

Personajes famosos

PERRO DE MADERA (1874-1934-1994)
Gato Barbieri, Shirley McLaine, Elvis
Presley, Enrique Cáceres, Sofía Loren,
Rocío Jurado, Justin Bieber, Voltaire,
Chunchuna Villafañe, Charly Squirru,
Horacio Accavallo, Brigitte Bardot, Mónica
Cahen D'Anvers, Enrique Macaya Márquez,
Federico Luppi.

PERRO DE FUEGO (1826-1886-1946)
Susan Sarandon, Pipo Lernoud, Tomás
Abraham, Freddie Mercury, Javier Martínez,
Susana Torres Molina, Oliver Stone, Gianni
Versace, Elfriede Jelinek, Cher, Bon Scott,
Ilie Nastase, Martín Seppi, Rolando Hanglin,
Pablo Nazar, Eduardo Constantini, Jorge
Asís, Silvester Stallone, Moria Casán,
Gerardo Romano, Donald Trump.

PERRO DE TIERRA (1838-1898-1958)
Gipsy Bonafina, Michael Jackson, Reina
Reech, Tim Burton, Eduardo Blanco,
Petru Valensky, Rigoberta Menchú, José Luis
Clerc, Michelle Pfeiffer, Madonna, March
Simpson, Silvana Suárez, Prince, Gary
Newman, Gustavo Belati, Pipo Cipolatti,
Ana Obregón, Chou En-Lai, Marcelo
Zlotogwiazda, Kate Bush.

PERRO DE METAL (1850-1910-1970)
Madre Teresa de Calcuta, Ernesto Alterio,
Martín Lousteau, Luis Miguel, Halit
Ergeneç, Maribel Verdú, Juan Castro, Matt
Damon, Gabriela Sabatini, Uma Thurman,
Jorge Javier Vázquez, Andre Agassi, Andy
Chango, David Niven, Jacques Costeau,
Martín Churba, Verónica Lozano, Juan Cruz
Bordeu, Marley, Sócrates, Paola Krum, Lola
Flores, Andy Kusnetzoff, Chiang Ching-
Kuo, Matías Martin, Gerardo Rozín, Puff
Dady, Juan Pablo Varsky, Leonardo Sbraglia.

Prince Perro de Tierra

PERRO DE AGUA (1862-1922-1982)
Marcela Kloosterboer, Alberto Closas,
Vittorio Gassman, Ava Gardner, Marilú Dari,
China Zorrilla, Molière, Juana Viale, José
Saramago, Malena Pichot, Sol Mihanovich,
Cory Monteith, Alejandro Dumas, Pierre
Cardin, Víctor Hugo, Julieta Pink, Norman
Mailer, Bart Simpson, Paula Morales, Stan
Lee, Rodrigo Palacio.

Tabla de compatibilidad

	Amor	Salud	Trabajo	Amistad
Rata	5	5	4	4
Búfalo	3	4	4	4
Tigre	3	4	5	5
Conejo	4	3	3	3
Dragón	4	3	2	2
Serpiente	2	2	1	1
Caballo	3	3	3	3
Cabra	4	3	2	2
Mono	3	3	4	4
Gallo	3	2	2	2
Perro	3	3	3	2
Cerdo	3	2	3	1

1 • mal
2 • regular
3 • bien
4 • muy bien
5 • excelente

Cerdo

ficha técnica

Nombre chino del cerdo
ZHU

Número de orden
DUODÉCIMO

Horas regidas por el cerdo
21.00 A 23.00

Dirección de su signo
NOR-NORDESTE

Estación y mes principal
OTOÑO-NOVIEMBRE

Corresponde al signo occidental
ESCORPIO

Energía fija
AGUA

Tronco
POSITIVO

Eres cerdo si naciste

30/01/1911 - 17/02/1912
CERDO DE METAL

16/02/1923 - 04/02/1924
CERDO DE AGUA

04/02/1935 - 23/01/1936
CERDO DE MADERA

22/01/1947 - 09/02/1948
CERDO DE FUEGO

08/02/1959 - 27/01/1960
CERDO DE TIERRA

27/01/1971 - 14/02/1972
CERDO DE METAL

13/02/1983 - 01/02/1984
CERDO DE AGUA

31/01/1995 - 18/02/1996
CERDO DE MADERA

18/02/2007 - 06/02/2008
CERDO DE FUEGO

Villa Gesell.
Desde la cama monacal
el cielo azul me empuja
a creer en lo posible.
Algunas cosas nos unen invisibles
como las napas de agua en el
Valle de la Luna:
es mejor llevar la cantimplora
por tu fobia al buen trato
y al cántaro dispuesto de millas de desamp
Abrí la agenda 2007
odisea en tu espacio
y tu foto de Purmamarca
me flechó entre el corpiño y el corazón o
nuevo hippie
huésped de un brillo
donde la luna crece despacio.
L. S. D.

豬 Cerdo

A veces presiento el signo de alguien que me sacude la insoportable densidad de la época, y busco qué signo es en el horóscopo chino.

Alberto Samid fue llamando mi atención recién este año, cuando lo sintonicé en los innumerables programas de televisión en los que el país intenta «encontrarle el agujero al mate»[29].

Su aspecto bonachón, cálido, ameno, claro, preciso sentido común y sin duda su gran experiencia en su profesión a través del tiempo en la Argentina lo convierten en una esperanza de sobrevivir con sus mensajes para el abastecimiento cotidiano en épocas de vacas muy flacas y crisis.

Este jabalí de fuego es un hombre que siento como enviado para la angustia sin vías de solución a corto y mediano plazo de los argentinos.

Las cajas de comida que están llegando a los municipios bonaerenses me emocionan, y sé que los precios son los acordes a esta época cruel donde los que más tendrían que ayudar a los que menos tienen se aprovechan cortándoles el porvenir.

Tal vez, mi vida al lado de un cerdo de tierra me hizo darme cuenta de que debía aprender a ahorrar, elegir mejores ofertas, caminar más para no despilfarrar en artículos innecesarios a la hora de ser una ama de casa todo terreno. Siempre supe que me costaría trascender el complejo de Electra con mi padre, cerdo de agua.

Si bien los traumas de la infancia, los inevitables mandatos, los estilos de educación y las reglas recibidos a temprana edad marcaron mi patrón de elección masculino como un tatuaje filipino, la atracción hacia el cerdo en distintas etapas de la vida es inevitable.

---

[29] Esta expresión que se usa en Argentina significa que se busca la solución de algo.

Este animal en ambos sexos es dominante, posesivo, autoritario, inseguro, pasional e inflexible en sus ideas que son reglas de juego para el que convive o se arrima a su pocilga.

A través del tiempo el cerdo se asentó en mi vida con diferentes especies y personalidades.

Tal vez mi hiperactividad atrae el ritmo del cerdo y lo despabila en situaciones que jamás imaginó; viajar a Nueva York en dos días (cuando su biorritmo necesita al menos un año para metabolizar esta idea), presentarse a un trabajo el mismo día y esperar en su asiento a que lo llamen, sin estar preparado, pero tal vez con su habitual suerte o estrella, salir elegido.

Es conocida la leyenda que cuenta que Buda le pidió a su asistente que convocara a primera hora de la mañana siguiente a doce animales con el fin de asignarles un lugar en el zodíaco, y así formar la astrología china con los arquetipos de los animales y, por supuesto, muchos ingredientes más.

La rata que tenía que avisarle al gato no lo hizo para llegar primera, y entonces faltaba un animal cuando el emperador abrió la puerta del palacio para dar a cada animal su lugar en el zodíaco.

Eran once, entonces Buda dijo: «¡¡Falta uno!!».

Y el hombre bajó sin escaleras a la tierra y en un instante vio en la calle a un mercader que portaba un cerdo que gritaba como un marrano rumbo al matadero.

Entonces, sin dudar, lo salvó y lo elevó hasta el palacio imperial, completando el último lugar del zodíaco.

¿Será por eso que siempre el cerdo parece ausente en momentos o situaciones donde parece invisible o sin saber por qué está?

Creo que sí. Tal vez, para ellos la vida sea un extra, un milagro, un sorteo donde les tocó la lotería, pero no saben cómo administrar esa suerte que los acompañará toda la vida y desperdician oportunidades creyendo que «el tren pasa todos los días».

Su timidez puede ser letal a la hora de manifestar sus deseos, intenciones o simplemente dialogar con su pareja, hijos, padres o compañeros de trabajo.

El cerdo acumula temas sin resolver, ira, bronca, y explota en situaciones inéditas, y nos deja atónitos, pues no sabemos las causas de sus emociones.

Les recomiendo más que a otros signos que hagan constelaciones familiares, medicina núbica, yoga y técnicas cognitivas.

La sensación del cerdo es que lo están acusando, atacando o disecando antes de comenzar un diálogo o interrogatorio. Se defiende con sus colmillos y no atiende a razones si es obstinado y prejuicioso.

Llegar a su corazón es tarea para muy pocos; pues se aísla con su piel gruesa y se recluye con un *walkman* en su microcosmos, alejando al zoo.

En mi vida tengo la suerte de contar con amigos cerdos que me han «salvado la vida en más de una ocasión».

Fernando, Henry, Cecilia, Adriana, Lucía, son bálsamos protectores en mis desbordamientos emocionales, afectivos, y también autodestructivos.

Tuve la suerte de conocer al doctor Domingo Grande, jabalí de agua, del mismo año que mi padre. Literalmente, para ambos fue un encuentro predestinado cuando «se me quemaron los papeles»[30] en el anterior año del mono, y desde allí me reconstruí junto a su sabiduría para seguir en el TAO.

GRACIAS, *GRANDE*, PA.

Es cierto que hay muy pocos cerdos que se despiertan y acuestan con buen humor; en general padecen del cambio climático del estado anímico durante el día, los meses, las estaciones, y hay que ser una experta en porcinos para que no se dispare la olla a presión que implica vivir con ellos.

Compensan con tantas cosas: cariño, total dedicación al hogar, compañerismo, talento en diversas artes y oficios, demostraciones de estrategia para soluciones prácticas, adicción a los juegos de cartas, ajedrez, golf o polo.

Un cerdo en China es muy valorado por su inteligencia, sentido del ahorro, calor de hogar ¡¡y porque siempre son una sorpresa!!

El Cerdo en el Amor

Este animal se conecta instintiva y apasionadamente con quien ama o desea, sus sentimientos son suigéneris.

Según sea su búsqueda interior a través de la vida evolucionará o involucionará con sus elecciones amorosas.

En la juventud y también en la madurez, el sexo es esencial para que se conecte con quien lo visita en la pocilga durante unas horas, una semana o toda la vida.

---

[30] Se utiliza para expresar que se perdieron certezas, referencias, seguridad. Implica un replanteamiento, comenzar de cero.

El cuerpo dirige el corazón y algunas veces con mucha suerte logra tener equilibrio y sabe esperar para disfrutar de una larga siesta con menú erótico después de sentirse con la panza llena.

Cuando alguien logra conquistar o seducir a un cerdo, este es capaz de mantenerlo en la torre de un castillo encerrado para sentirse amo y señor y decidir las reglas de la relación a su antojo.

El cerdo es hiperrealista, le gusta que le hablen «al pan, pan y al vino, vino», y rehúye de situaciones románticas, de la comunicación verbal y círculos en los que se sienta cuestionado por alguna travesura en la que lo pillaron.

Su corazón late al compás de lo que recibe; sabe que es valorado por su integridad, lealtad, valentía, compañerismo y calidez en momentos en los que «se nos queman los papeles».

El amor para el cerdo puede llegar a tener varios desvíos como para Woody Allen, o tener la compasión del Dalai Lama; entre ambos hay una paleta cromática que sorprenderá al elegido.

El Cerdo en el Trabajo

El cerdo tendrá una vida con muchos matices y altibajos a través de su experiencia laboral.

Le cuesta cumplir horarios y ser disciplinado; tiene conflictos de autoridad con jefes y superiores y sentirá que no es valorado en su potencial; se alejará de lugares en los que le cierren las puertas.

Prefiere ser *freelance* a estar enjaulado de 9 am a 5 pm.

Si tiene una vocación precoz y persevera en sus objetivos como Spielberg o Rockefeller, trabajará infatigablemente y no dormirá hasta plasmar sus sueños.

Es muy valioso en sus ideas, aporta calidad y excelencia en su tarea y si logra vencer la timidez o los prejuicios y se integra con los compañeros puede ser un gran valor en la empresa o en PyMES.

El cerdo se hace querer rápidamente por su buen humor y predisposición a colaborar cuando se lo piden.

No sabe administrar su dinero y en general no llega nunca a fin de mes.

Algunos vicios o gustos lo mantienen en déficit y siente que trabaja más de lo necesario.

Cuando encuentra una labor terapéutica que compense el estrés es feliz: jardinería, artesanía, oficios varios: carpintero, fontanero, mecánico. Allí se abstrae del mundo y sueña con ser un cóndor.

El Cerdo y la familia

Persona que necesitará sumergirse en constelaciones familiares, el cerdo tendrá desde niño mucho apego a sus padres, hermanos y seres que conviven en la pocilga.

Con los años, si sufre alguna interrupción afectiva puede descompensarse emocionalmente y tener muchos traumas.

Buscará apoyo emocional dentro del núcleo familiar, si no lo encuentra saldrá en busca de una nueva tribu que la reemplace.

La familia es esencial para su felicidad; adora tener al zoo en casa los domingos comiendo un asadito, tomando mate o viendo la Copa América por televisión.

Cuando hay problemas, sobre todo al varón, le cuesta enfrentarlos y prefiere acumular temas sin reolver y estallar en momentos en los que produce un terremoto de ocho grados en la escala de Richter.

La contención es fundamental para el cerdo; le hace sentir que tiene a alguien que le mantendrá templada el alma.

En China, tener un jabalí o un cerdo es signo de buena suerte en la familia.

L. S. D.

Cacaréame tu secreto

¿Crees que el mundo puede mejorar?
Creo que vamos hacia el individualismo y la superficialidad de las redes sociales, pero también noto un giro hacia la alimentación saludable, la solidaridad y el ahorro de energía que hace que el futuro se vea bastante bien.

¿Qué es lo que más te gusta en la vida?
Compartirla con las personas que elijo, y con compartirla me refiero a lo bueno y a lo malo.

¿Sientes que el ejercicio físico es algo importante que hacer cuando se tiene más edad o siempre?

Creo que siempre hay que mantenerse activo haciendo algún deporte, yoga, estiramiento, pilates, caminatas, lo que sea. La actividad física trae buen humor y buena salud.

¿De qué hablamos cuando hablamos de amor?

El amor es lo más difícil de describir, es una de las cosas más hermosas que se pueden hacer en esta vida, algo necesario.

¿Es importante saber nuestra historia para saber quiénes somos?

Claro que sí, somos lo que fuimos y seremos lo que somos. Cuando uno llega al autoconocimiento profundo probablemente tome mejores decisiones.

¿En qué crees?

En los vínculos, en la palabra, en el trabajo, en el esfuerzo, en la solidaridad, en los hechos. Creo que con una buena compañía se puede atravesar cualquier obstáculo, por lo tanto creo en la compañía ya sea de una pareja, de un amigo o de un familiar.

Cuando se pone oscura la situación, ¿en quiénes buscas la luz?
En mi pareja y amigos, en la familia.

¿Qué es todo esto de la vida?
¡No lo sé bien pero me encanta!

¿Crees que después de la vida en la Tierra haya otra cosa?
No.

¿Cuáles son las cosas que más alegría te dan?
La música, el sexo, la comida, los amigos, los objetivos cumplidos. Que los que quiero estén bien y felices.

Datos clave del Cerdo

Principales cualidades: Honesto, riguroso y tolerante.
Principales defectos: Cuando se aquieta es difícil de desempantanar.
En el trabajo: Perseverante y estudioso. Tiene espíritu progresista y ambicioso.
Mejor rol: Un terrateniente.
Peor rol: Político de la oposición.
Dinero: Él gasta todo lo que gana.
Suerte: Tiene más que cualquiera, pero es mejor que no nazca cerca de las fiestas de fin de año, pues corre el riesgo de ser devorado.
No puede vivir sin: Hacer el amor.
Adora: La belleza, la libertad, el aire puro y la naturaleza.
Detesta: La hipocresía, la injusticia, la vida social, la deslealtad.
Tiempo para el ocio: Adora caminar por el bosque o la playa con un libro de poesía, escuchando los sonidos de la naturaleza y observando los animales.
Lugares favoritos: Una casa de campo con vistas a la montaña, al mar, o a un lago, compartida con la persona que ama.
Colores: Azul y verde botella.
Plantas: Acacia, lavanda y bambú.
Flores: Retama y aromo.
Profesiones: Médico, mediador, juez, confesor, pintor, músico, gurú, maestro, benefactor y millonario.

El Cerdo y sus cinco energías

CERDO DE MADERA (1935-1995)

Su generosidad y altruismo, junto a su inteligencia, hacen de este cerdo un verdadero benefactor. Trata de ayudar al prójimo y tolera los defectos ajenos. Las complicaciones aparecen en cuanto tiende a confiar demasiado en los demás y resulta fácilmente manipulable. Extravertido, sociable y afectuoso, su contexto ideal es una reunión de amigos frente a la mesa servida.

CERDO DE FUEGO (1947-2007)

La combinación con el fuego hace de este cerdo un ser altamente pasional, intenso, valiente y pertinaz. Su alta sensualidad lo lleva casi a los extremos de la perversión, pero se rescata con su idealismo y se sublima en el sentimiento puro. Confianza y optimismo son garantías de éxito y suerte para él. Resulta absolutamente exento de prejuicios.

CERDO DE TIERRA (1959)

Profundamente práctico y reflexivo, genera para gozar de su propio trabajo. Lo sostiene una gran fuerza interior que le permite llegar adonde los demás no pudieron. No ahorra ningún esfuerzo para cumplir sus metas y para asegurar el bienestar de sus afectos. Confiable y cuidadoso, de ambiciones medidas, trata en lo posible de quedarse al margen de los problemas.

CERDO DE METAL (1911-1971)

Apasionado, intenso y arrollador. Este cerdo también se preocupa mucho de su reputación. Sociable y extravertido, no tiene miedo de manifestar sus sentimientos. Sobrestima a sus enemigos y subestima a sus amigos. Su actitud abierta y disponible constantemente le genera complicaciones, pero no hay que desafiar su cólera. Puede transformarse en un enemigo muy peligroso.

CERDO DE AGUA (1923-1983)

Con la energía agua adquiere mayor diplomacia. Siempre busca lo mejor en los demás, y se resiste a reconocer las malas intenciones. Confía en los sanos principios y está predispuesto a creer hasta en los milagros. Sensual y sibarita, adora las reuniones sociales y los eventos. Capaz de gastar fortunas en lujos y placeres, a veces quizá debería moderar su lujuria.

El Cerdo y su ascendente

Cerdo ascendente Rata: 23.00 a 01.00

Adorará las reuniones, sobre todo aquellas en las que pueda hallar contactos que le beneficien. Será un cerdo astuto con el dinero.

Cerdo ascendente Búfalo: 01.00 a 03.00
Le preocupará mucho su línea. No se dejará llevar por las pasiones. Es un cerdo con fortaleza moral.

Cerdo ascendente Tigre: 03.00 a 05.00
Su emotividad le jugará malas pasadas y podrá, si se lo propone, influir en las decisiones de los demás. Será deportista y cariñoso. Buen actor y mejor organizador.

Cerdo ascendente Conejo: 05.00 a 07.00
Un cerdo sagaz y nada sacrificado.

Cerdo ascendente Dragón: 07.00 a 09.00
Muy confiado, conocerá el sabor de la victoria y de la derrota. Este cerdo tendrá envidiable fuerza y empuje en lo que emprenda.

Cerdo ascendente Serpiente: 09.00 a 11.00
Será un pensador profundo y hará justicia a su manera. Tendrá intuición para no permitir que lo engañen así como así.

Cerdo ascendente Caballo: 11.00 a 13.00
Será lo bastante egoísta e interesado como para salir siempre ampliamente beneficiado. Tendrá mucho amor propio.

Cerdo ascendente Cabra: 13.00 a 15.00
Tendrá la cualidad de atraer junto a sí personas benefactoras y seres parásitos. Será muy elegante, generoso y desinteresado.

Cerdo ascendente Mono: 15.00 pm a 17.00
Muy sensual y epicúreo, sus ganancias serán valoradas. Este cerdo no da puntada sin hilo.

Cerdo ascendente Gallo: 17.00 a 19.00
Lleno de buenas intenciones pero nada práctico, hará obras que no lo gratificarán. Un cerdo suigéneris.

Cerdo ascendente Perro: 19.00 a 21.00
Con fuerza, inteligencia y sinceridad se conducirá este represen-

tante del jabalí. Será sensual, pero NO perdonará la mentira. Contará con muchos amigos.

Cerdo ascendente Cerdo: 21.00 a 23.00
Es admirablemente puro. Este cerdito es un diamante en bruto esperando ser tallado.

Cuéntame un cuento chino

Chef Diana Boudourian • Arquitecto Jorge Boudourian • Argentina

Almas gemelas

Nuestra vida está llena de situaciones paradójicas que, vistas desde la distancia, nos hacen reflexionar en las causalidades de la existencia misma.

Somos de origen armenio y, casi como un designio divino, nos encontramos en un lugar convocante para los descendientes de nuestra raza milenaria, sitio emblemático que, en nuestra época de ingenuos adolescentes, nos reunía todos los sábados para participar de los tradicionales «bailes del Centro Armenio».

Entrando por las escalinatas laterales a la Catedral Armenia de Buenos Aires, réplica de su homónima de Echmiadzin, ubicada en Erevan, ciudad capital de la madre patria, nos recibía una antesala con grandes puertas con vidrios biselados, que autorizaban el ingreso en el gran salón, con sus códigos tradicionales, acordes con la época.

Con Jorge, mi esposo y compañero de toda la vida, nos conocimos cuando apenas teníamos quince frescos años y había sido elegida cinco veces «reina de la Colectividad Armenia».

El hechizo fue mutuo, y desde entonces compartimos juntos todas las experiencias imaginables, para dos «niños» con solo dos años de diferencia de vida.

Los avatares del destino hicieron lo suyo y, durante algo más de cinco años, fuimos delineando un futuro que nos propusimos llevar adelante, a pesar de la falta de experiencia y de las dudas familiares que, en ese entonces, tenían preponderancia para los débiles de carácter. No fue nuestro caso.

Los caminos de nuestras vidas transcurrían por senderos paralelos que, con el tiempo, darían lugar a un espacio común que nos permitiría desarrollar el presente en base a un pasado rico en causalidades.

La cocina y la arquitectura nos ayudaron a delinear un futuro que, desde diferentes ópticas, marcaron cada una de las actividades que emprendimos, atados por los hilos invisibles que definen el devenir de cada ser humano.

Siempre juntos, aún en los momentos complicados de la convivencia, tuvimos la Gracia Divina de tres hijos que con once nietos nos ayudan a disfrutar de esta etapa de nuestra existencia, rica en potencialidades expectantes.

Las instancias casuísticas siempre fueron parte del misterio de vivir y, en ese devenir circunstancial, el azar o el misterio de la existencia nos puso en contacto con un ser único, con sensibilidades y afectos compartidos que fluyen entre los manantiales de Ludovica y los nuestros.

Los lejanos terruños de nuestra hermosa Argentina nos encontraron en ocasión de un evento gastronómico mágico, que generó una empatía capaz de perdurar en el tiempo.

La vida te lleva por caminos insospechados y, si los sabes transitar, con fe y esperanza, pueden ser la senda de la felicidad compartida.

Personajes famosos

CERDO DE MADERA (1875-1935-1995)
Isabel Sarli, Eduardo Gudiño Kieffer, Maurice Ravel, Lula Bertoldi, Mercedes Sosa, Pocho Lavezzi, José Mujica, Luciano Pavarotti, Woody Allen, Bibí Anderson, Julie Andrews, Dalai Lama, Pinky,Antonio Ravazani, Jerry Lee Lewis, Elvira Domínguez, Julio Maharbiz, Alain Delon.

CERDO DE FUEGO (1887-1947-2007)
Georgia O'Keefe, Richard Dreyfuss, Hillary Clinton, Georgio Armani, Mijail Barishnikov, Le Corbusier, Iggy Pop, Oscar W. Tabarez, José Carreras, Jorge Marrale, Brian May, Glenn Close, Carlos Santana, Ron Wood, Mick Taylor, Steve Howe, Deepak Chopra, Steven Spielberg, Paul Auster, Keith Moon, Chiang Kai-Shek, Oscar Moro, Arnold Schwarzenegger.

CERDO DE TIERRA (1839-1899-1959)
Juan José Campanella, Fred Astaire, Jorge Luis Borges, Humphrey Bogart, Indra Devi, Gustavo Cerati, Alfred Hitchcock, Victoria Abril, Semilla Bucciarelli, Pedro Aznar, Ana Torroja, Val Kilmer, Michelle Acosta, Fabiana Cantilo, Claudio Gallardou, Angus Young, Bobby Flores, Hugh Laurie, Ramón Díaz, Al Capone, Darío Grandinetti, Nito Artaza.

CERDO DE METAL (1851-1911-1971)
Mario Moreno «Cantinflas», Ernesto Sabato, Paulo Vilouta, Diego Torres, Ricky Martin, Robert Taylor, Claudia Schiffer, Máxima Zorreguieta, Eugene Ionesco, Dolores Cahen D'Anvers, Juan Manuel Fangio, Ginger Rogers, Pablo Trapero, Winona Ryder, Carolina Peleritti, Gloria Carrá, Martín Ciccioli, Julieta Ortega, Gastón Pauls, Wally Diamante.

Dalai Lama Cerdo de Madera

CERDO DE AGUA (1863-1923-1983)
Maria Callas, Carlos Páez Vilaró, Eduardo
Falú, Alberto Ajaka, Natalia Lafourcade,
Gustavo López, Richard Avedon, Darío
Barassi, René Favaloro, Celeste Cid, Carlos
Jimena Butti, Guillermo Cooke, príncipe
Rainiero de Mónaco, Sabrina Garciarena,
Agustina Cherri, Piru Sáez, Henry
Kissinger.

Tabla de compatibilidad

	Amor	Salud	Trabajo	Amistad
Rata	4	4	4	5
Búfalo	3	5	5	5
Tigre	3	3	3	5
Conejo	4	4	3	4
Dragón	3	4	4	3
Serpiente	3	4	2	1
Caballo	2	2	1	1
Cabra	3	3	3	3
Mono	3	2	1	3
Gallo	2	3	3	3
Perro	4	4	4	4
Cerdo	4	3	3	3

1 • mal
2 • regular
3 • bien
4 • muy bien
5 • excelente

Astor Piazzolla • Gallo de Piedra

Cecilia Milone • Gallo de Tierra

Chico Novarro • Gallo de Agua

Luis Salinas • Gallo de Fuego

Gal Costa • Gallo de Madera

Katja Aleman • Gallo de Fuego

Sandra Mihanovich • Gallo de Fuego

Nicolás Repetto • Gallo de Fuego

La Trochita • Gallo de Madera

Costa Gavras • Gallo de Agua

Sandro • Gallo de Madera

Soledad Villamil • Gallo de Tierra

La dieta más saludable del mundo

por Acacia Engfui

Los orígenes de la medicina china se remontan al principio de los tiempos legendarios del Imperio chino, época mítica del Imperio medio de los tres Augustos, y los cinco Emperadores fundadores de China, del establecimiento de la esencia del pensamiento, de los ritos, e incluso de sus aplicaciones en la vida cotidiana.

Huáng Di, el Emperador Amarillo, elabora y pone en práctica los principios de la medicina, y los principios de los movimientos de la vida que impactan en todos los planos de la naturaleza y del individuo, como el plano físico, el mental y el espiritual; incluso de manera somática y psíquica.

Sabio entre los sabios, visualiza todas las potencialidades de la naturaleza cósmica y profunda del hombre, de las posibilidades de su desorden, y dicta las leyes de transformación de las energías del hombre, del cielo y la tierra, a fin de poder restablecer fácilmente el equilibrio natural expresado por la salud. Este equilibrio dinámico es el resultado de un intercambio «silencioso» entre el medio ambiente (macrocosmos) y el ser humano (microcosmos).

En la comunicación justa, el equilibrio resulta de las relaciones del hombre con el conjunto de las manifestaciones de la naturaleza. Gracias a las transformaciones energéticas entre el hombre y la naturaleza, el hombre adquiere una conciencia más clara de lo que ES y lo que DEBE HACER en armonía con la naturaleza.

Comprender estas leyes, respetarlas y practicarlas alegremente permite instaurar un ambiente naturalmente armonioso, saludable en lo personal, familiar, social y profesional.

En cuanto se interfiere y desarmoniza la comunicación entre las energías potenciales de la naturaleza, el caos y la confusión en que vivimos actualmente se convierte en el producto del desarrollo de la industrialización y la cultura occidental moderna, ámbitos en los cuales se han olvidado las tradiciones y los principios que permitieron una supervivencia natural y sana, practicada en otras civilizaciones igualmente ancestrales en algunas regiones del planeta.

EL ARTE DEL REJUVENECIMIENTO Y LA LONGEVIDAD

En todos los tiempos y en todos los puntos del planeta, el ser humano ha buscado la manera de lograr una larga vida y mantenerse joven.

Me llamó mucho la atención encontrar los misterios de las prácticas chinas para lograr la inmortalidad, la longevidad y el rejuvenecimiento.

Ahora, gracias a la comunicación moderna, sabemos que en China se daban esos «milagros». También en ciertas regiones de Europa y América existen seres longevos; si han sobrevivido tantos años, por lógica, han gozado de salud con pleno uso de sus facultades hasta los umbrales de la muerte.

La ventaja de la dieta china es que contamos con reglas básicas, fáciles de adoptar y aplicar en el arte culinario de cada región del planeta.

En esta época tan maravillosa que nos ha tocado vivir, podemos comparar filosofías, costumbres y pensamientos diversos, útiles a las necesidades de vida actuales.

RETORNO A LA NATURALEZA

No son iguales los requerimientos alimenticios de un niño y un anciano; tampoco los de un campesino y un profesional, ni los de un hombre y una mujer. Aunque lo ideal es comer los alimentos con toda la familia reunida y respetando husos horarios.

La filosofía china coincide con Hipócrates: «Que tu alimento sea tu medicina y tu medicina tu alimento», y los niños en familia desde pequeños aprenden para qué sirve cada alimento.

La madre, al servir el plato a su hijo usa expresiones como «Esta sopa está deliciosa y cura tu hígado» o «Este platillo nutre al riñón», y así se va transmitiendo de generación en generación la sabiduría ancestral.

En estos momentos de desintegración familiar y desorientación de la vida, convendría retomar y rescatar la sabiduría de todos los pueblos.

Para los chinos no es tan importante calcular las calorías en los alimentos, lo verdaderamente importante es conocer la energía vital de cada ingrediente y cada producto que entra en nuestro cuerpo, ya que lo que por nuestra boca entra, por nuestra boca sale y así se considera la importancia de nuestras palabras, que están manifestando nuestros pensamientos y el sentir; de ahí proviene también la frase: «mente sana en cuerpo sano».

Puede ser que niños y jóvenes se rebelen y digan que esos son conceptos de los viejos, y por eso existe la frase: «la juventud es una enfermedad que se cura con la edad». Mientras se es joven el cuerpo no protesta y se puede abusar de placeres aparentemente inocuos, como el tabaco (fumar) o el alcohol (emborracharse). Pero tanto abuso del cuerpo un día aparecerá en forma de enfermedades, de ahí la importancia de que se empiece a crear en los niños el respeto y la responsabilidad de su cuerpo.

No hay región en el mundo, por más remota que sea, donde no podamos encontrar una persona de origen chino «comiendo su comida china» sin importar si hay auténticos ingredientes chinos. Por tradición oral transmitida de padres a hijos, los chinos comen todo lo que se encuentre en un kilómetro a la redonda de su lugar de residencia y por lo tanto son productos que la naturaleza ofrece «a sus hijos para que se alimenten armoniosamente de acuerdo con la estación y el clima que los rodea».

La mezcla de condimentos y el tratamiento de esos productos naturales y frescos conservan su calidad vital, o sea, la energía de vida Ki, que se trasmite al cuerpo humano que los ingiere. Esta sencilla regla no parece ser tan difícil de aplicar, pero creo que tenemos que preguntarnos dónde nos hemos perdido en el mundo moderno y civilizado.

La filosofía y las costumbres de China se pierden en el tiempo y han sobrevivido gracias a la tradición y las prácticas en las familias que todavía conservan el hábito de transmitirlas de padres a hijos por vía oral. Desafortunadamente, en estos momentos las costumbres milenarias ancestrales están recibiendo una invasión cultural del mundo occidental, que avanza con sus señuelos que prometen riquezas económicas, lúdicas y prácticas, y aplicaciones de tecnologías que imitan en apariencia a un «mundo mejor».

Curiosamente, la misma ciencia occidental está explicando el fenómeno místico oriental; si observamos, parece que esa filosofía y esa cultura oriental buscan la supervivencia al otro lado del planeta, en el mundo occidental, y así nos apropiamos de su arte, de su ciencia, practicamos sus artes marciales, su Tai Chi-Chuan y el Qi Gong; adoptamos la comida china, y vamos en busca del pensamiento mágico y religioso en el Taoísmo y el Budismo.

La hora de la comida resulta más agradable y alegre cuando se exponen pensamientos sobre la vida cotidiana y la actualidad, por poner un ejemplo.

ECOLOGÍA Y MEDIO AMBIENTE

Son temas de moda y nos bombardean tanto con ellos, que a algunas personas ni siquiera les interesa; pero este movimiento en el mundo está creciendo, afortunadamente, como un signo de supervivencia de la humanidad. Cada día nos damos cuenta del crimen contra la naturaleza que se ha practicado, aunque las intenciones hayan sido buenas.

La ignorancia por una parte y el exceso de ambición por otra nos han llevado a convertirnos en un instrumento de producción en el sistema capitalista occidental.

No quiere decir que el capitalismo sea malo, lo que ha pasado es el caer en el extremo de perder de vista el fin con el que fue creado: «el infierno está empedrado de buenas intenciones».

¿Por qué se creó el dinero? El dinero nació para facilitar el trueque y el capitalismo nació para facilitar ese trueque y se ha desvirtuado al caer en el vicio y la deshumanización. Así hemos sido víctimas del abuso de la tecnología desarrollada, buscando cada día el placer, la comodidad y los gustos inherentes al ser humano.

Para no aburrirlos, reflexionemos:

• Víctimas del consumismo.
• Alimentos rápidos (sabrosos, baratos, al alcance de la mano).
• Golosinas (comida basura).
• La moda (tanto en vestidos como alimentos).
• Competencia para adquirir electrodomésticos, modas en decoración de casas, etcétera.

Los ecologistas somos personas conscientes de pagar la renta por el espacio que estamos ocupando en este tiempo de vida y pensamos que lo menos que podemos hacer es dejar un espacio sano para los descendientes.

El pensamiento chino abarca desde la gratitud a los ancestros, sin los cuales hubiera sido imposible para nosotros encarnar en este planeta, hasta la gratitud a los encarnados en este planeta que hemos traído al mundo, sin que nos lo pidieran. Pero que una vez aquí no desean morir, por lo tanto es de suma importancia restaurar y revivir terrenos empobrecidos a causa del maltrato y la ignorancia; producir en estas zonas alimentos sanos y llenos de vida (energía vital Ki), criar animales ya domesticados por el hombre para intercambiar vida y, por lo tanto, tratarlos bien y agradecerles el sacrificio de darnos su vida.

La naturaleza nos enseña el ciclo de creación, de transformación y reciclamiento. Todas estas disciplinas y costumbres se están rescatando, afortunadamente, y compartiendo con todo ser humano que quiera hacer lo mismo.

Ahora la moda en el mundo entero consiste en construir ecoaldeas donde seres humanos conscientes desean vivir en armonía con la naturaleza, produciendo sus propios alimentos orgánicos y compartiéndolos con sus vecinos, pero sobre todo invitando a niños y jóvenes a disfrutar, aprender a vivir sanamente y descubrir artes u oficios y filosofías ancestrales.

CONOCIMIENTO DE SÍ MISMOS

El ser humano es la manifestación armoniosa de la triple naturaleza que existe: cuerpo, mente y espíritu.

¿Quién soy? ¿A dónde voy? ¿Qué hago aquí?

Yo soy mi cuerpo, donde reside mi mente y se manifiesta mi espíritu.

Mente sana en cuerpo sano ¿Quién es primero, el cuerpo o la mente?

Aprendamos a escuchar a nuestro cuerpo: cuando nos duele el estómago nos damos cuenta de que hemos puesto en él algo que le molesta. Pero cuando nos duelen las rodillas no sabemos a qué se debe y no se nos ocurre hacer memoria para encontrar la causa, y entonces buscamos algún remedio o droga que nos quite el dolor.

Cuando estamos tristes y deprimidos, lo único que podemos hacer es acudir al médico o consumir antidepresivos.

¿Será posible que la alimentación correcta pueda evitar esos achaques aparentemente nada importantes?

La filosofía, las tradiciones y los valores se han convertido en prácticas pasadas de moda y ahora, en estos tiempos, con una maravillosa ciencia al alcance de la mano, no nos hemos dado cuenta de cómo hemos sido presas del consumismo –incluso espiritual–, ya que contamos con tanta información a través de diferentes medios que nos hemos convertido en seres dependientes de «don dinero». Y evitamos tomar la responsabilidad de la salud y el equilibrio de nuestro cuerpo. Sin darnos cuenta de que nos hemos convertido en un instrumento de producción en el sistema capitalista salvaje, donde corremos para trabajar y ganar dinero y cuando nos enfermamos pagamos al médico para arreglar el cuerpo que nosotros no supimos mantener funcionando sanamente.

No nos hemos percatado de que nos preocupa y ocupa mucho más mantener funcionando correctamente nuestro automóvil que nuestro cuerpo, y nos sentimos frustrados cuando no contamos con el automóvil para transportar nuestro cuerpo. Si comparamos nuestro cuerpo con el automóvil: ¿quién es el chofer en nuestro cuerpo y con qué cuenta el chofer para hacer que se mueva el automóvil?

Por lo tanto al preguntarnos ¿Quién soy? ¿A dónde voy? y ¿Qué hago aquí? podremos encontrar la maravilla de estar vivos y de formar parte de la naturaleza, y tomar conciencia de todas las maravillas que tenemos la posibilidad de disfrutar con este cuerpo si lo mantenemos sano y armonioso. Para esto, lo único que necesitamos es aprender las leyes y reglas de la naturaleza, que nos permiten estar aquí y disfrutarla. Si echamos mano de la sabiduría acumulada a través de miles de años, podemos ahorrarnos algunos trabajos y sufrimientos y adecuarlos a las necesidades en las cuales nos ha tocado vivir, para poder disfrutar y convivir en paz.

Hay reglas sencillas de llevar y otras bastantes complicadas; sin embargo, si analizamos qué es tiempo y qué es vida, nos damos cuenta de que contamos los días y los dividimos en horas, minutos y segundos, y con esta medida del tiempo sabemos cuántos años llevamos despiertos sobre la tierra. Si de aquí en delante contamos el día, sus horas y las dividimos, las organizamos y disciplinamos, pasamos la mayor parte del tiempo dormidos. De 24 horas podríamos repartir en partes iguales, 6 horas para dormir, 6 horas para trabajar, 6 horas para comer y 6 horas para meditar, divertirse en familia.

Otras reglas de salud son: No dormir después de las 6:00 de la mañana; no desvelarse después de las 11 de la noche. No tomar alimentos después de las 7 de la tarde, reposar 3 o 4 horas antes de ir a la cama.

Realizar la digestión también consume energía y acostarse inmediatamente después de comer no es sano.

La hora de los alimentos debe ser sagrada, comer con tranquilidad y alegría, masticar 40 veces cada bocado, no tomar líquidos en exceso durante la comida, no combinar líquidos fríos con alimentos calientes, agradecer a los alimentos porque les devolvemos la vida a través de nuestras palabras (si estamos comiendo un cerdito él hablará por nuestra boca en tres días).

Otro elemento indispensable es la respiración y el ejercicio. ¿Cuánto tiempo podemos sobrevivir sin aire, sin respirar? Por lo tanto, aprender a respirar es aprender a nutrir nuestro cuerpo con Ki (Chi, Qi, Prana).

Ejercicio. Vida es movimiento. Cuando una persona trabaja sentada durante muchas horas, necesita destinar por lo menos dos horas a practicar algún ejercicio, los chinos tienen el Tai Chi Chuan o sea el yoga chino y el Chi Kun (Qi Gong), que ejercita la mente, la respiración y el cuerpo. Algunos estilos con movimientos suaves y lentos y otros estilos estáticos, pero con actividad mental.

En estos momentos la física moderna ha encontrado la extraordinaria bondad de la práctica de la meditación.

Hay muchas técnicas diferentes de meditación, y cada uno puede descubrir cuál es la más adecuada para su cuerpo, carácter y temperamento.

Nos podemos auxiliar con las plantas para crear una atmósfera sana en estos conjuntos urbanizados en que nos ha tocado vivir. Hay plantas que producen más oxígeno incluso en el dormitorio, porque algunas son noctámbulas y producen oxígeno mientras nosotros dormimos.

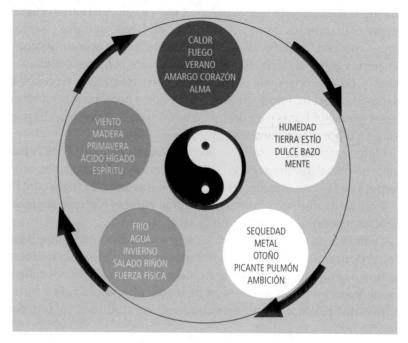

FRUTAS
Aguacate Limón Fresa Níspero Breva Albaricoque Naranja Cereza Manzana

VERDURAS
Habas Guisantes Acelga Alcachofa Ajo Pimiento Pepino Lechuga Zanahoria Coliflor Brócoli Espinaca Puerro Calabacín Patata Tomate Espárragos Apio Chalote

FRUTAS
Uva Melocotón Ciruela Pera Cereza Limón Sandía Uva blanca Melón Manzana Cidra Membrillo

VERDURAS
Tomate Zanahoria Berenjena Ajo Calabaza Pepino Pimiento rojo Pimiento Patata

FRUTAS Y VERDURAS
Calabaza amarilla Calabaza mantequilla Camote amarillo Zanahoria Jojoba Patata amarilla Jicama Dátiles Aceitunas Tomillo

GRANOS
Mijo Malba

FRUTAS
Mandarina Naranja Limón Kiwi Aguacate Toronja

VERDURAS
Acelga Hinojo Espinaca Puerro Nabo Alcachofa Escarola Col lombarda Apio Brócoli Cebolleta Habas Coliflor Lechuga Col verde

FRUTAS
Pera Cidra Manzana Membrillo Naranja Kiwi Aguacate Mango Mandarina Granada Castaña Nuez Chirimoya Pomelo Caqui Melocotón Melón

VERDURAS
Calabaza Calabacín Boniato Puerro Acelga Nabo Zanahoria Apio Espinaca Brócoli Col lombarda Berenjena Pimiento Rábano Lechuga Hinojo Coliflor Cebolla

CH'ANG MING

De 10.000 a 5.000 años antes de Cristo, los Taoístas desarrollaron un método de comida china para curar.

La persona normal se limita a poder llenar su estómago, y su salud y equilibrio dependerán de la bondad de los elementos que consuma. El Ch'ang Ming es un arte culinario para conservar la salud y la longevidad. Se basa en la teoría de los cinco elementos (se le llama elemento a la energía, simplificando el término taoísta de las transformaciones o agentes del Ki). Este arte culinario consiste en ordenar por color, sabor, clima y estación los alimentos que predominantemente influyen en cada órgano. Así coordinados y asociados entre sí, se traducen en una continuidad energética para mantener el equilibrio, la salud y la armonía con el medio ambiente.

Lo más importante que he observado de la dieta china es que resulta muy fácil de digerir y no provoca indigestiones ni malestares estomacales de ninguna índole. Prestando atención, me doy cuenta de que jamás en un menú se encuentran dos elementos incompatibles, por lo tanto se puede simplificar la regla cuidando este aspecto primordial: cuidar de las incompatibilidades.

Para los chinos, una regla es no hartarse de un alimento por mucho que nos guste, la norma es comer el 75% del apetito, y si hemos ingerido suficiente energía vital (comida viva y fresca, de la estación y de la región), seguramente no se sufre apetito desordenado entre comidas.

Observemos este platillo en el cual están los cinco colores y los cinco sabores.

En el Nei Jing Su Wen, la dirección Este (Oriente) engendra al viento que produce a la madera, la cual produce el sabor agrio que a su vez nutre al hígado.

El hígado nutre a los músculos y domina a los ojos: el color verde del Este penetra en el hígado que abre los ojos y maneja su esencia. Su sabor es agrio, su categoría es la madera, su animal es la gallina, su cereal es el trigo, su planeta es Júpiter, su número es el 8, su sintomatología es muscular, su olor es el de la madera podrida.

Los cinco elementos no viven aislados ni de forma independiente pues interactúan los unos con los otros.

Definamos rápidamente los cinco elementos o energías (como lo hacen sistemáticamente los chinos) comenzando por los nombres de cada una de estas energías, los cuales representan el ciclo de la vida a partir de su comportamiento en la naturaleza:

- La Madera 木 Mù
- El Fuego 火 Huǒ
- La Tierra 土 Tǔ
- El Metal 金 Jīn
- El Agua 水 Shuǐ

WU JI = indiviso, caos primordial, informe sin manifestación, TAO

Símbolo del TAI JI
= *Yin* y *Yang*
= sin *Yin* ni *Yang*
En el *Yang* hay algo de *Yin*;
en el *Yin* hay algo de *Yang*
Yin y *Yang* en perpetua mutación

Yin y *Yang* en movimiento

Centro + Tai Ji separación de lo alto (cielo-*Yang*) y de lo bajo (tierra-*Yin*) que se centran a su turno y simultáneamente, todas sus operaciones resultan en el movimiento del *Yin* y el *Yang*

EL *Yin-Yang*

El *Yin-Yang* universal no se presta a cálculos, y se presenta en imágenes; son la expresión de la realidad de la manifestación, o son la expresión de visible e invisible. Expresan el impulso vital de la dicotomía en que entra el Tai Ji en medio del caos primordial, movimiento interrumpido y alternado en fases del *Yin* y el *Yang* obligatorios, y complementarios, opuestos y relativos, más allá de los cuales la eficacia desaparece.

Podemos representar el concepto utilizando los esquemas tradicionales que se ilustran aquí:

Tengo tres tesoros que conservo con aprecio:
el primero se llama amor;
el segundo se llama moderación;
el tercero se llama humildad.
Lao-Tsé, *Tao Te King*

EL HAMBRE EN EL MUNDO

Tuve la fortuna de nacer de un padre chino y una madre mexicana en el puerto de Tampico Tamaulipas en el golfo de México, al norte del país.

Cuando mi padre nos contaba que llegó a México a los 8 años, con otros tres primos –el mayor de 11 años–, me pregunté: ¿Cómo sobrevivieron solos en un mundo totalmente extraño, sin parientes, sin idioma, sin dinero? Ellos eran niños que bajaron del barco cansados de tan larga travesía, y la curiosidad hizo que investigaran cómo era la tierra donde estaban; tierra que, por otra parte, no era el destino al cual habían sido enviados. Sus familias habían decidido escoger entre los hermanos a aquellos de carácter más indicado para estudiar en Canadá y aprender los adelantos del mundo occidental para que volvieran a China a compartir sus conocimientos con sus congéneres, con el fin de actualizar a su país que, según ellos creían, estaba atrasado en comparación con la civilización occidental.

Con el tiempo, buscaron a otros chinos y se agregaron al grupo de trabajadores que fueron contratados para crear los campos de refinerías de petróleo de compañías inglesas y francesas. Y así, trabajando desde las más humildes ocupaciones, aprendieron a comer lo que encontraban en el medio ambiente. Para su fortuna, venían del sur de China y sabían pescar, por lo tanto, peces y mariscos estaban a su alcance; y otro detalle interesante es que las vísceras de las vacas sacrificadas en el matadero eran desechadas. Estos chinos las cocinaban y los compañeros de trabajo mexicanos aprendieron a comer lo que después denominaron callos o mondongo. Y de los mariscos cocinaban las jaibas (cangrejos azules); de ahí que actualmente al puerto de Tampico se lo conoce como Puerto Jaibo, y las jaibas son hoy en día el platillo distintivo de la región.

También fueron descubriendo frutas y verduras que paulatinamente incorporaron y compartieron con los nativos de la región.

Para comprender por qué estos niños provenientes de China no intentaban ponerse en contacto con sus padres, hay que saber que ya tenían sus principios bien cimentados, y para ellos era una vergüenza haber faltado al deseo de sus padres y sentir que habían desobedecido el mandato, y por esa pena, esa vergüenza, prefirieron darse por muertos que reconocer ante sus padres su falta.

La psicología moderna confirma que un niño forma su carácter desde el primer día que nace hasta los siete años de vida, y que los valores sembrados en esas mentes y almas en esa etapa de la vida, serán inalterables aunque pase el tiempo. Mi madre exigía a mi padre que buscara contacto con sus padres, pero dejó pasar el tiempo y finalmente se perdió el contacto entre él y el resto de la familia en Toysan, Cantón, y los demás muchachos que hicieron su vida en otros lugares del continente. A través de lecturas y estudios he comprobado que la psicología tenía razón, y que esos cuatro jovencitos chinos tenían bien sembrados los principios morales que les permitieron convertirse en empresarios; ellos practicaban el comercio justo y sus empresas fueron siempre exitosas y respetables; los cuatro fundaron buenas familias y los cuatro murieron ricos y respetados por los demás aún a pesar de no haber llegado a la edad adulta rodeados por su familia.

Si en esa etapa temprana aprendieron a manejar la teoría de los cinco elementos para elegir sus alimentos y sus mentes crecieron en cuerpos saludables, podemos confirmar que sí funcionan los cinco elementos, y que los principios y la filosofía de vida, como dicen por ahí, «se maman»; por lo tanto este camino me ha conducido a interesarme en la actualidad por la agroecología, que es la ciencia moderna occidental que abarca, a partir de lo físico, una forma integral que no descuide el trabajo con el ser interior y el hacerse a uno mismo.

Ser ecologista es para seres humanos que han tomado conciencia global de la naturaleza, el cosmos, el medio ambiente y el microcosmos, en una búsqueda para responderse preguntas como ¿Quién soy? ¿Adónde voy? ¿Qué hago aquí? ¿Cuál es mi propósito en la vida y mi responsabilidad con mi entorno?

Me parece oportuno recordar la frase de la señora Eleanor Roosevelt, que dijo: «Si queremos encontrar solución a los problemas de la humanidad, la solución está muy cerca de sus raíces, y la raíz de la humanidad es la pareja humana».

Humildemente, cada ser humano podría contribuir a la salud de la humanidad, siendo autosuficiente y sustentable. Y este es mi propósito en la vida.

En este momento estoy disfrutando de la creación de la Ecoaldea Las Acaciaz en un terreno semidesértico donde por lo menos en cien años no se ha cultivado nada. Con mucho esfuerzo y con un equipo de campesinos de la zona hemos recuperado y fertilizado esta tierra, y actualmente se está demostrando que el uso de los cinco elementos junto con la teoría ecológica da resultados espectaculares. El suelo está recuperando su Ki, su equilibrio, y produce buenos frutos, comestibles, orgánicos, saludables.

Mi casa es ciento por ciento autosuficiente y sustentable, está construida con adobe (tierra compactada con paja y estiércol), cuenta con energía solar, energía eólica, reserva de agua de lluvia, reciclaje de desechos orgánicos a través de un biodigestor que los convierte en fertilizante orgánico. Las aguas grises se reciclan para riego de jardín. En lugar de consumir los combustibles fósiles contaminantes, uso energía solar y eólica y no carezco de los aparatos electrodomésticos modernos.

Mis cultivos orgánicos me permiten alimentarme con todo lo que se me antoja y las proteínas animales son criadas compartiendo mis huertos, produciendo forrajes orgánicos. Eso es Taoísmo y Budismo en práctica.

El propósito de esta filosofía de vida es ponerla al alcance de toda persona que desee practicarla, incluso mediante el intercambio mundial a través de mochileros ecologistas (organización mundial existente) y la organización de citas guiadas para escuelas primarias y preparatorias, la realización de servicio social y prácticas profesionales con el fin de despertar en la niñez y la juventud esta manera de ver la vida.

Mi casa, que también fue planeada usando feng shui, lleva ocho años funcionando sin que falle ninguna de estas tácticas de autoconstrucción, en que se han reunido prácticas nativas y modernas rescatadas por universitarios y politécnicos de México. Estas prácticas ahora florecen en toda América, Europa y Asia, y los ecologistas sentimos que es un síntoma de supervivencia.

La astrología china y el feng shui son dos de los aportes para la humanidad que la medicina tradicional china ha practicado durante miles de años, y a mí me han sido de utilidad para conocerme y para saber por qué y para qué sirvo en este mundo.

En 1982 cayó en mis manos el primer libro de Horóscopo chino de Ludovica, y ya había leído otros. Después de esas lecturas, pensé, como buen gallo: yo no soy así. No quería aceptar mi personalidad, pero año tras año fui madurando y conociéndome más y ahora reconozco que este es un libro valioso de autoanálisis y esta es una de tantas artes chinas que practico, como el Tai Chi Chuan, el Qi Gong, Ch'ang Ming, Feng Shui, medicina china, el misterio de la longevidad, y el Tao Te King, el I Qing, y una gran lista de libros, a cuyos autores agradezco por haberme facilitado, con sus obras, mi tránsito por este mundo.

Predicciones

Como tren AVE pasó la vida.

No vimos a tiempo la bendición.

Apurados queremos saltearnos materias

hacia la resurrección.

Temblor, satori, abismo, relámpago

elegí tu camino.

Desnudos hacia tu dios.

L. S. D.

El arte de fundar

por Miguel Grinberg

1 - PLANETA

> *Están los que saben y los que no saben. Y por cada diez mil que no saben hay solo uno que sabe. Ese es el milagro de todos los tiempos, el hecho de que aquellos millones sepan tanto pero no esto. Es como en el siglo XV, cuando todos creían que la Tierra era plana y solo Colón y algunos otros sabían la verdad. Pero es diferente, puesto que requería talento imaginar que la Tierra era redonda. Mientras que esta verdad es tan obvia que resulta un milagro de toda la historia que la gente la ignore.*
>
> Carson McCullers
> *El corazón es un cazador solitario*

Como un amanecer inesperado, asoman a la par desde el universo y desde el núcleo espiritual de nuestro planeta (del cual los humanos somos un microrreflejo) indicios inequívocos que señalan el ocaso de una época y la inauguración de un ciclo fundacional inédito.

En este siglo XXI, vivimos tiempos en los cuales simultáneamente emergen señales de agonía y de advenimiento: o sea, son días de colapso y de revelación. Lo nefasto y lo propicio se armonizan y de esa danza invisible emana la verdad de estos días tan tumultuosos.

Las leyes que gobiernan la realidad son inequívocas y nos lo dicen rotundamente: hay un principio generador que vaticina el brote de una «gran armonía» (una nueva civilización). Algunos lo perciben, otros no se han enterado todavía.

Hasta el siglo XIX, la epopeya terrenal del homo sapiens consistió, por un lado, en producir sin límite un máximo de volúmenes de bienes materiales y, por otro, acumular riquezas ilimitadas como fruto de la actividad económica basada en el dominio ilimitado de los bienes terrestres. Esa etapa se descompensó durante el siglo siguiente entre guerras mundiales (calientes y frías), el paroxismo de la llamada «sociedad de consumo» y el final de la «era del petróleo».

Las transiciones desde una política del derroche hacia una cultura de la preservación se aceleran implacablemente a medida que se vuelven obsoletas muchas costumbres depredadoras expandidas durante el siglo xx.

La Tierra ostenta infinitas cicatrices de origen humano: chatarra de todo tipo, paisajes esfumados, acidificación de océanos, sobreexplotación ictícola, desaparición de masas forestales, deterioro de la capa de ozono, agotamiento de flora y fauna, calentamiento global, destrucción de los corales, aberraciones biotecnológicas, acumulación de armamentos apocalípticos, metrópolis insalubres, virus implacables, dispersión de desechos radiactivos, y acumulación de plagas exterminadoras.

En un país de Sudamérica, a comienzos del siglo xxi, una clara intuición fundadora impulsó a Ludovica Squirru a reunir un grupo de astrólogos de variadas raigambres y tradiciones (maya, mapuche, celta, asiriocaldea y, como aporte personal, la sabiduría china) a fin de elaborar una carta natal para el país donde vivimos, la Argentina. El punto de partida, tras analizar una historia nacional cargada de desencuentros homicidas y ecocidas, consistió en verificar si las dos mayores fechas fundacionales –25 de mayo y 9 de julio– podían considerarse adecuadas. Los astros confirmaron que no era así. Y al mismo tiempo, indicaban que la mejor aspectación para fundar una nación soberana caía en el 4 de diciembre.

Así fue que desde entonces y hace más de una década, en un paraje llamado Ojo de Agua (Traslasierra, Córdoba) se puso en marcha una iniciativa convivencial bautizada Fundación Espiritual de la Argentina. Y cada 4 de diciembre, al pie de un cerro donde un artista de la región talló en madera la efigie de una diosa maya de la fertilidad llamada Ixchel, venimos dando los pasos inaugurales de un «darnos a luz» en sintonía con parámetros renovados de coexistencia.

En la mitología maya, Ixchel era la diosa del amor, de la gestación y de los trabajos textiles. En algunas ocasiones se la representaba acompañada de un conejo. Ixchel se venera además como la diosa de la luna, por el carácter femenino de esta. Representa la fertilidad estrechamente ligada con la Tierra, ya que son los ciclos de la luna los que rigen los tiempos de siembra y cosecha.

Inspirados por tales percepciones y energías, hombres y mujeres, mayores y jóvenes, durante casi tres lustros, cada 4 de diciembre hemos venido celebrando al pie de ese cerro la Fundación Espiritual de la Argentina. Un cónclave complementado periódicamente con talleres, meditaciones y cursos de expansivo refinamiento convivencial, como por ejemplo el Arte Núbico creado por la artista Mireya Baglietto:

El Arte Núbico es intangible; sin embargo, la resonancia pública y a su vez intimista de la aventura que se vive desde la virtualidad del espejo muestra a este hecho estético como un instrumento capaz de avanzar hacia la ética de lo inconcluso, de lo revulsivo, de lo transformador, proponiéndose como continente fértil para el despliegue y la evolución del espíritu humano.

Estamos en un momento evolutivo culminante de la travesía sensible de nuestra especie en el planeta Tierra, víspera de un itinerario sin precedentes en el hecho de «ser humanos», o sea, rumbo al homo cosmicus, la siguiente epopeya universal de nuestra sensibilidad psíquica. No somos personas que a veces tienen experiencias espirituales, sino seres espirituales implicados en experiencias humanas. Quien lo entienda y asuma, no necesita más detalles. Una y muchas otras verdades surgen de dicha percepción, en el planeta entero, entre individuos sensibles que se asumen como fundadores.

Etimológicamente, los diccionarios y las enciclopedias son claros en lo referido al verbo fundar:
1. *Establecer o crear una ciudad, una empresa, un edificio o una institución.*
2. *Establecer los principios o la base de algo: la teoría se funda en su propia experiencia; basar, fundamentar.*
3. *Establecer, crear, instituir [mayorazgos, obras pías y otras fundaciones].*
4. *Empezar a edificar [una ciudad, establecimiento, etcétera].*
5. *Estribar, montar [alguna cosa material] sobre otra.*
6. *Apoyar con motivos o razones [una cosa].*

En el vértigo inaudito de un universo enigmático, somos todos tripulantes de un navío espacial llamado Tierra, que gira alrededor del Sol a la velocidad de unos 30 km por segundo, y que dentro de nuestro parámetro local –la Vía Láctea– se desplaza a unos 300 km por segundo. El suelo que pisamos y llamamos «tierra firme» es más bien una cápsula disparada al infinito.

La expansión acelerada del universo o el universo en expansión son términos con los cuales se ha designado un hecho descubierto en la década de los 90: el universo se expande a una velocidad cada vez mayor. Pero las cosas en particular no son tan sencillas, ya que ha aparecido una hipótesis cosmológica sobre el destino final del Universo. Se la denomina el Gran Desgarramiento o Teoría de la Expansión Eterna (en inglés *The Big Rip*).

2 - PATRIA

La Declaración de la Independencia fue, básicamente, un acto de coraje.
Una especie de gran provocación en el peor momento de la emancipación
americana. En el norte del continente, Bolívar había sido derrotado. Chile
estaba nuevamente en manos de los realistas. Los españoles amenazaban
Salta y Jujuy y apenas si eran contenidos por las guerrillas de Güemes.
Para empeorarlo todo, Fernando VII había recuperado el trono de España
y se preparaba una gran expedición cuyo destino sería el Río de la Plata.
La Banda Oriental estaba virtualmente ocupada por los portugueses. Y en
Europa prevalecía la Santa Alianza, contraria a las ideas republicanas. En
ese momento crítico los argentinos decidimos declararnos independientes.
Fue un gran compromiso, el rechazo valiente de una realidad adversa en
1816. Era empezar la primera navegación de un país independiente, sin
atender las borrascas ni los riesgos. Un acto de coraje.

Félix Luna
Historia argentina

Desde siempre, la bestia y el ángel se anidaron en el núcleo de la experiencia humana terrenal. La multitud corre desenfrenada hacia ninguna parte, convencida de cualquier cosa que brille como carnada apeteci-
ble. Entre tanto, algunas almas diferenciadas se abstienen de reproducir
la marcha tenebrosa, refinando sus herramientas naturales. La historia
abunda en manifestaciones de tales energías, destacándose los seres es-
clarecidos y sintonizados en armonía con la fuerza fundadora de la Gran
Armonía. Pero cuando su rumbo adolece de falta de virtud, naufragan
sin remedio.

Hace quinientos años, el 20 de enero de 1516, el navegante europeo
Juan Díaz de Solís ingresó con tres carabelas en el estuario del actual Río
de la Plata, al que bautizó Mar Dulce: se le considera el primero que llegó
a la región, al frente de setenta hombres. Avistó a un grupo de indígenas
en la costa oriental y con algunos marinos trató de contactar con ellos,
pero los mataron y asaron como alimentos. Ni charrúas ni guaraníes
admitieron jamás culpabilidad alguna. La fallida misión regresó rauda-
mente a España.

Veinte años después, sobre la margen izquierda del mismo río, el 3 de
febrero de 1536, el adelantado Pedro de Mendoza fundó por primera vez
la ciudad de Buenos Aires. La asediaron los indios querandíes y aliados

de otras tribus, que en diciembre de 1536 lograron penetrar en ella e incendiarla, provocando su destrucción total. Mendoza y los supervivientes se replegaron a un fuerte establecido sobre el río Carcarañá diez años antes. Los españoles contraatacaron y fueron nuevamente superados por los nativos, de modo que enfermo (de sífilis) y abatido, Mendoza partió rumbo a España en abril de 1537. Falleció en alta mar.

El 29 de mayo de 1580, el conquistador Juan de Garay llegó a la boca del Riachuelo, como etapa hacia una mítica Ciudad de los Césares. Desembarcó en el mismo sitio donde años antes lo había hecho el adelantado Pedro de Mendoza, y estableció un campamento. Hacia el 11 de junio ya se había levantado un pequeño asentamiento, algo más hacia el norte de la fundación anterior, que dio base a la nueva ciudad de Buenos Aires. En marzo de 1583, Garay acompañó a un convoy de botes compuesto por 40 hombres, un franciscano y varias mujeres. En el trayecto de Buenos Aires a Santa Fe se desorientaron y entraron en una laguna desconocida, por ello decidió pasar la noche en tierra el 20 de marzo. El campamento fue atacado por los indios querandíes, que mataron a Garay, al franciscano, a una mujer y a doce de los soldados.

Destinos fatídicos y fundaciones erráticas: Juan Díaz de Solís, Pedro de Mendoza, Juan de Garay… y una historia saturada de desencuentros trágicos.

En otra zona de conquista, el reparto imperial del mundo que marcó los destinos humanos durante el siglo XX se incubó a finales del siglo XIX. Fue la conferencia de Berlín, celebrada entre el 15 de noviembre de 1884 y el 26 de febrero de 1885 en la ciudad de Berlín, convocada por Francia y el Reino Unido y organizada por el Canciller de Alemania, Otto von Bismarck, con el fin de esclarecer los dilemas planteados por la expansión colonial en África y resolver su etapa de conquista. Primero eso, después el planeta. Y la destrucción metódica de antiguas sabidurías autóctonas.

A dicha conferencia –precedida por otra de 1878– asistieron catorce países divididos en dos grupos. El primero reunió a poderes con interés directo en los problemas relativos al reparto de África, y lo formaban el Reino Unido de Gran Bretaña e Irlanda, Francia, el Imperio alemán, Portugal, la Asociación Internacional del Congo y en menor medida los Países Bajos. El segundo grupo estaba formado por el resto de los países participantes que no tenían notorios intereses en ese continente e incluía al Imperio austrohúngaro, Bélgica, Dinamarca, Reino de Italia, España, Rusia, Suecia, Imperio otomano y Estados Unidos. Ningún estado africano estuvo representado. La excusa fue evitar el surgimiento de nuevas potencias que amenazaran el equilibrio de poder ya establecido.

Diversos historiadores consideran la conferencia de Berlín como el momento culminante que dio impulso al colonialismo exacerbado, iniciado por Francia y el Reino Unido en todo el mundo desde fines del siglo XIX. Y señalan que los conflictos que se pretendían solucionar con esta conferencia no hicieron sino agravarse en forma lenta pero continua, provocando múltiples tensiones territoriales, políticas y económicas entre las principales potencias europeas, que desembocaron en el estallido de la Primera Guerra Mundial en 1914.

Volviendo a la región del Río de la Plata, un diccionario enciclopédico hispano, a comienzos del siglo XX, consignaba:

> En 1810 el pueblo argentino se alzó contra el dominio español y después de una lucha de seis años, logró al fin su independencia en 1816. Todo hace creer que la República Argentina está llamada a rivalizar en su día con los Estados Unidos de la América del Norte, tanto por la riqueza y extensión de su suelo, como por la actividad de sus habitantes y el desarrollo e importancia de su industria y comercio, cuyo progreso no puede ser más visible.

Durante su primer centenario de existencia, la Argentina en particular y el continente indo-afro-americano (Nuevo Mundo) en general, padecieron los embates dominadores del Viejo Mundo, a veces militarmente, siempre con resortes financieros, estimulando formas antiguas de corrupción, situación social bien retratada por un prócer argentino, el general Manuel Belgrano (1770-1820), quien el 12 de octubre de 1812, en una carta a Mariano Moreno expresaba:

> Mi amigo, todo se resiente de los vicios del antiguo sistema, y como en él era condición, sine qua non, el robar, todavía quieren continuar y es de necesidad que se abran mucho los ojos en todos los ramos de la administración, y se persiga a los pícaros por todas partes, porque de otro modo, nada nos bastará. Basta mi amado Moreno, desde las 4 de la mañana estoy trabajando y ya no puedo conmigo.

[Una y otra vez Belgrano hablaba de la corrupción de los dirigentes que ocupan cargos en el naciente Estado]:

Tomando la máscara de patriotas no aspiran sino a su negocio particular y a desplegar sus pasiones contra quienes suponen enemigos del sistema acaso con injusticia, porque desprecian su conducta artificiosa y rastrera. Y repetía: *No veo más que pícaros y cobardes por todas partes y lo peor es que no vislumbro todavía el remedio de este mal.*

Hasta la gran Depresión de 1930, la agricultura era el sector principal de la economía argentina. Entre 1860 y 1930, la explotación de las ricas tierras de las llanuras pampeanas impulsó fuertemente el crecimiento económico. Durante este período, Argentina creció más rápidamente que Estados Unidos, Canadá, Australia, o Brasil, países similarmente dotados con ricas tierras, que también absorbían grandes volúmenes de capital e inmigración europeos.

Durante las tres décadas iniciales del siglo xx, Argentina sobrepasó a esos otros cuatro países en población, renta nacional, e ingresos per cápita. Hacia 1913, Argentina era el 10.° país del mundo con mayores ingresos per cápita. Pero al comenzar la década de los 30, sin embargo, la vitalidad económica argentina se deterioró notoriamente. Esta pérdida de vitalidad fue especialmente dramática en agricultura.

Un ejemplo de este fenómeno lo proporciona una comparación de las cosechas agrícolas en Argentina y en Estados Unidos. A fines de la década de los 20, los volúmenes de las cosechas eran similares, pero después de la década de los 30 las de Argentina quedaban siempre por debajo de las estadounidenses. Comparando los promedios de los períodos 1913-1930 y 1975-1984, la agricultura de EE. UU. triplicó sus rendimientos. La de Argentina ni siquiera se duplicó.

Entre 1816 (declaración de Independencia) y 1945 (fin de la Segunda Guerra Mundial), la economía argentina salió de la órbita española y quedó adosada a los intereses de Gran Bretaña. Comenta el historiador Felipe Pigna:

La guerra que enfrentó a la Argentina, Brasil y Uruguay contra Paraguay, entre 1865 y 1870, respondió más a los intereses británicos y de acabar con un modelo autónomo de desarrollo como el paraguayo, que podía devenir en un mal ejemplo para el resto de Latinoamérica, que a los objetivos de unificación nacional y defensa del territorio proclamados por sus promotores… Pero lo cierto es que la guerra duró casi cinco años, le costó al país más de 500 millones de pesos y 50 000 muertos. Sin embargo, benefició a comerciantes y ganaderos porteños y entrerrianos cercanos al poder, que hicieron grandes negocios abasteciendo a las tropas aliadas... El regreso de las tropas trajo a Buenos Aires, en 1871, una terrible epidemia de fiebre amarilla contraída por los soldados en la guerra. La peste dejó un saldo de trece mil muertos e hizo emigrar a las familias oligárquicas hacia el Norte de la ciudad, abandonando sus amplias casonas de la zona Sur. Sus casas desocupadas fueron transformadas en conventillos (casas de vecindad).

Numerosos historiadores han documentado los duros mecanismos de dependencia llamados deuda externa a los que se vio sujeta la Argentina desde el final de la Primera Guerra Mundial (1918), mediante la sumisión de una clase dirigente colaboradora y socia ilimitada de los poderes financieros mundiales, entonces dominados por el imperio británico. Hasta que en 1930 un golpe militar contra el presidente constitucional don Hipólito Yrigoyen quebró el orden institucional, por primera vez desde 1853: recurso intervencionista dictatorial que pasó a ser endémico (1943, 1955, 1962, 1966 y 1976).

La Wikipedia de Internet es muy gráfica al reconstruir la época inmediata:

> *Tres dictadores con el título de presidente se sucedieron en el mando durante la Revolución de 1943: los generales Arturo Rawson (que estuvo al frente del país durante 3 días), Pedro Pablo Ramírez y Edelmiro J. Farrell. A su vez, durante este período se designaron cuatro militares en el puesto de vicepresidente: Sabá H. Sueyro, el citado Farrell (luego presidente), Juan Domingo Perón (destituido por un golpe de Estado castrense en octubre de 1945) y Juan Pistarini.*

Tras el golpe de Estado de 1955, el Gobierno dictatorial adquirió un nuevo préstamo externo para financiar importaciones desde Europa. Así se contrata con varios bancos europeos un crédito de 700 millones de dólares, que se suponía podría ser amortizado en el transcurso de un año. Durante su régimen apareció el efecto inflacionario, que había sido casi inexistente durante la primera mitad del siglo xx... En 1958, al concluir el período de Gobierno de facto llamado Revolución «Libertadora», la Argentina dejó de ser un país acreedor para volverse deudor: la deuda externa había vuelto a crecer y superó los mil millones de dólares. Esta rotación de la política exterior independiente a una totalmente alineada con Estados Unidos se conjuga con la incorporación de la Argentina al FMI y al Banco Mundial, decidida por el régimen militar, en 1956, al mismo tiempo que se desnacionalizan los depósitos bancarios, y se anula la reforma constitucional de 1949, dejando sin efecto el artículo 40, protector de los recursos naturales; Argentina ingresaba por la fuerza en el círculo de endeudamiento, e inflación con nuevos créditos para pagar los intereses de préstamos anteriores. Al finalizar la dictadura militar, Argentina se encontraba en *default* (cesación de pagos), y la deuda externa había crecido. Mientras que a finales de la Segunda Guerra Mundial, las reservas de oro y divisas acumuladas en el Banco Central superaban en 1.300 millones de dólares a la deuda externa, a finales de abril de 1958 era la deuda externa la que superaba en 1.100 millones de dólares a las reservas de oro y divisas. Al caer derrocado Frondizi, en marzo de 1962, se la puede estimar en 1.800 millones de dólares y al cesar el Gobierno de facto de José María Guido, en julio de 1963, bordea los 2.100 millones.

Durante el último medio siglo los argentinos hemos constatado infinidad de veces un doble condicionamiento histórico: los cepos inflexibles del poder corporativo transnacional y las anomalías recurrentes del sectarismo y el autoritarismo ideológico latinoamericano.

3 - Semilla

Las personas viajan grandes distancias para maravillarse de las altas montañas, de las enormes olas de los mares, de las largas trayectorias de los ríos, de la inmensidad del océano y del movimiento de las estrellas. Y sin embargo ellas pasan por sus propias vidas sin maravillarse.

San Agustín
(354-430)

Abrumados por las contingencias de la existencia cotidiana en tiempos transicionales, la mayoría de los seres humanos pasan por la vida sin poder detenerse a considerar el significado de la eternidad y su condición potencial de criaturas evolutivas.

En todas las épocas, en esta esfera acuática, desde el inicio de los tiempos «humanos», ha venido manifestándose una neta disyuntiva crucial entre el saber y el desconocimiento, entre la bestialidad y la convivencia, entre el odio y el amor.

Existe hoy en nuestro globo singular una cantidad apreciable de centros de luz aplicados a la purificación de la naturaleza individual y, asimismo, a la construcción de marcos de referencia comunitaria donde se ensayan dinámicas futuras de convivencia, espiritualidad y reaprendizaje existencial. Desde tales latitudes atravesamos ráfagas de descubrimiento guiados por potentes impulsos fundacionales, centrales para unos y omitidos por los demás.

Las verdades son definiciones incluyentes que los seres sensibles asumen (o no) a lo largo de sus vidas.

Hemos llegado a un punto definitorio de la experiencia terrenal de nuestra especie donde todo lo que no tome en cuenta lo sagrado del acto de existir implicará un declive hacia zonas de tenebrosa precariedad, anímica y material.

A lo largo de la historia terrenal, en épocas diversas y en casi todos los continentes, se han desplegado culturas, ciudades y civilizaciones que atravesaron un recorrido análogo: expansión de aldeas, consolidación urbana, expansión conquistadora, cumbre de poderío, crisis estructural, decadencia paulatina y disolución irreversible. En todos los casos, la Naturaleza y la Sociedad fueron refinando paso a paso sus ritos y expandiendo sus horizontes.

¿Cuál es, entonces, la verdad? Existen múltiples definiciones que varían según la herramienta de apreciación. Inciden en ello factores éticos, filosóficos, neurológicos, metafísicos. Osho nos advierte:

Millones de personas prefieren no crecer. Permanecen como semillas, se quedan en futuras potencias que nunca llegan a realizarse. No saben qué es la autorrealización, no saben nada acerca de la existencia. Viven totalmente vacías y mueren totalmente vacías.

Están los que se aplican a guiar (pocos), los que son guiados (numerosos) y los que se pierden en patéticos desvíos a cualquier hora (muchos). Hay senderos terrenales o etéreos para todas las criaturas humanas, reales o imaginarios.

En su búsqueda de conocimientos para develar los misterios de la vida, el ser humano comenzó a desplegar ideas, conceptos y razonamientos, y así algunas verdades inequívocas por sí mismas recibieron el nombre de axiomas. Por consiguiente, las verdades que se pueden definir en base a axiomas reciben definiciones más obvias y menos exigentes.

Poco a poco, los axiomas fueron emergiendo como verdades incuestionables universalmente válidas y evidentes, que se utilizan con frecuencia como principios en la construcción de una teoría, como piedra basal de una doctrina o como base para una argumentación. La palabra axioma deriva de un sustantivo griego que significa «lo que se considera evidente, sin necesidad de demostración».

Hace dos siglos, el filósofo Georg Hegel expresó: «La historia como un todo es una revelación progresiva de lo Absoluto, desplegada gradualmente». Y sabemos que todos los grandes cambios innovadores comenzaron siempre como ráfagas sutiles de recreación, protagonizadas por minorías irreductibles.

4 - Profecía

Muchos de los que duermen en el polvo de la tierra
despertarán: estos, para la vida eterna, aquellos,
para el oprobio, para el horror eterno.
Los sabios brillarán como el resplandor del firmamento;
y los que enseñaron a muchos la Justicia, como las
estrellas, por siempre jamás. Pero tú, Daniel, guarda
en secreto estas palabras y sella el libro hasta
el tiempo del fin. Muchos lo estudiarán
y aumentarán su conocimiento.

Libro de Daniel 12: 2-4

Ante nosotros y en nosotros late una transición polifacética y ambivalente. La primera se presenta con muchos matices al mismo tiempo: cambios en lo individual, lo convivencial, lo cultural, lo social, lo planetario… nosotros mismos en una cuerda floja. Lo advertimos todo el tiempo y a cada paso. La segunda es más sutil, y más perturbadora: implica un salto desde lo dual a lo unitario, una fusión entre lo uno y lo otro que al compenetrarse permiten una neta comprensión del mundo. Solitaria y fraternal al mismo tiempo. En vez de ponernos a escalar una montaña infinita rumbo a una cúspide inabordable… elegimos la inmersión hacia el centro de la divinidad, un todo que es lo sagrado.

Dicho de otra manera: por una parte el declive de la civilización del petróleo y de las culturas metropolitanas; por la otra el surgimiento de la evolución consciente y el retorno al contacto intenso con la naturaleza terrenal.

El sentido de la existencia humana es la mayor incógnita de todos los tiempos, una artesanía metafísica, una danza eterna entre la inspiración y la revelación.

El tiempo del fin es la contracara del tiempo del principio. Una conversión absoluta, un cambio interno total, una mutación esencial, una transformación profunda de la mente y del corazón.

Sin espectacularidad, paso a paso, el desafío consiste en asumir, como destacaba Osho, que no existe la humanidad como tal; solo hay seres humanos individuales, artífices de una conciencia universal o sabiduría colectiva. El entusiasmo (estar-colmados-del-dios) es así una experiencia solitaria, una percepción inspirada, un delirio divino, éxtasis profético como desafío y éxtasis poético como gracia. «Si te pones a crear ficciones, nunca serás capaz de conocer la verdad. Tu elección se transforma en tu destino».

En párrafos cruciales del Ión (diálogo sobre la Poesía entre Sócrates e Ión de Efeso), Platón hace referencia nítidamente al estado inspirado e intenta explicarlo como un transporte en el que quien lo experimenta se ve arrastrado, quedando fuera de sí mismo, tomado por entidades como las Musas o los Dioses, es decir, tomado por «algo» que no es el yo frecuente. ¿Acaso somos también tomados por las profecías toda vez que la inspiración cede a la revelación el turno de anunciar advenimientos supremos? ¿Elegimos o somos elegidos por energías que nos trascienden? Quizás ambas cosas a la vez.

Así, los fundadores nos convertimos en educadores que preparan una ardua y vasta obra de reconstrucción, considerada como espasmos en vísperas de un parto espiritual, del nacimiento de una consciencia integrada para un existir renovado en la cual los pilares transdisciplinarios nos inducen a: aprender a conocer, aprender a hacer, aprender a coexistir y aprender a ser… en todo orden imaginable.

Cíclicamente, la historia registra encumbramientos y derrumbes de potentes civilizaciones hoy convertidas en restos polvorientos. Todo nuevo mundo es una simultaneidad de naufragio y descubrimiento, de futilidad y trascendencia.

Por eso, elegimos el activismo imperceptible, la siembra sutil, la pedagogía iniciática (alfabetización psíquica imprescindible) hacia una plenitud posible, deseable y necesaria. Se trata de una educación perenne como despertar hacia un sendero evolutivo.

En vísperas del cuarto lustro de la Fundación Espiritual, nos apres-
tamos a girar la página de los ensayos y la depuración, para imaginar las
ecoaldeas de la evolución consciente. Ya nos identificamos como una
semilla que alberga grandes potenciales. Deberá trasmutarse a fin de que
crezca y florezca una planta, y de nuevo Osho señala: «El ego es una
semilla, una potencialidad. Si el ego estalla, lo divino nace. Lo divino no
es ni yo ni tú, es uno... Y recuerda: en una muchedumbre experimentas
una regresión; te transformas en un animal. La muchedumbre es un falso
sustituto para el sentimiento de unidad».

Los sabios comprenden la conexión que hay entre el principio y el
fin. Conexión de raíces y alas para humanizar lo humano.

5 - Índigo

> *Ahora, hoy, día tras día la Madre Tierra te está*
> *pariendo. No una, sino miles de veces, así como*
> *día tras día te devora más de mil veces.*
> *Pues no existe en todo tiempo, eternamente,*
> *otra cosa más que el ahora, uno y el mismo ahora.*
> *El presente es la única cosa que no tiene fin.*
>
> Erwin Schrödinger
> *¿Qué es la vida?*

Al despuntar el siglo XXI tomó estado público la presencia en múltiples
latitudes de una realidad llamada niños índigo. Seres humanos más sensibles y gentiles que el resto de la gente. Muchos de ellos manifestándose a
temprana edad, nacidos en la Tierra como «criaturas de un nuevo tiempo»
para fomentar el amor, la paz y un estado natural de felicidad. Ya se habían
manifestado previamente en el planeta durante la década de los 60. Hoy ya
se han convertido en adultos índigo que no soportan los actos violentos, no
admiten coacciones ni amenazas. Y siguen creciendo, como futuro recam-
bio de las generaciones. Portadores lúcidos de una situación que todavía no
conocimos realmente: el arte de la sincronía universal. Y siguen naciendo.

En nuestro caso fundacional son múltiples las motivaciones y sencillos los objetivos. En sincrónica sintonía universal, como expresó el
lirismo del poeta persa Jalaludín Rumi (1207-1273):

Estamos condicionados por el juego del Amor. ¿Cómo puedes esperar que nos portemos bien y procedamos modestamente? ¿Cómo puedes esperar que nos quedemos en casa como niñitos buenos? ¿Cómo puedes esperar que disfrutemos si estamos encadenados como dementes? Oh, mi Amado, nos encontrarás todas las noches en tu calle, con los ojos pegados a tu ventana, esperando un destello de tu rostro refulgente.

El filósofo Edgar Morin lleva años diciendo que en la época actual se impone un doble imperativo antropológico: salvar la unidad humana y salvar la diversidad humana. Con la meta de desarrollar nuestras identidades concéntricas y plurales: la de nuestra etnia, la de nuestra patria, la de nuestra comunidad de civilización, en fin, la de ciudadanos terrestres.

En su obra Tierra-Patria afirma:

Estamos comprometidos con la humanidad planetaria y en la obra esencial de la vida que consiste en resistir a la muerte. Civilizar y solidarizar la Tierra; transformar la especie humana en verdadera humanidad se vuelve el objetivo fundamental y global de toda educación, aspirando no solo al progreso sino a la supervivencia de la humanidad. La conciencia de nuestra humanidad en esta era planetaria nos debería conducir a una solidaridad y a una conmiseración recíproca del uno para el otro, de todos para todos. La educación del futuro deberá aprender la ética de la comprensión planetaria.

¿Qué es la vida? Las más imperativas verdades absolutas, que no excluyen a nadie, son: la muerte, el tiempo, el sentido de nuestro existir, el amor, el deseo de continuar viviendo (supervivencia)... desde el punto de vista existencial y circunstancial de cada persona.

Osho preguntaba: en el proceso de evolución del hombre, ¿es posible que la humanidad como un todo logre la iluminación en algún momento futuro? ¿En qué punto de la evolución se encuentra el hombre en este momento? Ahora nada es seguro. La evolución puede ocurrir o puede no ocurrir. «El potencial está ahí, pero la elección será algo totalmente individual».

Lo que dicta el sentido de nuestra marcha es, según el I Ching, el gran principio generador o lo creativo, en chino Khien, asumido como la primordial cualidad de bondad, como la penetrante conjunción de excelencias, como la ventajosa armonía de lo correcto, y por fin, la adecuada y firme facultad de acción, la gran armonía. Y la perseverancia como llave de la sabiduría.

Entretanto, la física cuántica se aventura a sugerir que este universo no posee límites ni centro. Y algunas teorías sugieren que nuestro universo es parte de una infinidad de otros universos (una especie de multiverso) que se crean y recrean permanentemente. Universos que no necesitarían «espacios». Se considera posible, pero muy difícil de probar.

Si nuestro universo carece de bordes, entonces no hay un «afuera». Pero lo que sí existen son incógnitas, realidades enigmáticas, materias oscuras, energías fantasma, y una visión rotunda: el destino del universo sería su disgregación en el infinito. Que nuestras almas protagonizan.

Sabemos poco, conocemos menos. Pero como fundadores sabemos que en el momento de nuestro nacimiento el universo nos concedió el privilegio de respirar, amar y soñar a menudo con las estrellas. A medio camino entre la unicidad humana y el cosmos.

Lugares en el Rey del zodíaco chino

por Cristina Alvarado

El canto del Emperador amarillo y la Posición en el Rey

El oráculo Xuān yuán Huángdì sì jì shī 軒轅黃帝四季詩 o Canto del Emperador Amarillo consiste en ocho o doce ilustraciones de Huángdì con los doce caracteres del zodíaco chino y una serie de versos que acompañan esas ilustraciones. A lo largo de milenios, este oráculo pasó del grabado en piedra a la seda y después a las hojas de papel, hasta llegar a su edición definitiva en las páginas del Almanaque Chino Tōng Shū 通书, o Libro sobre todo, durante la Dinastía Qīng (1644 d.C.-1912 d.C.).

Para usar este oráculo necesitamos saber cuál es nuestro signo zodiacal según el año de nacimiento y en el caso de los nacidos en los trópicos, en qué hora nacieron.

Instrucciones

En la siguiente tabla[31] vamos a localizar exactamente el lugar y la temporada de nacimiento, según el calendario chino.

Norte	Sur	Tropicos
Lugar de nacimiento	Lugar de nacimiento	Lugar de nacimiento
España, México (desde Mazatlán hasta Soto la Marina, y hacia el Norte) Estados Unidos de América y Canadá.	Argentina, Uruguay, Chile (desde Antofagasta hacia el Sur), Brasil (desde São Paulo hacia el Sur), Paraguay (desde Concepción hacia el Sur)	México (desde Mazatlán hasta Soto la Marina y hacia el Sur), Puerto Rico, Haití, Belice, Guatemala, Honduras, Nicaragua, Costa Rica, El Salvador, Panamá, Colombia, Venezuela, Cuba, República Dominicana, Chile (desde Antofagasta hacia el Norte), Brasil (desde São Paulo hacia el Norte), Paraguay (desde Concepción hacia el Norte) Argentina (a partir del Jujuy, Nueva Orán, Los blancos, etcétera hacia el Norte)
Temporada de nacimiento según el calendario chino	Temporada de nacimiento según el calendario chino	Temporada de nacimiento según el calendario chino
Primavera: 21/03 a 20/06 Verano: 21/06 a 20/09 Otoño: 21/09 a 20/12 Invierno: 21/12 a 20/03	Primavera: 21/09 a 20/12 Verano: 21/12 a 20/03 Otoño: 21/03 a 20/06 Invierno: 21/06 a 20/09	Primavera: 4/02 a 4/05 Verano: 5/05 a 6/08 Otoño: 7/08 a 06/11 Invierno: 7/11 a 4/02

---

[31] En esta tabla incluimos los países donde se vende este libro. Para consultar otros países, basta con consultar un atlas mundial o internet.

Para los nacidos en los trópicos: Además de la temporada de nacimiento según el calendario chino, necesitan usar su hora de nacimiento. Para buscar su posición en el rey, no vamos a considerar el signo del año de nacimiento, sino el del signo de la hora de nacimiento. Esto es porque el lugar en el rey lo determinará la armonía del signo de nacimiento con el clima. El clima en los hemisferios Norte y Sur lo determinan las cuatro estaciones, pero en los trópicos, donde las estaciones están divididas únicamente en dos climas: seco y húmedo, las horas son más determinantes, ya que en un solo día el clima puede cambiar del frío a la lluvia y luego del calor seco a la calma. La hora de nacimiento según el calendario chino es doble. Cada signo zodiacal ocupa dos horas naturales. Para saber qué hora de nacimiento corresponde, hay que buscar entre qué horas chinas se ha nacido y con ese dato buscar la posición correspondiente en el rey.

Signo	Hora	Signo	Hora
Rata	23 a 1	Caballo	11 a 13
Búfalo	1 a 3	Cabra	13 a 15
Tigre	3 a 5	Mono	15 a 17
Conejo	5 a 7	Gallo	17 a 19
Dragón	7 a 9	Perro	19 a 21
Serpiente	9 a 11	Cerdo	21 a 23

El siguiente paso es saber qué número le corresponde a cada signo del zodíaco en la siguiente tabla, esto es para ahorrar espacio dentro de las ilustraciones que verán más adelante:

Rata	1	Conejo	4	Caballo	7	Gallo	10
Búfalo	2	Dragón	5	Cabra	8	Perro	11
Tigre	3	Serpiente	6	Mono	9	Cerdo	12

Una vez que se saben la temporada, el lugar (para determinar exactamente dónde están el Norte, el Sur y los trópicos) y la hora de nacimiento (recuerden que las horas chinas abarcan dos horas), y también el número que corresponde al signo de nacimiento (la rata es 1, el búfalo 2 y así sucesivamente), el siguiente paso es buscar la posición en el rey.

Por ejemplo, una persona nacida el 30 de abril de 1980 en Cancún, a las 12 horas, a pesar de estar en México –que es considerado un país del Norte–, geográficamente nació en los trópicos, y sus datos son:

Temporada: primavera

Lugar: trópicos

Hora: horas del caballo 7

No importa que esta persona haya nacido en el año del mono, porque al haber nacido en los trópicos, lo que debe utilizar es su hora de nacimiento, cuyo signo es caballo; el número que necesita buscar en el dibujo del rey de la primavera en los trópicos es el 7.

Para averiguar su ubicación en el rey, debe buscar los reyes del canto de las cuatro estaciones para los nacidos en primavera. Entre ellos, el que corresponde a los trópicos, y encontrar en ese rey el número 7, que corresponde a su hora de nacimiento: su lugar es el pecho.

Si la persona hubiera nacido en el Sur o el Norte, debería haber usado el número correspondiente a su signo de nacimiento, y no el número de las horas de nacimiento y, por supuesto, encontrarlo en el rey correspondiente.

El canto del Emperador amarillo 軒 轅 黃 帝 四 季 詩

Ya que sabemos la temporada y qué lugar tenemos en el rey, el siguiente paso es el de consultar el canto del Emperador amarillo, que es el oráculo, y consiste en un verso sencillo, en este caso, producto de varias ediciones y traducciones extraídas de distintos Tōng Shū editados en Hong Kong y Taiwan. Los versos no cambian cada año, por lo tanto este oráculo puede ser consultado en cualquier momento a lo largo de la vida.

El canto de las cuatro estaciones para los nacidos en primavera:

Rey de la primavera en el Norte   Rey de la primavera en el Sur   Rey de la primavera en los trópicos

CABEZA

Signos: hora de la Rata 1 (trópicos). Año del Caballo 7 (Norte). Año del Tigre 3 (Sur).

Tendrás una posición elevada, poder e inteligencia para acompañar estos dones. Serás bien educado en las artes de la responsabilidad. Tendrás prestigio

y autoridad. Suerte y salud excelentes, facilidad para el liderazgo. Serás bendecido con un buen matrimonio. Aprende a dormir mejor.

HOMBROS

Signos: Horas del Conejo 4 y del Gallo 10 (trópicos). Años de la Serpiente 6 y Cabra 8 (Norte). Años de la Rata 1 y Caballo 7 (Sur).

Poseerás vestidos protectores, siempre estarás bien. Serás propietario de tu casa y tu vida. La buena fortuna estará garantizada. No confíes fácilmente en nadie, y espera muchos romances. Gozarás de buena suerte, aunque tu juventud sea difícil. Buena salud y tranquilidad. Tendrás buenos hijos.

MANOS

Signos: Horas de la Serpiente 6 y de la Cabra 8 (trópicos). Años del Conejo 4 y el Gallo 10 (Sur). Años del Dragón 5 y el Mono 9 (Norte).

Trabajarás con ahínco toda la vida, pero funcionarás mejor como empleado que como jefe. Puedes ser la mano derecha del emperador si lo deseas, eso aseguraría tu vida favorablemente. Hay esperanzas. Buena vestimenta. Poseerás talento manual, pero tu corazón es enamoradizo. Tu clase será media en general, pero puedes administrar grandes cantidades de dinero ajeno.

PECHO

Signos: Hora del Caballo 7 (trópicos). Años de la Cabra 8 y el Búfalo 2 (Sur). Años del Conejo 4 y el Perro 11 (Norte).

Una vez que llegues a la madurez verás recompensados todos tus esfuerzos. Tendrás una buena vida e incluso riquezas que no creías posibles en tu juventud. Suerte con altibajos, melancolía e hipersensibilidad. Necesitas controlar tus sentimientos. Actúa siempre con rapidez.

VIENTRE

Signos: Horas del Búfalo 2 y el Cerdo 12 (trópicos). Año de la Rata 1 (Norte). Años del Mono 9 (Sur).

Tu existencia estará llena de altibajos. Decide bien tus prioridades. Si es que te llegas a enriquecer, sé humilde de corazón, de esa manera tendrás seguro tu sustento y cobijo. Come bien. Vida tormentosa. Edad adulta plena, maternidad privilegiada, mejor para mujer que para hombre. Tu existencia será mejor al llegar a los treinta años.

RODILLAS

Signos: Horas del Perro 11 y el Dragón 5 (trópicos). Años del Perro 11 y el Dragón 5 (Sur). Años del Cerdo 12 y Gallo 10 (Norte).

Tendrás el destino del caminante, solo tú podrás decir si te gusta esa vida viajera o no. Aunque quieras evitar ese andar constante, no podrás sino aceptar tu destino y disfrutarlo; o sufrirlo y aun así, partir enfadado. No crees en la esperanza por eso te resignas a la mala suerte. Amores insatisfactorios, malas finanzas, necesitarás esforzarte mucho a lo largo de tu vida. Riqueza en el futuro si sales de viaje.

PIES

Signos: Horas del Mono 9 y del Tigre 3 (trópicos). Años del Cerdo 12 y la Serpiente 6 (Sur). Años del Búfalo 2 y el Tigre 3 (Norte).

Pésima suerte, amores apasionados. Tendrás pocas posibilidades para tener una buena familia, atesora esas oportunidades. Eres de esas personas contrastantes y arrebatadas. Todo lo haces con gran intensidad. Tendrás dos matrimonios si eres mujer; si eres hombre serás promiscuo y voluble. Desastre a la vista, necesitas amigos que te cuiden y a quienes cuidar.

El canto de las cuatro estaciones para los nacidos en verano:

Rey del verano en el Norte

Rey del verano en el Sur

Rey del verano en los trópicos

CABEZA

Signos: Hora del Caballo 7 (trópicos). Año de la Serpiente 6 (Sur). Año de la Rata 1 (Norte).

No habrá trampas ni obstáculos durante toda tu vida. Eres un buen estratega, tienes un buen intelecto. ¡Buena ventura! Confía en ti mismo y en tu entorno. Tu suerte es magnífica, tienes facilidad para el liderazgo, excelente salud, tendrás también un buen matrimonio. Hay esperanza.

HOMBROS

Signos: Horas del Conejo 4 y el Gallo 10 (trópicos). Años del Búfalo 2 y la Cabra 8 (Norte). Años del Conejo 4 y el Gallo 10 (Sur).

Nada hará falta en tu vida, ni riquezas ni felicidad. Tu progenie será próspera y numerosa. Tendrás propiedades y una vida larga. Amistades profundas. Buena suerte siempre, aunque tu juventud sea difícil, tendrás en todo momento una buena salud, tranquilidad y más adelante, buenos hijos.

PECHO

Signos: Hora de la Rata 1 (trópicos). Años del Tigre 3 y el Dragón 5 (Sur). Años del Conejo 4 y el Gallo 10 (Norte).

Gozarás de una vejez bien atendida, alimentos y vestido constantes. La vida no te depara sorpresas desagradables. Tu buena fortuna será aún mayor después de los cincuenta años. Come menos. Suerte con altibajos, melancolía, hipersensibilidad. Necesitas controlar tus sentimientos.

MANOS

Signos: Horas de la Serpiente 6 y el Búfalo 2 (trópicos). Años de la Rata 1 y el Caballo 7 (Sur). Años de la Serpiente 6 y el Cerdo 12 (Norte).

Buena suerte en negocios y con tu dinero. El verdadero éxito llegará con la vejez. Ten confianza. Mantente despierto. Eres hábil con las manos, pero enamoradizo; por eso te costará mucho cambiar de posición social, vas a contar grandes cantidades de dinero ajeno en la juventud.

VIENTRE

Signos: Hora de la Cabra 8 y el Cerdo 12 (trópicos). Año del Cerdo 12 (Sur). Año del caballo 7 (Norte).

Naciste en buena cuna y la suerte dicta que la nobleza te rodeará, así como intelectuales y artistas. Tus padres te amarán toda la vida, pero tu buena fortuna dependerá de tu propio trabajo. Simpatía y cierta alegría siempre vendrán a ti. Vida adulta plena, maternidad privilegiada, mejor para la mujer que para el hombre. Mejorará tu vida a partir de los treinta años.

RODILLAS

Signos: Horas del Dragón 5 y el Perro 11 (trópicos). Años del Búfalo 2 y la Cabra 8 (Sur). Años del Dragón 5 y el Perro 11 (Norte).

El trabajo arduo de tu vida no será equivalente al reconocimiento que mereces. Los obstáculos serán variados, pocos los momentos de paz, aunque memorables. Si superas la vanidad, serás más feliz durante la madurez. Nubes negras se avecinan, mantén la esperanza. Mala suerte, amores insatisfactorios, malas finanzas, necesitará esforzarse mucho a lo largo de su vida.

PIES

Signos: Horas del Mono 9 y el Tigre 3 (trópicos). Años del Perro 11 y el Mono 9 (Sur). Años del Mono 9 y el Tigre 3 (Norte).

El destino sugiere una vida sencilla y sin más alteraciones que tus arrebatos emocionales. Aunque sin fama ni grandes fortunas, tus amores serán apasionados. El hombre será de carácter liviano y las mujeres lo seguirán conquistadas a su harem. Si mantienes una actitud más reservada, porque eres demasiado intenso, podrás vivir mejor. Grandes contrastes.

El canto de las cuatro estaciones para los nacidos en otoño:

Rey del otoño en el Norte   Rey del otoño en el Sur   Rey del otoño en los trópicos

CABEZA

Signos: Hora del Cerdo 12 (trópicos). Año del Caballo 7 (Sur). Año del Tigre 3 (Norte).

Si eres mujer, contagiarás a tu familia con tu buena fortuna y tu esposo gozará de riquezas. La vida será larga y plena para el hombre también. Buena fortuna sin sobresaltos. Los peligros serán resueltos gracias a tu agilidad. Tu suerte es excepcional. Eres líder natural y gozarás de buena salud.

HOMBROS

Signos: Horas del Caballo 7 y la Rata 1 (trópicos). Años de la Serpiente 6 y la Cabra 8 (Sur). Años del Caballo 7 y la Rata 1 (Norte).

Tendrás hermanos como amigos y amigos como hermanos, nunca te faltará nada, sobre todo en la vejez, ya que entonces serás muy rico. No importa que tu juventud sea complicada, al final reinará la tranquilidad, la buena salud y tus descendientes serán buenos contigo. La pasión rige afuera, tú aprende a reaccionar rápido.

PECHO

Signos: Hora del Mono 9 (trópicos). Años del Conejo 4 y el Perro 11 (Sur). Años de la Cabra 8 y el Búfalo 2 (Norte).

Vivirás rodeado de gente muy valiosa en todos los ámbitos aunque tu suerte sufra altibajos. Aprende a contagiarte de sus talentos manteniendo un carácter alegre y poco ambicioso. No seas tan sensible, trata de controlarte. Aprende las artes de la diplomacia y tu vida irá sin sobresaltos hasta llegar a la vejez.

MANOS

Signos: Horas del Búfalo 2 y la Serpiente 6 (trópicos). Años del Dragón 5 y del Mono 9 (Sur). Años del conejo 4 y el Gallo 10 (Norte).

Puede que tu suerte sea la del administrador y manejes dinero de otros. Tu suerte cambiará positivamente si sales de tu patria y viajas por todo el mundo. Conocerás gente de poder y sabiduría en el extranjero. Cada dirección encierra riqueza aunque dudes, aunque los sueños sean espejismos y aunque tus amores te quieran retener.

VIENTRE

Signos: Horas de la Cabra 8 y el Conejo 4 (trópicos). Año de la Rata 1 (Sur). Año del mono 9 (Norte).

Lo mejor de la vida será la familia. Inicia la tuya al rondar los veinte años. Tus hijos y nietos te traerán alegría; nada faltará a tu mesa y tendrás abundancia en todo. Mejor para la mujer que para el hombre ya que la maternidad será privilegiada. No te preocupes, habrá placeres en los detalles más diminutos y tu vida será mejor al llegar a los treinta años.

RODILLAS

Signos: Horas del Tigre 3 y el Gallo 10 (trópicos). Años del Cerdo 12 y el Gallo 10 (Sur). Años del Dragón 5 y el Perro 11 (Norte).

Tendrás prosperidad en el futuro, aunque será difícil satisfacer tu necesidad de amores y dinero. Tenacidad y paciencia es lo único que se necesita para sobrellevar una juventud de trabajo ingrato. Pero mantén regocijo en la espera, ya que al llegar la edad madura, todo lo que mereces te será dado y superará en mucho las bancarrotas del pasado.

PIES

Signos: Horas del Dragón 5 y el Perro 11 (trópicos). Años del Tigre 3 y el Búfalo 2 (Sur). Años del Cerdo 12 y la Serpiente 6 (Norte).

El oráculo les advierte a otros en tu lugar que sería mejor no haber nacido, pero si aprendes a ser humilde, la tranquilidad, la seguridad serán tu destino. Triunfarás y llegarás solo hasta donde tú desees llegar, aunque solamente en el ambiente de trabajo. La gente te quiere, nunca te lastimarán. Sé honesto contigo mismo. Espera buenas noticias siempre.

El canto de las cuatro estaciones para los nacidos en invierno:

Rey del invierno en el Norte   Rey del invierno en el Sur   Rey del invierno en los trópicos

CABEZA

Signos: Hora de la Serpiente 6 (trópicos). Año de la Rata 1 (Sur). Año de la Serpiente 6 (Norte).

Tu facilidad para dirigir a otros te llevará a una vida con lujos y a un excelente matrimonio ligado a una familia famosa y de buena posición. No te faltará vestido, ni alimento, ni educación. Observa con cuidado tu entorno, así también tendrás una buena salud y buenos descendientes.

HOMBROS

Signos: Hora del Conejo 4 y Gallo 10 (trópicos). Años del Búfalo 2 y la Cabra 8 (Sur). Años del Conejo 4 y el Gallo 10 (Norte).

La infancia no será tu época dorada, sufrirás descalabros en la juventud. Tu felicidad estará ligada a tus descendientes; ten paciencia. Si tu carrera se estanca al comenzar, no guardes tristeza en tu corazón, es en el matrimonio y gracias a tus hijos que lograrás la mayor satisfacción. Espera siempre novedades. A pesar de todo, gozarás de buena salud.

PECHO

Signos: Hora de la Rata 1 (trópicos). Años del Conejo 4 y del Gallo 10 (Sur). Años del Tigre 3 y el Dragón 5 (Norte).

Será en el escenario donde tu vida inestable encontrará todos los dones del artista. La música y la interpretación serán tu modo de socializar y de controlar tu sentimentalismo y sensibilidades. Para que la prosperidad dure, aprende a darle a los que más necesitan, así asegurarás tu riqueza. Confía en tu familia todo el tiempo, así espantarás a la melancolía.

MANOS
Signos: Hora del Cerdo 12 y el Caballo 7 (trópicos). Años de la Serpiente 6 y Cerdo 12 (Sur). Años de la Rata 1 y el Caballo 7 (Norte).

Tu familia es el refugio del éxito, no lo empañes con la impaciencia de la juventud. No seas frío ni de cascos ligeros, te esperarán grandes sorpresas en tu vida si acaso dejas atrás la envidia. Corres el riesgo de contar las riquezas de otros. Una casa modesta será tu alegría. Lo extraordinario llegará a su tiempo a partir de los sesenta años.

VIENTRE
Signos: Horas del Tigre 3 y el Mono 9 (trópicos). Año del Caballo 7 (Sur). Año del Cerdo 12 (Norte).

La suerte del amor será para ti, llegarás a viejo en los brazos de tu cónyuge y si eres mujer, serás una madre ejemplar. La familia te honrará con seguridad, negocios prósperos, activos constantes y oro al llegar a la vejez. Cuida tus fallos de carácter, o eso arruinará tu juventud aunque puedes recuperar lo perdido al cumplir treinta años.

RODILLAS
Signos: Horas de la Cabra 8 y el Búfalo 2 (trópicos). Años del Dragón 5 y el Perro 11 (Sur). Años del Búfalo 2 y la Cabra 8 (Norte).

Llevas en tu camino mucho chi negativo en los amores y tus propiedades. Disuélvelo por medio de la beneficencia. Tu madurez será difícil, deberás aprender a cuidar de otros y así mitigarás tu mala fortuna. Solo entonces tendrás esperanza y buena suerte.

PIES
Signos: Horas del Perro 11 y el Dragón 5 (trópicos). Años del Mono 9 y el Tigre 3 (Sur). Años del Perro 11 y el Mono 9 (Norte).

Solo en un terreno de tu propiedad verás progresar tu prosperidad, pero deberás buscarlo fuera del hogar de tus antepasados. Cuanto más lejos, mejor aún. A pesar de tus arrebatos, de tus pasiones y tus defectos, un matrimonio en el extranjero será el inicio de una vida excelente. Eres intenso y comprometido.

Una reflexión sobre este oráculo

Este oráculo coincide perfectamente con otro tipo de oráculos, en particular con el Bazi y el Zǐ Wēi Dǒu Shù. Es muy posible que los maestros Sifú hayan observado casi empíricamente la personalidad de cada signo, aquello que lleva a los individuos a estacionarse en ciertas circunstancias. Por ejemplo, para el mono y el tigre, que desean estar a la cabeza de todo, resulta significativo que sus posiciones caigan a los pies 3 o 4 veces. La posición en los pies es discutida: para algunos, representa una verdadera tragedia, ¿pero acaso no es fascinante ver cómo algunas personas florecen en la adversidad? Marilyn Monroe, famosa tigresa, nació en los pies del rey y ahora es inmortal.

Hay que reflexionar sobre cada posición en silencio, y así este oráculo revelará sus verdades, más allá del canto de un emperador mítico que, según dicen, posiblemente haya estado, sin mayores pretensiones, en las manos del rey.

Que el Tao les sea propicio.

Predicciones planetarias 2017 basadas en el i ching, la intuición y en Benjamín Solari Parravicini

Rodeada de montañas, árboles nativos y exóticos, nubes bajas y espesas, rayos de sol que aparecen y desaparecen, silencio sosegado por el invierno en la naturaleza, dejo que mis guías me asistan en estas predicciones.

El año del gallo de fuego empieza el 28 de enero de 2017 y será una continuidad purificadora del año del mono que nos dejará envueltos en llamas.

El pulso del universo está acelerado por cambios físicos, climáticos, geopolíticos, sociales, y sobre todo humanos.

Cada ser humano tiene su eco, su doble, en resonancia en algún lugar, y es tiempo de recibirlo, acogerlo, aceptarlo y abrazarlo.

El mono cruel dejó un tendal de muertos que están intentando despegar del planeta para que nos despertemos en cámara lenta o velozmente y nos levantemos renovados ante el ciclo que está purificándonos inexorablemente.

Las celebraciones serán internas, telepáticas, meditativas, con rituales ancestrales, con humildad, desapego, elevarán a los seres inanimados y animados que nos acompañaron y acompañarán en el TAO.

El gallo de fuego es el signo de los líderes, de los soñadores, de los hiperrealistas que nos despabilan, alumbran, guían, informan, sanan, conducen hacia la cruda realidad a pesar de que siempre ponen poesía, cultura y alegría en lo que hacen.

Habrá muchas marchas por la paz, por la defensa de los derechos de la mujer, en contra del maltrato a menores, el feminicidio, crecerá el compromiso en temas como el cambio climático, planes de salud, informática, encuentros intercontinentales, organizaciones humanistas para refugiados, desamparados, heridos de guerra y excluidos sociales.

El gallo es un ser altruista y samaritano.

Sabe escuchar y aportar soluciones eficaces.

En cada ser humano brotará una semilla de conciencia ante tanta injusticia, y germinará lenta pero segura.

Se afianzarán alianzas nuevas entre países y se disolverán otras que parecían eternas.

El mundo buscará equilibrar la pasión y la razón y surgirán maestros entre los niños abiertos a unir lazos sistémicos en cada comunidad.

Oriente definirá su posición hacia Occidente.

Medio Oriente y los países árabes tendrán un gong que los reunificará en busca de sus objetivos declarando «la guerra santa».

Viajar será más complicado; habrá controles extraordinarios y se buscarán razones surrealistas para entrar y salir de los países europeos, de Gran Bretaña, de EE. UU. y de Medio Oriente.

Latinoamérica será el lugar del mundo que recibirá más gente durante los próximos diez años.

Fuertes cambios en hábitos y costumbres nos sorprenderán en cada rincón del mundo.

Un retorno a la familia, más por razones económicas y coyunturales que afectivas, pondrá orden en los roles familiares.

Comenzará una nueva economía familiar, intercambio de ideas, trueque, y será posible aprender nuevos oficios pues habrá más desempleo a nivel mundial.

El gallo es uno de los signos más originales del zodíaco chino.

Impondrá el reciclado en la moda, en el arte y en las relaciones tóxicas; hará un *peeling* existencial y confiará en el intercambio de ideas, planes de educación para adultos que se sienten «fuera del sistema o descartables».

El deporte, el arte y la ciencia ocuparán lugares de honor y abrirán nuevas fuentes de trabajo con inspiración para construir el gallinero.

Los cambios en la política internacional serán drásticos.

Inevitable asociar en el año del gallo 1945 el *boomerang* de la Segunda Guerra Mundial.

Las guerras están en cualquier lugar: en la casa, con la pareja, con los hijos, con los hermanos, con los compañeros de estudio, de trabajo, en el club deportivo, en las trincheras, en los campos de refugiados, en las playas paradisíacas.

La guerra es el amodio (amor-odio) no resuelto entre nosotros.

El Vaticano tendrá un quiebre.

Habrá nuevos tótems para adorar.

La locura es la pandemia de esta etapa de la civilización.

Millones de niños, niñas, jóvenes sin futuro, sin familia, sin amor, candidatos a ser reclutados por ISIS o por cualquier mercenario de la muerte a cambio de droga, armas y sexo fácil.

El epicentro del caos es la indiferencia hacia el prójimo.

Renacerán las huertas caseras, el cultivo de lo cercano, la vida íntima.

Vivir es y será una aventura que debemos honrar y transmitir a quienes estén entregados a seguir vegetando en nuestro sistema solar.

Solari Parravicini anunció:

La humanidad será herida de muerte por la flecha del amor, la flecha hará sentir su dolor, más placer en sincero y sano amor, que llega sin visible actor.
Una veloz carrera se desatará en la tierra.
El hombre vencido querrá alzarse ante la lascivia destructora de todo bien, y esta omnímoda y perversa raptará a la juventud y la destrozará.
¡¡¡Generaciones quedarán vacías!!!
El vicio camina con su relajo total. El joven en él se soslaya, baila, desnuda sus vergüenzas en las calles y escenarios, anula su dignidad, en tanto el ateo ordena su continuidad, edificando, con la anulación del joven, el imperio mundial del mal.
¡¡Mas llega la cruz!!
La ligereza de observación del hombre liviano, de la hora deformada en el que el mundo vive le hará desencontrarse; ya sea en la política, ya en religión, ya en familia y ya también en ciencia.
En todo lugar será lugar de desencuentros y por lo tanto la hora del derrumbe. Comenzará pues OM[32]. *¡¡Se avecina!!*
Caminante: el craso positivismo que habita y reina sobre el mundo, observando va el acercamiento del intuitivo ser, que le desenmascara y le desalojará.
Entonces el mundo sabrá la verdad de lo real y de lo irreal, que siendo hasta entonces será con toda naturalidad real, porque el hombre comprenderá al fin que ambas cosas fueron siempre la misma cosa, y esa misma cosa será la revelación total del universo en su verdad espiritual.
¡El degradante positivismo rodará en la hora 11!

Podría, querido zoo, seguir con las psicografías de Solari Parravicini, pero espero se acerquen a ellas, con el espíritu libre de condicionamientos que tenemos quienes no tememos al futuro. QUIQUIRIQUÍ.

L. S. D.

El I CHING aconseja:
37. Chia Jen / El clan (La Familia)

EL DICTAMEN
El clan. Es propicia la perseverancia de la mujer.

Lo que constituye las bases del clan son las relaciones entre esposo y esposa. El lazo que mantiene unido al clan radica en la fidelidad y perse-

---

[32] OM es la abreviatura de la antigua oración budista, un mantra sagrado del Tibet, «OM mani padme hum».

verancia de la mujer. El sitio de ella se halla en el interior, el del hombre en el exterior. Que el hombre y la mujer ocupen sus puestos correctos es un hecho que se adapta a las grandes leyes de la naturaleza. El clan requiere una firme autoridad: la constituyen los padres. Cuando el padre es realmente padre y el hijo, hijo, cuando el hermano mayor cumple su papel de hermano mayor y menor, el suyo, cuando el esposo es realmente esposo y la esposa, esposa, entonces hay orden en el clan. Estando en orden el clan, se ordena la totalidad de las relaciones sociales entre los hombres. De las cinco relaciones sociales tres se sitúan dentro del clan: la relación entre padre e hijo: el amor; entre hombre y mujer: la disciplina y el recato; entre hermano mayor y menor: el orden. La amante veneración del hijo se transfiere al príncipe en forma de lealtad en el fiel cumplimiento del deber, y el orden y el afecto entre los hermanos se transfieren como fidelidad al amigo y se presentan como subordinación en relación con los superiores. El clan es la célula original de la sociedad, el suelo natural en el que el ejercicio de los deberes morales se ve facilitado por el afecto natural de tal modo que en ese círculo restringido se van creando las bases desde las cuales luego se transfieren las mismas condiciones a las relaciones humanas en general.

LA IMAGEN
El viento surge del fuego:
la imagen del clan.
Así el noble tiene en sus palabras lo real,
y en su conducta la duración.

El calor genera fuerza; he ahí el significado del viento que es suscitado por el fuego y surge de este. Se trata del efecto que va desde adentro hacia afuera. Exactamente lo mismo hace falta para la regulación del clan. También en el clan el efecto o influjo, partiendo de la propia persona, debe dirigirse a otros. A fin de poder ejercer semejante influjo, es necesario que las palabras estén cargadas de fuerza; esto solo es posible cuando se basan en algo real, como la llama en el combustible. Las palabras ejercen influencia únicamente cuando son objetivas y se refieren con claridad a determinadas circunstancias. Discursos, advertencias y exhortaciones generales son enteramente ineficaces. Por otra parte, las palabras deben sentirse apoyadas por todo el comportamiento, así como el viento actúa y tiene efecto gracias a su persistencia y duración. Solo una actuación firme y consecuente dejará en otros la necesaria impresión para poder adaptarse a ella y usarla como pauta y guía. Si la palabra y la conducta no están en armonía, si no son consecuentes, el efecto no se produce.

Predicción general para el año del Gallo de Fuego yin 2017/4715

Si alguna vez se han encontrado en la calle una pieza de joyería o una moneda, saben que tendrán buena suerte todo el día. En este universo hecho de energía, la energía sutil o Qi del metal significa siempre un encuentro afortunado. El gallo es como una moneda de oro que aparece entre la tierra; a muchos les traerá buena suerte y a los que no, les traerá por lo menos algo de cambio para completar el gasto del día.

Es de observar que en la práctica de la medicina tradicional china, una de las energías más escasas es la del metal. Los pacientes occidentales que van a los consultorios de acupuntura casi siempre reciben el mismo diagnóstico: exceso de fuego, exceso de tierra, exceso de humedad... metal débil. Pero pocas veces se encuentra uno con demasiado metal. Esta energía es la más escasa en el universo, pero al mismo tiempo, es la que produce a la energía agua, que es la que hace que el ciclo de la energía no se pierda, es como un péndulo que se mueve gracias a un pequeño impulso y a su propio peso.

La ausencia de metal *yin*, que es aún más escaso que el metal *yang*, se expresa en forma de depresión y problemas respiratorios; no es de sorprenderse que la epidemia moderna sea la depresión y todo lo que conlleva padecerla. Entonces, encontrar a un gallo, ya sea en forma de persona o temporada (horas, días, meses y años) nos permite elevar el ánimo y, con ello, despertar momentáneamente a la realidad concreta de la posible evolución de nuestra especie.

Cada doce años, el gallo nos quita los nubarrones de pesimismo y nos alimenta el ego deprimido. Nos sentimos con ánimo de disipar las mentiras, elevar nuestras voces, orar, meditar, cantar.

En la leyenda del shēngxiào (zodíaco chino), cuando el Emperador Amarillo Huáng Di mandó a llamar a todos los animales, el gallo, en vez de ir directamente al palacio, en el camino se encontró con el dragón, al cual le regaló su capacidad para volar, y continuó su camino hasta que se encontró con un río. Desanimado, el gallo pensó en volver a casa, pero encontró al perro y al mono. Ambos estaban en la misma situación que el gallo, así que entre los tres construyeron una balsa con la madera que encontraron alrededor. Así, los tres pudieron llegar al palacio, y el gallo ocupó el décimo lugar en el shēngxiào. Los tres signos que construyeron la balsa son los signos capaces de dominar la energía madera de manera constructiva.

El signo del gallo es el jefe de los signos mono y perro. Juntas, las energías de estos tres signos son metal y gobiernan el Ki que proviene del Oeste. Por eso al gallo lo conocemos por su capacidad de organización y mando. Este es, además, un año de fuego *yin*, lo cual dota de flexibilidad a la energía metal natural del gallo, pero el fuego puede llegar a dominar al metal de manera agresiva durante los meses de junio, julio y agosto, y por eso este será un año en que el calentamiento global romperá con todos los récords. No hay marcha atrás en el caos planetario, aunque existe gente con la conciencia elevada tras un lustro de renacimiento, gente esencial que nos dará a todos las soluciones que necesitamos para evolucionar productivamente en este momento.

Como todos los años, hay reacciones constructivas y destructivas que surgen de la relación entre la energía del año, la energía del signo zodiacal gobernante y las energías que se mueven por los meridianos del planeta. El gallo es un buen crítico y sabrá señalar lo evidente, que en 2017 será la corrupción, y en lo que refiere a la energía anual –fuego *yin*– es resistente, nos habla de alegría, longevidad y sabiduría, pero también de inteligencia y autoestima. Es posible que por esa combinación a partir del 28 de enero de 2017 se den revueltas en los países más afectados en el Este del planeta, pero en los países menos afectados saldrán soluciones novedosas en las cuales debemos de poner atención.

PREDICCIÓN DE FENG SHUI PARA EL AÑO DEL GALLO MEDIANTE EL LO SHU Y LA ESTRELLA VOLADORA

Lo Shu 洛書 para el año 2017 del calendario gregoriano, 4715 en el calendario lunar chino

En la gráfica que aparece a continuación, usaremos el sistema del Lo Shu para determinar las cualidades de la energía de cada zona del planeta y de nuestras casas.

Esta energía se mueve constantemente, pero la mayor parte se estaciona en una zona y después en otra cada año, por eso a veces parece que solo una parte del planeta o un solo país tiene problemas durante el año. En la escala personal, la casa que era excelente o apenas cómoda un año, al siguiente parece plagada de desgracias o repleta de bendiciones. Para evitar o aprovechar eso, hay que saber moverse de lugar, y el Lo Shu nos da una guía de movimiento.

Sureste: 離 *Lí* ☲ 9 Morado	Sur: 五黄 *Wǔ Huáng* 5 Amarillo	Suroeste: 兑 *Duì* ☱ 7 Rojo
Este: 艮 *Gèn* ☶ 8 Blanco *Suì Pò* *Rompe Año* 歲破 3 Asesinos *Sān Shā* 三殺	Centro: 坎 *Kǎn* ☵ 1 Blanco	Oeste: 震 *Zhèn* ☳ 3 Jade Gran Duque 太歲 *Tài Suì*
Nordeste: 巽 *Xùn* ☴ 4 Verde	Norte: 乾 *Gān* ☰ 6 Blanco	Noroeste: 坤 *Kūn* ☷ 2 Negro *Hēi Sè Èr jìn* 黑色二劲

Tabla Lo Shu 2017

Como verán, hay partes de la gráfica que están sombreadas, esas zonas son las más conflictivas durante este año. En la siguiente tabla veremos el significado de las energías conflictivas y más adelante las veremos en detalle una por una.

Nombre en chino	Nombre en español	Descripción
Tài Suì 太歲	Gran Duque Júpiter	Tránsito de Júpiter sobre el signo zodiacal del año. Afecta la integridad de los que osan alterar el domicilio fijo del signo del año en curso. No hay que ver de frente esta energía.
Suì Pò 歲破	Rompe año	Es el lugar opuesto a la localización del Gran Duque. Afectar esta área produce pequeños problemas de salud y de dinero.
Sān Shā 三殺	Tres Asesinos Tres Muertes	Indica la energía opuesta a la posición del signo del año y sus signos compatibles. No hay que dar la espalda a esta energía.
Wǔ Huáng 五黄	Cinco Amarillo	Se refiere al tránsito de la energía tierra acumulada. Trae enfermedades y bancarrota.
Hēi Sè Èr jìn 黑色二劲	Dos Negro	Se refiere al tránsito de la energía tierra decadente. Trae enfermedades.

Para saber con detalle qué hay que hacer en casa, o si se quiere construir una casa o edificio nuevo, es necesario consultar primero a un experto en Feng Shui con años de experiencia. Por lo pronto, esta guía les puede ayudar a mantener la casa en buen estado, además nos dice cuáles son las energías en el mundo entero, y por lo tanto podemos prevenir accidentes o situaciones peligrosas.

Zonas conflictivas y favorables para el año 2017/4715 Caballo de madera *yang* y sugerencias para seguir en la casa.

Las siguientes observaciones de la energía planetaria son únicamente para el año del gallo 2017, y tendrán efecto entre el 28 de enero de 2017 y hasta el 15 de febrero de 2018.

Sur: 五黄 Wǔ Huáng 5 Amarillo

Sur: 五黄 Wǔ Huáng 5 Amarillo

La zona Sur del planeta tendrá inconvenientes de salud en lo relacionado con problemas congénitos ocasionados por toxinas, químicos, virus, bacterias y radiación. Es importante evitar lugares en los que se produzca cualquier tipo de contaminación que provoque mutaciones en nonatos ya que serán propensos a accidentes. La simple contaminación –gases, esmog, partículas flotantes– será cosa de todos los días en zonas australes donde estos contaminantes se queden estancados, lo cual podrá afectar también a la vida marina. Es posible que algunos alimentos sean prohibidos durante algún tiempo. También hay posibilidades de catástrofes durante eventos y celebraciones, especialmente durante diciembre de 2017 y enero de 2018.

En casa

El sur de la casa estará muy expuesto a accidentes. Si la cocina se encuentra en el Sur hay que sacar de allí químicos peligrosos, limpiadores y plásticos. Es mejor evitar comer en esa zona, y mover el comedor al Nordeste o al Norte. Es de suma importancia que si hay una embarazada en la casa no pase ni un minuto en el Sur de la casa y que se deshagan de todos los posibles tóxicos y objetos que se pudiesen quemar y producir gases tóxicos, incluso incienso y aromatizantes. Esos tóxicos podrían traer consecuencias graves en mujeres embarazadas.

Norte: 乾 Gān ☰ 6 Blanco

Norte: 乾 Gān ☰ 6 Blanco

El Norte se reforzará militarmente, poniendo a Medio Oriente más nervioso todavía. Habrá discusiones públicas muy acaloradas y eventos notorios con respecto a la igualdad entre hombres y mujeres, y es posible que esas cuestiones se lleven a la arena de lo político con resultados impredecibles. La gente en general estará muy sensible y con tendencia a la tristeza, lo cual va a influenciar las artes, particularmente la música. La energía agua proveniente del Norte junto con la energía 6, que es de metal, puede propiciar problemas con el agua, pero en vez de afectar a los litorales del mundo, la energía agua afectará a los aparatos electrónicos y por otro lado, el invierno será muy largo en los países norteños que, aunque están preparados para el frío, sufrirán niveles de temperatura más bajos de lo normal.

En casa

Es muy posible que los hombres de mediana edad y los adolescentes sean más egoístas de lo normal si permanecen mucho tiempo en esa zona, o si sus recámaras están en el Norte. Si hay vías de desahogo saludables, no es necesario «sacarlos» del Norte, pero si se da más violencia es mejor que cambien de recámara. Hay que tenerles paciencia, pero sin perder de vista la lógica y la buena voluntad.

Este: 艮 Gèn ☶ 8 Blanco Suì Pò Rompe Año 歲破 3 Asesinos Sān Shā 三 殺

> Este: 艮
> Gèn ☶ 8
> Blanco Suì
> Pò Rompe
> Año 歲破 3
> Asesinos Sān
> Shā 三 殺

Hay tres energías destructivas en una zona conflictiva por sí misma, pero la estrella 8 de tierra blanca que transita temporalmente allí debilita un poco lo negativo, así que esas influencias serán algo más manejables a lo largo del año. La recomendación básica es la de no cavar o hacer explotar nada en esa zona, lo cual parece una tarea imposible en el marco de la geopolítica. Afectar esas zonas atraerá guerra, hambruna, contaminación irreparable y violencia entre hombres y mujeres, en especial en Asia Menor, el Caribe y la costa este del continente americano.

En casa

El Feng Shui tradicional recomienda colocar tres piedras de buen tamaño en el este de la casa, evitar cualquier tipo de remodelación ahí Tampoco es una zona buena para las mujeres embarazadas o parejas que quieran concebir. Es de suma importancia no dejar niños pequeños en esa zona durante mucho tiempo ya que toda clase de accidentes pueden ocurrir. En casas muy oscuras o en sótanos habrá tendencia a la depresión severa, lo cual podría provocar ideas suicidas ¡Cuidado! Es importante no darle la espalda a esta energía traicionera. El Feng Shui tradicional recomienda colocar un cuchillo curvo en la zona este para mitigar la energía de los Tres Asesinos. Sin embargo, el cuchillo debe ponerse lejos del alcance de los niños, lo más escondido posible.

Oeste: 震 Zhèn ☳ 3 Jade Gran Duque 太歲 Tài Suì

Oeste: 震 Zhèn ☳ 3 Jade Gran Duque 太歲 Tài Suì

Esta es la zona más conflictiva del planeta. La relación entre la estrella 3 Jade en la mansión del Metal Rojo 7, junto con el Gran Duque Tài Suì será no solo fuerte, sino destructiva. Existe peligro de incendios imparables en los pocos bosques que quedan en el continente americano. Habrá problemas con legislaciones corruptas, robos y problemas entre adolescentes y figuras de autoridad. También ocurrirán pérdidas en cultivos y enfermedades del hígado en animales marinos. Los únicos favorecidos serán militares de todos los rangos y milicias particulares. Hay que pedir a los gobiernos que no permitan que se cave en esa zona, sobre todo si ahí hay minas o yacimientos de gas o petróleo: a pesar de las ganancias monetarias, los daños serán irreparables para todas las personas involucradas.

En casa

Los problemas tendrán que ver con pérdidas económicas, enfermedades del hígado, vesícula biliar, manos y pies. El hijo mayor de la casa podría sucumbir ante adicciones y relaciones sentimentales destructivas. Hay que evitar cavar o hacer remodelaciones en la zona oeste de la casa, de otro modo podrían ocurrir robos y enfermedades graves, además de problemas legales y traiciones. Las más afectadas serán las casas construidas después de 2004, más que nada si la puerta de entrada está en esa zona, para ese caso solo se puede evitar perturbar la zona, o colocar lámparas rojas e incienso para mitigar el impacto. También es recomendable dar la espalda al Oeste para que nos impulse su energía.

Sureste: 離 Lí ☲ 9 Morado

Sureste: 離 Lí ☲ 9 Morado

El 9 Morado es una energía que duplica las cualidades de la energía que reside naturalmente en su mansión, en este caso, el 4 Verde. Hay posibilidades de incendios naturales en el Sureste del planeta. Los daños que ocurran serán por proximidad e invasión humana en zonas protegidas.

Fuera de eso, es una excelente combinación que atrae buenos intercambios de bienes y valores. También ayudará en el amor.

En casa

Esta combinación en el sureste de la casa puede ser especialmente *sexy* si hay alguna habitación en esa zona pues propicia encuentros sexuales. Si allí está el salón o un cuarto de estudios, también puede atraer fortuna en los estudios. Los bebés que nazcan en casas y hospitales cuyas entradas miren hacia el Sureste serán muy inteligentes. Algo del peligro para niños en edad preescolar pasará de la zona Este al Sureste, por lo que es importante no dejar solos a los niños pequeños aquí.

Nordeste: 巽Xùn ☴ 4 Verde

> Nordeste:
> 巽Xùn ☴
> 4 Verde

La presente combinación de energías trae prosperidad en el campo y la agricultura. Algo muy necesario sobre todo en el Atlántico y el Golfo de México. Es una combinación propicia para atraer la fertilidad, la ternura maternal, la buena educación. Construir escuelas y hospitales en esta zona hará que mejore la calidad de vida de comunidades enteras.

En casa

Esta zona es perfecta para poner una recámara, una zona de estudios o el salón. No hay mayores complicaciones salvo que, dada la fuerza de las energías del Este directo, es preferible no descuidar a niños pequeños en esta zona. De hecho, todo este año es de vital importancia proteger a los niños en edad preescolar. Hay que aprender cómo criarlos con apego y, a ser posible, constelarlos.

Noroeste: 坤Kūn ☷ 2 Negro Hēi Sè Èr jìn 黑色二劲

> Noroeste:
> 坤Kūn ☷ 2
> Negro Hēi Sè
> Èr jìn 黑色
> 二劲

La energía del 2 Negro habla de enfermedades y la combinación en esta zona aclara que las enfermedades serán en el sistema respiratorio. Afectará en especial zonas del planeta dedicadas a la industria y la minería. La contaminación en el noroeste de China afectará todo el norte del continente americano, lo cual se va a notar en la vida marina. Es posible que resurja un virus o una bacteria que se creía erradicado, y eso será noticia constante en todos los medios.

En casa

Hay que mantener la zona del Noroeste muy limpia y, a ser posible, es necesario evitar comer o dormir allí. Si se trata del baño, hay que evitar hacer remodelaciones y prevenir que se tapen las tuberías, porque eso podría provocar que se contamine toda la casa. También es importante revisar que esa zona no tenga hongos y moho. La gente muy sensible podría sentir «presencias» en esa zona de la casa, pero serán pasajeras o provocadas por cambios bruscos de temperatura. Esas presencias, también llamadas «fantasmas» no son otra cosa que reflejos de los sentimientos de la familia, por lo que tal vez sea necesario hacer terapia de grupo o constelaciones familiares.

Suroeste: 兌 Duì ☱ 7 Rojo

Suroeste: 兌 Duì ☱ 7 Rojo

La estrella siete que representa al fuego está en la casa de la tierra decadente. La combinación atrae incendios graves en la zona Suroeste del planeta, es decir el Cono Sur. También hay posibilidades de enfermedades graves por envenenamiento, por lo tanto, aunque en esta zona no hay energías tradicionalmente destructivas, también es necesario poner atención y evitar que empresas y gobiernos envenenen las reservas de agua en estas áreas al extraer gas de lutita o al hacer minería a cielo abierto; también se debe tener cuidado con los incendios forestales.

En casa

Es de suma importancia evitar el fuego en esta zona, por lo que hay que revisar aparatos electrodomésticos y estufas. Hay probabilidades de pleitos entre suegras y nueras, por lo tanto es preferible que no discutan en esa zona de la casa o que no vivan bajo el mismo techo. También habrá problemas reproductivos en esa zona, por lo cual se recomienda no copular allí si se desea tener hijos, y si hay una mujer embarazada en la casa, hay que evitar que duerma en el Suroeste o con la cabeza apuntando al Suroeste.

Centro: 坎 Kǎn ☵ 1 Blanco

Centro: 坎 Kǎn ☵ 1 Blanco

Es posible que las familias más poderosas del zoo humano tengan algunos pleitos muy sonados que serán la comidilla de todos en la red. Los resultados de esos pleitos se notarán sobre todo en las naciones vendedoras de petróleo crudo. Aunque la zona central del planeta está lejos de poder ser habitada, las repercusiones de la agresión constante que sufre el subsuelo terrestre provocará reacciones violentas en el planeta, posiblemente algunos temblores en zonas que no son telúricas y en lugares donde se practique la minería a cielo abierto.

En casa

Hay que evitar pleitos entre hijos jóvenes que aún no se han independizado y sus padres, ya que podrían provocar separaciones largas y dolorosas. Si la cocina se encuentra en el sótano o en el centro de la casa, podría suceder que todos los habitantes se enfermen del estómago constantemente. Es de suma importancia que no se cocine ni se consuman alimentos en esta zona de la casa, ya que es propicia para todo tipo de virus, bacterias o toxinas. Hay que limpiar muy bien y, a ser posible, mover de lugar la cocina.

En resumen

El gallo es como un maestro estricto que sabe bien lo que hace, pero tiene un modo muy brusco para enseñar. Por las buenas, trae energías que nos acercan al conocimiento absoluto, por las malas, nos deja resentidos. Lo bueno es que tenemos todo un año para aprender.

El gallo de fuego nos regalará una oportunidad que no se repetirá en otros sesenta años, y es la oportunidad de ayudar a nuestra Madre Tierra a recuperarse de los últimos cien años de abusos en los que creímos que la ciencia era lo único que nos llevaría a la evolución. El gallo nos enseña que hace falta razón, sí, pero también disciplina y apertura para el debate sin llegar a la confrontación. Vamos a abrir juntos el corazón para comprender cada nota del canto de este bello ser.

Qí Mén Dùn Jiǎ 奇門遁甲 para 2017/4715

Qí Mén Dùn Jiǎ o Guerreros Milagrosos es un oráculo muy sencillo de seguir una vez que se sabe cuál es exactamente el año de nacimiento y el Ki de las nueve estrellas.

Cada persona está formada por distintas combinaciones de energía y esta energía necesita circular de manera saludable a través de los meridianos del cuerpo, explicados con profundidad en la Medicina Tradicional China. Como no estamos solos en el mundo, sino que lo habitamos, esa relación provoca que la energía del planeta tenga algo que ver con nuestra propia energía. Es un poco como estar en un río. Las personas que estén en la orilla, permanecerán secos mientras hay otros dentro del río que estarán mojados. Algunos son buenos nadadores por naturaleza y otros no tanto. Algunos, sin importar si son buenos o malos nadadores, están parados en una corriente muy fuerte, y eso podría lastimarlos.

La idea del Qí Mén Dùn Jiǎ simplificado es la de advertir la naturaleza y los cambios constantes de ese río por medio de palabras clave que previenen al lector (las que aparecen en cada cuadro del Lo Shu).

¿Son buenos «nadadores» en esta vida? Tal vez necesiten un chaleco salvavidas y este funciona así:

Instrucciones para utilizar la tabla del Ki de las nueve estrellas

1.- Busquen su año de nacimiento en la primera o en la séptima columna de la siguiente tabla. Si nacieron en enero o febrero necesitan fijarse en las fechas de comienzo y final de cada año ya que las estrellas cambian durante esos meses. Algo muy importante es que la energía no es igual en los hombres que en las mujeres así que hay dos tipos de número Ki expresados en la tabla de la siguiente manera: Ki/F para las mujeres y Ki/M para los hombres.

2.- Revisen cuál es el principio o el final del tiempo que corresponde a su Ki en las columnas segunda, tercera, octava y novena.

3.- En un papel aparte, apunten el número Ki (Ki/F para las mujeres o Ki/M para los hombres).

4.- Si su número Ki es 2 (5) o el 8 (5), significa que sus números Ki son 5, pero esa energía es muy fuerte porque es la energía del planeta tierra y ustedes no pueden vivir enterrados bajo tierra, por lo tanto deberán «tomar prestadas» las otras dos energías superficiales de tierra, en este caso, 8 para las mujeres y 2 para los hombres, porque esas energías son las que están en la superficie del planeta y no en el centro.

5- Ahora que ya saben cuál es el Ki de las nueve estrellas personal, busquen su número en la siguiente tabla. Las palabras que acompañan cada número significan cómo les va a ir en general durante el año. La variante es el signo del zodíaco.

Tabla del Ki de las nueve estrellas

AÑO	INICIO	FINAL	Ki/F	Ki/M	SIGNO	AÑO	INICIO	FINAL	Ki/F	Ki/M	SIGNO
1912	18-02-12	05-02-13	8	7	Rata	1967	09-02-67	29-01-68	9	6	Cabra
1913	06-02-13	25-01-14	9	6	Búfalo	1968	30-01-68	16-02-69	1	2 (5)	Mono
1914	26-01-14	13-02-15	1	2 (5)	Tigre	1969	17-02-69	05-02-70	2	4	Gallo
1915	14-02-15	03-02-16	2	4	Conejo	1970	06-02-70	26-01-71	3	3	Perro
1916	04-02-16	22-01-17	3	3	Dragón	1971	27-01-71	14-02-72	4	2	Cerdo
1917	23-01-17	10-02-18	4	2	Serpiente	1972	15-02-72	02-02-73	8 (5)	1	Rata
1918	11-02-18	31-01-19	8 (5)	1	Caballo	1973	03-02-73	22-01-74	6	9	Búfalo
1919	01-02-19	19-02-20	6	9	Cabra	1974	23-01-74	10-02-75	7	8	Tigre
1920	20-02-20	07-02-21	7	8	Mono	1975	11-02-75	30-01-76	8	7	Conejo
1921	08-02-21	27-01-22	8	7	Gallo	1976	31-01-76	17-02-77	9	6	Dragón
1922	28-01-22	15-02-23	9	6	Perro	1977	18-02-77	06-02-78	1	2 (5)	Serpiente
1923	16-02-23	04-02-24	1	2 (5)	Cerdo	1978	07-02-78	27-01-79	2	4	Caballo
1924	05-02-24	23-01-25	2	4	Rata	1979	28-01-79	15-02-80	3	3	Cabra
1925	24-01-25	12-02-26	3	3	Búfalo	1980	16-02-80	04-02-81	4	2	Mono
1926	13-02-27	01-02-27	4	2	Tigre	1981	05-02-81	24-01-82	8 (5)	1	Gallo
1927	02-02-27	22-01-28	8 (5)	1	Conejo	1982	25-01-82	12-02-83	6	9	Perro
1928	23-01-28	09-02-29	6	9	Dragón	1983	13-02-83	01-02-84	7	8	Cerdo
1929	10-02-29	29-01-30	7	8	Serpiente	1984	02-02-84	19-02-85	8	7	Rata
1930	30-01-30	16-02-31	8	7	Caballo	1985	20-02-85	08-02-86	9	6	Búfalo
1931	17-02-31	05-02-32	9	6	Cabra	1986	09-02-86	28-01-87	1	2 (5)	Tigre
1932	06-02-32	25-01-33	1	2 (5)	Mono	1987	29-01-87	16-02-88	2	4	Conejo
1933	26-01-33	13-02-34	2	4	Gallo	1988	17-02-88	05-02-89	3	3	Dragón
1934	14-02-34	03-02-35	3	3	Perro	1989	06-02-89	26-01-90	4	2	Serpiente
1935	04-02-35	23-01-36	4	2	Cerdo	1990	27-01-90	14-02-91	8 (5)	1	Caballo
1936	24-01-36	10-02-37	8 (5)	1	Rata	1991	15-02-91	03-02-92	6	9	Cabra
1937	11-02-37	30-01-38	6	9	Búfalo	1992	04-02-92	22-01-93	7	8	Mono
1938	31-01-38	18-02-39	7	8	Tigre	1993	23-01-93	09-02-94	8	7	Gallo
1939	19-02-39	07-02-40	8	7	Conejo	1994	10-02-94	30-01-95	9	6	Perro

AÑO	INICIO	FINAL	Ki/F	Ki/M	SIGNO	AÑO	INICIO	FINAL	Ki/F	Ki/M	SIGNO
1940	08-02-40	26-01-41	9	6	Dragón	1995	31-01-95	18-02-96	1	2 (5)	Cerdo
1941	27-01-41	14-02-42	1	2 (5)	Serpiente	1996	19-02-96	06-02-97	2	4	Rata
1942	15-02-42	04-02-43	2	4	Caballo	1997	07-02-97	27-01-98	3	3	Búfalo
1943	05-02-43	24-01-44	3	3	Cabra	1998	28-01-98	15-02-99	4	2	Tigre
1944	25-01-44	12-02-45	4	2	Mono	1999	16-02-99	04-02-00	8 (5)	1	Conejo
1945	13-02-45	01-02-46	8 (5)	1	Gallo	2000	05-02-00	23-01-01	6	9	Dragón
1946	02-02-46	21-01-47	6	9	Perro	2001	24-01-01	11-02-02	7	8	Serpiente
1947	22-01-47	09-02-48	7	8	Cerdo	2002	12-02-02	31-01-03	8	7	Caballo
1948	10-02-48	28-01-49	8	7	Rata	2003	01-02-03	21-01-04	9	6	Cabra
1949	29-01-49	16-02-50	9	6	Búfalo	2004	22-01-04	08-02-05	1	2 (5)	Mono
1950	17-02-50	05-02-51	1	2 (5)	Tigre	2005	09-02-05	28-01-06	2	4	Gallo
1951	06-02-51	26-01-52	2	4	Conejo	2006	29-01-06	17-02-07	3	3	Perro
1952	27-01-52	13-02-53	3	3	Dragón	2007	18-02-07	06-02-08	4	2	Cerdo
1953	14-02-53	02-02-54	4	2	Serpiente	2008	07-02-08	25-01-09	8 (5)	1	Rata
1954	03-02-54	23-01-55	8 (5)	1	Caballo	2009	26-01-09	13-02-10	6	9	Búfalo
1955	24-01-55	11-02-56	6	9	Cabra	2010	14-02-10	02-02-11	7	8	Tigre
1956	12-02-56	30-01-57	7	8	Mono	2011	03-02-11	22-01-12	8	7	Conejo
1957	31-01-57	17-02-58	8	7	Gallo	2012	23-01-12	09-02-13	9	6	Dragón
1958	18-02-58	07-02-59	9	6	Perro	2013	10-02-13	30-01-14	1	2 (5)	Serpiente
1959	08-02-59	27-01-60	1	2 (5)	Cerdo	2014	31-01-14	18-02-15	2	4	Caballo
1960	28-01-60	14-02-61	2	4	Rata	2015	19-02-15	07-02-16	3	3	Cabra
1961	15-02-61	04-02-62	3	3	Búfalo	2016	08-02-16	27-01-17	2	4	Mono
1962	05-02-62	24-01-63	4	2	Tigre	2017	28-01-17	12-02-18	1	5	Gallo
1963	25-01-63	12-02-64	8 (5)	1	Conejo	2018	16-02-18	04-02-19	9	6	Perro
1964	13-02-64	01-02-65	6	9	Dragón	2019	05-02-19	24-01-20	8	7	Cerdo
1965	02-02-65	20-01-66	7	8	Serpiente	2020	25-01-20	11-02-21	7	8	Rata
1966	21-01-66	08-02-67	8	7	Caballo	2021	12-02-21	31-01-22	6	9	Búfalo

Por ejemplo, un hombre nacido en el año del conejo 1939 tendrá el 7 como su Ki de las nueve estrellas, eso quiere decir que necesita tener mucho más cuidado que una mujer tigre de 1974, nacida también bajo el número Ki 7. El tigre tiene una relación más relajada con el gallo, mientras el conejo y el gallo no tienen una relación amigable. Si agregamos la posición de su estrella Ki en la tabla de 2017, las cosas serán todavía más complicadas y necesitará tener más cuidado todo este año.

En cambio, si tenemos una mujer conejo, pero de 1963, su número Ki es 8 (5), y a pesar de tener una mala relación con el año del gallo 2017, esta coneja estará menos vulnerable que el conejo del ejemplo anterior, porque su número Ki está en el Este, con energías que le traerán salud, alegría y honores. Ahora veamos la tabla:

Sureste Mansión de madera 9 BUENA SUERTE Y VIAJES DE PLACER	Sur Mansión de fuego 5 ALEGRÍA Y FORTUNA FELICIDAD	Suroeste Mansión de tierra 7 PROBLEMAS MALA SUERTE AMOR CON DISGUSTOS
Este Mansión de madera 8 SALUD ALEGRÍA HONORES	Centro Mansión de tierra 1 CAMBIO DE EMPLEO O DOMICILIO FALTA DE DINERO ACCIDENTES, ROBOS	Oeste Mansión de metal 3 DINERO BUENA SUERTE EN TODO AMOR
Nordeste Mansión de tierra 4 DESGRACIAS ENFERMEDADES MUERTE	Norte Mansión de agua 6 MELANCOLÍA TRANQUILIDAD SERENIDAD	Noroeste Mansión de metal 2 FORTUNA BUENOS NEGOCIOS MEJORA LA SITUACIÓN

Cada cuadro dentro de la gráfica nos dice cuál es la cualidad de la energía y de dónde proviene. Pero es importante que aclaremos algo, dada la confusión que trae. Como pueden ver, el Sur está señalado arriba, el Este a la izquierda, el Oeste a la derecha y el Norte está abajo. Esto es porque los cuadros del Lo Shu que vimos anteriormente y el Qí Mén Dùn Jiǎ son gráficos que describen el modo en que se mueve la energía en la tierra y la forma en que llega la energía del universo a la tierra. El punto de vista de las gráficas no está frente a nosotros, sino por encima de nuestras cabezas, como si fueran un paraguas o un techo.

El mejor modo de aprovechar el cuadro que tienen las personas de las estrellas Ki 7, 1 y 4 es no viajar ni permanecer mucho tiempo en las direcciones apuntadas en cada recuadro. En cambio los números 9, 5, 8, 3 y 2 se beneficiarán si se mueven hacia las direcciones que les señala la gráfica. El número 2 está en una dirección neutra que invita a la reflexión, pero no es recomendable para personas que padezcan depresión crónica, por lo que pueden moverse hacia el Oeste para compensar.

Predicciones generales mes por mes

ENERO • Mes del Búfalo. Tronco celeste 8 de metal *yin*. Inicia el 5 de enero. Estrella voladora mensual: 9

Desde el 1.º al 28 de enero, el signo que gobierna es el del mono, que aún no ha terminado sus correrías por la selva. Será un mes más o menos amable pero que traerá aún muchos problemas con virus, bacterias y toxinas que pueden afectar a mujeres embarazadas y a sus gallitos aún por nacer. Se les suplica tener cuidado con los alimentos y con hacer ejercicio al aire libre al mediodía, pues la contaminación podría traer enfermedades, en especial relacionadas con la salud visual. Los negocios más ambiciosos no prosperarán, así que este mes será mejor solamente planear las estrategias, pero no ejecutar nada: no es adecuado para inaugurar o firmar documentos importantes.

Por el lado amable, este mes trae sorpresas agradables a las personas compatibles con el signo del mono o que necesiten de la energía metal (los síntomas de la falta de metal son la depresión y problemas respiratorios). Para los demás signos, es recomendable que den los últimos toques de remodelación en la zona oeste de sus casas o negocios, porque a partir del 28 de enero, ya no es recomendable remodelar en esa zona.

FEBRERO • Mes del Tigre. Tronco celeste 9 de metal *yang*. Inicia el 4 de febrero. Estrella voladora mensual: 8

Este mes tiene un ligero choque con el año porque la madera del tigre alimenta el fuego del año y controla más al gallo. Se producirán incendios en el Suroeste y lluvias violentas en los trópicos. También en este mes habrá mala comunicación entre miembros de la familia y en empresas que tengan un solo jefe. Hay que dejar que las discusiones se debiliten por sí mismas por medio de la lógica y la buena voluntad; sin embargo, la gente será poco paciente, lo cual provocará conatos de violencia antes de que la razón pueda calmar las cosas. La energía propicia problemas con los oídos, los riñones y el aparato reproductivo; se recomienda usar medicina tradicional china para complementar los tratamientos alópatas. Es conveniente construir casas o edificios nuevos en las zonas alejadas del Oeste y el Este. Todo edificio o casa que comience su construcción durante este mes traerá buena suerte a los habitantes e involucrados.

MARZO • Mes del Conejo. Tronco celeste 10 de metal *yin*. Inicia el 5 de marzo. Estrella voladora mensual 7
El signo del conejo choca con el signo del gallo que gobierna el año y además se alía con el fuego *yin* del año, lo que trae incendios y falta de salud respiratoria. Será el mes más conflictivo del año. Se prevén robos a mano armada y escándalos sexuales en la farándula, por lo cual la gente estará distraída y no prestará atención a situaciones más graves. La combinación de las estrellas voladoras nos habla de injusticia y problemas migratorios, es posible que se den deportaciones y migraciones masivas en el meridiano oeste. Hasta los animales sufrirán esta energía por migraciones fuera de temporada, lo cual se notará en las playas y los bosques de todo el oeste americano y africano y hasta en el continente europeo, de manera que será posible ver ballenas varadas o pérdidas importantes de mariposas monarca en su viaje de Canadá a México. Aunque hay probabilidades negativas en el mundo, este mes será productivo en el campo de las artes, sobre todo en la música, que verá a un nuevo talento o género que resultará muy bienvenido.

ABRIL • Mes del Dragón. Tronco celeste 1 de madera *yang*. Inicia el 4 de abril. Estrella voladora mensual: 6
Este es un mes más positivo que el anterior porque la combinación de energías atrae estabilidad. Será un mes ideal para bodas y celebraciones de todo tipo. Atrae fertilidad en el campo y un clima mucho más manejable en todos los hemisferios. Hasta los niños en las escuelas estarán más tranquilos. Pero también será un mes melancólico. Las personas sensibles estarán algo tristes por causas que no podrán explicar. Eso se notará

incluso en las redes sociales. Hay que atender los cambios de humor en personas bipolares o con depresión crónica, especialmente si duermen o pasan mucho tiempo en el Este (Oriente) de la casa. La energía metal mejorará con la energía del agua, por lo que las zonas donde llueva tendrán una mejor calidad de energía y viajar a esos lugares será próspero. Las personas, empresas y gobiernos que se dediquen a asuntos militares gozarán de apoyo, sin embargo eso más adelante propiciará problemas que solo podrán solucionarse por medio de actividades diplomáticas y la comprensión de las artes marciales asiáticas y su filosofía.

MAYO • Mes de la Serpiente. Tronco celeste 2 de madera *yin*. Inicia el 5 de mayo. Estrella voladora mensual: 5

La combinación de energías contenidas en el año pasará del metal al fuego constantemente causando estados de ánimo contradictorios y hasta violentos en personas sensibles a estas dos energías. El agua corre peligro, en especial en zonas donde esté afectada la energía tierra, y eso apunta a las áreas donde se extraiga gas de lutita (*fracking*), sobre todo en países occidentales, y en particular en el Suroeste, el Oeste y el Sur del planeta.

En una especie de efecto dominó, los malestares más evidentes ocurrirán en los aparatos reproductivo y renal en personas y animales, para después desembocar en problemas sociales debido a los posibles incendios ocasionados por el hombre y las deforestaciones subsecuentes. Otras zonas afectadas no se notarán a simple vista porque los conflictos ocurrirán bajo tierra en el Este y el Sureste, lo que pase ahí afectará a la salud de animales marinos, pero no queda claro qué podría ser porque probablemente sea completamente natural. En el lado positivo, estos sucesos harán que mucha gente tome partido en acciones solidarias con la naturaleza y con personas en situaciones de vulnerabilidad.

JUNIO • Mes del Caballo. Tronco celeste 3 de fuego *yang*. Inicia el 5 de junio. Estrella voladora mensual: 4

El mes atrae suerte para el amor y el sexo, en especial para los caballos y gallos del mundo, pero tienen que aprovechar la oportunidad de establecer relaciones más cercanas o estables, ya que se les puede escapar el tren. Será uno de los mejores meses del año porque el estado de ánimo mejorará a pesar de cualquier circunstancia y la gente en general estará más sensible y solidaria. Es posible que la energía fuego atraiga huracanes en los trópicos e incendios en el Norte, explosiones en minas o bodegas a lo largo del continente americano y el oeste de África. También atraerá algunos pleitos familiares sin mayor importancia en las casas que estén ubicadas con la entrada viendo hacia el Sur. Será un buen mes que hay que aprovechar por completo; para ello hará falta ordenarse con agendas, calendarios y aplicaciones. Es posible, que en el campo de la organización personal, las nuevas tecnologías den otro paso adelante con alguna aplicación móvil que más adelante se volverá esencial.

JULIO • Mes de la Cabra. Tronco celeste T4 de fuego _yin_. Inicia el 7 de julio. Estrella voladora mensual: 3

Julio atrae dos combinaciones de energía «solteronas», no es un buen mes para casarse ni para iniciar una relación amorosa porque aquellas que se inicien este mes serán efímeras, y además podrían convertirse en dramones de telenovela más adelante. Sin embargo, es un excelente mes para estudiar e incluso para los juegos de azar y para todo lo que involucre velocidad, acrobacias y un poco de riesgo. Internet estará llena de vídeos de hazañas jamás vistas antes.

En geopolítica es posible que se fragüe algún desfalco monumental, posiblemente algún otro rescate bancario cuyos efectos arrastren a todas las bolsas de valores. ¡Cuidado! También habrá incidentes graves con agentes tóxicos en el Norte, el subsuelo y el Oeste, lo cual podría expresarse en forma de terremotos. Hay que tener cuidado con las instalaciones de gas y químicos envasados porque existen probabilidades de intoxicación.

AGOSTO • Mes del Mono. Tronco celeste 5 de tierra _yang_. Inicia el 7 de agosto. Estrella voladora mensual: 2

Este mes será también para los valientes y los atrevidos. Los deportes extremos cobrarán gran popularidad entre los adolescentes mono, cabra, caballo, dragón y tigre; se les recomienda precaución, pero no hay que tener miedo, este mes no trae peligro, sí posibilidades de romper récords y ganar fama. Si bien este no es un buen período para formar parejas, lo será para enamorarse de estos héroes modernos.

El mes mono viene a traerle al gallo toneladas de rumores en la televisión e internet. Celebridades distraídas o entusiastas anónimos embaucarán a dos o tres despistados que se crean cualquier tontería. Lo malo es que en el Norte y el Nordeste del planeta ocurrirán eventos trágicos o difíciles de resolver relacionados con la calidad del agua, las cosechas y los suelos, pero la gente estará tan distraída con el cotilleo que no prestará atención a lo importante. Hay que mirar con más interés a las notas menos entretenidas.

SEPTIEMBRE • Mes del Gallo. Tronco celeste 6 de tierra *yin*. Inicia el 7 de septiembre. Estrella voladora mensual: 1

El mes del gallo en el año del gallo estará lleno de eventos impresionantes, ya sea en lo personal o en lo mundial. Todo lo que ocurra, productivo o destructivo, será multiplicado por dos. El gallo nos pondrá a todos a trabajar a ritmo marcial porque este mes en particular beneficiará a las artes marciales, militares y a los guerreros del planeta entero; de hecho, hasta las personas con cierto poder o jerarquía dentro de las familias y empresas tendrán voz de mando e impondrán su punto de vista.

Las zonas afectadas serán el Sur, con peligro de enfermedades graves, y el Noroeste y el Norte, con accidentes en medios de transporte. Pero en las demás zonas se prevé buena fortuna, mucho trabajo y dinero. Este mes podría ser el mejor del año si nos dejamos llevar por el ritmo del gallo.

OCTUBRE • Mes del Perro. Tronco celeste 7 de Metal *yang*. Inicia el 8 de octubre. Estrella voladora mensual: 9

La energía nos habla de migraciones de todo tipo. Es posible que veamos animales y personas migrar a zonas donde hay menos conflictos, pero los resultados serían fatales si las migraciones ocurren hacia el Oeste y el Noroeste, en donde, además de todo, es posible que se den pérdidas en el campo debido a la contaminación del suelo. El Tai Sui o Gran Duque, que regirá al Oeste, estará más agresivo con todo lo relacionado con la energía madera, es decir con los bosques y los cultivos, por lo que se les suplica no alterar esta zona de ninguna manera, ni en la casa, ni en las comunidades, ya que eso podría atraer problemas, inclusive a nivel económico.

Para proteger las plantas, tanto en la casa como en el campo, hay que tener cuidado con químicos, hongos o plagas; fuego y accidentes en la zona oeste, por ejemplo, en casa habrá que mover las macetas hacia la zona este para que no se mueran las plantas. Las plantas son muy sensibles a la energía que habrá en esa zona, es posible que se mueran sin explicación aparente. Son más sensibles que las personas o los animales. Por eso sugiero que las cambien de lugar.

NOVIEMBRE • Mes del Cerdo. Tronco celeste 8 de metal *yin*. Inicia el 7 de noviembre. Estrella voladora mensual: 8

Este año será muy regular en cuanto a embarazos dadas las circunstancias virulentas de las energías, pero este mes será perfecto para embarazarse y traer al mundo a los perros de tierra *yang* que en veinte o veinticinco años más se convertirán en los nuevos genios de la música y del entretenimiento en el mundo; serán creativos y sumamente carismáticos, vendrán a llenar el espacio que los nativos del año del perro 1958 dejaron vacío.

Fuera de dos o tres pleitos por cuestiones políticas y económicas entre la generación *millennial* y las generaciones anteriores, este mes será tranquilo y las migraciones de las que hablamos antes se establecerán en sus destinos permanentes con mayor tranquilidad. La energía agua de este mes nos caerá de maravilla porque vendrá a limpiar la contaminación formada en el meridiano occidental, aunque provoque heladas en el Norte o inundaciones y corrimientos de tierras en el Sur y los trópicos.

DICIEMBRE • Mes de la Rata. Tronco celeste 9 de agua *yang*. Inicia el 7 de diciembre. Estrella voladora mensual: 7

Conforme la furia de la energía metal se estabiliza –gracias a la energía agua que trajo el cerdo el mes pasado– la rata, que viene con más energía agua, acabará por traer paz al zoo que para entonces estará cansado de marchar a paso doble. La rata trae suerte en el amor y la amistad, y la tranquilidad que nos hará falta para celebrar las fiestas de fin de año. Los signos que no son compatibles con el gallo, como el conejo, la cabra y el cerdo, seguirán resentidos por algunos pleitos anteriores, pero el mes rata servirá para buscar perdón, conocimiento y comprensión entre pequeños y grandes. Recomendamos investigar y aprender acerca de la práctica del Ho'Oponopono –propia de las islas del océano Pacífico– que atrae la reconciliación y el perdón.

El Norte verá uno de los inviernos más duros en la historia registrada. El Sur, en cambio, verá lluvias torrenciales que podrían lastimar seriamente zonas deforestadas, lo cual traería corrimientos de tierras peligrosos en la zona oeste del Amazonas y en el suroeste africano.

Sin embargo, esas situaciones solo provocarán oleadas de solidaridad de todo el mundo y más conciencia en cuanto a los temas de preservación y rescate de los bosques y selvas, un tema que llevaremos a la mesa durante el año que viene. ¡Felices fiestas!

Predicciones para la Argentina basadas en el i ching, la intuición y guiadas por Benjamín Solari Parravicini

In memorian
En el amanecer de un nuevo día,
cuando la aurora alumbre el firmamento
las densas brumas den paso a la luz
en el alborear de un nuevo milenio,
el hombre adámico de la era
posindustrial y posreligiosa
comprenderá, tras cruenta tribulación,
que su comportamiento ciego, sordo,
soberbio y egoísta, se parece a un arbusto
espinoso bajo el cual la semilla de la
palabra de Dios se asfixia,
entenderá tras seis mil años de lenta
evolución sobre el planeta Tierra,
que ha llegado al fin de su infancia,
un beso de paz mil años germinará en el suelo,
y un hombre nuevo sobre la tierra será.
GK
Mensaje de un hombre de buena voluntad.

Ayer, domingo, desperté guiada por Benjamín Solari Parravicini, el Nostradumus criollo, y me dediqué todo el día a releerlo.

Hace quince años, a través de Jorge Herrou me llegó el legado, y me animé a publicarlo en los anuarios chinos.

Sonaba aún a un delirio de un hombre, que como tantos, pero con el karma de ser argentino, en su época no fue considerado un visionario, profeta o médium de un legado que se ha cumplido desde sus primeras canalizaciones por medio de su guía o ángel Fray José de Aragón, que cada noche le enviaba los mensajes a través de psicografías para que Benjamín Solari Parravivini, sin prender la luz, las interpretara para bien de la humanidad.

A mediados del año del mono, hoy, en el aniversario de la AMIA[33], aun sin saber la verdad sobre este atentado siniestro que ya es parte de

---

[33] El atentado a la AMIA fue un ataque terrorista que sufrió la Asociación Mutual Israelita Argentina (AMIA) de Buenos Aires el 18-7-1994. Hubo 85 personas muertas y trescientos heridos. No ha sido esclarecido y está rodeado de circunstancias oscuras, como la muerte del fiscal Alberto Nisman, ocurrida el 18-1-2016, que tampoco ha sido resuelta.

tantos más que día a día se suman en el mundo, siento la necesidad de sumergirnos en el destino de nuestro país a pocos días de su bicentenario, también fallido en cuanto a la participación de las veinticuatro provincias argentinas.

Me tocó estar en Tilcara, cuando en la Quebrada de Humahuaca se celebraba la vigilia en la noche previa al 9 de Julio, con el presidente y su comitiva en uno de los chakras fundacionales del país: la Quebrada de Humahuaca y la Puna.

Cierta emoción me visitó en esos días; integrar nuestro Norte donde se dirimió a través de sus mujeres, hombres y niños, el prólogo y el epílogo de esa gesta patria, entre la declaración de la independencia en Tucumán, y las batallas de Salta, Tucumán, y el éxodo jujeño para afianzarlas, con el cruce de los Andes y las batallas de San Martín para emanciparnos junto a Chile y Perú, y abrir un destino que sigue siendo oscuro, denso y destructivo.

La kakocracia (el domino del o de los malos) está cumpliendo su ciclo de ser revelada ante todo el pueblo argentino y el mundo.

No es fácil reacomodar en el día a día tanta corrupción, falsificación de la historia y mala praxis del sistema democrático.

La justicia terrenal fue sobornada con jueces que bailan en televisión, porque la inmoralidad que maneja los índices de audiencia lo permite, y así se sigue alimentando la confusión de los ciudadanos, y sobre todo de los niños y jóvenes que tienen este ejemplo en su porvenir.

Si miramos desde el cosmos este ciclo político que permitimos chupara el prana (energía álmica), pero también de los recursos minerales, de petróleo, gas y productos de la Madre Tierra (agrícologanaderos), veremos que nuestro aprendizaje es más lento que en otros lugares del mundo. Esto se debe al origen de nuestros antepasados que bajaron de los barcos, desde Solís, que fue devorado por los guaraníes (mal karma), Mendoza, Garay y sus fundaciones sobre el Río de la Plata (marrón y atigrado = sinónimo de corrupción), a partir de entonces puerto oscuro de salida de los recursos del país hacia la Corona y sus aliados.

¿Algo cambió?

Queridos hermanos argentinos: tal vez en doscientos años se acrecentó esa codicia que nos envenenó e impidió volver a las fuentes de la virtud, que es el cimiento invisible de un pueblo anterior a la construcción de sus paredes.

En el ADN argentino algo ocurrió para no detener tanto abuso de nuestros derechos humanos y ciudadanos.

La historia argentina es muy polémica, entre los pueblos originarios violados, excluidos, ignorados y sometidos, y la mezcla de españoles con mestizos e indios. Este coctel no cayó bien en nuestra historia.

Después de la primera, y sobre todo, de la Segunda Guerra Mundial, los inmigrantes italianos, polacos, rusos, árabes, galos y de Europa oriental dieron otro empujón para polarizar esta mezcla agridulce de un país que añoro, comparo, miro más hacia afuera que hacia adentro.

¡¡Cuántas vidas para compensar nuestra identidad!!

Cada día mueren física y anímicamente muchos compatriotas que no tienen posibilidades de reinsertarse en su país.

La estafa sin escapatoria de la mayoría de los gobernantes, en estado democrático, ha esquilmado el eros, las ganas de seguir confiando en que algo cambiará en nuestro terruño.

Por suerte existen los anónimos patriotas, los que hacen de su vocación una misión y cuidan a sus seres queridos y desconocidos dando su tiempo, energía y conocimiento para ayudarlos con amor.

El país necesita una sanación de valores, ideas, planes que nos unan en recuperar la fe de ser parte de esta Nación, donde quedaron proyectos estériles, sin ser acunados ni amamantados, a la deriva, a la intemperie; y en paralelo obras públicas diezmadas por la enfermedad de la codicia, la avaricia, la pereza, la gula, la lujuria, la mentira, la perversión de la connivencia entre el Estado y los clérigos y monjas disfrazadas robando nuestros impuestos al trabajo, y a la cantidad de nuevas formas bancarias de delito que nos atropellan en el día a día.

Supongo que son bombas diferentes a las de Hiroshima o Nagasaki las que bombardearon nuestro país.

La diferencia es que en menos de medio siglo Japón ya es potencia, porque su pueblo está compuesto por una cultura que no se destruye, son miles de años de practicar el arte de vivir, meditar, compartir, trabajar como colmenas ante los tsunamis, tifones, la corrupción de personas a quienes han depositado un voto de fe en las urnas.

La comunidad de los hombres necesita ejemplos.

Nuestros próceres fueron de carne y hueso, con debilidades, dudas, enfermedades, pero con la convicción de quienes saben hacia dónde quieren ir.

Insisto en integrar en las escuelas, desde el jardín de infancia, grupos de constelaciones familiares, donde puedan participar los padres con sus hijos y maestros (antes de ser violados, maltratados, sometidos al acoso escolar y a otros traumas que no se arreglan veinte años después).

Apuesto en el año del gallo por un país más humanista, con diálogo, integración de sectores diversos para colorear el gris oscuro de tantos años de «sí o no». «Ser o no ser».

El mundo ya está llegando: refugiados, gente que no tiene dónde vivir ni qué comer, sin familias, ni horizontes para mirar el cielo y sus designios. El país tiene que organizarse regionalmente, en lo cercano, con la participación de cada uno de nosotros en la realidad que nos toque.

Sin darle el poder a quien no conocemos hasta verlo por su obra, vida familiar y pública.

El año del gallo buscará organizar el caos que dejó el mono y encauzarlo en cada tictac del día. No hay tiempo para quejarse; somos un volcán en erupción que salpica con la lava a nuestros hermanos y los catapulta sin ceremonias.

Dice Parravicini en una de sus cartas:

Cuando se vive en fe –pero en el fanatismo– el ser humano enceguece, pierde su ubicuidad, se sumerge en un ambiente oscurecido, y se entrega al mensaje burlón, cruel, destructor, que conduce a la locura, al crimen, y hasta al suicidio.

Pampa argentina, cuna del mañana. Nuevo sol. Nueva luz. El árbol seco de la Argentina sabrá de una era de nueva lluvia.

Llegará hacia su suelo la bendición luego de luchas serias, de encuentros y desencuentros, de soberbios en gritos y de gritos vencidos.

Llegarán tres jefes y dirán. No serán, mas después serán en fuerza y verdad. Ellos llamarán al hombre a ser y este será. Él será un hombre gris.

Llegará a la Argentina empobrecida un nuevo sol. Llegará el día en que la falsa palabra sea creída. Llegará cuando las aguas lleguen en fuerza de ira, cuando la salud física del ser ciego y atontado sea precaria, cuando la tierra tiemble bajo sus pies, cuando la intriga levante a la masa, cuando el ladrón corra las calles sin ser aprehendido, cuando la mujer grite por sus derechos y defienda causas políticas.

Ayer al atardecer miré al sol.

Era la cruz orlada que nos dejó B. S. Parravicini a todos los argentinos.

L. S. D.

El i CHING aconseja:
18. Ku / El Trabajo en lo Echado a Perder

EL DICTAMEN
El Trabajo en lo Echado a Perder tiene elevado éxito.

Es propicio atravesar las grandes aguas.
Antes del punto inicial tres días,
después del punto inicial tres días.

Lo que se ha echado a perder por culpa humana, puede también subsanarse mediante el trabajo humano. No se trata de un sino inexorable, como el que aparece en el tiempo del Estancamiento, sino de una consecuencia del abuso de la libertad humana, lo cual ha conducido al estado de putrefacción. Por lo tanto, el trabajo destinado al mejoramiento tiene buenas perspectivas, puesto que se realiza en concordancia con las posibilidades del tiempo. Pero es necesario que uno no se arredre ante el trabajo y el peligro –simbolizado por el cruce de las grandes aguas–; es necesario tomar cartas enérgicamente. No obstante, es condición previa del éxito una adecuada reflexión. Esto se expresa en la sentencia añadida: «Antes del punto inicial tres días, después del punto inicial tres días». En primer término deben conocerse las causas que han conducido a la corrupción, antes de que esta pueda subsanarse: de ahí la necesaria atención durante el período anterior al tiempo inicial. Luego hay que preocuparse de que todo se encarrile bien por la nueva vía, para evitar una recaída: de ahí la necesaria atención en el período que sigue al punto inicial. La indiferencia y la inercia que han conducido al estado de corrupción deben ser reemplazadas por la decisión y la energía, a fin de que un nuevo comienzo pueda suceder a la terminación de tal estado.

LA IMAGEN
Abajo, al borde la montaña, sopla viento: la imagen del echarse a perder.
Así el noble sacude a las gentes y fortalece su espíritu.

Al soplar el viento en lo bajo, al borde de la montaña, se ve rechazado y echa a perder las plantas. Esto contiene una exhortación al enmendamiento. Lo mismo ocurre también con las disposiciones de ánimo inferiores, y con las modas: introducen corrupción en la sociedad humana. Para eliminarla, el noble ha de renovar la sociedad. Los métodos para ello se extraen igualmente de ambos signos primarios, solo que sus efectos se despliegan entonces en ordenada secuencia. El noble ha de eliminar el estancamiento sacudiendo a la opinión pública (tal como el viento sacude con su acción) y fortalecer luego el carácter de la gente, tranquilizándolo (como es el caso de la montaña que brinda tranquilidad y alimento a todo lo que crece a su alrededor).

Predicciones atrológicas en 2017 reveladas para Latinoamérica, Estados Unidos de América, y España

por Ana Isabel Veny

Una nueva consigna estelar se despliega: Transformemos a nuestra Tierra en un planeta de Luz

En manos de la humanidad se encuentran las soluciones para proyectar lo luminoso hacia los planos tridimensionales desde la fuente de luz interior. Un colectivo humano es capaz de revertir panoramas hacia lo positivo debido a la sumatoria en serie de emociones y pensamientos apoyados en buenas intenciones y espíritu constructivo.

Si bien muchas veces las conexiones entre planetas en tránsito pueden ser turbulentas y conducir a situaciones conflictivas, sin duda que están desafiando a nuestros talentos. La consigna en este ciclo es volvernos cada vez más creativos e ir en busca de lo que es armonioso para suavizar así nuestro viaje por el planeta Tierra y dejarles a quienes nos siguen en esta experiencia humana un sitio donde evolucionar, no solo desde aspectos materiales sino también desde el alma.

Portales abiertos invitan a reconectar con la multidimensionalidad

En estos tiempos la raza humana sigue siendo convocada al masivo despertar de conciencia y a hacer uso de su fantástico potencial en planos invisibles. Somos creativos y capaces de generar un enorme caudal de energía en nuestros niveles internos. Desde esos planos –que aún son desconocidos para muchos, pero existen–, debemos trazar las nuevas estructuras para luego proyectarlas hacia este plano material generando armonía. Los portales de luz que nos llevan hacia la cuarta y la quinta dimensión (planos superiores de conciencia y de mayor luminosidad) están más disponibles y los intercambios con esos niveles producen de por sí cambios radicales en el espíritu humano.

Las conductas e intereses se respaldan de esa forma en visiones más globales y solidarias, pues el bienestar de uno es el de todos y viceversa. Es decir que en dichos planos no existe la separatividad ya que todo proviene de la misma fuente creadora y es apreciado de igual manera. En nuestra existencia material la dualidad marca presencia constante, y si la usamos con propiedad nos enseña a transitar por el camino del medio respetando sus múltiples aspectos. Las dificultades aparecen cuando solo se aprecia una parte del paisaje como si fuera lo único existente y así todo queda dentro de la órbita de lo intransigente.

Cada vez se hace más posible que nos volvamos a unir a esas partes nuestras que funcionan de forma silenciosa pero muchas veces nos ayudan en muchas situaciones de vida. Un presentimiento, una intuición a tiempo, un sueño premonitorio, por ejemplo, sin duda son avisos recibidos desde una parte de nosotros mismos que funciona más allá de lo meramente consciente.

Crear espacios colectivos para la meditación, el arte, la música, y todo lo que eleve la sensibilidad, sin duda nos conecta a las dimensiones mencionadas. Si comenzamos a trabajar con más intensidad desde lo multidimensional en lo individual y colectivo, desde la mente y el corazón, lograríamos elevar nuestras frecuencias y las de todos nuestros reinos expansionando la luz del Amor Universal. En estos tiempos esa es la invitación que recibimos desde los niveles más elevados: hacernos más conscientes de nuestra capacidad integradora con la fuente de toda vida y rehabilitar el gran poder de autotransformación que existe en nosotros, así sin duda la felicidad estará a nuestro alcance.

Los astros nos dan oportunidades para evolucionar y generar experiencias cada vez más estimulantes para el espíritu, siempre desde nuestro libre albedrío. Entonces tracemos los nuevos rumbos de forma más criteriosa y responsable para nosotros y el resto de lo que nos rodea, atravesemos conscientes los portales de luz.

La Naturaleza y sus reinos - Divino Tesoro

La naturaleza, sus diferentes estaciones y reinos siempre nos hacen su entrega en silencio, humildemente, mostrando esa gran obra de arte de manera generosa. El espíritu de la naturaleza nos habla a través del viento susurrante, nos muestra su exquisita sensibilidad por medio de las aguas que fluyen armoniosas, desde la tierra nos llegan los fuertes latidos de su corazón y la luz solar le infunde siempre un nuevo aliento vital. Es el tiempo de apreciar su belleza, cuidar sus espacios, conectarse a sus reinos con responsabilidad. Su bondadosa labor siempre ha sido incondicional; es tiempo ya de brindar las debidas protecciones. Sostener la interconexión entre sus reinos es básico para preservar su equilibrio, así como cuidar continuamente de los recursos que la Madre Naturaleza genera.

Los cuatro elementos aquí están presentes danzando en armonía con la belleza de lo sutil y espontáneo. El fuego está asociado al poder de la voluntad creadora y a los planos espirituales, el viento va ligado al poder del pensamiento y conectado con los planos mentales, el agua es representativa del plano donde moran las emociones, y por último, la tierra es el receptáculo donde se plasman todas las formas físicas existentes. Ejerzamos sobre lo natural una buena influencia armonizando nuestro pensar y nuestro sentir junto a una firme voluntad, y los cuatro elementos de la Naturaleza funcionarán de manera integrada, ya que ellos nos captan en nuestro ánimo e intenciones, y también están en nosotros. Colaboremos con la Naturaleza desde nuestro interior y con acciones coherentes en lo externo para que su maravillosa labor no se detenga nunca. Las actuales configuraciones estelares desafían e inclinan a replanteos constantes y revisiones para así sostener el orden natural del planeta.

Tránsito de los planetas en 2017 de influencia colectiva

Júpiter (crecimiento) - La mayor parte del ciclo transitará por el colectivista signo de Libra. Inclinará a expansionar las aspiraciones de aquellos grupos humanos luminosos en sus esencias, para luego, a partir de octubre, ubicarse en el transmutador signo de Escorpio.

Saturno (concreción) - Casi todo el año estará ubicado en el idealista signo de Sagitario, para pasar ya al final hacia el ejecutivo signo de Capricornio. Las utopías sagitarianas, esta vez unidas a la practicidad saturnina durante su tránsito, tendrán entonces bases más firmes.

Urano (independencia) - Seguirá posicionado en el pionero signo de Aries, incentivando la creatividad grupal y las innovaciones en muchas áreas.

Neptuno (espiritualidad) - Continuará ubicado en su zona de comodidad: su propio domicilio, Piscis. Seguirá inspirando a las diferentes generaciones desde espacios artísticos, solidarios y místicos.

Plutón (transformación) - Durante todo el ciclo seguirá su tránsito por el pragmático signo de Capricornio, imprevisible y silencioso; su influencia incide mayormente en los ámbitos sociales, intentando mejorar sus propias bases.

Nota: Las predicciones realizadas se basan en la fecha de independencia de los países, que involucran –por lo general– el año en cuestión a partir de su nueva revolución solar y un tramo del año siguiente, completando así doce meses.

Resumen de las influencias astrales en 2017: Es indudable que el cielo se reconfigura en cada instante, aunque en este ciclo tal vez exista un aceleramiento de los sucesos: por un lado se inclinarán fuertemente a reafirmar los lazos de condescendencia a nivel general, y por otro mostrarán los perfiles humanos de debilidad, para así acceder a una transformación sustancial y generar cimientos más sólidos para convivencias dignas y estables. El respeto por los orígenes y las distintas tradiciones culturales dentro de cada región contará con nuevas ventajas.

ARGENTINA
NACE EL 09/07/1816
SIGNO SOLAR: CÁNCER - Tenacidad e impulso creativo
ELEMENTO AGUA: Genera sensibilidad y brillante imaginación para lograr metas

Etapa abierta a las transformaciones que iluminen su futuro a medio plazo

Las influencias de los astros en el primer semestre del año indican una serie de transformaciones que con el paso del tiempo darán sus frutos para una colectividad dispuesta siempre a avanzar y generar productividad. Los esfuerzos no serán en vano, aunque reacomodar esquemas y contextos anteriores puede ser una ardua labor. La luna anual representativa de lo social, cercana a Júpiter, planeta muy expansivo, indica que se irá encontrando la senda correcta para corregir temáticas de primer orden e ir beneficiando gradualmente a diferentes sectores de la población (en desarrollo cultural, industrial, agropecuario, entre otros).

Paulatinamente volverán a fluir las buenas rachas respecto de las múltiples actividades que posee el país. Un buen aspecto entre Marte (dinámica) y Júpiter (crecimiento) nos da pautas positivas para pensar que con el paso de los meses, existirá una recuperación real de los intereses que más importan a los diferentes sectores de la sociedad argentina.

La proximidad de Mercurio (planes) al Sol (representantes) no excluye las buenas y acertadas estrategias para proyectar distintas agendas con más propiedad y acierto.

Si bien es necesaria una considerable inversión de energía y generar técnicas de funcionamiento adecuadas, con el paso del tiempo el país podrá lograr mejores ubicaciones y recuperar espacios tanto en lo nacional como lo internacional. En el segundo semestre del año existirá una mejor oportunidad para restablecer los buenos acuerdos en general, aunque tal vez mediante procesos de transición. Regresan las ilusiones y las aspiraciones de avance seguro basadas en programas actualizados y la inclusión en contextos comerciales que brinden nueva estabilidad. De todas formas, la presencia de Marte (impulsos) muy cercano al Sol (representantes) es una advertencia de que las metas se alcanzarán con análisis y reflexión. La posición cercana de la Luna (lo popular) a Plutón (cambios) solicita despertar talentos en lo organizativo para así poder atender las demandas sociales emergentes en este tramo, con acierto. Año alquímico para esta colectividad, donde si bien existirán los desafíos, paulatinamente también se visualizarán soluciones.

Distintas prioridades en avance

Si bien puede haber altibajos en lo relativo a las economías básicas, las mejoras salariales y los aspectos prioritarios en cuanto a sanidad y otros temas, se logrará encauzarlos de forma gradual y contando con influencias más prometedoras. En general, a mitad del ciclo, educación y cultura contarán con formatos más aptos que los del momento presente.

Las gráficas económicas no están exentas de alcanzar lentamente ese punto medio de equilibrio que le entregue al país una nueva estabilidad general.

Las influencias del ciclo beneficiarán la variada producción de granos (maíz, trigo, girasol, etcétera), logrando así una buena rentabilidad respecto de los sectores involucrados en los sectores de su agricultura. Tal vez sean procesos lentos pero las exportaciones accederán a gráficas más alentadoras. Nuevas estrategias en cuanto a tecnología están cada vez más próximas y pueden resultar muy útiles. Es de esperar, entonces, una dinámica diferente que mejore los aspectos competitivos a medio plazo.

Medio ambiente, ecología y talentos vigentes

Los emprendimientos respecto de energías renovables como por ejemplo la solar y la eólica continuarán vigentes, y son sin duda muy beneficiosos para el medio ambiente.

El ecoturismo tendrá sus buenos espacios, y se lucirá con parques muy atractivos y zonas de una gran belleza natural. Esta vez pueden darse períodos algo más lluviosos.

Las obras artísticas en sus diferentes contextos (teatro, cine, danza, pintura, música, escultura, entre otros) quedarán sujetas a un mayor reconocimiento por su originalidad.

Deportes: Esta vez la suerte puede acompañar en diferentes categorías y campeonatos deportivos, y por momentos lograr éxitos sorpresivos. Igual es ideal que las estrategias de juego se actualicen y que en cada competencia se cuente con ingenio.

Resumen de las influencias astrales en 2017: Las herencias anteriores ligadas a limitaciones para el país y obstáculos acumulados de diferentes índoles convierten este ciclo en una transición con posibilidad de restaurar el orden y lentamente ir accediendo a nuevos horizontes.

BOLIVIA

NACE EL 06/08/1825

SIGNO SOLAR: LEO - Proteccionista y de grandes aspiraciones

ELEMENTO FUEGO: Aporta perfiles innovadores, organizativos y extravertidos

Principales influencias sobre sus aspectos de producción, sociales y culturales

En este nuevo ciclo estelar boliviano llaman la atención una serie de aspectos planetarios que desplegarán situaciones de avance en algunos momentos, y en otros la necesidad de recurrir a profundas reflexiones para mantener el equilibrio general. Por ejemplo, la oposición de Neptuno (utópico) a Mercurio (expresivo y curioso) solicita sin duda definir caminos a seguir con gran objetividad para que las metas no se desvíen. También observemos la conjunción entre dos energías antagónicas como son las de Saturno (calculador y organizativo) y Marte (impulsividad). Lo expuesto denota períodos en el año que exigen nuevos esfuerzos y originalidad para impulsar las agendas principales con acierto. Sin embargo, la conjunción de Venus (sociable) y Mercurio (comunicativo) anuales abriría espacios conciliadores en todo sentido, y capaces de lograr nuevos avances en lo interno y lo internacional. Por otro lado, Júpiter (beneficios) y el Sol (proyectos) generan un aspecto aceptable, es una señal de suerte que aporta esperanzas de regularizar aquellas áreas ligadas a desajustes de importancia.

La posición lunar colabora con la producción de granos y hortalizas (quinoa, de alto valor nutricional, maíz, patatas, arroz, entre otros) y una mejor colocación en diferentes mercados. Es un año en el cual las planificaciones referidas a los controles de la agricultura respecto de suelos y tecnología tal vez pasen por una mejor instancia de protección. Los aspectos sociales (economía básica, salud, educación, entre otros) hallarán contextos más favorables a medida que se despliegue el año. No cesarán sus diferentes intercambios en cultura, esta vez brindarán nuevas satisfacciones.

Formatos turísticos
Imposible cuestionar el gran potencial que Bolivia posee respecto de sus maravillosos sitios naturales, contará en todo momento con un público ávido de conocer diferentes lugares y disfrutar de sus increíbles paisajes. Sus tradiciones indígenas continuarán reafirmándose y generando una mística encantadora.

Lo climático y su geología
El clima boliviano está diversificado (posee zonas tropicales, templadas y frías). Es posible que se presenten contrastes significativos, esta vez entre zonas expuestas a sequías y otras con demasiadas lluvias. Para este ciclo, los monitoreos se vuelven indispensables en sus zonas volcánicas para poder generar las debidas previsiones. Cuenta con antecedentes que inclinan a estar siempre atentos.

Deportes: En sus áreas deportivas en general, si bien los avances serán graduales, se irán despertando talentos y renovando tácticas que reafirmarán posiciones. Con el transcurrir de los meses, se podrá recuperar lentamente el aliento necesario para seguir en vigencia en diferentes campeonatos.

Resumen de las influencias astrales en 2017: Si bien los avances pueden ser moderados en general, con empeño se podrán encontrar las soluciones intermedias que generen más seguridad y proyecten mejores ubicaciones. Un horizonte más claro se abrirá en el segundo semestre del ciclo en mención.

BRASIL
NACE EL 07/09/1822
SIGNO SOLAR: VIRGO - De conductas coherentes y realistas
ELEMENTO TIERRA: Impulsa a ir detrás de sueños que puedan concretarse

Sus realidades estelares respecto de sus actuales desafíos y futuras proyecciones
Sin lugar a dudas, Brasil ocupa un lugar importantísimo dentro del contexto de países latinoamericanos, y de un modo u otro sus transformaciones tienen una fuerte incidencia a nivel general. Durante el año, si bien deberá afrontar múltiples temáticas y apelar a estrategias ingeniosas para equilibrarse en muchos sectores; tendrá momentos

apropiados para regular las agendas más urgentes. Obrar con cautela y un fuerte pragmatismo será ideal para reducir influencias estelares algo incómodas en el período, esto está motivado por las fricciones que se generarán en esta etapa entre Marte y Saturno hacia el Sol en Virgo de Brasil.

Estos aspectos originan situaciones algo desbordantes en primera instancia, pero no imposibles de organizar. Hacia su segundo semestre, quizá se haga algo más visible volver a crear plataformas sólidas (en lo social, estatal, agroindustria, etcétera) desde donde proyectarse nuevamente. Las crisis acumuladas de sus variados sectores pasarán por un proceso tal vez algo lento, aunque no se excluyen las salidas que vuelvan a dar posiciones más estables. La oposición de Neptuno al Sol solicita continuamente un fuerte realismo respecto de los objetivos a trazar, si bien esto crea otro desafío estelar; Plutón (el que regenera esquemas) a favor alentará a buscar ese punto cardinal correcto para volver a empezar con los recursos existentes en el presente.

Lo comercial en todos sus aspectos se liga hacia finales del ciclo a una original dinámica, aunque lo racional deberá integrarse para no perder senderos productivos (Mercurio-ingenio conjunto a Marte-ímpetus).

Júpiter y Mercurio entrelazados en una primera instancia generan un equipo planetario positivo para llevar lo teórico a lo práctico con habilidad e ir combatiendo dificultades. En este juego de intercambios cósmicos tan diversos, el país se dirige a lograr aspiraciones paulatinamente, siendo básica la habilidad para que no fallen tanto los macro como los microemprendimientos para toda su sociedad.

Relativo a sectores de productividad desde sus múltiples contextos

Aunque diferentes áreas de Brasil se vean expuestas a imponderables climáticos (lluvias alternando con sequías) o deban realizarse revisiones del suelo a fin de mejorarlo para buenas cosechas, el poderoso país suramericano llevará adelante sus gráficas agrícolas con la perspectiva de seguir colocando sus productos en diferentes mercados. Sus siembras tradicionales (arroz, maíz, trigo, por ejemplo) permanecerán vigentes para así cubrir sus principales necesidades.

Año que además puede incluir algunos avances industriales, tecnológicos y en medicina, a fin de encarar con acierto asuntos prioritarios en cada área. Esfuerzos invertidos en mejorar la economía básica familiar, salud y educación, entre otros, podrán moderar los altibajos existentes, aunque gradualmente y apelando a la creatividad. Si bien sus nuevos escenarios se presentan exigentes, no se descarta que alcancen las soluciones intermedias que el país requiere.

Turismo y Arte
Su gran variedad de opciones en el área turística ubica a Brasil en posiciones de preferencia. El arte continuará luciéndose dentro de las más variadas líneas, aportando siempre originalidad, mística y encanto.

Deportes: En líneas generales, el deporte y sus figuras representativas contarán con rapidez de reflejos y tácticas de desempeño más originales. Según sus astros no se estará lejos de conseguir avances notorios.

Resumen de las influencias astrales en 2017: A pesar de estar expuesto a transiciones algo perturbadoras que han desdibujado rumbos y ocasionado altibajos en diversas áreas, el país tendrá nuevas oportunidades para ir reordenando sus múltiples temáticas, asunto más notorio hacia el final del período.

CENTROAMÉRICA

La región centroamericana está compuesta por: Belice, Costa Rica, El Salvador, Guatemala, Honduras, Nicaragua y Panamá. Son países que siempre conforman un verdadero reino paradisíaco, compuesto de múltiples atractivos y zonas de enorme belleza.

BELICE: En este nuevo ciclo, los astros dan la opción de recomponer asuntos sociales, y para sus representantes la posibilidad de acceder a niveles más alentadores en sus gráficas generales, a pesar de las exigencias. Gracias a sus diferentes acuerdos, podrán existir mejoras en cuanto a metas económicas o a generar fuentes de trabajo que esta vez alienten a proyectarse con fe hacia el futuro. Es a medio plazo y sin reducir voluntades donde tendremos acceso a mejorar contextos. Belice seguirá luciendo sus bellos y motivadores paisajes, manteniendo así sus buenos niveles turísticos.

COSTA RICA: Este año puede caracterizarse por períodos algo irregulares y otros donde aparecen buenos respaldos para enfocarse en las agendas comunitarias con soluciones innovadoras. Las estrategias ingeniosas en áreas financieras, industriales o de producción esta vez serán necesarias y útiles para acceder a modelos de conducción que den más progreso. Acoplarse a la agenda meteorológica no estará de más respecto de sectores agrícolas para un buen resultado.

EL SALVADOR: Su comunidad cuenta con un primer semestre que poco a poco irá definiendo nuevos rumbos en diferentes aspectos y solicitando conductas objetivas con el fin de ir mejorando sus perfiles sociales y de diferentes índoles. En su segundo semestre, los diseños estelares impulsan con más ímpetu a materializar planes y a mirar el futuro cercano con más entusiasmo con el fin de generar bienestar.

Los repuntes en educación serán más notorios y lo creativo tomará relevancia.

GUATEMALA: En este período será afortunado apelar a las nuevas tecnologías para mejorar toda clase de sectores e insertarse en diferentes contextos con mayor prestigio. Las áreas industriales, agrícolas y de servicios lograrán promedios dentro de lo aceptable. Aumentan los intercambios en aspectos culturales y artísticos. A medida que transcurra el año se irán concretando cambios programados y regularizando las temáticas que más interesan a la colectividad guatemalteca.

HONDURAS: Las influencias estelares inclinan a reformular esquemas con el fin de reducir los aspectos conflictivos en sectores inversionistas, populares, de la agricultura, etcétera.

Un tiempo de transformaciones progresivas pero con mejores resultados que puedan darle a su colectividad el aliento necesario para continuar desarrollándose y combatir retrocesos. Las categorías del arte en general se vuelven más interesantes para obtener reconocimiento. Los tiempos venideros impulsan a enfocarse con habilidad en lo que sí resulte productivo a nivel general.

NICARAGUA: Según el formato estelar del año, la sociedad nicaragüense podrá reafirmarse en sus proyecciones e ir así abriendo nuevos rumbos.

Los métodos que conduzcan a actualizarse en múltiples sentidos y obtener mayor productividad estarán incluidos en este ciclo. Se podrán contemplar mejor los sectores de mayor vulnerabilidad; regular aspectos educativos y promover el crecimiento en diferentes áreas. Su infraestructura turística complacerá de gran manera a nuevos visitantes.

PANAMÁ: En este ciclo existirá un mayor énfasis por subsanar asuntos, sean estos públicos o de áreas privadas, y se podrán ver resultados que serán graduales pero no por ello menos productivos. Los acuerdos a todo nivel esta vez pueden incrementar dividendos. La sociedad en sus diversas facetas (educativas, artísticas, sanitarias, agrícolas, industriales) quedará ligada a cambios más positivos en los que el espíritu de solidaridad general se hará presente. Mejor acceso a la modernización desde diferentes aspectos.

Generalidades: Influencias más positivas propiciarán un buen desarrollo de las artes, los intercambios culturales, deportivos, y el hábito de reciclar tradiciones. El bloque no se apartará de sus monitoreos en geología y aspectos telúricos, a modo de prevención (por ejemplo, en cuanto a sismos y actividades volcánicas).

Resumen de las influencias astrales en 2017: Si bien el ya tradicional y cálido conjunto de países centroamericanos tendrá que tomar algunos recaudos en general, no quedará exento de seguridades para alcanzar gráficas que le permitan seguir proyectando su futuro e irse afianzando en sectores de importancia.

COLOMBIA

NACE EL 20/07/1810

SIGNO SOLAR: CÁNCER- De profundas conexiones con sus raíces y ultracreativo

ELEMENTO AGUA: Aporta fluidez, sensibilidad y espíritu constructivo

Generalidades de su nuevo ciclo

Las salidas viables para mejorar los actuales formatos sociales no estarán tan distantes; en los primeros meses de la revolución solar el trígono tan vital de Marte al Sol (iniciativas y voluntad) es una señal esperanzadora que puede poner en movimiento muchos sueños colectivos. Deseos intensos de llevar esta vez a la práctica lo proyectado, aunque según los planetas involucrados es recomendable hacerlo con reflexión. Asimismo, Urano (imprevisible aunque ingenioso) en cuadratura al Sol colombiano siempre nos advierte de que resultarán efectivas las acciones racionales para ir hallando las soluciones de lo que más viene aquejando a la sociedad.

Colombia estará en el inicio de un ciclo de regulación, contemplando con más habilidad a aquellos sectores que participan de diferentes altibajos o que aún no han encontrado el diseño adecuado para que se funcione de forma medianamente aceptable. Por el trígono de Mercurio a Saturno (lo intelectual conectado al orden), el área educativa puede ligarse a renovaciones acertadas así como también las áreas de investigación científica. Habrá inclinación a un nuevo despertar en muchas direcciones, donde en un futuro cercano se pongan en evidencia resultados que puedan conformar a los diferentes sectores de la comunidad colombiana (económico, laboral, inversionista, entre otros). Pasando la mitad del ciclo, Saturno (concreciones y seguridades), realiza un buen intercambio con Júpiter (de influencia expansiva), lo cual es sumamente benéfico para ir cristalizando programas diversos que colaboren con el bienestar general.

De productividad

En la segunda mitad del año, su producción y exportaciones o demanda interna estarían sujetas a resultados más saludables. Su tan original y tradicional café seguirá deleitando a muchos y manteniendo posiciones siempre óptimas. Un año tal vez sin tantas variantes climáticas para las siembras principales, aunque resguardarse de sequías no estaría de más. Las transformaciones industriales así como en agricultura y tecnología pueden dejar interesantes resultados.

Aperturas diversas

En su cielo anual existen aspectos acordes con los éxitos literarios y otras innovaciones de orden artístico; la creatividad vuelve a potenciarse y a brindar distinciones. Entre otros atractivos recursos, sus hermosos parques naturales seguirán vigentes en lo turístico. Los astros inclinarán a una mayor protección de su fauna y flora. Año en el que las investigaciones en distintos sectores (medicina, comunicaciones, en materia energética, entre otros) seguirán por buenos rumbos.

Deportes: Mayormente, Colombia se deslizará por sus sectores deportivos sin descuidar detalles, con empeño y mayor probabilidad de avances en el segundo tramo.

Resumen de las influencias astrales en 2017: La revolución solar colombiana refleja más esperanza y factores de suerte para volver a organizar sus principales agendas en beneficio de su población. Es un tiempo estelar más apto para reprogramarse y regresar a ubicaciones más relevantes.

CHILE
NACE EL 18/09/1810
SIGNO SOLAR: VIRGO - Talento para concretar aspiraciones
ELEMENTO TIERRA: Permite desarrollar la objetividad
y practicidad

Influencias desde el cielo sobre sus comunidades

Es indudable el buen crecimiento que ha tenido Chile en los últimos años, a pesar de los desafíos. Si bien viene de un período algo oscilante, no quedará al margen de generar nuevamente un escenario que le permita subir de escalafón en lo socioeconómico, administrativo, etcétera, aunque al inicio con cierta moderación. Los proyectos anuales en busca de expansión y progreso dejarán a su sociedad más conforme.

Reflexionando desde el espacio astrológico, las principales tensiones irán reduciéndose con el paso del tiempo y será más fácil apoyar acciones expansionistas sobre bases realistas. De todos modos, en los últimos meses del período, el aspecto conflictivo entre Saturno (practicidad) y el Sol (planificaciones) es un llamado de atención permanente para ejecutar agendas de forma organizada y minimizar riesgos. Ciclo donde es probable que se trabaje a fondo respecto de proyecciones en múltiples sectores y con ánimos muy creativos (Mercurio estará en su propio domicilio Virgo-estrategias innovadoras). En lo internacional, la posición en el año de Júpiter en Libra (acuerdos) resultará beneficiosa para los intereses de sectores públicos y privados. Los avances en aspectos sociales contarán con un buen contacto de la Luna (lo comunitario) con Saturno (seguridades), esto llevaría a beneficios graduales a la economía básica familiar, atención sanitaria, instrucción en diferentes niveles, cuidados a la infancia, etcétera.

La conjunción de Marte (acción) con Mercurio (ideas), no deja de ser positiva a los efectos de ir modificando esquemas y cristalizando metas en el último tramo. Del mismo modo, Venus y la Luna cercanos constituyen un aspecto que suaviza intercambios ya casi al final y aporta la diplomacia necesaria para mediar en lo importante.

Las renovaciones asociadas a los cuidados de sus variados suelos se inclinan a resultados más efectivos para que esta vez lo agrícola (hortalizas, granos y frutas en sus diferentes variedades) se luzca más y siga conquistando mercados.

Generalidades: Se mantendrán buenos rangos respecto de la afluencia turística en sitios ya tradicionales, aunque se seguirá innovando en este terreno con originalidad. En cuanto a energías renovables, Chile seguirá adelante y manteniendo gráficas muy prometedoras. La atención hacia lo climático y geológico (respecto de volcanes y/o sismos u otros imponderables) seguirá constante para evitar sorpresas y proteger los espacios más expuestos a irregularidades en este sentido. Todo lo que se involucre en sus sectores de tecnología e industriales puede aportar en el año buenas novedades.

Deportes: En este campo serán tiempos que exigirán una preparación más estratégica, y resultará importante la valoración de nuevos talentos que, unidos a los ya existentes, permitirán avanzar con mejores garantías.

Resumen de las influencias astrales en 2017: Chile contará con espacios más abiertos al progreso y con la posibilidad de regular agendas postergadas. A lo largo del período quedarán incluidos proyectos innovadores y de esa forma se podrá mirar adelante sin perder perspectivas.

ECUADOR
NACE EL 10/08/1830
SIGNO SOLAR: LEO - De firmes decisiones,
actúa siempre con gran valor
ELEMENTO FUEGO: Aporta voluntad, ingenio y fe en los ideales

Su panorama anual

Desde los espacios estelares, lo primero que debemos observar para este año en la carta anual de Ecuador son las ubicaciones planetarias existentes en los signos de Virgo y Sagitario. Venus-bienestar y Mercurio-innovación, ubicados en el especulativo Virgo, están en fricción con Marte-ejecución y Saturno-practicidad, ubicados en el idealista Sagitario. Cabe resaltar aquí que es fundamental unir los esfuerzos a una planificación coherente para ir sorteando dificultades lentamente y ordenar recursos, sobre todo en los comienzos del ciclo.

Las agendas tendientes a regularizar lo social en sus principales sectores (fuentes de trabajo, acceso a buenos servicios en lo básico, por ejemplo) contarían con posibilidades, si bien requieren de procesos organizativos para implementarse de forma correcta.

A lo largo del ciclo, cada vez se pondrá a menos distancia la capacidad de generar esquemas que ofrezcan una mayor oportunidad de crecimiento global a la comunidad ecuatoriana.

Implementar especializaciones (en cultura, tecnología, áreas agrícolas, etcétera) será de gran utilidad. Los últimos meses mostrarán resultados más claros en cuanto a sus múltiples programaciones, logrando una logística apropiada para que los proyectos públicos y privados más ambiciosos puedan concretarse (Marte, Saturno y el Sol, en sintonía).

Marcada tendencia estelar a conformar nuevos paisajes en acuerdos comerciales; lentamente, estos agregarían solidez y abrirían nuevos horizontes financieros en este sentido.

Mayor apertura a múltiples intercambios

Hay opción a que en muchos sectores las comunicaciones se vean favorecidas, tanto dentro de Ecuador como en relación a otros países. Sin duda, lo cultural y lo espiritual, en su más vasta expresión, tendrán espacios muy enriquecedores en conexión con otras comunidades.

Sus áreas naturales

Las gestiones que tienden a la protección de su suelo y la conservación de sus recursos hídricos y forestales cuentan con formatos estelares más favorables. Año a su vez en el que no faltarán innovaciones para mejorar su producción agrícola tradicional (frutas, cereales, cacao, por ejemplo). A modo de prevención, siempre será bueno continuar monitorizando zonas sísmicas y volcánicas durante el año.

Deportes: No faltarán técnicas que puedan aportar al deporte ecuatoriano solidez, mejores reflejos y transformaciones que apunten a desplegar su buen potencial. Según su cielo anual, realizar ajustes y actualizaciones esta vez será altamente provechoso.

Resumen de las influencias astrales en 2017: Las ambiciones y los proyectos irán evolucionando en positivo para Ecuador, aunque exigirán una atención sostenida para lograr el máximo de efectividad. Con un empeño constante, los astros lo favorecerán para superar toda transición.

ESPAÑA
NACE EL 11/12/1474
SIGNO SOLAR: SAGITARIO - Siempre cuenta con ideales
para proyectarse
ELEMENTO FUEGO: Brinda dinámica y potencia la chispa creativa

Observando sus nuevas configuraciones celestes

España cuenta con una revolución solar que augura la entrada en un ciclo más expansionista en el cual las situaciones pasadas, algo desbordantes, quedarían paulatinamente bajo mejores controles. Representantes y sectores populares esta vez podrán contar con influencias más estimulantes para las áreas de crecimiento general. El Sol de España (objetivos) y Saturno (netamente organizador) en conjunción exacta en Sagitario, son señales inequívocas de una mejora basada en actitudes racionales y más aprovechables dentro de sus diferentes gráficas. A esto sumamos que Júpiter (el gran benefactor) desde el conciliador signo de Libra se conecta a los planetas mencionados mediante un buen aspecto; en un futuro a medio plazo esto permitirá recuperar posiciones respecto a la economía, el logro de acuerdos productivos, e integrarse nuevamente a ritmos que sostengan lo principal de la vida de los pobladores, y con más ilusión.

De igual forma se conecta Marte y aporta energía e interviene a favor de dinamizar planes que se llevarán adelante con menos oscilaciones. Durante el desarrollo de este nuevo período, y dando continuidad a los esfuerzos, serán más los avances que los retrocesos; la comunidad tendrá nuevas opciones para renovar su aliento vital. Sus astros anuales progresivamente irán contemplando mejor sus prioridades en cuanto a moderar el desempleo, cubrir las demandas internas en todo sentido, atenuar diversas desigualdades sociales y en sectores inmobiliarios, mejorar exportaciones, tecnologías, etcétera (bien relacionados Júpiter y Marte, talentos ejecutivos).

Potenciando sus múltiples recursos
Sin lugar a dudas, estarán integrados el interés por conservar sus suelos y la inclusión de técnicas apropiadas que mejoren sus aspectos productivos. La agricultura ecológica irá ganando cada vez más espacio, contribuyendo con el medio ambiente y su equilibrio. Cultivos tradicionales (hortalizas, cítricos, vid, entre otros) o aquellos nuevos que representen nuevas alternativas se harán cada vez más populares y rentables.

Creatividad
En una amplia gama de sectores científicos tendrá mejores ubicaciones, los talentos y la imaginación serán más fértiles y sacarán adelante buenos proyectos.

Año de relaciones positivas con otras culturas en diferentes ramas (educativa, artística, empresarial, por ejemplo), que será fortalecedor.

Deportes: En este aspecto, los astros dan la posibilidad de nuevas visiones que conduzcan a un buen nivel en lo competitivo. En sus diferentes campeonatos no faltarán un renovado empuje y dosis de optimismo.

Resumen de las influencias astrales en 2017: España en este año podrá afrontar sus períodos de incertidumbre con más talento, y contar con factores positivos para continuar desplegando la mayoría de sus aspiraciones. Lo postergado en distintos sectores contará con formatos más viables.

ESTADOS UNIDOS DE AMÉRICA
NACE EL: 04/07/1776
SIGNO SOLAR: CÁNCER - Siempre sigue sus sueños con tenacidad
ELEMENTO AGUA: Confiere excelente creatividad,
dones intuitivos y fluidez

Los aspectos fundamentales de su revolución solar

Los sectores más productivos del país se encuadran en un marco de creatividad y esta vez pueden rendir mejor. La dinámica necesaria respecto a la regulación de espacios que ya venían siendo vulnerables en diferentes ámbitos (por ejemplo: empleo, economía familiar, presupuestos globales, etcétera) tiene opción de ser recuperada aunque demande en principio esfuerzos extras. Todo esto basado en conexiones más fluidas entre el batallador planeta Marte, el auspicioso Venus, que es señal de bienestar, y el progresista Júpiter.

Lo que al inicio del ciclo genere enlentecimientos o gestiones complejas (Luna en conjunción con Mercurio y el Sol, ambivalencias) respecto a las áreas más importantes, después, con el paso de los meses, encontrará la forma de canalizarse debidamente.

El espíritu expansionista seguirá adelante para obtener nuevas gráficas en sus contextos generales, aunque ajustándose a procesos cautelosos necesarios, a fin de no retroceder. También cabe mencionar que en el segundo semestre del año Marte, muy cercano al Sol natal ubicado en el soñador signo de Cáncer y anexándose Júpiter en fricción desde Libra, puede, de un momento a otro, generar oscilaciones que con observación y método serán luego desplazadas. Un buen augurio se encuentra en la posición de la Luna anual en el poderoso signo de Escorpio (ultratrasmutador), que en el segundo tramo está en armonía con el Sol, lo que lleva a reparar fragilidades y conducirse con más autoconvicción en las agendas de mayor prioridad del país. Para sus diversos sectores, los beneficios a nivel general no quedarán excluidos.

Informaciones relevantes

Su variada y atractiva gama de cultivos continuará en expansión. En relación con importaciones y exportaciones, mayormente habrá acceso a avanzar en equilibrio. Posiciones planetarias anuales en signos acuáticos son señales de cierta variabilidad climática para algunas regiones. El sector de servicios, la industria en general y las tecnologías podrán jerarquizarse gracias a perfiles modernizados.

Lazos culturales

Año de conexiones que se irán reafirmando en lo relativo a otras comunidades con el fin de establecer buenos intercambios en sectores de interés común como geología, educación, ciencia, arqueología, energías renovables, espacios de arte, entre otros.

Deportes: En este terreno, las influencias anuales prometen generar un nuevo orden y funcionar de manera original en las variadas competencias del período. Resultará ideal mantener la constancia y el ingenio para seguir perfeccionándose y alcanzar nuevas metas.

Resumen de las influencias astrales en 2017: Se acortan las distancias para acceder a nuevas posibilidades, reformular los sectores de mayor importancia del país con el fin de abrir otros horizontes y potenciar el progreso en sus diferentes facetas.

MÉXICO
NACE EL 16/09/1810
SIGNO SOLAR: VIRGO - Acostumbra a ser analítico y discreto;
eso le da seguridad
ELEMENTO TIERRA: Brinda un talento original
y ajustado a la realidad

Sus diferentes perspectivas en el período

Observando las configuraciones planetarias, estará frente a un año de nuevos ajustes; esto a los efectos de reformular proyectos y aspiraciones que puedan sostener mejor las principales estructuras en las que se apoya el país. Lo antedicho se hará necesario desde la interpretación astrológica, en primera instancia por los aspectos del Sol mexicano en Virgo (proyecciones) en disonancia con Marte en Sagitario (combativo); esto conduce a posturas preventivas y moderadas, a fin de no retroceder. De la misma forma se debe observar la oposición entre Mercurio (estrategias) y Neptuno (volátil y fantasioso); es indicio de que lo mejor será realizar revisiones a todo nivel, tanto en sectores públicos como privados, lo cual sin duda servirá para llevar con más acierto los diversos programas ya agendados, a los que aspira su comunidad. El país se verá sostenido durante este ciclo por aspectos beneficiosos como el existente entre Venus (bienestar) y Marte (acción), lo que promovería las salidas apropiadas para cada momento o situación a experimentar durante este año.

Algunos sectores de notoria vulnerabilidad tal vez requieran de estrategias originales para suavizar altibajos, asunto que contará con el consentimiento de sus astros. Si bien el abocarse a reducir los índices de pobreza, mantener sus esquemas sociales dentro de gráficas saludables, moderar economías, optimizar recursos e infraestructuras y demás ítems de las agendas principales puede demandar continua atención, no se descartan las soluciones para acceder a la estabilidad necesaria y así tener opción de proyectarse hacia nuevos desafíos en cuanto al crecimiento general.

Evaluaciones en áreas específicas

Si efectúan un sondeo sobre las posibilidades de generar la productividad deseada, salvaguardar los aspectos del medio ambiente, anticiparse a eventos geológicos (como los de sus ya conocidos volcanes) o climáticos, y reformular proyectos que brinden progreso, serán más alentadoras. El talento necesario para continuar reciclando la capacidad exportadora a lo largo del año se inclina a tomar nuevas fuerzas y así abrir otros escenarios a pesar de las dependencias respecto del panorama a nivel mundial. Los acuerdos logrados dentro y fuera del país para un mejor sostenimiento continuarán en vigencia.

Potenciando su mística

País de una gran diversidad cultural y tradiciones que lo envuelven siempre en un misticismo muy atractivo, conservará su fama ya lograda en este sentido.

Lo artístico y sus más variados perfiles (pintura, música, artes escénicas, por ejemplo) tendrán la oportunidad de lucirse en todo momento.

Deportes: Si bien este período a nivel deportivo puede generar mayores exigencias, el conducirse con ritmos sostenidos y replantear algunas técnicas contribuirá, sin duda, a lograr mejores posiciones.

Resumen de las influencias astrales en 2017: A pesar de que no se descartan en el año los cambios de rumbo a efectos de que las gráficas generales evolucionen favorablemente, México no perderá de vista sus objetivos prioritarios ni dejará de realizar esfuerzos adicionales que le den beneficios en tiempos prudenciales.

PARAGUAY

NACE EL 14/05/1811

SIGNO SOLAR: TAURO - Suele funcionar con gran precisión para asegurar rumbos

ELEMENTO TIERRA: Otorga autoconfianza, paciencia y voluntad sostenida

Acerca de sus nuevas configuraciones planetarias

En la mayor parte del año, Paraguay estará influenciado por un aspecto expansivo y optimista originado en el buen contacto de Júpiter con Marte; esto promueve un incremento de la suerte para crear un espacio de negociaciones beneficiosas. Podrán notarse adelantos en el campo educativo y cultural, tal vez por tomar direcciones más acertadas. El ingenio acompañará en lo relativo a reordenar los propios intereses y reacomodarse dentro del bloque latinoamericano.

Los períodos ligados a oscilaciones contarán con el respaldo de Saturno y Mercurio en signos de fuego, por lo que la persistencia sumada a la capacidad de adaptación garantiza adelantos y reduciría los aspectos algo fantasiosos de la fricción entre Neptuno y Marte en cuanto a proyecciones. El logro de una metodología más apta a las realidades por las que atraviesa el país no será tan difícil de alcanzar ni de llevar a la práctica.

Los desafíos pueden presentarse por distintas razones pero esta vez con posibilidad de mejores manejos que aseguren la marcha de contextos en lo social, agrícola, industrial, inversionista, comunicaciones, sectores sanitarios. Sus principales áreas de producción tendrán la opción de diversificarse de modo positivo. Seguirá bien posicionado en hidroeléctrica, exportaciones y contextos turísticos mostrando sus bellos paisajes.

Un aspecto estelar que por momentos puede dilatar emprendimientos o inclinar a un cambio de planes está dado por la oposición Venus-Júpiter; a pesar de ello habrá opciones para moderarlo. Podrá notarse un buen rendimiento de suelos a pesar de oscilaciones climáticas y la utilización de técnicas adecuadas para mantener los ecosistemas en armonía.

Fuera de fronteras

El nuevo formato astrológico a regir propiciaría más los intercambios con otras comunidades, no solo desde espacios comerciales o financieros, también desde lo lúdico y espiritual.

Tradiciones
Se esperan tiempos en los que probablemente se restablezcan perfiles de las tradiciones indígenas, que muestren con nuevo encanto sus talentos artesanales, sus aspectos ceremoniales, y se abra un abanico de posibilidades que refuercen el prestigio ya ganado.

Deportes: Las experiencias deportivas del año potencian el entusiasmo y las modalidades ingeniosas a la hora de desplegar los talentos. Los esfuerzos en todo el sector deportivo acercan oportunidades para nuevos lucimientos.

Resumen de las influencias astrales en 2017: Los intentos por conservar durante este ciclo una posición especialmente estable no serán en vano; el cielo paraguayo aún seguirá brillando y reactivando esperanzas en beneficio de quienes moran en el país guaraní.

PERÚ
NACE EL 28/07/1821
SIGNO SOLAR: LEO - La adversidad no lo doblega, es seguro
y persistente
ELEMENTO FUEGO: Reafirma el espíritu creativo
y despliega una fuerte ambición

Nuevos augurios estelares
Según la lectura de su cielo anual, en el primer semestre Perú deberá sostenerse en base a la reflexión para poder moderar a corto plazo sus áreas de mayor variabilidad y dirigirse hacia nuevos horizontes (importante fricción entre Marte-impulso y la conjunción de Venus/Mercurio-planes para el bienestar general). De todas formas existirá una buena adaptación y empeño para mantener vivos los objetivos (Sol y Saturno en armonía).

En el segundo semestre del año, lo que haya reformulado o sus nuevas programaciones prometen concreciones más rápidas con un aumento de la confianza para definiciones de peso y con escaso margen de error. La conjunción de Marte con el Sol peruano, si bien en un primer momento puede ser vista como una enorme recarga energética que multiplica iniciativas, es un factor positivo para soltar dependencias diversas e insistir en lo que verdaderamente se quiere alcanzar. Lo antedicho cuenta con el apoyo jupiteriano desde Libra, signo conciliador y que extrae beneficios de todo acuerdo en pro de su comunidad. Continuarán las actitudes cautelosas y realistas que sin duda favorecen toda clase de comercializaciones dentro y fuera de fronteras (Saturno en Sagitario mantiene la sintonía con el Sol leonino del país). Las inversiones dirigidas a mejorar la infraestructura social en sus más variados contextos o las de orden privado pueden satisfacer mejor las necesidades emergentes.

De productos tradicionales

Sus exóticos frutos seguirán en cartelera (guayaba, níspero, mango, entre otros) así como sus granos en sus diferentes variedades (maíz, amaranto, quinoa, café, por ejemplo). Ciclo de fortalecimiento agrícola progresivo que podrá conservar su sello de distinción.

Respecto de la diversidad climática que el país posee, se incluirán variantes aunque en la mayor parte del año mantendrá sus niveles habituales.

Contextos diversos

Resaltará lo cultural en diferentes ámbitos lo que generará un nuevo optimismo.

Cine, moda y estética en general son sectores ligados a innovadoras transformaciones (Urano y Venus en buen aspecto, arte y belleza unidos).

El afán de superación en áreas específicas de la educación volverá a incentivarse, así como en diversos sectores (científico, tecnológico, prevención de desastres naturales, etcétera). Proyectos de modernización urbana podrán esta vez encontrar una mayor viabilidad, y también reformular con acierto aquellos de intercambio turístico.

Deportes: Un año en el cual los astros conducirán a replantear esquemas, generar métodos más eficaces para acceder a nuevas victorias y reforzar ambiciones. Con tesón y esperanza conseguirá adelantos muy valiosos.

Resumen de las influencias astrales en 2017: La sociedad peruana y sus principales intereses continuarán sosteniéndose con mayor acceso cada vez a esos parámetros que puedan darle bienestar, proteger los aspectos básicos (salud, vivienda, educación, entre otros) y activar proyecciones futuras con una mejor perspectiva.

URUGUAY
NACE EL 25/08/1825
SIGNO SOLAR: VIRGO - Muy eficaz en sus acciones,
posee método y disciplina
ELEMENTO TIERRA: Intensifica la prudencia, la observación
y la tenacidad

Lo que sus astros nos trasmiten para el futuro cercano
Según el modelo astrológico anual del país, las posturas preventivas se hacen necesarias a efectos de no generar alteraciones en los diversos esquemas que atañen al crecimiento general, sobre todo en el primer tramo del ciclo. Hace referencia a ello la conexión conflictiva de Neptuno (disolvente) con la conjunción de Marte y Saturno (avances y retrocesos). Los planetas en cuestión invitan a la calma y a conductas analíticas a fin de abordar las múltiples temáticas de las agendas convencionales o atípicas, con visiones realistas, y al mismo tiempo sanadoras.

Por otro lado, debido a una posición lunar disonante con el Sol en Virgo, se agrega otro elemento más a tener en cuenta respecto de lograr claridad a la hora de definir temáticas prioritarias (sociales, financieras, salariales, de la agricultura, de sectores energéticos, de economía básicas, de comercio exterior, etcétera) y evitar así futuras complejidades.

No faltarán los aspectos benéficos que actúen como moderadores y que ayuden al sostenimiento de las gráficas generales que más interesan. Esto queda en evidencia por la ubicación de Venus, Júpiter y Mercurio (de perfiles mayormente productivos) en conjunción en Virgo, bien aspectados por Plutón (planeta depurador), lo cual aporta resistencia frente a lo adverso y la posibilidad de transformaciones que en definitiva conducirían con el tiempo a crear más equilibrio y regular así las áreas de mayor variabilidad o de riesgo implícito. En los últimos meses del ciclo, se reducirán indecisiones y los perfiles constructivos lentamente asomarán, abriendo así nuevas brechas para la sociedad gracias a recursos emergentes (Marte-dinamismo, en buen aspecto a Saturno-organización).

La naturaleza y sus imponderables
Las alteraciones súbitas que puedan surgir respecto al clima, ya sea por reiteradas lluvias, sequías intensas o tempestades en determinados meses, solicitarán sondeos constantes. El tránsito de Neptuno por el sector doce de la carta natal, algo restrictivo, obliga siempre a estar atentos. Este año, es muy probable que la protección de las áreas naturales cuente

con mecanismos más útiles y una mayor concientización general, para así poder mantenerlas a resguardo de peligrosas variantes. La utilización de la energía solar y eólica seguirá progresando con buen resultado.

Generalidades: Las gráficas en exportación y sus sectores tradicionales tendrán opción a regular altibajos. Los cultivos ecológicos seguirán ocupando cada vez más un prestigioso espacio. Música, danza y espiritualidad adquieren relevancia.

Deportes: Quienes esta vez sean los representantes del deporte uruguayo en distintas competencias, ya sean regionales o a nivel internacional, se lucirán en cuanto a tácticas de conducción deportiva. El acceso a las victorias se hace más viable.

Resumen de las influencias astrales en 2017: Se está en presencia de un ciclo anual que requiere una atención sostenida sobre las diversas exigencias y desafíos que vayan surgiendo con el transcurso del tiempo. Se podrán reformular esquemas, aunque apelando a criterios racionales.

VENEZUELA

NACE 19/04/1810

SIGNO SOLAR: ARIES - Posee firmeza y voluntad
para la persecución de objetivos

ELEMENTO FUEGO: Agrega espontaneidad, mucha energía
e independencia

Decodificando informaciones desde el cielo venezolano

Las investigaciones sobre la carta de revolución solar marcan un próximo período sometido a variantes, es decir que habría una cierta continuidad respecto a los contextos que trae el país, pero con la salvedad de una mayor apertura entre diferentes sectores (de producción, finanzas, sociales, etcétera). De esa forma no se descarta la obtención de nuevas oportunidades, que conduzcan a plataformas más firmes desde donde apoyar objetivos futuros en beneficio de su sociedad.

Igual es bueno tener en cuenta que la proximidad de Urano anual (creativo pero de naturaleza imprevisible) al Sol (orientaciones) y ambos discordantes con Plutón (altamente transformador) solicita mantener continuamente la constancia para acceder a los niveles deseados y así reafirmar los múltiples intereses que el país posee. Asimismo, la fricción originada entre Saturno (disciplina) y Venus (bienestar) es un aspecto estelar que recomienda conductas analíticas con la finalidad de moderar oscilaciones.

Sin embargo, la señal que nos da Marte (acción) bien sintonizado a la Luna (sectores populares) es un factor a favor que se integra al ciclo con la perspectiva de ir armonizando paulatinamente lo controvertido para volver a implementar estrategias acertadas respecto a generar en el futuro una mayor productividad de forma global.

En definitiva, si bien estas combinaciones planetarias nos hablan de desafíos, también dejan entrever la posibilidad de ciertos paliativos que suavicen los contextos generales con el transcurrir del tiempo.

Recursos naturales

Un enfoque más acertado respecto de cultivos tradicionales puede, en este ciclo, generar optimismo y renovar intereses, así como también la utilización de métodos más eficaces. La prevención de diferentes fenómenos geológicos, igual que observar las variables climáticas, siempre resultará adecuado.

Gráficas turísticas, arte y letras

Respecto de su turismo, no faltarán visitantes ávidos de transitar por ciudades venezolanas atractivas y de gran contenido histórico, y por regiones agrestes y naturales. Su diversidad de climas y paisajes por sí sola genera un magnetismo único. La sensibilidad toma matices significativos por medio de las diferentes categorías del arte y la literatura, y cuenta esta vez con mejores posibilidades.

Deportes: Existe la opción de generar más entusiasmo y contar con figuras representativas que se luzcan por su disciplina y buen desempeño, en las diferentes ramas del sector. Las influencias estelares aportarían beneficios.

Resumen de las influencias astrales en 2017: Mediante procesos así se irán alcanzando diferentes peldaños que permitan, con el paso de los meses, hallar las salidas más convenientes y enfocar otra vez el futuro con esperanza para la sociedad en general.

Predicciones preventivas para la Rata basadas en el i ching, la intuición y el bazi

Cae la noche en la montaña y presiento a las roedoras merodear mi techo e inmiscuirse en mis predicciones hacia ustedes.

¡¡Qué pruebas dignas de *El Señor de los anillos* atravesaron el año del mono!! Imagino que se «resetearon» con gran calidad.

El año del gallo las encontrará en pleno «influjo», y este hexagrama abarca desde las relaciones cósmicas hasta las de padre-hijo, hombre-mujer, noble e innoble, príncipe y servidor.

La rata tendrá que comprometerse con alguna función que creyó podría saltearse, esquivar o conducir haciendo *zapping* dentro de la gama infinita de relaciones que tiene en su multifacética existencia.

El tiempo del influjo es penetrante y de gran importancia para afianzar vínculos con el prójimo.

La rata es un signo dependiente, pero a veces olvida los roles de jerarquía, de respeto, de orden que observan los chinos dentro y fuera de la familia.

El gallo no es afín al roedor, sin embargo hay una admiración secreta entre ambos. Marcan la cancha[34] con distinto estilo, algo que irrita al otro.

El año tendrá momentos *up*, *down*, épocas de avance y retroceso. Podrá planificar esta etapa con madurez y contará con la ayuda del zoo.

Su decisión de salir de la madriguera hacia un nuevo lugar o ámbito tomó empuje en el año del mono, y aunque sufrió embates legales, económicos y políticos, supo que su amigo simio le daría la llave para acceder a un nuevo paradigma.

Su vocación encontrará eco durante el año del gallo y podrá dar con socios idóneos y entusiastas para seguir con sus planes.

Se dedicará a mejorar su casa con FENG SHUI, o la reciclará invirtiendo en tecnología y con créditos que llevará adelante.

El I CHING aconseja:

Asesora y asesórate. La influencia tiene dos vías.

Es un tiempo de noviar, en cada tema que se emprenda.

Y agrega:

Camino por seguirte y para ser.

Cada paso es darme al dar aunque por debajo sé que vuelvo a ver

---

[34] Expresión derivada del fútbol que significa poner condiciones, establecer reglas.

El lento impulso de los demás.

La rata que no se lleve deberes a marzo tendrá un año de logros en lo cercano y planes a medio plazo.

La salud será primordial para ejecutar acciones, busque ayuda en especialistas y no se automedique.

Nuevos amigos aparecerán en ONG, trabajos comunitarios, ayuda social y reuniones.

Una larga temporada fuera de la ciudad renovará su energía y sentará bases para edificar una vida en la naturaleza con el zoo.

Año de acertijos, golpes de azar y autorreflexión.

En la pareja habrá que inventar nuevos juegos, cambios de roles o tomarse un tiempo para reinventarla tomando un nuevo rumbo.

Descubrirá lazos de ADN con parientes lejanos que aliviarán zonas oscuras en la constelación familiar.

Intente buscarle la gracia al gallo y no lo provoque; *peace and love.*

L. S. D.

El i ching les aconseja:
31. Hsien / El Influjo (El Cortejo)

EL DICTAMEN
El Influjo. Logro.
Es propicia la perseverancia.
Tomar una muchacha trae ventura.

Lo débil se halla arriba, lo fuerte abajo; de este modo sus fuerzas se atraen hasta unirse. Esto procura el logro, el éxito. Pues todo logro se basa en una acción de atracción mutua. La quietud interior, junto a la alegría exterior, consigue que la alegría no se exceda, que más bien permanezca dentro de los límites de lo recto. He ahí el sentido de la advertencia agregada: es propicio perseverar. Pues es así como se distingue de la seducción el cortejo, en el cual el hombre fuerte se coloca por debajo de la débil muchacha, mostrándole consideración. Esta atracción por lo electivamente afín constituye una ley general de la naturaleza. El Cielo y la Tierra se atraen recíprocamente y así se engendran todos los seres. Mediante una atracción de esta índole influye el sabio sobre los corazones de los hombres y el mundo logra la paz. Por las atracciones que ejerce algo puede reconocerse la naturaleza de todos los seres que hay en el cielo y sobre la tierra.

LA IMAGEN
Sobre la montaña hay un lago: la imagen del influjo.
Así el noble, en virtud de su disposición receptiva
deja que los hombres se acerquen a él.

Una montaña, que tiene encima un lago, obtiene estímulo gracias a la humedad de este. Tal ventaja le es dada por el hecho de que su cumbre no sobresale, que es una cumbre ahuecada. El símbolo da el consejo de que uno se mantenga interiormente bajo, vale decir humilde, y libre, permaneciendo de este modo receptivo frente a los buenos consejos. Al que pretende saberlo todo mejor, los hombres pronto dejan de aconsejarlo.

El tránsito de la Rata durante el año del Gallo

PREDICCIÓN GENERAL
La rata seguirá con la buena racha de los últimos años, solo que deberá aprovechar este del mismo modo que narra la historia de José y el Faraón: es temporada de vacas gordas, por lo que hay que prevenir las eventualidades del año 2018, que no será tan fructífero. Para aprovechar mejor el año, se le recomienda abrir una cuenta de ahorros o de inversión, no dejar que se acumulen deudas o créditos y, sobre todo, deberá prestar atención a su salud, de tal manera que sus defensas se encuentren altas y en perfecta situación.

Este año podrá invertir, enamorarse y crecer sin nubarrones en el horizonte. ¡Adelante!

ENERO
El mes del búfalo traerá muchas oportunidades para aprovechar. Unido al año del mono, que aún está corriendo, este mes le brindará a la rata la oportunidad de estabilizar su carrera, su salud y su paz mental. Estará a tiempo para hacerlo ya que el año del gallo le prepara sorpresas en lo amoroso y en las relaciones con amigos y colegas. Desde el 4 hasta el 28 de enero, la rata irá en el lomo del búfalo y transitará sin contratiempos, por lo tanto puede aprovechar para adelantar el trabajo y demás pendientes ineludibles antes de que su agenda social se agite y la distraiga.

Febrero

Los hombres de este signo sentirán la llamada de la selva gracias a la energía del tigre que reina en el mes de febrero. Como el año del gallo ya se ha instalado, la combinación de energías hará que la rata se vea *sexy* y es probable que deje algunos corazones rotos por el camino. Se le suplica sensibilidad al respecto y mucha honestidad. Las mujeres rata, en cambio, se sentirán el centro de la atención de todo el mundo y no sabrán si les gusta o no, pero con la capacidad que tienen para expresarse por medio de las letras es muy posible que brillen en redes sociales y círculos literarios.

Marzo

Las ratas de 1984 y 1996 querrán sentar cabeza y las ratas de los años anteriores desearán revivir el romance o casarse. Podrán hacerlo este mes, y en lo que resta del año tienen la oportunidad de legalizar lo que han confirmado en lo emocional y espiritual. Pero se les suplica que no dejen de considerar todos los aspectos posibles antes de dar el «sí» ante el juez de paz, más que nada en lo que concierne a bienes mancomunados o separados y los hijos, si los hay o si los quieren tener, porque se presentarán algunos problemas económicos durante los años del perro y del cerdo.

Abril

Si la rata se casó o inició una relación amorosa estable el mes pasado, que no le extrañe que su pareja reclame su atención porque se siente abandonada. El mes del dragón viene con energía intelectual y ganas de terminar sus proyectos. Se obsesionará por algún detalle, un pasatiempo o el trabajo, con tal intensidad, que dejará todo lo demás flotando en el aire y eso no será justo para los que la rodean. Necesitará aprender a dejar el trabajo fuera de casa. Para lograrlo tendrá que organizar bien su tiempo, y además respetar sus horas de sueño, de descanso y la alimentación.

Mayo

El mes de la serpiente retrasará los planes, pero no será nada que vaya a lastimarla de gravedad, es solo que los pensamientos se le desordenarán un poco. Posiblemente las mujeres rata se topen con algunas rivalidades propias de la sociedad actual, pero se pueden resolver con lógica y paciencia. En el caso de los hombres de este signo, se vislumbran accidentes pequeños que pueden prevenirse si miran con atención por dónde caminan. Este mes podría traer también algún virus o bacteria, sobre todo a los nacidos en el año 2008, nada que una buena higiene y la dieta adecuada no puedan resolver.

JUNIO

El del caballo es otro de esos meses que atraen algunos pormenores molestos a la rata, pero como el equino es gran amigo del gallo que rige el año, la rata podrá respirar con tranquilidad y estará dispuesta a hacer lo que se le dé la gana, incluso desafiar lo imposible. Solo le suplicamos paciencia si se topa con gente menos dinámica. Aún con su energía perfecta, es posible que el mes le meta algunas zancadillas y la rata podría permanecer en el trabajo, escuela o casa sin poder salir de vacaciones o de fiesta. De cualquier manera, se las arreglará para completar algún plan.

JULIO

El mes de la cabra será buenísimo para la rata, por eso le costará trabajo comprender al resto del mundo. Necesitará aprender las artes complejas de la empatía antes de decir lo que opina acerca de la vida de los demás; por lo tanto, si no es un psicólogo o psiquiatra titulado, resultará mejor que se abstenga de decir lo que piensa de sus amigos, colegas o familiares porque la gente no recibirá bien esas observaciones y podrían pagarle con una grosería. El mundo estará agitado, así que será mejor apartarse un poco, aprender a meditar y relajarse hasta que pasen las tormentas.

AGOSTO

El Ki del mono refuerza el Ki del gallo y juntos alimentan con mucho prana a la rata, hasta el punto de que ella podría sentir ganas de ayudar a otros, lo cual es muy bienvenido. Probablemente, esa manía del mundo por encerrarse en la cárcel del teléfono «inteligente» y las redes sociales desespere a las ratas, incluso a las más jóvenes porque querrán salir a la naturaleza, conversar, trabajar en equipo. Se le recomienda que evite rescatar a quien no desea ser rescatado, so pena de caer en el síndrome del salvador y ganarse –una vez más– que le digan o le hagan alguna grosería.

SEPTIEMBRE

Las ratas de los años 1972, 1984 y 1996 tendrán las hormonas exaltadas y hasta la ratita de 2008 desbordará ternura; los padres tendrán que contestar muchas dudas precoces. Las únicas ratas que se sentirán incómodas con las locuras de Cupido serán las de 1936 y 1948, ya que podrían tener problemas con la energía de los riñones y el aparato reproductor; se les recomienda la acupuntura. Las ratas de 1960 todavía tienen la libido entonada a pesar de haber pasado por la menopausia/andropausia; solo se les pide que no abusen de la pastillita azul.

Octubre

A diferencia del mes anterior, el del perro será para resguardarse en su madriguera. No le conviene seguir con sus escaramuzas anteriores, so pena de lastimar a alguien. En cambio, si está en una relación estable, podrá profundizar en el aspecto amistoso en vez del amoroso y reforzar sus relaciones. Tendrá posibilidades de acercarse a alguna disciplina artística para reconfortarse o aprender; eso resultaría ideal para las ratitas de 2008, que podrían aprender a tocar algún instrumento musical, que seguramente les acompañará durante el resto de su vida. Las demás ratas disfrutarán este mes de soledad que será como unas merecidas vacaciones.

Noviembre

El mes del cerdo seguirá con una temática parecida a la del mes anterior. Un tiempo para reflexionar las lecciones aprendidas a lo largo del año: valorará las nuevas amistades, pondrá en su debido lugar filias y fobias. Este mes es para meditar, ordenar la madriguera, limpiar a fondo los cajones y los recuerdos para que permanezcan en buen estado toda la vida. Las ratas jóvenes tendrán que aprender a hacer esto, si no, corren el riesgo de pelearse con algún amigo y convertirse en el rumor del momento en la escuela o en el trabajo. La discreción resultará su mejor escudo en contra de los rumores; su inteligencia será aguda.

Diciembre

En cuanto comience el cambio de temporada, el 7 de diciembre, el mes de la rata vendrá a reforzar su autoestima y el ahínco por levantar el estercolero que el mundo ha provocado. Se sentirá solidaria, fuerte, responsable. Querrá poner a trabajar a los ociosos crónicos. Por ejemplo, las ratas de 2008 tendrán mil preguntas al día y exigirán a padres y maestros que se las respondan. Las ratas de 1984 y 1996 se pondrán muy contestatarias. No será fácil callar a las ratas de 1948, que serán las más sabias del orbe, y los que escuchen sus palabras serán inspirados para hacer el bien. ¡Muchas felicidades!

Predicciones para la Rata y su energía

Rata de Madera (1924-1984)

Comenzará el año con varias actividades laborales, integración en grupos de estudio y becas en el extranjero.

Podrá recuperar tiempo para viajar, encontrarse con amigos, mejorar las relaciones con el zoo e independizarse económicamente.

Por más que tenga sobredosis de entusiasmo, asesórese legalmente ante cualquier situación con personas que apenas conoce.

Sepa administrar su tiempo y comparta su vocación con gente afín a sus ideas.

Año de profundizar en lazos afectivos, familiares y universales.

Busque ayuda terapéutica si siente que oscila en estados cambiantes y se aísla.

AÑO PARA POTENCIAR SU CREATIVIDAD.

Rata de Fuego (1936-1996)

Durante este año pondrá orden en su vida: desde los armarios, vestidores, escritorio, temas legales, sucesiones, herencias, hasta el vínculo con el zoo y su pareja.

El año la mantendrá concentrada en las pequeñas cosas de la vida y podrá proyectar un viaje que le cambiará la perspectiva de su vida.

Es tiempo de no arriesgarse donde no tiene garantías de apoyo, de mantener lo que ha conseguido, y de contemplar la vida con sabiduría.

La salud es su mejor aliada en tiempos de inestabilidad en el cambio planetario.

Rata de Tierra (1948-2008)

Es el momento de reformular su vida y despojarse de lo innecesario.

En la constelación familiar habrá acercamiento, sanación y nuevas personas que serán parte de su estabilidad emocional.

Sentirá ganas de retomar un estudio, vocación, o dedicarse a labores manuales, practicar algún deporte o ser instructor de yoga, taichí, meditación dinámica e integrar esa disciplina o actividad en empresas y grupos de autoayuda.

Conocerá a una persona que la estimulará afectivamente y la sacará de la madriguera al mundo compartiendo trabajo, amor y conocimiento.

Año de fuertes lazos con las relaciones que estaban *stand by* (o pendiendo de un hilo).

RATA DE METAL (1900-1960)

Recuperará la energía y la pondrá en la constelación familiar y desde allí podrá ordenar su agenda, tiempo libre y viajes.

Surgirán nuevas propuestas creativas que tendrán eco en empresas, nuevos amigos y le darán un lugar de jerarquía para dirigir los proyectos.

Su ánimo oscilará y tendrá momentos *up* y *down*.

Desarrollará una nueva vocación, o un pasatiempo. Un grupo de ayuda social, ONG o fundación la integrará por su experiencia.

Mantendrá un fuerte equilibrio entre el mundo de las ideas y la realidad, y fortalecerá los vínculos afectivos con más solidez.

Año de contemplación y retorno a sus elecciones más profundas.

RATA DE AGUA (1912-1972)

Durante este año se cuestionará las prioridades de su vida y tomará decisiones para dejar atrás lo que no sirve e integrar lo esencial.

Fuertes sacudidas en el zoo la mantendrán cerca de sus seres queridos; desde allí generará un nuevo empleo u oficio para sobrevivir.

El amor la visitará con disfraces de carnaval: deberá distinguir las intenciones y confiar en su intuición para formalizar una relación que será clave en su vida.

Ponga en orden sus temas legales, judiciales, herencias, sucesiones y acepte los límites en las relaciones, aunque no le gusten.

El influjo será una gran oportunidad para crecer espiritualmente y establecer planes a largo plazo en su agitada existencia.

AÑO DE REVALORIZAR LO CERCANO Y CONFIAR EN LA INTUICIÓN.

L. S. D.

Una jarra de vino entre las flores.
No hay ningún camarada para beber conmigo,
pero invito a la luna,
y, contando a mi sombra, somos tres...
Mas la luna no bebe,
mi sombra se contenta con seguirme.
Tardaré poco en separarme de ella;
¡la primavera es tiempo de alegría!
Li Po

Predicciones preventivas para el Búfalo basadas en el i ching, la intuición y el bazi

Queridos búfalos *yin/yang*

Bienvenidos al inicio del año del gallo –su amigo, socio, cómplice y patrocinador–, el 28 de enero de 2017.

¡¡Qué alivio!!

El año del mono los mandó a Ganimedes y pudieron cursar las materias extragalácticas, entre el supra y el inframundo, y volver lentamente a la 3D, primero con los seis cuerpos y luego con el físico.

El buey sabe que para él las pruebas son siempre difíciles, llenas de obstáculos, imprevisibles y complicadas.

LA PACIENCIA CHINA ES SU MEJOR VIRTUD.

Por eso, entre las decisiones del último tramo del año del mono hacia el inicio del año del gallo debió «transigir», aceptar que está viviendo una etapa complicada en las relaciones afectivas, y que deberá ser consciente de las consecuencias.

El amor es el punto más vulnerable para este signo que admite (a cualquier edad) ser seducido, atrapado, enganchado velozmente por quien busque su protección y estabilidad.

El I CHING aconseja:

Cuidado con dejar entrar fuerzas vampíricas en tu vida.

Acepta, pero vigila.

El gallo traerá fuentes de inspiración y renovación al buey, y le abrirá nuevos caminos y oportunidades.

Su espíritu estará libre y podrá elegir qué paso dar y con quién.

En cada etapa, sin interferencia de terceros, resolverá situaciones legales, juicios, herencias, y tendrá la pradera sin trabas para pastar con el zoo en armonía.

A través de su participación en ONG, fundaciones, grupos de trabajo en la comunidad de los hombres logrará convocar a personas para desarrollar su vocación, aptitudes, talento, y darlos a luz.

Estará entusiasmado en participar en la comunidad de los hombres con puestos políticos, y es recomendable que esté atento «a las tentaciones del diablo».

Su mayor realización será ver crecer a su familia, mantener un diálogo más fluido e integrar a los ex y a los nuevos amores de la tribu.

Viajará al exterior con honores, becas o alguna gestión artística, pudiendo establecer relaciones diplomáticas, científicas y humanistas que le permitirán un ascenso en su profesión.

El I-CHING le aconseja:

Aceptar es aceptarme,
dejar pasar, dejar entrar,
encontrar la forma al darme
es, a la vez, saber cuidar.

El búfalo tendrá que estar atento a la forma de dar.

Es su renacimiento: aprenderá a decir no, a poner límites, a no permitir que lo invadan en su territorio.

El arte durante este año llevará a despertar el tercer ojo, a ser certero, perceptivo, consciente de «cómo y a quién» le da su tarjeta vip, su confianza para compartir lo más profundo e íntimo de su vida.

El año del gallo es la gran oportunidad que tiene para purificar el karma y estar atento a nuevas relaciones que se infiltren en su ADN, mente y corazón.

Los amigos lo sacarán del ostracismo y le ofrecerán viajes, sociedades o simplemente compartir un asado, un mate o un juego de cartas para filosofar y contemplar el atardecer desde el Pucará[35].

Es tiempo de introspección y expansión y dependerá de su sabiduría conseguir el equilibrio entre ambos.

L. S. D.

El I CHING les aconseja:
44. Kou / El Ir al Encuentro (La Complacencia)

EL DICTAMEN
El Ir al Encuentro. La muchacha es poderosa.
No debe uno casarse con semejante muchacha.

El ascenso de lo vulgar queda bosquejado como imagen de una descarada muchacha que se entrega con ligereza, arrebatando de este modo para sí el dominio de la situación. Esto no sería posible si lo fuerte y luminoso no la complaciese a su vez yendo a su encuentro. Lo vulgar ofrece una apariencia tan inocente y es tan adulador que suele causar alegría. Su aspecto es tan pequeño y débil que uno cree poder gastarle bromas sin preocuparse.

---

[35] El Pucará de Tilcara, descubierto en 1908 por el etnógrafo Juan B. Ambrosetti, es una fortaleza construida por los incas, en un punto estratégico sobre la Quebrada de Humahuaca, en la provincia de Jujuy, República Argentina.

Así el hombre vulgar se encumbra únicamente porque el noble lo considera inofensivo y le otorga poder. Si se le enfrentara desde un principio, no podría llegar a tener influencia jamás.

Sin embargo, el tiempo de la complacencia, del ir al encuentro, tiene también otra faz que merece atención. Si bien la complacencia de lo débil frente a lo fuerte no debe constituir una norma, hay épocas o momentos en los cuales cobra una gran significación. Cuando el Cielo y la Tierra se complacen mutuamente y van mutuamente a su encuentro, todas las criaturas entran en un período de prosperidad. Cuando salen a su mutuo encuentro el príncipe y su ayudante, el mundo entra en orden. Así un recíproco acudir al encuentro entre los principios predestinados el uno para el otro y dependientes el uno del otro es necesario. Solo que debe permanecer libre de segundas intenciones impuras, pues si no engendrará el mal.

LA IMAGEN
Bajo el Cielo se encuentra el viento:
la imagen del Ir al Encuentro.
Así procede el príncipe al difundir sus órdenes
proclamándolas hacia los cuatro puntos cardinales.

La situación es parecida a la del signo 20. Allí el viento sopla por encima de la tierra, aquí sopla por debajo del cielo. En ambas ocasiones llega a todas partes. Mas si allí el viento se hallaba abajo, sobre la tierra, daba como resultado la imagen de cómo el gobernante se entera de las condiciones reinantes. Aquí el viento sopla desde lo alto, lo cual alude al influjo que ejerce el gobernante por medio de sus órdenes. El Cielo se mantiene lejos de las cosas terrenales, pero las moviliza mediante el viento. El gobernante se mantiene lejos del pueblo, pero lo moviliza mediante sus órdenes y las manifestaciones de su voluntad.

El tránsito del Búfalo durante el año del Gallo

PREDICCIÓN GENERAL

Todos los búfalos, desde los longevos de 1925 hasta los pequeños de 2009, necesitan atender su salud física y emocional en el año del gallo pues van a trabajar ARDUAMENTE y su cuerpo deberá aguantar los retos que se le presentarán este año. Necesitará administrar tiempos y amores de tal manera que pueda reservar períodos para descansar y crecer espiritualmente, si no, verá cómo disminuyen su salud y su billetera. En lo positivo, ese trabajo será bien remunerado y podrá resolver pendientes. Es importante que aprenda a delegar tareas en el trabajo y en casa, y a soltar todo aquello a lo que se aferra sin que tenga ya ningún sentido.

Enero
Sigue el año del mono, que no ha estado del todo mal para el búfalo. Con la llegada del mes propio, sentirá que a pesar del caos mundial, la vida y la humanidad valen la pena y que para salir del trance de *Matrix* hay que trabajar más que antes, con responsabilidad y optimismo: algo que al búfalo le sale más que bien. Tendrá más contacto con viejos amigos –recuperados recientemente– con los que podrá trabajar e inventar nuevas maneras de administrar su valioso tiempo.

Febrero
Con el año del gallo instalado y el mes del tigre controlando el Ki mundial, el búfalo sentirá que las cosas no funcionan como quiere. Paciencia, este es un momento para reflexionar sobre la frustración y los asuntos legales que involucren a su pareja, si la tiene, o a cualquier proyecto amoroso que se vislumbre. Mientras siga trabajando sin distraerse, no tiene por qué atascarse en cosas del corazón. Solo se le sugiere que sea gentil, aún más si tiene ganas de distanciarse. Es importante que aprenda a dar respuestas coherentes a quienes le reclaman amor.

Marzo
En el mes del conejo el búfalo tendrá que encerrarse o correrá el riesgo de salir mal parado. Es mejor que evite embarcarse en proyectos ajenos que pudiesen distraerlo de lo que realmente le importa. Para evitar confrontaciones, sobre todo en el trabajo, deberá ser discreto y no confiar ninguna idea a nadie. Es probable que pierda los estribos si alguien trata de decirle qué tiene que hacer, por lo tanto se le recomienda meditar y dejar pasar el mes haciéndose el despistado.

Abril
El mes del dragón pasará sin complicaciones. Cuando no hay eventos mayores, al búfalo le puede dar por extender las horas de ocio frente a sendos platos de comida. ¡Cuidado con la autoindulgencia!, porque podría ganar peso, y los búfalos de 1973 para atrás ya están en edad

de batallar con el colesterol. En el «campo de cinabrio» (es decir, en lo concerniente al erotismo) podría dejar algún corazón roto, y este año debe trabajar arduamente; lo más probable es que si alguien se enamora de nuestro búfalo, este no podrá encontrar después el tiempo necesario para sostener el nuevo amor.

Mayo

En el mes de la serpiente, el búfalo sentirá que le quitan un peso de encima. Estará con más energía e inteligencia, muy agudo con sus palabras y acciones y dispuesto a concretar todo. El gallo, el búfalo y la serpiente hacen una combinación que activa la inteligencia y la capacidad de mando del buey. Tendrá buenas oportunidades si no se sienta a esperar que las cosas se arreglen por sí mismas y si procura equilibrar su salud por medio del ejercicio, con disciplinas como el Qi Gong o el Kundalini yoga. También es necesario que coma más verduras y frutas.

Junio

El búfalo seguirá con ganas de pastar en «el campo de cinabrio» (hacer el amor), pero es importante que se cuide. Si bien el gallo lo protege al darle mucho trabajo y oportunidades profesionales, el signo del caballo trae peligro de que enferme, sobre todo si se expone mucho en las parrandas. Necesita proteger el hígado, el aparato reproductor y los riñones. Los búfalos de 1997 se sentirán con ganas de llevar la fiesta a territorios emocionales intensos, para lo cual se les recomienda analizar el fenómeno del poliamor con responsabilidad y protegerse.

Julio

El ambiente laboral estará tenso en todas partes por medio de huelgas y demostraciones públicas, y como el búfalo es una figura de mando, la gente lo buscará para pedirle consejos; para no meterse en problemas necesitará ser más diplomático y estudiar leyes laborales. El mes de la cabra siempre es complicado porque ella bloquea la energía del año del gallo, el búfalo podría caer en algunos enredos. Para mantener la paz mental deberá seguir el camino del wú wèi (no acción), porque de otra manera se arriesga a sufrir accidentes y malentendidos.

Agosto

En el trabajo estará entre los chismorreos y la posibilidad de hacer nuevas amistades. Como siempre, se le suplica mucha discreción y diplomacia. Puede buscar ayuda en sus amigos serpiente y gallo si se siente calumniado. El mes del mono podría traerle sorpresas agradables, salvo que el búfalo que lee esté bajo régimen de terapia y antidepresivos; en ese caso, se le recomienda abrir la mente con meditación o ejercicio, para dejar entrar lo bueno. Si está ensimismado, podría perder buenos momentos.

Septiembre

Doble gallo para el búfalo, y de pronto podría sentirse como en una rotisería: tendrá toneladas de trabajo pendiente y encima le vendrán nuevas oportunidades que le parecerán convenientes. Conociéndolo, no querrá perderse nada y tratará de trabajar más de la cuenta; eso puede provocar que quede mal con todos. Es importante que coma bien, duerma las horas necesarias y que camine y haga ejercicio moderado en vez de alterarse frente al volante o delante del ordenador.

Octubre

El mes del perro no será propicio para atraer nuevos amores o reconquistar a los examantes. Tampoco para tratar de pedir un aumento de sueldo o una promoción. Es mejor que se quede en su corral y que trate de terminar el trabajo atrasado. Será necesario que delegue algunos temas si tiene subordinados, y en el hogar, esas labores se las puede ir dejando a los hijos; no es posible que todavía siga resolviendo la vida de todos los que le rodean, por mucho que los ame y quiera consentirlos.

Noviembre

Su trabajo podría mandarlo de viaje, algo que tal vez no le vaya bien, ya que si no hizo caso a los consejos anteriores, el búfalo estará demasiado ocupado jugando a ser Superman. Si no se detiene a comer, dormir, meditar y hacer el amor en perfecta paz, podría terminar en el hospital, o peor aún, enfermarse en el viaje. Tiene que calmar la carrera, respirar, relajarse. El mes del cerdo no tendrá piedad, ¡y el mundo laboral será un ruedo!

Diciembre

El mes de la rata traerá calma después de la tormenta de trabajo de los últimos dos meses. Viene con el tipo de energía que el búfalo más necesitará en este mes y el año del perro, que ya se aproxima. Necesitará poner en orden papeles y amistades porque el año que viene pondrá a prueba su paciencia con las relaciones familiares, más que nada para las mujeres de este signo. Mientras se prepara para el futuro, podrá disfrutar de las fiestas decembrinas en santa paz. ¡Felicidades!

Predicciones para el Búfalo y su energía

BÚFALO DE MADERA (1925-1985)

Durante el reinado del gallo encenderá su visión y concretará sueños a corto plazo.

El amor aparecerá con solidez para planear una familia en la que puedan intercambiar roles, estudiar y viajar.

Deberá tener ayuda terapéutica si se siente desbordado o asediado por personas que le chupan la energía.

Será mejor que se haga asesorar legalmente sobre los temas de su patrimonio, pues podría tener conflictos por herencias, o demandas conyugales de algún ex.

Año de salir hacia la naturaleza, sembrar la tierra, disfrutar del ocio creativo y practicar EL TAO DEL AMOR Y DEL SEXO.

BÚFALO DE FUEGO (1937-1997)

Buenas nuevas en el gallinero; despertará con cocorococós y quiquiriquís propios o adoptados.

Estará receptivo a nuevas tareas domésticas, intelectuales y filosóficas.

Reformulará su profesión, integrando nuevos seres creativos y delegará responsabilidades.

Un amigo o gran amor reaparecerá en su vida para saldar cuentas pendientes.

Sentirá que puede perdonarse a sí mismo e integrar grupos de constelaciones familiares o autoayuda sin sentirse una *rara avis*.

Podrá afirmarse en la tierra con solidez y agradecer su recorrido.

Su experiencia en ciencia, política y organizaciones humanistas será valorada y recompensada.

A BRINDAR POR LA SALUD HOLÍSTICAMENTE.

BÚFALO DE TIERRA (1949-2009)

Año de nuevos rumbos en su vida.

Soltará amarras del pasado, perdonará errores y avanzará sobre su pradera convocando al zoo y a sus amigos a compartir una nueva cosmovisión.

Tendrá que reformular sus vínculos afectivos; dentro del orden familiar hay prioridades y los reclamos podrían alterar su salud.

Su profesión o carrera estará cuestionada por sus adversarios y podría pasar una temporada pagando karma.

Año de definición en sus elecciones íntimas y en purificar sus pecados capitales.

Búfalo de Metal (1901-1961)

Año de cambiar el rumbo de su vida y decidir dónde y con quién compartirá la madurez.

Estará estimulado, aparecerán mecenas, patrocinadores, marchantes y amigos que le propondrán nuevas formas de trabajo y giras por el mundo.

El gallo lo mantendrá inspirado, lleno de alegría, disfrutando de su huerta aromática, del trueque y de la liviandad del ser.

Su agenda deberá tener días de ocio creativo y del TAO DEL AMOR Y DEL SEXO.

En la constelación familiar habrá rebeliones, cambios que deberá metabolizar con sabiduría.

Año de recolección de frutos y de cambios en hábitos, *look,* FENG SHUI y nuevos amigos.

Búfalo de Agua (1913-1973)

Año de cambios sistémicos en su vida.

Formalizará una relación y traerá gallitos al corral, transformando su vida.

Compartirá nuevos proyectos creativos, trabajará en comunidades con culturas que le cambiarán la cosmovisión y le aportarán riqueza en su investigación.

Retornará al terruño, pondrá en orden a la constelación familiar y a los amigos con los que quedó un agujero de ozono.

Crecerá profesionalmente y se independizará económicamente, creando una pyme o empresa familiar muy productiva.

AÑO DE PROGRESO HOLÍSTICO.

L. S. D.

Me preguntáis por qué estoy aquí, en
la montaña azul.
Yo no contesto, sonrío simplemente, en paz el corazón.
Caen las flores, corre el agua, todo se va sin dejar huella.
Es este mi universo, diferente del mundo de los hombres.
Li Po

Predicciones preventivas para el Tigre basadas en el i ching, la intuición y el bazi

Tiempo de adaptación al TAO.

Queridos felinos, reyes de la tierra:

Imagino el fin del año del mono en sus aventuras por la selva deseando que estén fortalecidos por la experiencia de cambiar las rayas de la piel y la cosmovisión para continuar adaptándose al compás que les marcará el año del gallo.

Si bien hay cierta empatía, atracción y admiración mutua, el orden y la disciplina militar del gallo apabullan al tigre en sus decisiones de libertad y modus operandi. Por eso el I CHING les aconseja que sean sabios y se adapten al tiempo sin rebeliones ni segundas intenciones.

Es bueno que puedan seguir a un líder, un amor, un socio, una hermana que necesita ser escuchada con liviandad del ser.

El espíritu del tigre estará subordinado al tictac del gallo, que lo inspirará para nuevas ideas, trabajos, sociedades, ONG, redes de comunicación en las que podrá desplegar su pasión por el arte, los trabajos humanitarios, los riesgos en viajes en los que será desde paracaidista hasta el responsable del operativo y la misión.

El tigre estará felizmente domesticado, más considerado por maestros y discípulos que lo escucharán con atención y pondrán en marcha sus ideas innovadoras.

El felino pasó duros trances en el año del mono y necesita volver a la sabana con placidez, tiempo para el ocio creativo, para mantener cerca a la manada compartiendo juegos, travesuras y *rock and roll*.

Durante el año del gallo concretará proyectos que tenía parados, postergados, encajonados, sin futuro próximo. Podrá reconciliarse con sus zonas erróneas, sus íntimos enemigos, sus parientes cercanos.

Las expresiones fluir, soltar, no manipular, esperar las oportunidades son las premisas para este año en que el tigre confiará en la verdad interior, en reformular su existencia y mejorar las relaciones con el prójimo.

El felino aceptará sus límites, sus puntos vulnerables, su plasticidad para escuchar consejos y llevarlos a cabo.

Tiempo de compromisos más estables y duraderos; de reconciliación con colegas que dejaron marcas profundas en su memoria celular.

El tigre volverá a practicar deporte, yoga, esgrima, pilates, *fitness*, y sobre todo el kamasutra, el tantra, y EL TAO DEL AMOR Y DEL SEXO.

L. S. D.

El I CHING les aconseja:
17. Sui / El Seguimiento

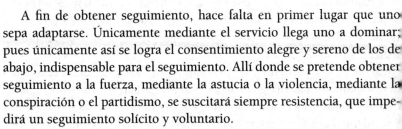

EL DICTAMEN
El Seguimiento tiene elevado éxito.
Es propicia la perseverancia. No hay defecto.

A fin de obtener seguimiento, hace falta en primer lugar que uno sepa adaptarse. Únicamente mediante el servicio llega uno a dominar; pues únicamente así se logra el consentimiento alegre y sereno de los de abajo, indispensable para el seguimiento. Allí donde se pretende obtener seguimiento a la fuerza, mediante la astucia o la violencia, mediante la conspiración o el partidismo, se suscitará siempre resistencia, que impedirá un seguimiento solícito y voluntario.

Sin embargo, un movimiento alegre también puede conducir a malas consecuencias. Por eso se añade como condición: «Es propicia la perseverancia», vale decir, ser consecuente en lo recto y «sin fallo». Del mismo modo que uno debe requerir seguimiento solo bajo esta condición, también es lícito que siga a otros solo bajo la misma condición para no sufrir daño.

La idea del Seguimiento, condicionado por la adaptación a lo que exige el tiempo, es grande e importante y por lo tanto también el texto del Dictamen añadido es favorable.

LA IMAGEN
En medio del Lago está el Trueno: la imagen del Seguimiento.
Así el noble a la hora del atardecer
se recoge para su recreo y descanso.

En el otoño la electricidad vuelve a retirarse hacia el interior de la tierra y descansa. Sirve aquí como símbolo el trueno en medio del lago: no el trueno en movimiento, sino el trueno del descanso invernal. El Seguimiento se deduce de este símbolo en el sentido de la adaptación a las exigencias del tiempo, de la época. El trueno en medio del lago indica tiempos de oscuridad y reposo. Así el noble, después de un día de infatigable actividad, se permite durante la noche el recreo y el reposo. Cualquier situación se torna buena únicamente cuando uno sabe adaptarse a ella y no malgasta sus fuerzas en falsas resistencias.

El tránsito del Tigre durante el año del Gallo

PREDICCIÓN GENERAL

El tigre querrá desaparecer en la selva, pero es posible que el gallo no lo deje en paz y a cambio le regale algunas aventuras. Le ofrecerá disciplina, algo difícil para el tigre, porque requiere su total atención; el secreto es que el felino se enamore de esa disciplina y al mismo tiempo la sienta como un reto. Por lo tanto es probable que este año encuentre algún pasatiempo, una nueva amistad o tal vez estrene una pasión.

La segunda mitad del año se sentirá con coraje, como quien sobrevive a una batalla; tendrá que pensar las cosas veinte veces, para evitar arrepentirse y arrastrar ese arrepentimiento durante el resto de su vida, aun cuando no haya nada grave que lamentar.

ENERO

Este mes pondrá a prueba su paciencia. Los tigres que estén buscando pareja no podrán hacerlo porque enero propicia las amistades platónicas, así que si creen que se encuentran enamorados de alguien y él o ella no dan señales de atracción, mejor dejen eso antes de que les digan que los quieren «solamente como amigos». Probablemente el trabajo se acumule tanto que no tendrán tiempo para verse guapos. Este mes es para dejar que el último cocotazo del mono pase sin mayores complicaciones.

FEBRERO

Es posible que esté muy sensible y cualquier afrenta le haga reaccionar con violencia. Estas respuestas agresivas serán más acentuadas entre los tigres de 1962 y 1974, por lo tanto se les suplica que esperen un poco antes de enfrentarse al mundo exterior. Resultará mucho mejor si pueden programar unas vacaciones o un retiro que les aleje de las multitudes y el tráfico. El tigre también podría aprovechar la primera racha de energía del año del gallo para enrolarse en algún curso de yoga o taichí; aquello que decida aprender a partir de ahora será para toda la vida.

MARZO

Este mes se presentará con gran actividad y tendrá a muchos en vilo porque la relación del mes del conejo con el año del gallo suele ser violenta. Tanta acción hará que la gente se sienta atraída por el tigre, pues la energía madera del felino se reforzará para darle magnetismo. Además, será elocuente, listo para abrir las puertas a lo que sea sin importar si está preparado o no para una nueva aventura amorosa. Se le suplica que no se deje ir en alas de Cupido sin estar perfectamente seguro de que va a aguantar un romance cuando en realidad no tendrá tiempo para ello.

Abril

Sigue la racha del mes anterior, pero sin tanto *sex appeal*. Es posible que el tigre se encuentre en medio de la acción en el mes del dragón porque sin quererlo podría acabar por ser líder de alguna causa o grupo de personas, y la combinación de energías se presta para situaciones rudas o incluso violentas. Ahora viene la parte en la que le tocará trabajar. Es posible que le inviten a cambiar el mundo de una vez por todas. Los idealistas de 1974 y los de 1998 estarán más que dispuestos a revolucionar la especie humana a como dé lugar, pero chocarán con signos menos idealistas.

Mayo

Todo lo ocurrido durante los meses anteriores será cobrado con karma en este mes. No será nada grave, pero es posible que la gente hable a sus espaldas y que se tenga que aislar por un momento. Aun los tigres menos combativos –1950, 1962– tendrán que mantenerse en sus cuevas hasta que pase la ola de rumores infundados. En cambio, el mes se presenta excelente para estudiar, dedicarse a la lectura y meditar. Podría tomarse unas vacaciones y no avisarle a nadie de dónde está. Sigue en pie la idea de asistir a un retiro porque la serpiente no va a ayudarle en nada.

Junio

El mes del caballo no le traerá la energía necesaria para afrontar el próximo mes. Habrá mucho trabajo y el pago no será suficiente, pero eso no es motivo para detener al tigre, que podría ganar un dinero extra haciendo trabajos informales en su tiempo libre. Pondrá a prueba su lealtad porque estará sexualmente inquieto, sintiendo que necesita algo más de la vida. Los jóvenes de 1998 estarán cada día más ambiciosos, y los de 1974 sentirán la mordida de la crisis de la mediana edad. Cuidado.

Julio

El mes de la cabra será benévolo. Si bien no es compatible con el año, el tigre funciona como intermediario energético entre cabra y gallo. Podrá moverse con más libertad y concretar los proyectos que dejó por andar de caudillo y Casanova los dos meses anteriores. Tendrá suficiente energía y es posible que le caiga algún dinero que necesita mucho. Sería bueno que aprovechara este tiempo para ponerse en contacto con viejos amigos fuera de las redes sociales de internet. Tal vez eso le sea de utilidad más adelante, en caso de que quiera comenzar algo nuevo.

Agosto

En el mes del mono se sentirá un poco paranoico aunque no tenga problemas con nadie. También estará impaciente. Busque modos más espirituales para digerir lo que esté ocurriendo en su mente o en su medio ambiente; necesitará ayuda, y las respuestas a su ansiedad solo podrán provenir desde su propio interior. Si todo eso falla, puede retomar cualquier disciplina que haya descartado antes, pero bajo la promesa de no dejar las cosas a medias ¡Necesita comprometerse con ello!

Septiembre

El doble gallo será INTENSO. Se sentirá en un circo de tres pistas con el ave en el centro del espectáculo. Necesitará organizarse, dar la espalda a vicios como los videojuegos o mirar un episodio tras otro de las series de internet. Los tigres de 1938 y de 2010 estarán más susceptibles a llamar la atención de manera negativa debido a alguna forma de pensar que no concuerde con lo que la mayoría de la gente considera correcto.

Octubre

Este mes podrá definir las prioridades fácilmente, y a partir de la segunda quincena obtendrá beneficios por su trabajo, entonces es muy importante que no permita que le distraigan y, menos aún, que la gente le haga sentirse culpable por dar más tiempo al trabajo que al ocio. Las tigresas serán vulnerables a los chismorreos, y deberán definir si les importa o no que las critiquen a sus espaldas. Se recomienda poner atención a lo que ocurra este mes, porque será una muestra de lo que pasará el año del perro.

Noviembre

El cerdo le traerá altibajos relacionados con su vida amorosa y sexual; será un mes importante para definir lo que tenga que ver con la pareja y la salud; estará tentado a cancelar planes. Se recomienda que invierta más en la salud preventiva haciendo dieta y ejercicio; hasta los jóvenes de 1998 se sentirán cansados sin razón. Es importante que no se queden frente al televisor o la tablet más tiempo de lo normal. Hay que salir a hacer ejercicio, a disfrutar del sol: necesitan crear recuerdos nuevos con sus amigos, el cerdo los premiará con sorpresas agradables.

DICIEMBRE

Este mes podría traerle varios kilos de más, y la sensación de haber nacido bajo el signo del elefante y no del tigre. La rata siempre lo ha consentido, pero en este caso, comer y beber de más podría traer al felino el riesgo de bajar sus defensas y enfermarse justo durante las fiestas decembrinas. Los dos meses anteriores quiso encerrarse a propósito, este mes se verá aislado por los demás, que ya no están acostumbrados a buscarlo. Tendrá que esforzarse un poco más, sobre todo los tigres de 1974, que son propensos a deprimirse en estas fechas. ¡Alégrense! Pronto vendrá el año del perro con todos sus beneficios!

Predicciones para el Tigre y su energía

TIGRE DE MADERA (1914-1974)

¿Han sobrevivido a la batucada, zamba y multiprocesadora del año del mono?

Si es así, este año les encontrará más tranquilos, mesurados, equilibrados, enfocados en dar lugar a sus prioridades: la salud en el sentido holístico, dieta, yoga, *fitness*, deportes, reencuentros con viajes a lejanos países donde sentirá que las profecías se cumplen y podrá ponerlas en práctica.

El gallo le marcará el compás en sus horarios, empresas, trabajos a tiempo parcial y lo entusiasmará para que sea líder en la comunidad de los hombres. Un flechazo lo movilizará en sus siete cuerpos y tendrá que tener una cita a solas para decidir qué rumbo darle a su vida.

AÑO DE FLUIR CON EL TAO Y ESCUCHAR CONSEJOS SABIOS.

TIGRE DE FUEGO (1926-1986)

Año de consolidar los cambios del tiempo simio y enfocar su vida con sabiduría.

Sentirá deseos de estudiar, viajar o integrar grupos de ayuda humanitaria a través de la Cruz Roja, de Greenpeace, de ¡Ni Una Menos![36]

Su eficacia será muy cotizada y podrá elegir cambiar de empleo y mejorar su calidad de vida.

En la pareja habrá conflictos que podrá resolver a través de constelaciones familiares, genograma o dialogando en el Pucará de Tilcara.[37]

---

[36] Véase página 211.
[37] Véase página 346.

Su entusiasmo encontrará eco y podrá cooperar en cambios sistémicos dentro de la empresa, escuela o profesión.

AÑO DE ORDEN DESDE ADENTRO HACIA AFUERA.

TIGRE DE TIERRA (1938-1998)

Resurgirá con la garra de los líderes y podrá reorganizar desde la familia, las empresas, los negocios y los enredos con socios y amigos.

Estará dispuesto a ceder parte de su patrimonio a quienes le ayudaron a convertirse en símbolo de justicia, libertad y solidaridad.

Estará abierto a nuevos desafíos: emprenderá un viaje que podría sentar las bases de un nuevo lugar para vivir, transmitir su experiencia o enamorarse y traer gallitos al mundo.

Buscará respuestas en nuevos paradigmas y se reconciliará con sus zonas erróneas.

AÑO DE LIMPIEZA KÁRMICA Y PLANES A LARGO PLAZO.

TIGRE DE METAL (1950-2010)

Después del tiempo del caos hacia el orden, de lo imprevisible a lo estable, de lo desmesurado al equilibrio, se sentirá con fuerzas renovadoras para comenzar el año del gallo en un monasterio, en la India o en la Puna argentina ordenando y equilibrando sus deudas interiores y exteriores.

Un nuevo tiempo de prioridades fortalecerá su espíritu.

Viajes compartidos, un nuevo hogar, participación en una ONG, grupos solidarios y amigos que serán los consejeros de sus decisiones le inspirarán para fluir con el TAO.

Será una persona decisiva en los medios de comunicación, redes sociales y convocatorias populares.

Recuperará el sentido del humor, los espacios al aire libre y la posibilidad de enamorarse como si fuera la primera vez.

TIGRE DE AGUA (1902-1962)

El I CHING le aconseja:

Si va a cambiar (y todo cambiará), yo solo sé que voy a estar
con cada cosa, tiempo y lugar, y el nuevo tiempo en el tiempo me encontrará.

Año de digestión de los saltos del simio y de buscar refugio dentro de su corazón.

Surgirán situaciones inesperadas en el ámbito familiar que deberá resolver con sentido común y lucidez.

Deberá tomar drásticas decisiones en su vida profesional: retomar un sueño o vocación de la juventud o seguir con emprendimientos comerciales y sociales que le chupen el prana.

El gallo lo mantendrá en la cúspide y podrá expresarse con fluidez en los medios, en las redes sociales o en la comunidad de los hombres.

El I CHING aconseja que mires con detalle cada cosa que das, cada cosa que tomas.

El aprendizaje: Si *el noble es inagotable y no tiene límites para soportar y proteger, aprende tú a hacerlo con lo que depende de ti.*

Sigue y persiste, por aquellos que dependen de ti.

L. S. D.

Este mundo es cobarde,
no tolera el amor, no tolera el amor.
Suelta tu espesa cabellera,
muestra tus pies descalzos
y sígueme, amor mío.
Deja este mundo
y vamos a morir por nuestro amor.
Cógete de mi mano,
amor, y sígueme.
Pisen espinas nuestros pies,
hiéranos el granizo.
Sígueme,
mi mano te sostiene.
Dejemos la prisión hacia la libertad.
Sígueme, amor.
El mundo de los hombres queda atrás.
Mira, mira el mar claro, inmenso.
Es el mar claro, inmenso,
es el mar claro, inmenso,
la libertad sin fin, tú, yo, el amor.
Mira allá, donde apunta mi dedo:
la estrella azul,
la isla cubierta de verdor,
flores lozanas, pájaros, animales hermosos,
sube a este barco grácil y ligero.
Y vamos, vámonos al paraíso soñado.
Adiós, mundo, adiós.
Hsu Chih Mo

Predicciones preventivas para el Conejo basadas en el i ching, la intuición y el bazi

Queridos conejos, gatos y/o liebres:

Hello!!!

El inicio del año del gallo de fuego, el 28 de enero del 2017, producirá cosquillas debajo de su tersa piel.

Con bombos y platillos estará llegando su opuesto complementario —el gallo— a prevenirles en voz alta, tenue, o por telepatía que durante su reinado deberán hacer buena letra, o al menos no confiar en sus poderes sobrenaturales para caer bien parados ante las pruebas, que para algunos serán de ciencia ficción o de hiperrealismo mágico.

El mundo está muy revuelto, hostil, inhumano para su exquisita sensibilidad; cada situación deberá ser estudiada con lupa, con el tercer ojo, con antena solar, lunar y eólica para que no caiga en trampas donde no aparecerán salvadores, mesías ni magos para sacarlos del hoyo donde cayó Alicia en el país de las maravillas.

OMOMOM.

El año del simio no fue fácil para tomar las riendas de su vida, y el gallo determinará con un gong si es posible reciclar situaciones difíciles, transmutarlas o dejarlas en moratoria hasta 2019, el año del cerdo, su gran amigo.

El I CHING les dice que las cosas están por cambiar, a pesar de que continúen inmersos en una burbuja.

Deben cuidarse y seguir adelante.

Ante un nuevo ciclo el conejo, que detesta los cambios abruptos, inesperados y precipitados, debe concentrarse en sus objetivos.

A veces confía ciegamente en su buena suerte, estrella, patrocinadores y amigos, pero el año del gallo lo mandará a cursar materias previas, a pagar al contado impuestos, deudas afectivas y familiares.

Las oportunidades de solucionar el conflicto están esperándolo y es propicio que busque asesores, abogados y gente idónea para salir ileso de situaciones no resueltas a tiempo.

«No dejes para mañana lo que puedes hacer pasado mañana».

El último hexagrama del I CHING marca una alerta meteorológica para salir bien preparado a la calle, en un vuelo hacia el exterior, cualquier situación en la cual deba atravesar un lago congelado y pueda, como el zorro, meter la cola.

La sabiduría del signo se manifestará con cautela, prevención, imaginación y perfil bajo.

El gallo puede brindarle el salto cuántico de su vida o dejarlo *knockout* por un largo tiempo.

Es recomendable que hagan constelaciones laborales y, ni hablar, familiares, genograma, yoga, reiki, técnicas de meditación dinámica, medicina núbica y ho'oponopono.

El punto G del conejo es aceptar las pérdidas afectivas, los cambios en la relación con la pareja, padres, hermanos e hijos, y salir en busca de su propia tribu.

Tendrá cambios imprevisibles de humor; oscilará entre la euforia y la depresión y explotará en lugares inadecuados exigiendo atención.

Su rebeldía podrá costarle despidos o malas recomendaciones en su ámbito.

No enfrente al prójimo como un gallo de riña; sea diplomático y no confronte.

Su suerte estará ligada a su astucia, tacto, refinamiento y, sobre todo, su sentido del humor.

Su salud necesitará atención: más dieta equilibrada, encuentro con gente sabia, practicar EL TAO DEL AMOR Y DEL SEXO y muchas salidas con amigos que compartan sus penas y alegrías.

AÑO DE PROYECTAR EL FUTURO DEL ÉXTASIS.

L. S. D.

El I CHING les aconseja:
64. Wei Chi / Antes de la Consumación.

EL DICTAMEN
Antes de la Consumación. Logro.
Pero si al pequeño zorro,
cuando casi ha consumado la travesía,
se le hunde la cola en el agua,
no hay nada que sea propicio.

Las circunstancias son difíciles. La tarea es grande y llena de responsabilidades. Se trata nada menos que de conducir al mundo para sacarlo de la confusión y hacerlo volver al orden. Sin embargo, es una tarea que promete éxito, puesto que hay una meta capaz de reunir las fuerzas divergentes. Solo que, por el momento, todavía hay que proceder con sigilo y cautela. Es preciso proceder como lo hace un viejo zorro al atravesar el hielo. En la China es proverbial la cautela con que el zorro camina sobre el hielo. Atentamente ausculta el crujido y elige cuidadosamente y con circunspección los puntos más seguros. Un zorro joven que todavía no conoce esa precaución arremete con audacia, y entonces puede suceder que caiga al agua cuando ya casi la ha atravesado, y se le moje la cola. En tal caso, naturalmente, todo el esfuerzo ha sido en vano.

En forma análoga, en tiempos anteriores a la consumación, la reflexión y la cautela constituyen la condición fundamental del éxito.

LA IMAGEN
El fuego está por encima del agua:
la imagen del estado anterior a la transición.
Así el noble es cauteloso en la discriminación de las cosas,
a fin de que cada una llegue a ocupar su lugar.

Cuando el fuego, que de todas formas puja hacia lo alto, se halla arriba, y el agua, cuyo movimiento es descendente, se halla abajo, sus efectos divergen y quedan sin mutua relación. Si se desea obtener un efecto es necesario investigar en primer lugar cuál es la naturaleza de las fuerzas que deben tomarse en consideración y cuál es el sitio que les corresponde. Cuando a las fuerzas se las hace actuar en el sitio correcto, surtirán el efecto deseado y se alcanzará la consumación. Pero a fin de poder manejar debidamente las fuerzas exteriores, es menester ante todo que uno mismo adopte un punto de vista correcto, pues solo desde esa mira podrá actuar adecuadamente.

El tránsito del Conejo durante el año del Gallo

PREDICCIÓN GENERAL
El año del gallo se presenta complicado para el conejo. La primera mitad será un tiempo para crecer por dentro, no para expandirse en lo social o en lo profesional. La segunda mitad del año será para disciplinarse durante el poco tiempo libre que le quede, para aprender alguna cosa que le sea útil el resto de su vida. Para sobrevivir al Suì Pò 歲破 (el año opuesto a su signo) deberá fomentar el wú wèi (hacer sin esfuerzo), más que el «tengo que hacer…». Su salud emocional será lo más importante, y para fomentarla lo mejor es que reconozca la diferencia entre las

emociones y los instintos, algo primordial en el Kung Fu, una práctica que le vendría muy bien aprender junto con la filosofía Taoísta.

Enero

Seguirá bajo el mando del año del mono, por lo tanto las sorpresas productivas o destructivas que encuentre en el camino serán por la influencia de la energía metal que está todavía muy fuerte. Este mes deberá dedicarse a recuperar las fuerzas por medio del ejercicio y el contacto con la naturaleza. Sería bueno que programara un campamento o varias excursiones a lugares con un clima agradable, mejor aún si hay árboles y agua dulce cerca. De esa manera podrá recargar las baterías antes de que llegue el año del gallo, el día 28 de este mes. Los conejos de 1939 y 1951 se beneficiarán con la acupuntura.

Febrero

La combinación de energías durante este mes hará muy atractivo y simpático al conejo, pero así como se verá interesante para amistades potenciales, también podría atraer amistades que no le convienen o inclusive a algunos enemigos. Deberá ser muy cauto a la hora de presentarse a sí mismo ya que el año del gallo no estará de su parte. Esto afectará a todos los conejos, pero la advertencia va en especial para los conejos de 2011, que están comenzando la escuela primaria, momento crucial que definirá muchas de sus oportunidades futuras y será una prueba tremenda para ellos.

Marzo

El mes propio lo tendrá marchando a paso acelerado. La escuela, el trabajo, las labores domésticas, TODO será un tema difícil y un motivo de drama. Este mes será el más agitado del Suì Pò, por lo que se le recomienda andar con pies de plomo, procurar más diplomacia y, sobre todo, deberá aplicarse muy bien en lo que haga para no cometer errores, porque la gente no solo lo calificará, sino que podría quitarle oportunidades importantes. Su familia será otro problema delicado que únicamente se mantendrá a flote por medio del amor y la capacidad para comunicarse sin centrarse solo en lo negativo.

Abril

Este mes atrae accidentes menores. Necesitará estar muy atento a lo que haga y mirar bien por dónde camina, incluso en su casa. Le vendrá bien encontrar ayuda en sus amigos cabra, cerdo o rata, que puedan acompañarlo, sobre todo si va a lugares poco seguros o de noche. Es importante también que cuide su dieta porque hay peligro de adquirir problemas metabólicos. La energía tierra, que rige el estómago, está ligada al azúcar, por lo que se le suplica no consumir este producto en exceso, en especial a los nacidos en 1963, 1975 y 2011. Las tentaciones serán muchas, ¡cuidado!

Mayo

Saldrá de viaje, acompañado o solo. Algo que no parece nada malo, pero si quiere compañía, irá solo, y si quiere estar solo, irá acompañado. De cualquier manera, se sentirá incómodo. Para evitar ese tipo de situaciones, deberá meditar en la importancia del wú wèi 无为, que significa «hacer sin esfuerzo»; si siente que está esforzándose de más, quiere decir que lo que está haciendo no es beneficioso y deberá dejarlo ir. Para llegar al punto de «no esfuerzo» puede meditar en calma, no necesariamente con técnicas orientales; salir a caminar será suficiente para calmar el corazón y la mente.

Junio

Este mes le ayudará un poco a mejorar su estado de ánimo, para lo cual se le recomienda convocar a los amigos, algo más fácil de hacer con las redes sociales, pero necesita verlos de verdad, encontrarse con ellos, no dejarlos en el campo virtual de internet. También es un buen mes para limpiar la casa, pero sin exagerar. Con solo regalar lo que no utiliza y tirar a la basura lo que ya no le sirve será suficiente, eso liberará el Kì 氣 atascado para que pueda circular mejor lo productivo. Es un buen mes para los que van a terapia porque encontrarán aspectos positivos inesperados.

Julio

La cabra mensual ayudará a que se concentre, aunque este mes los beneficios que le aportan sus capacidades intelectuales no lucirán en su boletín de calificaciones o en el trabajo. No hay nada que hacer más que tranquilizarse. Sigue el tema del wú wèi, que según parece es la lección más importante en esta etapa de su vida. Dejar ir, soltar y liberarse es un tema doloroso para los conejos de años anteriores a 1999, pero para los gazapos de 2011 este mes es primordial para aprender a practicar el wú wèi y para ello necesitarán la ayuda de padres y maestros, que esperamos estén leyendo esto.

Agosto

Este mes es mejor que prepare atentamente todo lo que tenga que manejar de manera legal y económica durante estos dos meses. Es de suma importancia que esté organizado y se haga respaldar por personas cultas, inteligentes e idóneas, porque tanto este mes como el que sigue, el tema tendrá que ver con comprobar su honor. Algo que hasta los pequeños de 2011 deberán demostrar. El mes simio será más benévolo que el que sigue, pero no por eso dejará de ser conflictivo, por lo cual le suplicamos que se tranquilice y no tome como agresiva ninguna observación o crítica constructiva.

Septiembre

Será mejor que haya atendido las advertencias del mes anterior y no salga del gallinero, porque este mes de doble gallo resultará exigente y, a veces, ingrato. No es un tiempo para firmar papeles importantes, para invertir ni gastar sumas de dinero de ningún calibre. Es mejor que se aísle, le dedique tiempo al arte, a la lectura y a reforzar la salud por medio de la dieta y el ejercicio. Es un mes que podrá pasar sin dolor alguno si aprende a prevenir, por lo que se le invita a releer lo escrito para meses anteriores. Si está leyendo esto en tiempo real, tendrá que asumir las consecuencias.

Octubre

El mes del perro es neutro, por lo tanto, un mes de descanso. Las energías de tierra y fuego del perro le traerán un ambiente propicio para sanar, renovar la confianza en sí mismo, para liberar la tensión acumulada. Resulta importante que aproveche para aprender formas saludables de manejar el estrés, formas que no involucren estar sentado sino que pueda interactuar positivamente con gente nueva aun estando en movimiento. Actividades como las artes marciales, correr y bailar podrían ser de mucha ayuda, así como hacer servicio social, cualquier cosa que borre la memoria de meses anteriores.

Noviembre

El mes del cerdo también será de descanso, indicado para renovar la energía propia del conejo. Un mes para rodearse de arte, literatura y buena música. Estará tentado a permanecer en las fronteras de internet y las redes sociales, pero no deberá culpar a las circunstancias si de pronto se siente aislado: tendrá que poner algo de su parte para reactivar su vida social. Tenga en cuenta que aún falta mucho para que el año del gallo termine, así que necesita mantener el perfil bajo y no exponerse de ninguna manera.

Diciembre

La rata viene a levantar en vilo al conejo, que ahora está tan resentido con el mundo que sentirá que este año es el del gavilán y no el del gallo. La energía del roedor estará más entonada para sanar, perdonar, dejar ir lo que no puede remediar. También es una energía *sexy* que podría traerle un nuevo amor, en caso de que esté soltero, o un ramillete de nuevas amistades. Sin embargo, el gallo todavía no lo ha soltado y es mejor que no se involucre profundamente sino hasta febrero; de esa manera podrá asegurar un fin de año tranquilo y un tránsito más amable por el Suì Pò.

Predicciones para el Conejo y su energía

Conejo de Madera (1915-1975)

Año de cambios sistémicos en su vida personal, afectiva y familiar. Sentirá ganas de decir: *stop!!!*

La rutina no es su aliada, y dejará en manos de terceros responsabilidades que le pueden costar caras.

Nuevas oportunidades creativas, de trabajos grupales, solidarios, ambientales lo mantendrán activo y podrá volcar su talento en gente joven, a la que será capaz de guiar.

El amor cambiará de forma y estilo: nuevas relaciones podrán compartir su vocación, trabajo y conocimiento.

Conejo de Fuego (1927-1987)

De las cenizas resurgirá con otras siete vidas y podrá proyectarse en un mundo más humano, solidario y creativo.

Deberá sanar, mejorar los vínculos familiares a través de constelaciones familiares y dejar que los demás fluyan sin ser juzgados.

Podrá retomar un oficio o vocación que es terapéutico y sentir que mantiene el equilibrio en su inteligencia emocional.

Los cambios son inevitables; dependerá de usted la forma de realizarlos en etapas, aceptando sus zonas erróneas y practicando el ho'oponopono.

CONEJO DE TIERRA (1939-1999)
Año de contemplación y cautela ante lo imprevisible.
Tendrá que ejercitar la paciencia china, la sabiduría, y ser más humano, solidario con quienes se cruzan en su camino.
Deberá resolver asuntos penales, legales, y pagar en incómodas cuotas asignaturas pendientes.
Una beca o un viaje al exterior revitalizará su autoestima y logrará reinventarse en su oficio, profesión y cosmovisión.
AÑO DE SORPRESAS AGRIDULCES.

CONEJO DE METAL (1951-2011)
«*All we need is love*», cantan los gatos de metal a los gritos.
Tiempo de revancha con sus íntimos enemigos, asignaturas familiares y exparejas.
Reclamará «el oro y el moro», no se dejará llevar por las malas noticias mundiales y comenzará una campaña para mejorar desde lo cotidiano –servicios, costumbres y modales– hasta las utopías que lo desvelan.
Deberá ordenar situaciones legales, económicas y familiares.
AÑO DE REFORMULACIÓN DESDE LA DERMIS HACIA LA EPIDERMIS.

CONEJO DE AGUA (1903-1963)
Año de metamorfosis y nuevos rumbos.
Reformulará su camino existencial. Innovará en nuevos oficios, profesiones, o estudiará una carrera que quedó pendiente en su deseo.
La familia lo reclamará con sus exigencias.
Se enfrentará a situaciones imprevistas legales e impositivas y deberá buscar ayuda de gente idónea para no caer en la trampa e involucionar o, como el cangrejo, ir para atrás.
Su corazón latirá fuerte: un amor revitalizará el KUNDALINI y le invitará a viajar con la imaginación desde los almohadones de seda del Lejano Oriente despertando su curiosidad y vocación altruista.

L. S. D.

Desciende una blanca cigüeña;
Revolotea en torno al incienso y escucha.
Al final de la noche, acabados los rezos,
monta el taoísta en la cigüeña.
Llevados por el viento desaparecen ambos
en el infinito otoño.
Pao Yang

Predicciones preventivas para el Dragón basadas en el i ching, la intuición y el bazi

Queridos reyes del cielo:

Bienvenidos al inicio del año del gallo de fuego, el 28 de enero de 2017. El empujón de su amigo, socio, cómplice y patrocinador –el mono– los ha llevado al umbral de un tiempo de aumento en cada situación de su vida.

A pesar de los estados *up* y *down*, de las pruebas reales y atormentadoras del simio, la vida los puso a prueba y pudieron atravesar desde el inframundo hasta el supramundo, y renacer como el ave fénix.

Grandes cambios se concretarán durante el tiempo del aumento: mejoras en el sueldo, la calidad de vida, en las relaciones afectivas en las cuales será el médium para solucionar problemas en el zoo, en sociedades laborales y en los propios emprendimientos destinados a fines solidarios.

El gallo adora al dragón, lo potencia, estimula e inspira: un ejemplo es la relación de John Lennon con Yoko Ono.

Encontrará al mejor interlocutor válido, consejero, amigo para que su vida esté contenida, no se desborde y pueda crecer holísticamente.

El tiempo del aumento no es eterno; por eso se le recomienda que sepa administrarlo y que no abuse de su bonanza.

El dragón estará en el cenit de la escena.

Será protagonista de cambios sistémicos en la comunidad de los hombres, y aportará grandes transformaciones con su lucidez, eficacia y trabajo.

Las relaciones afectivas se consolidarán y hasta podrá decir: ¡¡SÍ, QUIERO!!

Traerá gallitos al mundo.

Su imaginación volará alto: estará lleno de luz, magia, sentido del humor, y podrá diseñar el futuro con bases sólidas y a largo plazo.

El punto G o de vulnerabilidad será la salud: tantos movimientos, cambios de hábitos, viajes de un extremo al otro del planeta estarán afectando su sistema nervioso, digestivo y respiratorio.

CALMA.

Es recomendable que haga terapias alternativas que incluyan medicina china, ayurveda, reiki, yoga, y que practique EL TAO DEL AMOR Y DEL SEXO.

El aumento traerá nuevos amigos, relaciones, dinero e ideas.

El I CHING dice:
Al ganar, como al perder,
es tiempo de aprovechar
pues la flor debe saber
el valor y la verdad.
El divino agricultor aprendió a hacer la reja de arado a partir de este signo.
Por ser madera, penetrante y en movimiento.
Y esa relación aumenta.
Piensa en tu carácter y áralo, para sembrar y aumentarte.

El dragón sabe que tiene muchas vidas en esta reencarnación y dependerá de su sabiduría ponerla a favor para llegar al Nirvana libre de karma, o acumular conflictos y relaciones de interés y riesgo para involucionar.

El tiempo es propicio para continuar con la misión que trae y compartirla entre más personas capacitadas que aprecien el fruto de su trayectoria.

Es parte de su cambio integrar al zoo, pedir perdón, aceptar que no tiene la verdad suprema y facilitar el crecimiento de personas capacitadas en continuar su obra.

AÑO INOLVIDABLE EN SU CORAZÓN, MENTE Y ALMA.

L. S. D.

El I CHING les aconseja:
42. I / El Aumento

EL DICTAMEN
El Aumento. Es propicio emprender algo.
Es propicio atravesar las grandes aguas.

Debido al sacrificio operante desde lo alto en aras del aumento de lo inferior, surge en el pueblo una disposición de ánimo caracterizada por la alegría y la gratitud, sumamente valiosa para el florecimiento del bien público. Cuando de este modo sienten los hombres afecto por sus príncipes, bien puede emprenderse algo y aun en los asuntos difíciles y riesgosos se logrará éxito. Por eso, en tales épocas ascendentes, cuyo desarrollo se ve acompañado por el éxito, es cuestión de trabajar y de aprovechar el tiempo. La época es similar al tiempo en que celebran sus bodas el Cielo y la Tierra; en que la Tierra se hace partícipe de la energía creadora del Cielo, dando forma y realidad a los seres vivientes. El tiempo del Aumento no dura, por lo tanto es menester utilizarlo mientras está.

LA IMAGEN
Viento y trueno: la imagen del Aumento.
Así el noble: cuando ve el bien lo imita,
si tiene defectos, se deshace de ellos.

Al observar cómo el trueno y el viento aumentan y se refuerzan recíprocamente, aprende uno cómo encontrar el camino hacia el aumento de sí mismo, hacia el propio mejoramiento. Cuando algo bueno se descubre en los demás, debe uno emularlo, haciendo suyo de este modo todo el bien que hay sobre la tierra. Cuando uno observa algo malo en sí mismo, debe quitárselo de encima. Así se libera uno del mal. Semejante modificación ética constituye el aumento más importante de la personalidad.

El tránsito del Dragón durante el año del Gallo

PREDICCIÓN GENERAL

El gallo y el dragón tienen una relación de «estira y afloja» muy complicada, pero productiva. La energía del dragón y la del gallo se aman con pasión. El dragón, que de por sí es imparable, en contacto con el gallo se vuelve INTENSO. No importa la edad: los padres de los dragones de 2000 y 2012 necesitarán poner mucha atención a lo que los chicos vean en internet y con quiénes estén conviviendo en la escuela. Los demás dragones, siempre que sea con responsabilidad y respeto, podrán hacer y deshacer a conveniencia. ¡Disfruten este gran año!

Enero

Hasta el 28 de enero, el dragón seguirá bajo el mando del mono, lo cual le resultará benéfico porque la influencia del mono mitiga la del búfalo que rige el mes; eso provoca que el dragón tenga más posibilidades de ascender en la escala social y en la amorosa. Sin embargo, a las dragonas no se les recomienda tratar de concebir hijos en enero. Las anécdotas que genere este mes tendrán que ver con la manera en que el dragón interactúa con los demás; aunque siempre ha sido brillante en este aspecto, en estos días se conducirá torpemente, pero con resultados cómicos.

Febrero

La combinación de energías lo sacarán de viaje y, en esta ocasión, los viajes serán de placer aunque haya algo de trabajo involucrado. Se le recomienda protegerse si se encuentra con alguna relación casual en el camino, y también que sea muy claro a la hora de establecer cualquier encuentro, ya que el mes del tigre le hará muy atractivo y si no está seguro de llevar una relación estable con nadie podría romper dos o tres corazones mientras averigua qué es lo que realmente quiere. Será fácil influenciarlo, necesita alejarse de vampiros emocionales.

MARZO

Es un mes complicado porque si bien se lleva perfectamente con el conejo, choca con el año del gallo y podría meter al dragón en problemas de carácter legal o social por defender a los menos privilegiados. Más allá de las redes sociales, su solidaridad deberá desarrollarse en el mismo lugar donde ocurran los hechos que requieran de su ayuda. Solo necesita tener cuidado y evitar accidentes o malentendidos con personas menos evolucionadas. Se le sugiere extender su amor por el prójimo en casa y entre sus viejos amigos, ya que para todos será necesaria su presencia.

ABRIL

Este es el mes de las mejores oportunidades y las puertas abiertas. Los niños que nazcan en el mes del dragón serán afortunados. Eso quiere decir también que lo que se le ocurra podría resultar un proyecto fructífero, por lo tanto se le sugiere que escriba y guarde todos sus mapas mentales. Necesitará organizarse para alcanzar sus objetivos. Tendrá treinta días que recordará el resto de su vida. Este mes es bueno para concretar asuntos legales o comerciales importantes. Socialmente será activo, tendrá admiradores que seguirán esperando que se deje querer.

MAYO

Este será un mes de altibajos, pero también productivo. Las desigualdades tendrán que ver con sus relaciones amorosas, pero no serán tan graves. En el caso de que el dragón tenga hijos, en mayo se espera que deba consolarlos por alguna ruptura o problema con los profesores, así que sería bueno aprender a escucharlos antes de emitir cualquier opinión. A nivel laboral, todo lo que haga saldrá a pedir de boca; probablemente estaría en condiciones de acceder a una promoción o aumento de sueldo.

JUNIO

Es poco probable que este mes sea tan productivo como los anteriores, por lo que podrá aprovecharlo para hacer vacaciones dentro de su casa. Este anonimato momentáneo le servirá mucho si el dragón que lee esto se dedica a la ciencia y las artes. Los dragones que tienen obligaciones que requieran su presencia en oficinas o talleres tendrán que levantarse más temprano y organizarse bien, porque a veces parecerá que es imposible salir de casa; algunos hasta podrían caer enfermos por culpa de gripes o dolores de estómago. Cuidado.

Julio

El mes de la cabra será mucho menos relevante que otros meses, o inclusive años. En definitiva le parecerá aburrido o hasta incómodo. Estos días podrá usarlos para aprender alguna disciplina nueva o adoptar un pasatiempo que podría acompañarlo siempre. Estará sensible, dispuesto, listo para absorber como una esponja cualquier información, algo que a los dragones de 2000 y 2012 les sentará de maravilla ya que esta racha sin eventualidades se extenderá hasta cubrir el mes que viene.

Agosto

Como mencionábamos en el texto de julio, el mes del mono tampoco atrae eventos importantes, sin embargo hay una advertencia aquí para los dragones de 1940, 1976 y 1988, que serían los más tentados por la pereza y la gula: tengan cuidado con lo que consuman y lo que no hagan, ya que podrían subir mucho de peso en tan solo un mes, algo que arrastrarían durante un período muy largo, pues existe la posibilidad de que aquello que se realice durante este mes se convierta en una costumbre. La recomendación aquí es la misma que el mes anterior.

Septiembre

En estos treinta días estará más ardiente que nunca. El gallo doble que gobierna tanto el mes como el año le dará una energía sexual más alborotada, especialmente al llegar las horas del gallo, de las 17 a las 19. Atraerá a las masas con más magnetismo que nunca y en casos especiales –los dragones de 2000 y 2012– podrán saltar a la fama aunque también su precocidad podría meterlos en problemas; por lo tanto es de suma importancia que estén siempre vigilados por padres y tutores. Los demás dragones podrán divertirse mucho, pero como siempre: con precaución.

Octubre

El mes del perro siempre representa un choque, pero depende del dragón la duración de ese choque. Lo que tiene que hacer es prevenir accidentes poniendo atención por dónde va. También podrían ocurrir accidentes a nivel social, principalmente ocasionados por su honestidad o alguna eventual falta de empatía. Tendrá que ser muy diplomático y, si eso no le sale bien, conviene que se rodee de algún amigo del signo de la rata para que sea su portavoz. Aún así, la influencia del gallo seguirá cubriéndolo de oropeles, y por eso, muy probablemente, podrá salirse con la suya sin sufrir rumor o rasguño alguno.

NOVIEMBRE
Si el dragón está dispuesto o lo desea, este mes el cerdo podría traerle un contrato matrimonial que duraría toda la vida. Los que ya estén casados podrán renovar sus votos. Los dragones de 2000 sentirán esas mismas ganas locas de sentar cabeza, algo muy apresurado para su edad, y necesitarán que los adultos a su alrededor les hagan poner los pies sobre la tierra. En cambio, los dragones solteros y sin ningún compromiso podrían conseguir con facilidad una pareja si ponen atención en círculos sociales que no frecuenten habitualmente… y ese cambio de ambiente les convendrá mucho.

DICIEMBRE
Este mes resultará ajetreado; ya sea que haya fluido con el Tao durante el mes anterior o que se haya dejado atrapar por un nuevo pasatiempo, este mes será la síntesis perfecta del año anterior y por ello estará ocupado, hasta tal punto que es posible que ningún dragón lea esta predicción y sea algún amigo o pariente de otro signo quien está leyendo esto (por favor, hágale saber que diciembre le tendrá muy activo). Este mes también podría atraerle antojos de comida basura, por lo que le pedimos que se cuide y no caiga en tentaciones. ¡Felicidades! Que el gallo le siga colmando de aventuras.

Predicciones para el Dragón y su energía

DRAGÓN DE MADERA (1904-1964)
Con el empuje saltarín del año del mono llegará irradiando rayos láser de magnetismo y *glamour*.

Sentirá que puede aumentar la apuesta en lo que decida emprender.

Lloverán contratos, nuevos empleos, la posibilidad de una beca y una temporada en el exterior.

Conseguirá solucionar trámites legales, cobrar una herencia o pago atrasado y tal vez aparezcan mecenas para dar un giro en su vida.

Su sensibilidad estará exaltada; podrá tener estados *up* y *down* y sentir que lleva en sus escamas los pesares de la humanidad.

Es recomendable que sepa distribuir el tiempo entre el ocio creativo, los planes laborales y EL TAO DEL AMOR Y DEL SEXO.

AÑO CON GANANCIAS Y NUEVOS AMIGOS.

DRAGÓN DE FUEGO (1916-1976)

Después del *rock and roll* del año simio, necesitará recuperar fuerzas para recolocarse en una nueva estrategia de vida.

Lloverán ofertas laborales, viajes por estudio, placer y también para aumentar su profesión, tendrá que distribuir su tiempo con mesura y cuidar su salud.

El amor será la gran recompensa de su perseverancia. Un gallo ardiente le propondrá compartir trabajo, amor y conocimiento en el gallinero.

AÑO DE AUMENTO Y FORTALECIMIENTO DEL CARÁCTER.

DRAGÓN DE TIERRA (1928-1988)

Tiempo de consolidar sus sueños y utopías.

El gallo le facilitará el camino organizando con sabiduría sus prioridades.

Será reconocido y aclamado en el mundo por sus descubrimientos, arte, talento, o por situaciones de escándalo.

Su vida tendrá nuevos matices: recuperará el sentido del humor, la magia y el *glamour.*

Sonarán vientos de boda, algún gallito en la madrugada le cantará el «cocorocococó».

Su vocación encontrará eco y podrá participar en nuevas ONG, empresas y obras de inclusión a inmigrantes, discapacitados y excluidos.

AÑO DE RECOMPENSAS Y ALTO VUELO.

Texto de la señora Virola, mencionada en la página 111.

¡Hijos de Dios! Somos hijos de Dios en esta tierra para cumplir la misión de servir en la construcción de un mundo mejor.

Es sumamente importante que nuestros pensamientos y palabras sean absolutamente positivos. La espiritualidad positiva cambia una vida triste o infeliz en una vida feliz, un cuerpo enfermo en un organismo sano y con fuerza de encaminar y dominar su vida y su destino cada día mejor.

¡El espíritu de la vida está en nosotros, y lo que afirmamos lo conseguimos! Todas las mañanas después de nuestra oración debemos decir: «Yo soy hijo de Dios, perfecto y sano», y repetir lo mismo antes de dormir por la noche.

Dragón de Metal (1940-2000)

Durante este año deberá aceptar las recompensas cósmicas y humanas que tendrá por su labor de siembra a través de su existencia.

Será líder en movimientos que cambiarán la conciencia en la comunidad de los hombres, y ocupará un rol de jerarquía.

Estará estimulado por la constelación familiar y sanará viejas heridas.

Podrá viajar y dar un salto cuántico en su vocación, oficio y búsqueda de respuestas a su infatigable curiosidad.

Aparecerán amores nuevos, algunos serán aves de paso, y uno el «gran amor de su vida».

PODRÁ ESTABLECERSE DEFINITIVAMENTE EN SU LUGAR EN EL MUNDO.

Dragón de Agua (1952-2012)

Llegará al año del gallo celebrando «la vida es bella» con amigos e ideas renovadoras para despegar hacia un nuevo porvenir.

Su voz será eco de multitudes y participará en tareas que le gratificarán, y arando el campo para su siembra en la comunidad de los hombres.

Un amor diferente cambiará su concepción del mundo y le inspirará para compartir experiencias sin ataduras y con libertad.

Aprenderá nuevos oficios y podrá resolver deudas pendientes con socios, excónyuges, y consigo mismo.

AÑO DE APERTURA EMOCIONAL, CREATIVA Y MENTAL.

Tiempo para recolectar frutos y compartirlos con quienes fueron parte de su camino.

L. S. D.

En el azul del cielo clava sus pabellones
el inmenso palacio.
Los dragones de oro escoltan las columnas brillantes como estrellas.
Detrás de la cortina, ligeramente alzada,
festejan las doncellas al soberano sol.
Y sus gráciles manos arrancan armonías a las cuerdas y a las piedras
sonoras.
Li Po

Predicciones preventivas para la Serpiente basadas en el i ching, la intuición y el bazi

LA VERDAD INTERIOR.

Mientras escribo las predicciones para los ofidios que se hayan zafado del año del mono y su fuego purificador, disfruto de la nevada más intensa, mágica y transmutadora en Las Rabonas y Traslasierra.

Hace dos días que el invierno declaró su estancia en este paraje, y aunque no tengo leña y sufro cortes de luz continuos, respiro los impedimentos con alegría.

Imagino que estarán enroscadas en la madriguera hasta el gong del inicio del año del gallo, el amigo, cómplice, socio incondicional que transmutará su piel externa y su rumbo hacia nuevos horizontes por un largo tiempo.

La embestida simia fue tenaz, pero como siempre quedarán preparadas para el renacimiento, que es parte del eros-tánatos que conocen desde siempre.

La verdad interior es un hexagrama que habla de la esencia del ser humano ante la adversidad. Es intenso, pues pone a prueba los valores éticos, morales, y las tentaciones que son la sal de la vida del ofidio.

La serpiente sabia capitalizó sus pecados mortales y capitales y pidió moratoria al Emperador de Jade; sabe que tendrá aun más de una vida en esta reencarnación y liberará karma cumpliendo con sus deberes.

La enciende y estimula la posibilidad de reencontrarse con sus seres queridos, amigos, examores, nuevos candidatos.

Buscará asesores de imagen, viajará en busca de nuevos *looks*, cirugías, consejos para su salud holística, y podrá reinventarse.

Nuevos estímulos la sorprenderán: maestros, guías espirituales, un premio, beca u oportunidad para viajar al exterior y comenzar una nueva vida o estudio serán motivos de regocijo. Hará las maletas, buscará acompañantes o invitará a algún chamán a recorrer el Nilo, o los secretos de las rutas mayas abrirán su tercer ojo.

La serpiente sabe que el gallo la amparará y protegerá en situaciones ante la ley y la justicia.

Aprenderá a relacionarse sin tanta soberbia y omnipotencia y conseguirá seducir con facilidad a quien se le cruce en su camino.

La serpiente, que estaba *stand by* o sin ganas de reiniciar algún estudio, emprenderá su búsqueda y conseguirá lo que desee con éxito.

La familia la apoyará y reincidirá en relaciones que no pudo constelar, practicando el dharma.

Su *sex appeal, glamour*, simpatía serán contagiosas; tendrá una lista de candidatos para elegir cuando sienta debajo de su piel un cosquilleo que creía que había desaparecido.

Tendrá que enfrentarse con su psiquis, conciencia, y dar fe de sus actos en la justicia. Los excesos de poder, los desvíos en su conducta son su sombra; tal vez pudo engañar a otros, pero no a sí misma.

Sentirá que vuelven a confiar en usted; el talento, la audacia, el coraje y la visión para enfocar sus metas se delinearán como la ruta de Nazca desde el cielo y se deslizará con intuición, conciencia y optimismo durante el año de su compañero, amigo incondicional, que le marcará el tictac para que no llegue tarde a la cita más importante de su vida.

L. S. D.

El I CHING **les aconseja:**
61. Chung Fu / La Verdad Interior

EL DICTAMEN
Verdad interior. Cerdos y peces. ¡Ventura!
Es propicio cruzar las grandes aguas.
Es propicia la perseverancia.

Los cerdos y los peces son los animales menos espirituales y por lo tanto los más difíciles de ser influidos. Es preciso que el poder de la verdad interior haya alcanzado un alto grado antes de que su influjo alcance también a semejantes seres. Cuando uno se halla frente a personas tan indómitas y tan difíciles de ser influidas, todo el secreto del éxito consiste en encontrar el camino adecuado para dar con el acceso a su ánimo. En primer lugar, interiormente hay que liberarse por completo de los propios prejuicios. Se debe permitir, por así decirlo, que la psiquis del otro actúe sobre uno con toda naturalidad; entonces uno se le acercará íntimamente, lo comprenderá y adquirirá poder sobre él, de modo que la fuerza de la propia personalidad llegará a cobrar influencia sobre el otro a través de esa pequeña puerta abierta. Cuando luego ya no haya obstáculos insuperables de ninguna clase, podrán emprenderse aun las cosas más peligrosas –como la travesía del agua grande– y se obtendrá éxito. Pero es importante comprender en qué se fundamenta la fuerza de la verdad interior. Esta no se identifica con una simple intimidad o con una solidaridad clandestina. Vínculos íntimos también pueden darse entre bandidos. También en este caso significa, por cierto, una fuerza. Pero no es una fuerza venturosa puesto que no es invencible. Toda asociación basada en intereses comunes solo puede llegar hasta un punto determinado. Donde cesa la comunidad de intereses, también termina la solidaridad, y la amistad más íntima se transforma a menudo en odio. Tan sólo allí donde lo recto, la constancia, constituye el fundamento, la unión seguirá siendo tan sólida que triunfará de todo.

LA IMAGEN
Por sobre el lago está el viento:
La imagen de la verdad interior.
Así el noble discute los asuntos penales,
con el fin de detener las ejecuciones.

El viento mueve el agua porque es capaz de penetrar en sus intersticios. Así el noble, cuando debe juzgar faltas cometidas por los hombres, trata de penetrar en su fuero interno con gran comprensión para formarse un concepto caritativo de las circunstancias. Toda la antigua jurisprudencia de los chinos tenía por guía esa idea. La más elevada comprensión, que sabe perdonar, se consideraba como la más alta justicia. Semejante procedimiento judicial no carecía de éxito; pues se procuraba que la impresión moral fuese tan fuerte como para no dar motivos de temer abusos como consecuencia de tal lenidad. Pues esta no era fruto de la flaqueza, sino de una claridad superior.

El tránsito de la Serpiente durante el año del Gallo

PREDICCIÓN GENERAL
El gallo le ofrece la oportunidad de ajustar sus finanzas, administrar su tiempo y conseguir nuevas oportunidades laborales. En vez de sufrir los problemas sociales y los chismorreos laborales del año pasado, podrá afirmarse y mantener un buen ritmo. No han sido años sencillos porque a las serpientes no les gusta que les perturben sus rutinas o que las desconcentren, y al menos los seis años pasados fueron difíciles. Tendrán 365 días para retomar el camino que se les había perdido y podrán enderezarse, sacar la cabeza afuera del nido y disfrutar de las recompensas que su sabiduría infinita les hizo incubar durante un largo período del año anterior.

ENERO

El año del mono aún no termina, por eso hasta el día 28 deberá seguir con pies de plomo. Mientras llega ese día, es recomendable que prepare su currículo, una buena reseña de lo que sabe hacer y sus logros personales, porque tal vez tenga que buscar un nuevo trabajo, lo cual será muy bienvenido ya que el mes del búfalo le va a ayudar. Puede crearse un nombre artístico o seudónimo, registrar sus inventos en la oficina de patentes, con derechos de autor. Todas las precauciones serán necesarias en los meses siguientes, en los que el gallo la mantendrá ocupada.

FEBRERO

El mes del tigre ayudará para que la serpiente ponga sobre el mapa lo que sigue con una perspectiva distinta a la propia. Esto será muy valioso porque llevaba mucho tiempo sin alcanzar ningún objetivo y se había encerrado un poco en su visión, sin poder ver más allá de los problemas reales. Ahora, con más objetividad, podrá resolver todo lo pendiente y liberarse un poco, pero necesita aprender a soltar el pasado, dejar ir prejuicios y fantasías que le impiden crecer y, así, obtener lo que desea.

MARZO

Este será el único mes realmente complicado del año porque la serpiente está justo en medio de la batalla campal entre el mes del conejo y el año del gallo. Para no meterse en problemas, la recomendación es que no interactúe más de lo necesario con personas ajenas a su modo de vida o filosofía personal, algo muy difícil de lograr en estos tiempos de redes sociales, pero no imposible siempre y cuando apague la conexión a internet y se enfoque únicamente en su trabajo, su salud y la gente que más ama. Estará más flexible a otros modos de elaborar su trabajo.

ABRIL

Fuera de algunos desencantos amorosos o problemas menores con aparatos domésticos, este mes será perfecto. La serpiente podrá desenredar los pensamientos para así discernir claramente todos sus proyectos, de manera que este mes podría ser el principio de una racha muy estable de trabajo bien remunerado, perfecto para conquistar el mundo entero. Esto será muy útil para las serpientes *millennial* de 1989, que sienten que no hay oportunidades reales para ellas. Hasta las incrédulas serpientes de 1965 podrán ver que las cosas se recomponen con facilidad.

Mayo

El mes propio la reforzará con energía de fuego y así podrá controlar perfectamente sus pensamientos. Es un buen momento para aprender a meditar o incluso técnicas de control mental más modernas. Este «lavado mental» ayudará para que deje ir viejos remordimientos, envidias y resentimientos. El perdón es el primer paso para la liberación de la conciencia, y el deber último de la serpiente. Los adolescentes e infantes de 2001 y 2013 serán influenciables, así que cuidado con las ideas que les invaden las mentes; sean meticulosos al darles material para ver o leer.

Junio

Este mes el amor y el trabajo podrían mezclarse, por lo cual se le pide una de dos: o disciplina o discreción. Un paso en falso y podría volver a ser noticia. Aunque eso no bastará para detener a la serpiente porque, a fin de cuentas, su trabajo resulta esencial para los que la rodean. Las más tentadas a romper las reglas serán las de 2001: ¡cuidado! Esos devaneos podrían cortarles la adolescencia. También hay posibilidades de embarazarse para luego traer al mundo a un perrito, y está bien, porque la serpiente y el perro son dos signos que no se afectan mutuamente.

Julio

El mes de la cabra será más o menos calmo, todo dependerá del modo en que se condujo durante el anterior. Si todo anduvo bien, este mes será bueno para reorganizar el año. Su agenda se verá ocupada, pero será satisfactoria. Probablemente en sus ratos libres se topará con alguna vieja amistad o podrá integrarse en alguna actividad menor que le ayudará a sacudir las telarañas que pueden haberse acumulado en su cabeza. La energía del mes se expresará en la forma de libertad de movimiento.

Agosto

El mes del mono representará un paso atrás, pero no será malo a menos que la serpiente esté compitiendo por algo o con alguien en lo laboral y en lo sentimental. Necesitará manejar bien las artes de la empatía para comprender las motivaciones de sus contrincantes y dejar ir si el objeto de su cariño no le corresponde. Por el lado intelectual y artístico, la serpiente estará inspirada, con ganas de transmitir maestría y conocimientos. Las serpientes mejor entonadas con la energía serán las de 1977; las demás podrán aprovechar, pero los resultados dependerán de sus apegos.

SEPTIEMBRE

A partir del mes del gallo, la serpiente no podrá sentarse a descansar. Su trabajo será tan cotizado como el oro y tendrá que preparar muy bien su estrategia para evitar confundir a los demás. Puede recibir ayuda de otros signos fogosos como la cabra y el caballo para sacar partido al cien por cien de toda la energía metálica que se acentuará en este mes, de tal manera que esa energía le dé más tranquilidad económica el resto del año. Sigue la necesidad de aprender a dejar ir. Tiene que comprender que guardar viejos resentimientos es tan absurdo como guardar basura.

OCTUBRE

El mes del perro no le representa ningún reto o problema. Podrá descansar un poco, tal vez programar unas vacaciones o algún retiro espiritual. Este mes también es fértil, por lo tanto no sería sorprendente que recibiera la noticia de un nacimiento o embarazo en la familia. También resulta perfecto para contraer matrimonio o comenzar una nueva relación sentimental. Las serpientes que no están ocupadas en asuntos reproductivos podrían tener un nuevo proyecto y grandes oportunidades, que resultarán más fáciles si trabajan en equipo.

NOVIEMBRE

Este mes del cerdo será tan tranquilo que parecerá mentira. Eso se debe a que la energía del año del gallo puede funcionar como un colchón capaz de absorber el impacto helado de la energía porcina, y eso da a la serpiente la ventaja de huir o atacar sin consecuencias fuertes. Aun así se le recomienda no hacer nada importante a lo largo de este mes, y si puede aproveche para hacer un viaje corto a cualquier destino vacacional discreto. Nada que involucre deportes de riesgo, solo un poco de sol, naturaleza y aire puro bastará para recargar las baterías en santa paz.

DICIEMBRE

El mes de la rata será muy bueno. Tendrá la oportunidad de seguir trabajando sin interrupciones, tal cual le gusta; también podrá gozar de buenos momentos con su familia y amigos más allegados porque ese equilibrio delicado entre su trabajo y su tranquilidad mental estará en un punto zen, como si la serpiente fuera el centro mismo del Tao. Este mes es para definir lo que más desea en el futuro: debe pedir al universo y le será concedido lo que quiera: solo necesita estudiar muy bien sus palabras, y de ese modo nadie la podrá detener jamás. ¡Felicidades!

Predicciones para la Serpiente y su energía

SERPIENTE DE MADERA (1905-1965)

Tiempo de organizar las prioridades de su vida.

Una cita a solas le confirmará que la estabilidad afectiva está relacionada con la aceptación de sus errores con amigos, compañeros de trabajo y personas que la sorprenderán con su imaginación.

Buscará un nuevo lugar para vivir y pondrá en la balanza los factores en pro y en contra de una etapa en la que sigue en crisis y deberá cuidar a quien le acompaña en sus inventos.

El amor florecerá y despertará a un nuevo tiempo, diferentes costumbres y posibilidades de asociarse en una prometedora aventura.

La salud mejorará, y se le recomienda que haga deportes náuticos, yoga, pilates y danza árabe.

Su convicción le hará ser cautelosa en el presente, pero constituirá el motor para un salto cuántico.

SERPIENTE DE FUEGO (1917-1977)

Las consecuencias del año del mono las pagará a lo largo de este ciclo, y posiblemente durante más tiempo si no reconoce sus zonas erróneas.

La crisis existencial tocará a su puerta; acuda a terapias, constelaciones familiares, y pida ayuda; eso facilitará su desarrollo en todas las áreas. Sentirá ganas de reinventarse a través de una vocación postergada: el arte la espera para su desarrollo holístico y sanación espiritual.

Recibirá ofertas para ser socia de grandes empresas y podrá compartir los frutos de las ganancias con el zoo en la madriguera.

Año de equilibrio de los dos katunes con madurez.

SERPIENTE DE TIERRA (1929-1989)

Durante este año deberá afrontar nuevas responsabilidades familiares y llevar el timón.

Acontecimientos inesperados la pondrán a prueba en su destreza física, mental y espiritual.

Deberá asociarse a personas que comprendan su situación social y la alienten en nuevos emprendimientos.

Una gran ayuda de mecenas o amigos de otros países estimulará su capacidad para ser líder, jefe en la comunidad de los hombres, y aportar sus conocimientos.

AÑO DE AVANCE LENTO, SEGURO Y PERSISTENTE EN SU EVOLUCIÓN.

Serpiente de Metal (1941-2001)
Hello!! Still alive??

Las supervivientes a la purificación del simio deberán recuperar sus siete cuerpos y aprender el ho'oponopono (pedir perdón).

Su salud pasará por etapas decisivas y es recomendable que acuda a especialistas y deje de automedicarse.

Alguna amistad del pasado aparecerá y podrán compartir bellos momentos, viajes, y tal vez concretar alguna fantasía.

Abrirá la madriguera para ayudar a nuevos integrantes en la comunidad de los hombres. Podrá iniciar un estudio o recibirá una beca para especializarse en sus estudios.

Año de renovación desde la dermis hacia la epidermis, y de nuevas apuestas junto a su socio y amigo, el gallo.

Serpiente de Agua (1953-2013)

Durante el año del gallo sentirá que sale del período de hibernación y comienza a volar como KUKULCÁN.

Abrirá nuevas compuertas que tenía blindadas y dejará entrar al amor después del amor para darle una gran oportunidad.

Recibirá ofertas para construir nuevos emprendimientos: pymes y negocios en los que será la musa inspiradora para generar nuevos hábitos y costumbres en un mundo que cambió radicalmente.

Buscará amparo en un monasterio alejado del mundanal ruido.

Año de experiencias místicas y transmutadoras.

L. S. D.

Nuestras lágrimas mojan la balaustrada.
de rocío, las flores están cubiertas.
Oscuras cimas plegadas de montañas.
Cejas tristes y fruncidas de la bella.
Oh, déjame que comparta tu tristeza.
Nos miramos, sin decir palabra alguna.
Gotas intermitentes de lluvia.
Flotantes nubes revueltas.
Mi corazón en tormenta.
Me esperan días penosos.
Esta noche, desde lo hondo
del monte donde me alojo,
navegando entre oleadas,
mi alma acongojada a tu seno se lanza.
Mao Pang

Predicciones preventivas para el Caballo basadas en el i ching, la intuición y el bazi

Estoy frente al Lago de la Viña, escribiendo las predicciones del caballo, y con la montaña detrás (Ken sobre Tui).

Entre tantos hexagramas, quedó el 41, «La Merma» para transitar durante el año de gallo de fuego.

Dejo que el tenue mediodía de julio sobrevuele mis ideas y aquiete mi corazón. A mediados del año del mono de fuego, me conecto con mi ascendente caballo y confirmo que transmutar la ira y frenarla es algo que estoy practicando hace un largo tiempo.

El I CHING, el libro que me regaló un gran amor hipocampo en mi juventud, me contiene e interpreta; estalla un alud de pensamientos y sentimientos volcánicos en relación con un caballo de fuego con el que estamos dirimiendo una larga relación.

Al caballo le cuesta reconocer sus errores, zonas blindadas y oscuras, debilidades, empantanamientos, pérdidas, desvíos debido al descontrol de sus pasiones y sus consecuencias.

Este mono «terminator» está dispuesto a purificar años luz en el equino que se siente intimidado en su trote y galope.

«Perder es ganar, si se ofrenda con el corazón», aconseja el I CHING.

La sencillez será recompensada.

Los mayas dirían «rebobinar el carrete del tiempo desde el origen».

Algo que les cuesta tanto hacer y reconocer.

Deben volver a cursar materias previas de años anteriores, esas que creyeron que esquivarían haciendo *zapping*, apelando a su carisma y su poder de seducción.

«La merma, unida a la veracidad, lleva a una gran fortuna, sin tacha. Es útil emprender algo. Dos escudillas pequeñas pueden usarse para el sacrificio. La merma enseña a cultivar el carácter; muestra dificultades y, luego, lo fácil: así aleja el daño. El sabio reprime su cólera y limita sus impulsos».

El I CHING también aconseja:

Si al perder vas a ganar, por ganar vas a perder.

Así me puedo moldear como el carácter al ser.

Aceptar que merma desde el eros, la economía, los amigos, el trabajo es difícil.

Pero si se comprende que esta etapa es transitoria para aceptar cuestiones del pasado no resueltas, épocas de vacas flacas y restricción en la economía, es muy saludable.

El caballo transitará con perfil bajo el año del gallo.

Sabe que lo estará observando, juzgando, y aplaudiendo si es coherente con su palabra, acción y pensamiento. El tiempo es limitado para determinadas acciones, pero eficaz y muy próspero.

En la familia lo reclamarán: si siente que no puede solo busque ayuda, salga a trotar por el barrio o galope en la Patagonia hasta lograr cansarse, y dialogue con la Cruz del Sur.

Debe perdonarse su necedad juvenil o senil, despedirse de los trenes que pasaron por delante de usted y no los tomó y configurar un nuevo mapa existencial. En el vacío encontrará respuestas.

Deje por un tiempo el mundanal ruido, los medios, los autógrafos y haga un retiro espiritual en el monasterio. Dialogue con su sombra, adversarios, extranjeros y deje entrar nuevas melodías en su corazón.

Su autoexilio será recompensado en el año del perro con creces y recordará el tiempo de la merma como un paréntesis necesario en su evolución.

L. S. D.

El i ching les aconseja:
41. Sun / La Merma

EL DICTAMEN
La merma unida a la veracidad
obra elevada ventura, sin tacha.
Puede perseverarse en ello.
Es propicio emprender algo.
¿Cómo se pone esto en práctica?
Dos escudillas pequeñas pueden usarse para el sacrificio.

Merma no significa necesariamente y en todos los casos algo malo. El Aumento y La Merma llegan cada cual a su tiempo. Es cuestión de adaptarse entonces al momento, sin pretender encubrir la pobreza mediante una vana apariencia. Cuando en virtud de un tiempo de cosas menores llega a manifestarse una verdad interior, no es lícito avergonzarse de la sencillez. En tales momentos la sencillez es precisamente lo indicado, lo que confiere fuerza interior gracias a la cual podrá uno volver a emprender algo. No deben abrigarse escrúpulos ni siquiera cuando la belleza exterior de lo cultural, más aún, la conformación de las relaciones religiosas, se ven obligadas a deteriorarse a causa de la sencillez. Es necesario recurrir a la fortaleza de la actitud interior para compensar la indigente apariencia externa. Entonces la fuerza del contenido ayudará a sobreponerse a la modestia de la forma. Ante Dios no hace falta ninguna falsa apariencia. Aun con medios escasos puede uno manifestar los sentimientos de su corazón.

LA IMAGEN
Abajo junto a la montaña está el lago:
la imagen de la Merma.
Así el noble reprime su cólera y refrena sus impulsos.

El lago, situado abajo, al pie de la montaña, se evapora. Por ello se ve mermado a favor de la montaña, enriquecida gracias a su humedad. La montaña da la imagen de una fuerza testaruda que puede acumularse y condensarse hasta caer en la iracundia; el lago da la imagen de un incontrolado regocijo que puede desarrollarse hasta formar impulsos pasionales, cuando ese desarrollo se realiza a costa de las energías vitales. Entonces es preciso mermar: la ira debe disminuirse mediante el aquietamiento, los impulsos deben frenarse mediante la restricción. En virtud de esta merma de las fuerzas anímicas inferiores se enriquecen los aspectos superiores del alma.

El tránsito del Caballo durante el año del Gallo

PREDICCIÓN GENERAL
Se dice que solo un gallo es capaz de hacer que el caballo siente cabeza sin sentirse obligado o atrapado. Los caballos del orbe querrán estabilidad y heno bajo sus pies. Serán capaces de detenerse y poner un mapa frente a ellos, con todos los caminos a recorrer, con una claridad que les había sido negada antes. Los solteros que crean que viven mejor así estarán dispuestos a la ternura, y si no salen a buscar el amor, el amor los va a encontrar de todos modos. Podrán hacer nuevas amistades y contactos a lo largo del año, y se incrementará su agenda laboral e intelectual, que estaba detenida desde 2008: en sus marcas… listos… ¡YA!

ENERO
Durante el año del mono el caballo aprendió a dejar ir los apegos aunque el truco todavía no le sale al cien por cien. Se ha puesto a cargo

de su salud física, pero es el gallo el que le traerá claridad, salud mental y emocional. Enero sigue bajo el comando simio, con el búfalo al lado; ambos signos le pondrán pruebas a su paciencia que siempre ha sido frágil, pero con meditación y ejercicio será posible vivir sin agredir o sin lastimarse a sí mismo. Le recomendamos encerrarse en la caballeriza y retomar el amor a la lectura hasta que llegue el gallo el día 28.

FEBRERO

Ya con el gallo dirigiendo el año y con el tigre rigiendo el mes, el caballo sentirá cómo le quitan la silla y la cincha. Este mes podrá hacer y deshacer a voluntad, pero no pierda el tiempo en las redes sociales ni salte de fiesta en fiesta; la mejor manera de aprovechar la buena racha es poner en orden todos los pendientes, los contratos y demás papeles importantes. Piense que restablecer la comunicación con la gente importante en su vida y dar prioridad al orden solucionará sus problemas.

MARZO

Este mes conejo, el Tao lo pondrá a prueba y tendrá que resolver los temas con la cabeza fría y el corazón ardiente. La combinación atrae amor, sexo y amistad, todo al mismo tiempo. Eso atrae viejos amores, refuerza la relación que ya tiene, aumenta la atracción entre amistades que aparentaban ser platónicas. Una de dos: monógamo o poliamoroso, pero siempre con honestidad y a sabiendas de que no debería mentirle a nadie. Esto será fácil para los caballos de 1978 y 1990, pero los caballos de años anteriores podrían tener miedo de probar formas nuevas de amar.

ABRIL

El caballo por lo general se lleva bien con el gallo, pero la relación con el ave depende de la combinación entre él, el gallo del año, el dragón del mes y el cerdo. El cerdo entra en la combinación de las 21 a las 23 horas, tiempo en que el caballo deberá evitar estar en la calle, arriesgarse en deportes extremos, bares, o en lugares donde podría meterse en problemas o iniciar discusiones. Por lo tanto, no le conviene airear sus penas y frustraciones de noche. De hecho, sería mejor que se tome unas vacaciones emocionales este mes y discuta sus problemas más adelante.

MAYO

Este mes representa un respiro tanto emocional como económico. Si se hace acompañar por una amiga/o cabra cuando haya que elaborar algún contrato o algo similar, podrá asegurar el éxito. En cuanto a la salud, puede subir su energía fuego, por eso será necesario que controle lo que come y lo que bebe. Los caballos de 1966, más propensos a tener problemas de circulación, son los que deberán reducir más la ingesta de azúcar, grasas y picantes. Los demás estarán bien de salud, pero no abusen.

Junio

La recomendación de mayo para la salud se extiende a junio porque durante el mes propio aumenta la energía fuego y el contacto con la energía fuego y metal del año propicia que el sistema sanguíneo se sature. Los caballos de 1978 comenzarán la mediana edad, con sus achaques; estén atentos, porque los de 1966 para atrás ya están acostumbrados y se resienten por no haber prestado atención en su momento. Los de 1990 y 2002 estarán muy atrevidos, y con fuerza. Atención padres y maestros.

Julio

El mes de la cabra le ayudará a conseguir apoyo de empresas, amigos e instituciones; podría financiar su trabajo o proyecto con el sistema de micromecenazgo o *crowdfunding* en línea. Los caballos de 1990 saben cómo funciona, pero los demás tendrán que investigar a conciencia porque este mes la raíz de la prosperidad reside en lo novedoso, en aquello que lo saque de su zona de confort. Para ayudarse, puede recurrir a sus amigas cabra, porque tendrán el criterio y los instintos mejor calibrados.

Agosto

Tal vez el mes del mono hará que salga de viaje con amigos de antaño. Será muy bueno siempre y cuando no tenga miedo de salir sin su pareja, hijos o apegos, porque es posible que no pueda llevarlos. Aún si no viaja, este mes será iniciático: sentirá la necesidad de mirar en lo profundo de su ser para encontrarse y recuperarse. Necesitará la guía de gente sabia, por lo tanto le vendrá bien hacer terapia, conectarse con su YO adulto o viejo y escuchar la sabiduría ancestral que respaldará su existencia.

Septiembre

Este mes representa un doble gallo. Será como mudar la caballeriza al gallinero, así que deberá tener cuidado de no aplastar ningún huevo. Se sentirá paternal o maternal, pero al mismo tiempo querrá ser independiente, probar otros sabores, otros aires. Este mes le ofrece una oportunidad para conectarse con la Pachamama y el aspecto masculino del Tao:

con la energía creativa que tiene que ver tanto con la reproducción como con el amor universal. Comprenderá mejor el carácter creativo del amor si estudia los clásicos de la filosofía y abre su mente.

Octubre

Sigue la buena racha, en la que amigos y extraños están dispuestos a ayudarle en cualquier cosa que desee. Sin embargo, si pone las manos en la tierra, literalmente, podría matar dos pájaros de un tiro. Le conviene trabajar con la tierra, ya sea haciendo artefactos de barro o practicando jardinería porque esas actividades equilibrarán su Ki de fuego y el Ki de metal que flota en el ambiente. Eso equilibrará su salud física y mental y ayudará a que conozca gente nueva y que renueve su fe en la humanidad.

Noviembre

La relación cordial con el gallo va a cambiar ligeramente durante este mes porque cuando se combinan el gallo, el caballo y el cerdo ocurre una especie de castigo energético, esto se agravará durante la hora del dragón, que va de las 7 a las 9 de la mañana. Es importante que durante esa hora a lo largo de este mes no se arriesgue, y menos al conducir, montar en bicicleta o caballo, navegar o volar, sobre todo si vuelve de una fiesta y bebió alcohol. Los caballos que corren más riesgo son los de 1966 y los de 2014. Los demás solo necesitan tener mucho cuidado.

Diciembre

El mes de la rata aplasta la energía del caballo y le depara responsabilidades inesperadas, pero como la energía de la rata está muy entretenida jugando con la del gallo, este año no será grave. Los caballos de 1942, 1966 y 2014 estarán algo deprimidos por razones que no podrán controlar; en cambio, los demás caballos estarán aburridos, nada más. En todos los casos hará falta que sigan en contacto con la tierra; eso los equilibrará y dejará que disfruten del amor que han encontrado o refrendado. ¡Ánimo!

Predicciones para el Caballo y su energía

Caballo de Madera (1954-2014)

Sonará el gong del año del gallo y recuperará los siete cuerpos esparcidos en el éter. Será un tiempo de alineación y equilibrio y de controlar la economía hogareña.

Sabrá graduar el ocio creativo con temporadas en lugares nuevos y con el zoo sobre sus ancas.

Llegarán gallitos, partirán monitos y tendrá la capacidad de adaptarse a nuevos oficios y ocupaciones.

Una relación afectiva será el *bonus track* del año del gallo.

Caballo de Fuego (1906-1966)

¿Sobrevivieron a la decepción del medio siglo?

¿O están aún con alguna herida abierta?

En ambos sexos y en el tercero, el caballo saldrá nuevamente a lucir su talento y estampa en los escenarios, en los desfiles militares y en el campo de fútbol del barrio. Podrá equilibrar un tiempo de incertidumbre y de-sasosiego con aplomo, y enfrentarse a la constelación familiar con sabiduría para resolver deudas kármicas.

Su capacidad creativa encontrará eco en la comunidad de los hombres.

Renovará desde el *look* hasta el FENG SHUI del establo, integrando técnicas de autoayuda, solidaridad y trabajo en equipo.

La merma será propicia para afianzar el carácter y aceptar límites en su omnipotencia, *egotrip*[38] y liviandad del ser.

Encauzará con horario y agenda su vida, cambiando hábitos y costumbres. Lentamente logrará insertarse en una relación sistémica que será la llave para su estabilidad emocional y afectiva.

Hará planes realistas, y con ideas innovadoras y eficaz convocatoria obtendrá importantes logros.

AÑO DE INTROSPECCIÓN Y DESPEGUE DEL PASADO.

Caballo de Tierra (1918-1978)

Renacerá a partir del inicio del año chino y programará con mesura, lucidez y sentido común sus proyectos laborales, integrando nuevos miembros al zoo.

Su salud estará alterada por insomnio, trastornos de la personalidad y situaciones que deberá observar con lupa.

Su búsqueda personal lo llevará a conocer otras culturas y estudiarlas para mejorar su carácter, autoestima y relaciones afectivas.

El motor hasta conseguirlo será el deseo de arraigarse en la naturaleza, o al menos dar algunos trotes y galopes cerca de la querencia.

No se extravíe en deseos y situaciones imposibles: pise la tierra con nuevas herraduras mirando hacia el firmamento.

---

[38] Véase página 151.

Caballo de Metal (1930-1990)

Tendrá que adaptarse a nuevos hábitos, horarios y costumbres.

Los amigos serán clave para sentirse apoyado, estimulado, afianzado en su profesión y en su mundo interior.

Recuperará el diálogo con su pareja, podrá formar una sociedad en la que ambos se expresen y desarrollen con éxito.

Los cambios abruptos del mundo podrán hacerlo dudar en seguir creciendo en su vocación o retornar al establo a plantar alfalfa.

La mesura, el equilibrio y la intuición son claves para no desbocarse.

Caballo de Agua (1942-2002)

Tiempo de conexión espiritual y mensajes proféticos.

Seguirá la intuición y renovará su club de amigos, su trabajo, oficio y vocación.

En la familia habrá riñas, situaciones de riesgo que deberá encauzar con terapia, constelaciones familiares y genograma.

Podrá participar de nuevos proyectos solidarios: ideas para ONG, emprendimientos en áreas rurales y urbanas.

Su experiencia es el motor para colaborar en la comunidad de los hombres y asentar su pensamiento clorofílico y creativo.

AÑO DE NUEVAS RELACIONES CON EL ENTORNO.

En la pareja habrá que practicar el yoga del desprendimiento.

L. S. D.

Se vislumbran las montañas azuladas más
allá de la muralla Norte;
al Este de la ciudad corre agua límpida
y cristalina.
Aquí nos separamos, amigo, para siempre.
Tú has de navegar diez mil millas en barco,
como una planta acuática sin raíces.
¡Oh, las nubes viajeras y los pensamientos
de los vagabundos!
¡Oh, los crepúsculos! ¡Oh, la nostalgia de
los viejos amigos!
Nos separamos haciendo gestos con la mano,
mientras nuestros corceles se alejan paso a paso…
Paso a paso…
Li Po

Predicciones preventivas para la Cabra basadas en el i ching, la intuición y el bazi

Queridas cabritas y machos cabríos:

BEEEEBEBEEEEEEE, los saludo desde Traslasierra.

En el camino hacia aquí, mientras cruzo las Altas Cumbres las observo en los altos riscos y pliegues rocosos embelleciendo el paisaje.

Buenas noticias para las cabras: después de años de esfuerzos, brincos, saltitos y sustos, llega el progreso a vuestra vida.

El gallo, su amigo y confidente, les brindará grandes oportunidades para que pisando la tierra con firmeza y la mirada hacia los Siete Cabritos avancen en sus proyectos a corto, medio y largo plazo.

La cabra sentirá que tiene alas en su piel, pues con viento a favor conseguirá recuperar los siete cuerpos que se evaporaron en la galaxia.

Estará divertida, alegre, con energía solar, lunar, eólica para reformular desde las pequeñas cosas de la vida hasta las más arriesgadas y audaces.

Durante este año, conseguirá sacudirse deudas, problemas y blindajes económicos y gozará de una pradera fértil en nuevas oportunidades.

Su corazón latirá fuerte, un reencuentro con un gran amor o algún anónimo candidato que la espera hace tiempo le sorprenderá con regalos y declaraciones de amor que necesitaba en su alma romántica.

EL PROGRESO ES FIRME Y SEGURO.

Sus convicciones son claras y tendrán eco en la comunidad de los hombres. Estará felizmente agasajada con becas, honores y premios.

Podrá transformar situaciones traumáticas en un caudal creativo que fluirá como las cataratas del Iguazú.

Su pareja la estimulará y le brindará apoyo para «el cruce de las grandes aguas».

Podrá equilibrar el ocio creativo con compromisos laborales que le darán prestigio y nuevos amigos.

En la familia habrá sinsabores. Tal vez deba acompañar durante un tiempo a algún familiar y ser parte de cambios sistémicos en el zoo.

El progreso la encontrará llena de luz, energía, cambios de lugar para vivir renovando el FENG SHUI de su casa y con ganas de comenzar un estudio, hobby o alguna actividad terapéutica.

El I CHING te aconseja:

Avanza, iluminado e iluminando. Muy buena suerte. Recibirás obsequios.

Como regalos del día,
me rodean como mieles,
que me alumbran y son mi guía,
las luces de amaneceres.

La cabra vencerá la timidez y como el sol del mediodía en Purmamarca alcanzará la plenitud.

L. S. D.

El I CHING les aconseja:
35. Chin / El Progreso

EL DICTAMEN
El Progreso:
El fuerte príncipe es honrado con caballos en gran número.
En un solo día se le recibe tres veces.

Como ejemplo de la situación se describe un tiempo en que un fuerte príncipe feudal reúne a los demás príncipes en torno al soberano, el Gran Rey, en paz y obediencia; el Gran Rey lo distingue con generosos obsequios y lo atrae brindándole confianza en su círculo más inmediato.

Esto implica una doble idea: la acción del progreso propiamente dicho emana de un hombre en posición dependiente, en quien los demás ven a uno de los suyos, gracias a lo cual lo siguen voluntaria y dócilmente. Este conductor posee la suficiente claridad interior como para no abusar de la gran influencia que ejerce, sino para antes bien utilizarla en favor de su soberano. Éste, por su parte, libre de celos de cualquier índole, agasaja al gran hombre con ricos regalos y lo atrae para tenerlo siempre cerca de sí. Un amo iluminado y un siervo obediente, he aquí las condiciones para un gran progreso.

LA IMAGEN
El sol se eleva sobre la tierra:
la imagen del Progreso.
Así el noble ilumina por sí solo sus claros intentos.

La luz del sol que se expande sobre la tierra es clara por naturaleza, pero cuanto más asciende el sol, tanto más emerge de entre las turbias brumas hasta brillar en su pureza original, iluminando un ámbito cada vez mayor. Así también la verdadera esencia del hombre, que es originalmente buena, se enturbia por su contacto con lo terrenal y requiere por tanto una purificación, para poder alumbrar con la claridad que originalmente le corresponde.

El tránsito de la Cabra durante el año del Gallo

PREDICCIÓN GENERAL

No habrá tiempo ni espacio para retozar en el prana. Desgraciadamente este año necesitará toda la autoestima, todo el amor y toda la inteligencia posibles, porque el gallo jamás ha sido paciente con la cabra. Hay dos aspectos esenciales que deberá cuidar a lo largo de este año: la salud y los temas legales. Tiene que aprender a cuidar su dieta de manera consciente, hacer ejercicio moderado, evitar la exposición a patógenos modernos, en especial la luz excesiva de noche, los disruptores endocrinos y la comida basura. En cuanto a lo legal es importante que tenga un orden más estricto en todo lo administrativo.

ENERO

El año del mono terminará durante el mes del búfalo, dejando a la cabra como en medio del parque Serengueti a merced de cualquier bicho que se la quiera almorzar. Serenidad, paciencia, amor propio y toneladas de fuerza serán actitudes necesarias para aguantar los últimos días del año del mono en combinación con el signo del mes, que es búfalo y su signo opuesto, y hace que todo sea más complicado. Si hace ejercicio, se previene médicamente y come saludablemente, es probable que sobreviva a este trance sin un rasguño. Además, necesita prepararse, con organización y salud, para aguantar de una pieza el año del gallo.

FEBRERO

El mes del tigre protegerá a la cabra con energía de madera que hará que se concentre mejor en su salud y su vida laboral. Tendrá algunas sorpresas agradables y muestras de solidaridad de parte de algunos hombres. La energía del año será primordialmente de fuego, y eso la alimentará energéticamente durante la primera mitad del año. Entonces, ahora que puede, necesita administrar muy bien tiempo, dinero y papeleos. Eso le ahorrará muchos dolores de cabeza. Las cabras de 1955 serán las más organizadas del corral, pero las de 1979 y 1991 necesitarán ayuda con lo burocrático.

MARZO

El mes del conejo también será benévolo, pero la energía madera al llegar a la cúspide podría dar un sentido más contestatario ante el mundo a las cabras de 1991 y 2003. Tendrán que sostener sus argumentos para poder ser lacónicas y certeras como las cabras de 1955 y 1979. Las de 1967 comenzarán a padecer la mediana edad, se les recomienda dieta y disciplinas más saludables. Las demás cabras estarán ensimismadas; será mejor que se dediquen a salir y convivir con gente distinta a ellas.

ABRIL

El mes del dragón será complicado. Las cabras de todas las edades y ambos géneros encontrarán difícil convivir con algunas mujeres, y hasta podrían verse involucradas en pleitos por celos o envidias. Es importante que no se dejen llevar por el enojo y los ánimos poco evolucionados de otras personas y se concentren en el medio justo a través de la filosofía, disciplinas de meditación y salud mental. No se expongan. Por otro lado, energéticamente el mes pinta bien, se presenta excelente para hacer uso de la medicina preventiva y una buena administración del tiempo.

MAYO

El mes de la serpiente atrae cambios y movimientos inesperados. Como la serpiente tiene el mismo tipo de energía que la primera mitad del año, es probable que este mes los viajes y cambios que realice la cabra obtengan resultados positivos a largo plazo. En el amor y la amistad, se ve un ligero progreso que podría ilusionarla para alegrar el resto del año, pero vaya con cautela porque el mes no le dará mucho tiempo para formalizar nada.

JUNIO

El mes del caballo le transmitirá algo de energía y entusiasmo, pero las finanzas decaerán un poco. Las cabras de 1979 serán las más afectadas por la baja de recursos, y tal vez un poco las de 1967, pero con evitar gastos superfluos bastará. Las pequeñitas de 2015 estarán muy inquietas, dispuestas a meterse lo que sea en la boca y a contradecir con enfado a los padres. También hay tentaciones en cuanto a comer de más se refiere, las cabras de 1943 podrían echarse unos kilos de más; cuidado con eso.

JULIO

El mes propio refuerza el apetito por saber y por comer. La autoindulgencia será en todos los planos. El problema radica en que a partir de la segunda mitad de este mes resultará más difícil organizar su tiempo libre y podría comenzar una larga temporada en la que no podrá disponer de su agenda tal cual quiere. Podría ser a raíz de problemas con su casa o automóvil, con su salud o que, simplemente, no contará con dinero para hacer nada. WÚ WÈI (hacer sin esfuezo): la organización será su aliada.

Agosto

A partir de este mes, la energía de metal del gallo será predominante, lo cual puede agotar las energías de la cabra y producir un encierro energético. Cumplir con las tareas diarias le será cada semana más difícil. Para mantener su buena disposición necesita descansar bien por las noches; es necesario que de noche se exponga lo menos posible a la luz azul proveniente de tabletas y teléfonos inteligentes. También necesita comer a horas establecidas. Solo así encontrará la fortaleza suficiente para hacer y deshacer a su gusto sin acabar agotada.

Septiembre

Con el mes del gallo llega la cúspide de la energía de metal, y la cabra deberá estar preparada. Las recomendaciones de agosto seguirán siendo necesarias (dormir y comer bien) pero ahora hay que aprender a manejar la frustración y el estrés por medio de alguna disciplina oriental como el yoga y el taichí. Es posible que a partir de este mes le cueste mucho trabajo salir de casa por problemas que requerirán composturas (por ejemplo roturas de cañerías, instalaciones de gas), o dejar la oficina, debido a imprevistos, por lo cual quizá tenga que cancelar asuntos familiares o amistosos. La organización del tiempo seguirá siendo esencial.

Octubre

El mes del perro trae competencia entre las cabras de todos los años con sus pares, jóvenes con jóvenes, mayores con mayores, y una dosis de gula que necesita aprender a controlar por medio del ejercicio. También tendrá sed de conocimiento, que deberá aprovechar aprendiendo a analizar con pensamiento crítico y método científico todo aquello que vea en internet. Inclusive las cabritas de 2015 querrán aprender y retener el conocimiento. Es importante que las de 1931 y 1967 estén muy atentas a dolores de cabeza o intestinales, y que vayan al médico al menor síntoma.

Noviembre

Las cabras sentirán como si hubiesen llegado a una isla desierta tras un naufragio ya que el cerdo las cobijará. Para aprovechar este mes y recargar baterías, es importante que no se desvelen, sobre todo que la hora del conejo (de las 5 a las 7 de la mañana) las agarre bien dormidas o bien descansadas. Para recargar energía madera y tierra, ser más productivas y prevenir enfermedades deberán despertarse después de las 7 o dormir ocho horas antes de las 5 de la mañana.

Diciembre

El mes de la rata será benévolo si la salud está en equilibrio. Tal vez se presente la oportunidad de mejorar o iniciar alguna relación amorosa. La influencia metálica del gallo se ha debilitado un poco y ahora sentirá más capacidad de movimiento. Este mes ayudará a que se comunique mejor con secretarios y empleados, por lo tanto deberá aprovechar para sacar adelante asuntos dejados de lado. ¡Felices fiestas!

Predicciones para la Cabra y su energía

Cabra de Madera (1955-2015)

Año de avances lentos pero contundentes. Despertará nuevas fuentes creativas y será premiada por su audacia, talento y trabajo en equipo.

Necesitará salir del corral y estará más sociable: eventos, estrenos, cocteles, viajes de placer y de trabajo la mantendrán muy entretenida.

Algunas situaciones imprevistas en la constelación familiar cambiarán el rumbo de sus planes.

Podrá recuperar la autoestima, será buscada para transmitir su experiencia, sus consejos sabios; compartirá jornadas con excluidos, marginados y personas con temas adictivos que la enriquecerán en su vocación samaritana.

Cabra de Fuego (1907-1967)

Año de avances y algunos retrocesos.

Su vocación artística estará acentuada con propuestas nuevas y originales. Sentirá ganas de salir del corral y viajar sin billete de vuelta por el mundo. Conocerá a un maestro y una disciplina que despertará un interés nuevo en su camino.

Podrá saldar deudas humanas y económicas; recuperar parte del zoo y reconciliarse con sus zonas erróneas.

Año de salto cuántico en su destino.

CABRA DE TIERRA (1919-1979)

Año de nuevas experiencias que transformarán el rumbo de su vida.

Un viaje a los orígenes la convencerá de elegir calidad de vida para compartir con el zoo y dejar atrás un ciclo de su vida.

Estará atenta a nuevas propuestas laborales que serán muy prolíficas y le brindarán I-SHO-KU-JU (techo-vestimenta-comida).

Los cambios se darán orgánicamente y podrá resolver situaciones familiares con sentido común, espíritu altruista y amor.

Surgirán algunos picoteos con alguien del pasado, y eso será muy bueno para dejar limpio el karma y avanzar en una nueva dirección.

Año de cambios hiperrealistas y positivos en el horizonte de eventos.

CABRA DE METAL (1931-1991)

Año de grandes progresos y recompensas.

Podrá ordenar su corral, tomar nuevos rumbos profesionales y viajar por estudios, becas o situaciones solidarias.

Tal vez inicie una relación afectiva a largo plazo.

Sabrá valorar la ayuda de gente que comparte ideas diferentes y la integra en su círculo íntimo.

CABRA DE AGUA (1943-2003)

Año de transformaciones profundas en su cosmovisión.

Estará dispuesta a dejar atrás un ciclo e iniciar una nueva etapa en otro lugar del planeta.

Recibirá mensajes para transmitir su experiencia, para iniciar discípulos en su materia, y aceptar los límites de su salud.

Podrá reconquistar lazos en la constelación familiar y volver a pasar días dedicándose a cultivar la huerta, arar la tierra y cosechar los frutos.

L. S. D.

¿Quién dijo que fue por mi deseo
esta separación, este vivir sin ti?
Mi túnica está aún transida de tu aroma;
aún guardo entre mis manos la carta que me enviaste.
Rodeando mi cuerpo,
me ceñí el cinturón en doble vuelta,
y sueño que nos une a los dos en amoroso nudo.
¿Sabes que hay quien esconde su amor
como flor delicada, demasiado preciosa para que alguien la corte?
Emperador Wu Ti

Predicciones preventivas para el Mono basadas en el i ching, la intuición y el bazi

Queridos hermanos del planeta de los simios:

¿Están vivos, heridos, en terapia intensiva, intermedia, o ya dejaron este plano?

La que les escribe, a mediados de nuestro año, desde Tilcara y la Puna, siente que el primer semestre tatuó con hierro ardiente asignaturas que no había cursado y las aprobé en silencio y lamiéndome las heridas.

Un caudal eólico, solar, lunar e hídrico irrigó mi renacimiento y deseo que el de la tribu a la que pertenecemos.

Por eso el I CHING nos señala para el año del gallo un rumbo hacia lo creativo.

¡¡Manos a la obra!! No hay tiempo que perder.

Hemos cocinado en el caldero nuestras pasiones, pecados mortales y capitales y los hemos dejado asentarse como un buen guiso, un vino de buena cepa para degustar a fuego lento.

La vida nos enseña en cada minuto lo que debemos hacer si estamos atentos a las señales, algo muy genuino en el mono.

El gallo nos marcará el compás a pesar de nuestra rebeldía para recibir órdenes. Y aceptaremos que necesitamos un rumbo, socio, amigo para bosquejar el nuevo tiempo.

El mono recuperará su fe en sí mismo, su fuerza de voluntad, la perseverancia para plasmar sus planes a corto, medio y largo plazo.

Retornarán las propuestas para ser líder, acompañar los procesos planetarios y sistémicos en la familia, la pareja, la sociedad y el país.

Su buena actitud para resolver situaciones estancadas y conflictos con terceros a través de su diplomacia le dará un horizonte de eventos que será propicio para que pueda encauzarse a pesar de ciertos obstáculos que aparecerán en el camino.

El año del gallo le servirá al mono para ordenar situaciones legales, karmas del pasado y para respirar un nuevo aire de libertad.

Sentirá que está dispuesto a ceder parte de su patrimonio para ayudar en la comunidad de los hombres.

La creatividad que lleva en el ADN se expandirá y dará grandes oportunidades a quienes están a su lado.

Resolverá con rapidez problemas en las empresas, en los medios de difusión, en la familia, que recurrirá a él para participar en sus inventos.

La lucidez del mono estará acentuada con el respaldo de nuevos socios, amigos y fundanautas.

En el amor tendrá que establecer treguas de paz para no derrochar CHI, energía.

No es aconsejable que abarque más de lo que puede; las lecciones del pasado deberán restringir su hipomanía o ambición de poder.

La salud deberá ser atendida holísticamente. Recurra a la medicina naturista, el ayurveda, y sea constante, aunque le cueste.

El mono sabe que puede empezar de nuevo como el primer hombre que se irguió, descendiendo del mono (teoría de Darwin).

Pagó demasiado caro el aprendizaje de relaciones tóxicas, antisistémicas y con personas que tocaron sus zonas vulnerables.

El I CHING aconseja:

Como infinito tiempo, y siempre adelante,
vuelo y soy, soy y vuelo
para levantar y levantarme,
me reconozco así, guía, en el cielo.

L. S. D.

El I CHING les aconseja:
1. Ch'ien / Lo Creativo

EL DICTAMEN
Lo creativo obra elevado logro,
propiciado por la perseverancia.

De acuerdo con su sentido primitivo, los atributos aparecen agrupados por pares. Para el que obtiene este oráculo, ello significa que el logro será otorgado desde las profundidades primordiales del acontecer universal, y que todo dependerá de que solo mediante la perseverancia en lo recto busque su propia dicha y la de los demás.

Ya antiguamente fueron objeto de meditación estas cuatro cualidades intrínsecas en razón de sus significaciones específicas. La palabra china que se reproduce por «elevado», significa «cabeza, origen, grande». Por eso en la explicación de Kung Tse se lee: «Grande en verdad es la fuerza original de lo Creativo, todos los seres le deben su comienzo. Y todo el cielo está compenetrado de esta fuerza». Esta primera cualidad traspasa, por otra parte, a las otras tres. El comienzo de todas las cosas reside todavía, por así decirlo, en el más allá, en forma de ideas que aún deben llegar a realizarse. Pero en lo creativo reside también la fuerza destinada a dar forma a estas imágenes primarias de las ideas. Es lo que queda señalado con la palabra «logro», «éxito». Este proceso se ve representado por medio de una imagen de la naturaleza: «Pasan las nubes y actúa la lluvia y todos los seres individuales penetran como una corriente en las formas que les son propias».

Transferidas al terreno humano, estas cualidades muestran al gran hombre de camino hacia el gran éxito: «Al contemplar con plena claridad las causas y los efectos, él consuma en tiempo justo las seis etapas y asciende en tiempo justo por estos seis peldaños como sobre seis dragones, elevándose al cielo». Los seis peldaños con las seis posiciones individuales del signo, que más adelante se representan bajo la imagen del dragón. Como camino hacia el logro aparecen aquí el reconocimiento y la realización del sentido del universo que, en cuanto ley perenne, y a través de fines y comienzos, origina todos los fenómenos condicionados por el tiempo. De este modo toda etapa alcanzada se convierte a la vez en preparatoria para la siguiente, y así el tiempo ya no constituye un obstáculo, sino el medio para la realización de lo posible.

Después de haberse expresado el acto de la creación a través de las dos cualidades «elevado» y «logro», se nos señala la obra de la conservación, como un desenvolvimiento que se va elaborando en continua realización, como ligado a las dos expresiones «propiciando», esto es literalmente «creando lo que corresponde a la esencia», y «perseverante», que equivale literalmente a «recto y firme». «El curso de lo creativo modifica y forma a los seres hasta que cada uno alcanza la correcta naturaleza que le está destinada, y luego los mantiene en concordancia con el gran equilibrio. Así es como se muestra propiciante por medio de la perseverancia».

Trasladando lo dicho al terreno humano, podemos comprender cómo el gran hombre, mediante su actividad ordenadora, trae al mundo paz y seguridad: «Al elevar la cabeza sobre la multitud de seres, todas las comarcas juntas entran en calma».

LA IMAGEN
Pleno de fuerza es el movimiento del Cielo.
Así el noble se hace fuerte e infatigable.

La duplicación del signo Ch'ien, cuya imagen es el cielo, indica, puesto que existe un solo cielo, el movimiento del cielo. Un movimiento circular completo del cielo es un día. La duplicación del signo implica que a cada día sigue otro día, lo cual engendra la representación del tiempo y, simultáneamente, puesto que se trata del mismo cielo que se mueve con fuerza infatigable, la representación de la duración, plena de fuerza, en el tiempo y más allá del tiempo, de un movimiento que jamás se detiene ni se paraliza, así como los días se siguen unos a otros a perpetuidad. Esta duración en el tiempo da la imagen de la fuerza tal como le es propicia a lo Creativo.

El sabio extrae de ello el modelo según el cual deberá evolucionar hacia una acción duradera. Ha de hacerse íntegramente fuerte, eliminando a conciencia todo lo degradante, todo lo vulgar. Así adquiere la infatigabilidad que se basa en ciclos completos de actividad.

El tránsito del Mono durante el año del Gallo

PREDICCIÓN GENERAL

Después de la hecatombe que es vivir el año propio, los monos del mundo entero están agotados. Se les suplica tranquilizar la marcha, meditar, comer y dormir saludablemente. Es posible que la mayor parte de los monos tengan gastada su confianza en el mundo y que eso los tiente a aislarse, a evitar el contacto con los otros, pero la energía del año del gallo es la que hace que el mono desborde *sex appeal*. Si bien el año tampoco está bien aspectado porque posee esa misma combinación de fuego con metal, al menos en la segunda mitad la energía metal subirá y así podrá volver a conquistar a todos. Será más atractivo, tendrá la oportunidad de perder o ganar peso a conveniencia. Rescatará la imagen que tanto trabajo le ha costado construir, salvo los monos de 2004, que apenas van entrando en la pubertad y que están formando una reputación que posiblemente los acompañe durante toda su juventud.

Enero

Con el mes del búfalo, el mono comenzará a sentirse más optimista. Aun está en su propio año, por lo tanto la mayor parte del mes no es recomendable que haga lo que le dé la gana. El búfalo le trae buenas noticias, pero no le protegerá, entonces es importante que utilice el mes exclusivamente con el fin de rearmar una estrategia sólida después de su propio año y no para resolver la vida de los demás o para demostrar a nadie de qué está hecho. Es decir, necesita ser discreto y reservar su energía para recuperar su salud y su estado de ánimo.

FEBRERO

Este mes no es el fuerte de los monos porque el tigre gobierna buena parte de la energía, pero en este caso, la madera del felino le viene perfecta porque traerá algo de equilibrio económico, escaso en los últimos años. Lo mejor para aprovechar esa buena racha es realizar ahorros y no inversiones. Es preferible evitar el protagonismo y esperar un poco más antes de volver a llamar la atención de familiares y extraños. Es posible que salga de viaje o se mude, por lo que le costará trabajo comprometerse a largo plazo en cualquier proyecto o con persona alguna.

MARZO

Será un mes perfecto, no importa que el conejo que rige el mes entre en conflicto con el año del gallo. El mono sacará provecho de ese choque energético de manera que su visión acerca de la vida mejorará cada día. Tendrá oportunidad de poner en orden todos los papeles y contactos importantes, verá con más facilidad quién es aliado y quién quiere sacar ventaja de su disposición y conocimientos. Sin embargo, es importante que no caiga en la paranoia, porque tiene aliados muy críticos que parecerán enemigos, pero están ayudándole a mejorar como persona.

ABRIL

El mes atraerá una ráfaga de creatividad que no ha visto en años. Es posible que logre concretar algunos proyectos parados o que le nazcan algunas ideas innovadoras. Los más sensibles a la energía del dragón mensual serán los monos de 1992, que están en su mejor momento; algunos hasta lograrán la fama y el reconocimiento que tanto ansiaban. Este mes les servirá al resto de los monos para estabilizarse en la jungla de su elección. Hasta los pequeños de 2016 darán señales del particular sentido del humor del signo. Solo necesitarán explicar a la gente que no les molesten cuando están trabajando, para evitar malentendidos.

MAYO

La serpiente del mes podría atraer algunos problemas en amor o amistad, también es posible que en el trabajo se cuele algún incidente relacionado con su pareja o pretendientes. Para evitar complicaciones, deberá buscar consejo entre amigos con inteligencia emocional que le expliquen cómo desenvolverse para que ningún ego quede herido. No se deje llevar por los impulsos a la hora de expresar lo que quiere. Debe lograr ser más diplomático sin disminuir su natural honestidad.

JUNIO

En el mes del caballo estará inquieto, como en las ocasiones en que, al salir de casa, se olvida si dejó las luces encendidas y no puede volver para comprobarlo. Los monitos de 2016 mantendrán despiertos a sus padres; a ellos se les recomienda la terapia de contención propia de la crianza con apego. Los monitos adultos y los adolescentes de 2004 necesitan buscar modos para distraerse saludablemente, como el yoga, el Chi Kung y el taichí, porque es más probable que sucumban ante algún vicio moderno, como ver diez capítulos de una serie de un tirón o pasar horas en las redes sociales. ¡Cuidado con eso!

JULIO

La cabra viene a detener un poco la energía de fuego del año, por lo que el mono tendrá la cabeza menos revuelta y podrá concentrarse en lo importante, no solo en lo urgente. Para los monos de 1956 y 2016, es esencial que aprendan a tener paciencia con otras mujeres de su alrededor, en particular los de 2016 estarán muy apegados a los padres o figuras masculinas más que a las madres; esto será temporal. Los demás monos podrían tener algunos encuentros desagradables con burócratas o empleados; es importante no hacerles mucho caso. Las mujeres de este signo no tendrán buena suerte con el amor, pero el efecto será momentáneo.

AGOSTO

El mes propio le traerá un pequeño recordatorio del año pasado y un poco de karma restante por resolver. Los monos de fuego –1956 y 2016– recibirán buenas sorpresas, pero estarán incómodos; los de metal –1980– tendrán problemas financieros fuertes, cuidado. Los de madera –1944 y 2004– estarán un tanto agresivos, será cosa de enfocar su energía por medio de la danza y las artes marciales. Los de tierra –1968– serán los menos afectados, aunque ya les comenzará a pesar la mediana edad, y para mejorar eso les hace falta llevar una dieta equilibrada y hacer ejercicio… aunque este consejo les vendría bien a todos los demás monos.

SEPTIEMBRE

En el mes del doble gallo, los monos adultos tendrán ganas de experimentar hasta dónde pueden romper las reglas del amor y la fidelidad. Será más fácil para los monos solteros que para los comprometidos. Los de 1980 serán los protagonistas de situaciones dignas de cualquier comedia de enredos, los de 1968 deberán controlar muy bien la salud de sus órganos reproductivos porque este tiempo es para prevenir. Los demás monos estarán desatados, seductores, ocurrentes, expresivos y, qué bien, porque les hace falta divertirse un rato. Los monitos de 2004 y 2016 no están para esos devaneos, pero serán imparables y precoces.

OCTUBRE

El mes del perro será una extensión menos activa del mes del gallo, así que podrá seguir divirtiéndose e impresionando a los demás con sus ocurrencias, su sentido del humor e inteligencia, además de sus dotes amorosas. Tal racha de simpatía le abrirá muchas puertas, así que este mes es excelente para pedir y obtener aumentos, créditos, empleo o audiciones. Podrá desarrollarse tanto como lo desee, y el límite de tantos beneficios lo impondrá su imaginación. La recomendación para todos los monos es que cuiden su salud porque sus defensas no serán las óptimas y podrían contagiarse con alguna bacteria o virus.

NOVIEMBRE

Al mono, todos los meses del cerdo le dejan confundido, pero con la influencia metálica del gallo en el aire, este mes la confusión será menor, al menos a nivel social. Necesitará una dosis extra de paciencia e inteligencia para hacer caso omiso a los rumores que le lancen a su paso. La gente va a opinar también de manera constructiva, pero aún esas buenas intenciones deberán ser ignoradas, por lo menos hasta que pase el mes y su mente esté más clara. Se le recomienda realizar algún retiro espiritual o por lo menos salir de acampada y estar en contacto con la naturaleza.

DICIEMBRE

El mes de la rata será benévolo. Le traerá claridad, limpieza del espíritu, paz mental. Se sentirá renovado y, con esa sensación de renacimiento, el mono volverá a su estado natural, que es el optimismo. Todas las veces que, al estilo de Scarlett O'Hara, dijo «mañana será otro día», se resumirán en este mes ya que la combinación gallo-rata le trae resolución, y cada día del mes de diciembre será perfecto. En efecto, el trabajo, el amor y la paz mental se conjugarán para recompensar su entusiasmo. ¡Felicidades! El año que entra será también muy bueno.

Predicciones para el Mono y su energía

MONO DE MADERA (1944-2004)

¡¡BIENVENIDOS A LOS SIETE AÑOS DE BONANZA!!

Las lecciones agridulces del propio año dejaron su conciencia con un *lifting* existencial. Está a punto para emprender la gran misión que le obsesionó toda la vida: manos a la obra.

El tiempo creativo abarca desde un cambio de FENG SHUI, *look*, pareja, hasta renovar a los amigos y buscar cómplices para sus monerías.

Estará muy solicitado y lleno de energía para compartir los frutos de la selva con la tribu y seguir soñando con ser el médium entre el cielo y la tierra.

Haga yoga, taichí, constelaciones laborales y genograma.

Podrá liberar su espíritu y estar atento a nuevas oportunidades que serán de reconocimiento nacional y mundial.

MONO DE FUEGO (1956-2016)

Hello, quiubo, nihao, hermanos simios.

¿Aprendieron las lecciones que nos mandó el gran Emperador de Jade o aún están con algunas materias previas?

Espero que la alquimia del año pasado dé frutos nuevos y una transformación clave para llevar adelante los proyectos que estaban bloqueados por complicaciones en su entorno. El gallo les apoyará en sus sueños, deseos y proyectos a corto y medio plazo.

Deberán madrugar, tener disciplina, recuperar el sentido del humor y animarse a conjugar equitativamente el tiempo con su pareja y el trabajo.

Recuperarán el timón de su agitada existencia y viajarán al zoo en busca de sanación.

MONO DE TIERRA (1908-1968)

Sentirá que es el homo sapiens pisando fuerte sobre la Madre Tierra.

Estará renovado, con energía positiva para repartir entre el zoo, los amigos, socios, y especialmente con su pareja. Será escuchado y podrá convertirse en líder en la comunidad de los hombres.

Su capacidad laboral será reconocida: se especializará en su oficio, viajará por becas, convenciones, y creará nuevas ideas para la sustentabilidad en ONG, municipios, pueblos y aldeas.

El amor lo mantendrá en jaque. Alguna disputa o malentendido podría ocasionarle disgustos o alejamientos.

Busque el ocio creativo, la imaginación y el deporte para estar en alineación y equilibrio.

Mono de Metal (1920-1980)

Después de la desintegración molecular de su año, juntará cada partícula y molécula para renacer en un nuevo homo sapiens.

Tendrá una lista de candidatos para formar equipos, sociedades, y gente en busca de horizontes nuevos.

Su corazón altruista albergará a nuevos andariegos que compartirán trabajo, amor y conocimiento.

Será premiado y reconocido nacional e internacionalmente.

No olvide ocuparse holísticamente de su salud: dieta, deporte, yoga, taichí y EL TAO DEL AMOR Y DEL SEXO.

Medite; surgirán altercados y peleas al estilo riña de gallo que podrían sacarle CHI (energía) y hacerle perder a grandes compañeros de destino.

EQUILIBRE SU VIDA AFECTIVA CON LA PROFESIÓN, Y SERÁ UN AÑO INOLVIDABLE.

Mono de Agua (1932-1992)

Año de cosechas y nuevas oportunidades.

Podrá encauzar sus emociones y permanecer más estable con el zoo, pareja, amigos y socios.

Descubrirá nuevas formas de ganarse la vida: dejará atrás relaciones tóxicas y aprenderá nuevos oficios

Su espíritu altruista encontrará eco; grupos humanitarios, Cruz Roja, ONG, medio ambiente, serán parte de su vida y aportará ideas originales y revolucionarias.

UN AÑO DE AMIGOS, CANTOS DE VIDA Y NUEVAS MANERAS DE CONVIVENCIA.

L. S. D.

¿Cuánto podrá durar para nosotros
el disfrute del oro, la posesión del jade?
Cien años cuando más: este es el término de la esperanza máxima.
Vivir y morir luego; he aquí la sola
seguridad del hombre.
Escuchad, allá lejos, bajo los rayos de la luna,
el mono acurrucado y solo
llorar sobre las tumbas.
Y ahora llenad mi copa: es el momento de vaciarla de un trago.

Li Po

Predicciones preventivas para el Gallo basadas en el i ching, la intuición y el bazi

El desafío de encontrar su lugar en la familia.

Cuando llegue el 28 de enero de 2017, el gallo estará iniciando su reinado.

Los que ya tienen incorporado el mensaje que envían los sabios chinos en su tiempo, saben que no les espera un tiempo fácil ni tan complicado; la cuestión es ¡¡empezar a prepararse ya!!, para que con las herramientas preventivas puedan no terminar ni asados ni desplumados.

El caos del año simio los desestructuró desde la dermis a la epidermis, desde Ushuaia a La Quiaca, desde los cimientos del gallinero hasta la cúpula del campanario.

Algunos gallos previsores comenzaron a soñar con un nuevo lugar en el mundo, alejados de la pandemia de la locura, la inseguridad, los asaltos reales e imaginarios que alteraron su salud holísticamente.

La improvisación no es la mejor amiga del gallo; sin embargo durante este año tendrán que adaptarse a lo imprevisible, sutil, inesperado, que será el tictac del aprendizaje hacia el orden sistémico en cada situación: reorganizar su familia, pues desde ese centro vital podrá proyectar lo demás. Al fin se animó a soltar el mando a distancia de la vida del zoo, de sus socios, de sus amigos, del grupo de arte, filosofía y artesanía.

Nuevos integrantes aparecieron y desaparecieron durante el año del mono. La vida es fluir, fluir y fluir y practicar el desapego como ejercicio cotidiano.

Tal vez la partida repentina de algún familiar lo trastoque emocionalmente; sentirá un vacío, agujero interior que le despertará emociones diversas y deberá estar atento a no caer en depresión, adicciones o relaciones tóxicas que se aprovechen de su debilidad.

Es recomendable asistir a constelaciones familiares, grupos de autoayuda, participar en redes solidarias, ONG, u organizar una escuela de vida con su experiencia.

El año tendrá diversas fases, similares a las lunares: arrancará con luna nueva, lleno de entusiasmo, proyectos, planes, mudanzas, viajes, nuevos empleos, y abarcará más de lo que puede; tendrá que delegar responsabilidades o abandonar las sociedades que lo desgasten con síntomas en su salud que podrían derivar en situaciones de mucha fragilidad.

La familia será el gran conflicto del año.

Su posición en el gallinero es clave para ordenar el árbol genealógico, una tarea que le fascina y la lleva en el ADN.

Es recomendable que escuche sus voces interiores, medite, haga yoga, participe en grupos de paz y del cambio climático.

Alejarse, recluirse o autoexiliarse no es recomendable.

Sentirá ganas de explorar otras culturas, hacer intercambio estudiantil o visitar a un maestro en el extranjero.

A veces, ante tanto ruido exterior y aparatos tecnológicos, el gallo olvida sincerarse consigo mismo.

En su año, será protagonista y testigo constante de sus acciones guiadas por su conciencia.

Aprenderá a despojarse de lo superfluo: desde los accesorios hasta el exceso de aparatos de consumo, «relaciones mochila» y prejuicios.

Volverá a ser el pollo que en China admiran por su tesón, perseverancia, capacidad de trabajo, organización y confiabilidad.

Es un año que marcará un antes y un después en su vida.

La experiencia es su mejor aliada y consejera.

SUERTE.

L. S. D.

El I CHING les aconseja:
37. Chia Jen / El clan (La Familia)

EL DICTAMEN
El clan. Es propicia la perseverancia de la mujer.

Lo que constituye las bases del clan son las relaciones entre esposo y esposa. El lazo que mantiene unido al clan radica en la fidelidad y perseverancia de la mujer. El sitio de ella se halla en el interior, el del hombre en el exterior. Que el hombre y la mujer ocupen sus puestos correctos es un hecho que se conforma a las grandes leyes de la naturaleza. El clan requiere una firme autoridad: la constituyen los padres. Cuando el padre es realmente padre y el hijo, hijo, cuando el hermano mayor cumple su papel de hermano mayor y el menor, el suyo, cuando el esposo es realmente esposo y la esposa, esposa, entonces hay orden en el clan. Estando en orden el clan, se ordena la totalidad de las relaciones sociales entre los hombres. De las cinco relaciones sociales tres se sitúan dentro del clan: la relación entre padre e hijo: el amor; entre hombre y mujer: la disciplina y el recato; entre hermano mayor y menor: el orden. La amante veneración del hijo se transfiere al príncipe en forma de lealtad en el fiel cumplimiento del deber, y el orden y el afecto entre los hermanos se transfieren como fidelidad al amigo y se presentan como subordinación en relación con los superiores. El clan es la célula original de la sociedad, el suelo natural en el que el ejercicio de los deberes morales se ve facilitado por el afecto natural de tal modo que en ese círculo restringido se van creando las bases desde las cuales luego se transfieren las mismas condiciones a las relaciones humanas en general.

LA IMAGEN
El viento surge del fuego:
la imagen del clan.
Así el noble tiene en sus palabras lo real,
y en su conducta la duración.

El calor genera fuerza; he ahí el significado del viento que es suscitado por el fuego y surge de este. Se trata del efecto que va desde adentro hacia afuera. Exactamente lo mismo hace falta para la regulación del clan. También en el clan el efecto o influjo, partiendo de la propia persona, debe dirigirse a otros. A fin de poder ejercer semejante influjo, es necesario que las palabras estén cargadas de fuerza; esto solo es posible cuando se basan en algo real, como la llama en el combustible. Las palabras ejercen influencia únicamente cuando son objetivas y se refieren con claridad a determinadas circunstancias. Discursos, advertencias y exhortaciones generales son enteramente ineficaces. Por otra parte, las palabras deben sentirse apoyadas por todo el comportamiento, así como el viento actúa y tiene efecto gracias a su persistencia y duración. Solo una actuación firme y consecuente dejará en otros la necesaria impresión para poder adaptarse a ella y usarla como pauta y guía. Si la palabra y la conducta no están en armonía, si no son consecuentes, el efecto no se produce.

El tránsito del Gallo durante su propio año

PREDICCIÓN GENERAL
Este es el año propio o bĕn mìng nián 本命年, que significa «en esta vida»: un tiempo para limpiar, crecer, meditar y dejar de aferrarse al pasado que ya no es, ni al futuro que no existe. Deberá aprender a ser

flexible, una característica que no se le da muy bien, pero que le ayudará a sobrevivir ante cualquier afrenta o reto. Los gallos más expuestos a cambios fuertes serán los de 1957, porque cambiarán completamente de plumaje y a veces sentirán que están saliendo del huevo otra vez, pero en un planeta desconocido. Los más cómodos con el nuevo año serán los sabios de 1933, que no obstante están perfectamente plantados en el aquí y el ahora, saben muy bien que en el año del gallo solo los que aprendieron a volar podrán sobrevivir lo que sea.

El gallo, lo quiera o no, reconocerá la fuerza del wú wèi 无为, que significa hacer sin esfuerzo; pronto descubrirá que cuando no se obliga a empujar más de la cuenta le salen las cosas como desea. Otro modo de entender esto es desde el punto de vista de los metafísicos anglosajones que dicen *Let go to let God* (Dejar todo en las manos de Dios). Cuando el gallo deje de oponer resistencia al cambio o a lo nuevo, podrá encontrarse más cómodo, más tranquilo, dispuesto a que le lluevan oportunidades y bendiciones. Bienvenido al bĕn mìng nián. El fruto de tu paciencia vendrá con los amaneceres más hermosos de tu vida. ¡Adelante!

Enero

El año 2017 arranca con el mono todavía tras el volante y el gallo se preguntará si él podrá conducir cuando su antecesor lo suelte. Afortunadamente el mes del búfalo tiene la energía perfecta para ayudar a que el gallo termine de hacer todo lo necesario para que el año propio no le complique los planes. Aquí tenemos que aclarar algo, el gallo sentirá la necesidad de concentrarse mejor en su trabajo, hasta el grado de querer aislarse para evitar que la gente lo distraiga. Eso provocará tensiones entre sus familiares y amigos, en especial los que viven con él. Para evitar esa situación, será mejor que aproveche las horas de la serpiente (9 a 11) para hacer lo más importante, y que trate de ponerse en contacto unos minutos antes o después de esa hora con los que le quieren, o por lo menos que les aclare con tiempo que estará ocupado y que su obsesión con su trabajo será temporal. Eso le evitará malestares el resto del año.

Febrero

Durante el mes del tigre, el gallo sentirá que puede picotear el mundo entero sin que nadie se queje. Le suplicamos paciencia: la gente no estará tan despierta como él porque la energía provocará algunos problemas ambientales, además de accidentes de todos los tamaños. El gallo tendrá a la lógica de su parte, y le será fácil imponerse sobre cualquier clase de argumentos, cosa que le fascina. Los gallos mayores nacidos en el siglo xx podrían ser grandes maestros y avanzar en ese tema durante este mes, ya que al mundo le hacen falta maestros que enseñen cómo pensar, no qué pensar.

Marzo

Este es el mes más complicado del año, inclusive peligroso. El conejo encierra al gallo y viceversa. En la naturaleza veremos fenómenos agresivos, pero en la mente y en el corazón del gallo captaremos una sensibilidad tremenda. El gallo querrá salvar al mundo con lo que se pueda, pero necesita tener cuidado, podría sufrir desde una discusión bizantina en redes sociales hasta problemas con figuras de autoridad, sobre todo los gallos de 1993 y 1945, que son los más activos políticamente. Los gallos de 1933 son más sabios y saben que es en los argumentos y en la tierra cultivable donde tendrán la batalla ganada.

Abril

El mes del dragón viene con espinas debajo de las escamas. ¡Cuidado! Es importante que no salga a la calle a deshoras y que no deje bienes o dinero esparcidos por la casa porque hay peligro de robo. También necesita ser más rígido a la hora de prestar dinero, ya que aquello que preste en abril no volverá a usted jamás. La energía de choque se acentuará en las horas del caballo (11 a 13) y en las del cerdo (21 a 23). Es mejor que en esas horas no haga cosas peligrosas; inclusive tomar una ducha dentro de ese horario podría acabar en accidente. Necesita ser más cauteloso y practicar taichí, que le ayudará a mejorar la coordinación, el equilibrio y el tono muscular.

Mayo

El mes de la serpiente sube la energía de metal, que hará que todo sea impredecible para el mundo, pero para el gallo ese metal es primordial para recuperarse, si tuvo incidentes desagradables el mes pasado. La comunicación con otros mejorará, por lo que también puede seguir con la meta de ayudar a los demás; pero para estar más fresco de mente y alma hay que dormir bien, de tal manera que nunca le dé sueño durante el mediodía, en especial en las horas de la serpiente (9 a 11), para ello necesita desayunar equilibradamente y beber agua tibia o té verde al despertar.

JUNIO

Los gallos que tengan planeado casarse este año podrán hacerlo durante junio ya que esa fecha vaticina un matrimonio estable y para toda la vida. Pero la boda será complicada o conflictiva. Los gallos solteros estarán muy románticos, y también caprichosos al estilo trágico de *Romeo y Julieta*, o peor aún, *El imperio de los sentidos*. Los gallos de 1993 vivirán historias de terror más que de amor si enfocaron su atención en personas que no comprenden su modo de ver la vida. Es mejor estar solos o rodearse de amigos que comprendan e investiguen más sobre el amor incondicional y el poliamor.

JULIO

El mes de la cabra le traerá una recaída, de nuevo el amor, el sexo y las emociones serán el tema más importante en su agenda. Los gallos que se casaron durante el mes anterior o meses antes vivirán muchas dificultades, pero si las sobreviven unidos a su pareja, su nivel de intimidad y amor será elevado. Los gallos solteros se sentirán desolados; por lo tanto, en vez de una disciplina taoísta, en esta ocasión se les invita a investigar acerca del desapego según las propuestas budistas. El desapego es el tema de este mes y sobre esto hay montones de libros y talleres que podrían ofrecerles ayuda.

AGOSTO

La combinación de energía produce peligro de robos, discusiones, rumores y problemas de salud. Esto requerirá atención especial entre los gallos de 1933, de 1993 y los pequeños de 2005. Los demás gallos podrán respirar algo más tranquilos, pero aún así tendrán que batallar un poco con la depresión. Todo esto se debe a que la energía metal, que antes estaba más tranquila, ahora sube, pero sin llegar a ser lo suficientemente fuerte. Es como en la acupuntura: la energía sube, pero está ahogada debajo del fuego, como si tuviese fiebre. Al gallo eso le daña, y lo mejor que podrá hacer es cuidarse mucho.

SEPTIEMBRE

Este es el mes del doble běn mìng nián, la tradición ancestral china dicta a los nativos del mes del gallo usar un listón rojo en la cintura amarrado a la altura del ombligo para proteger la energía vital y agradecer a los antepasados por la vida propia. Cada signo, por karma, tiene que lidiar con algún apego, y al gallo le molesta mucho el robo, por lo tanto este mes hay que tener especial cuidado con los robos, cosa que ha sido un tema recurrente a lo largo del año. Entonces vale la pena meditar en ello sin preguntarse por qué le ocurren esos robos; sólo meditar... en silencio. En paz.

Octubre

Será un mes complejo también. A estas alturas del año el gallo ya estará más que agotado. Hay peligro de accidentes que involucran los huesos, por lo tanto es importante que vea por dónde va y que trate de caminar con paso firme y seguro. Este no es un mes para andar nadando con tiburones, ni siquiera metafóricos. También continuará con el ánimo decaído, pero es importante que viva esa tristeza, que no la oculte tras una máscara de indiferencia o felicidad. Tendrá que meditar, constelar y bailar mucho (con suavidad) para exorcizar fuera de su mente los demonios de la tristeza y la inseguridad.

Noviembre

Siguen las complicaciones del año propio y, con la llegada del mes del cerdo, vienen problemas en la salud emocional, respiratoria, y también viajes problemáticos, por lo que se recomienda que todo el gallinero se cuide, pero hay que tener cuidados especiales con los gallos de 1933 y los recién nacidos de 2017, porque la salud respiratoria es más frágil en ellos. El choque de energías será más grave durante las horas del dragón (7 a 9) y las horas del caballo (11 a 13), durante esos horarios es importante que no salgan de ruta, y hasta que eviten todo tipo de viaje en cualquier vehículo, sobre todo si son los conductores.

Diciembre

Han sido meses difíciles en los que las finanzas fueron escasas –o robadas– y la salud está tambaleante, por lo tanto el gallo se siente perdido, agotado. Pero el mes de la rata no va a dejar que se distraiga ni un segundo, y le atraerá buenas oportunidades e incluso fama. Necesitará sacudirse las plumas pues el mes le trae sorpresas agradables y una salud mejorada, con lo cual podrá ocupar muy bien su tiempo. Progresivamente se olvidará de los tiempos difíciles y eso le hará volver a un estado de tranquilidad que le permitirá a pasar mejor las fiestas de fin de año. Ya casi se acaba este año de renacimiento. ¡Ánimo, gallo! En lo que cantas una vez más, va a finalizar este año de tormentas, y con ello volverá la paz a tu corral.

Predicciones para el Gallo y su energía

GALLO DE MADERA (1945-2005)

La sabiduría surgirá en la comunidad de los hombres.

Pondrá su experiencia para ayudar a gente en situaciones difíciles, como la ignorancia, el desamparo, la salud y la búsqueda de vocación.

Deberá enfrentar escenarios legales con la familia: cerrar una herencia, un juicio, una sucesión. Apele a todas las formas de ayuda que le ofrezcan para que no lo desplumen.

Reconfortantes encuentros con amigos de la escuela, parientes lejanos, exparejas cambiarán su cosmovisión.

Año para reformular la existencia, dejar atrás lo inevitable y fluir en el TAO.

GALLO DE FUEGO (1957-2017)

¡¡¡BIENVENIDOS AL TAI SUI, AÑO CELESTIAL!!!

Dicen los chinos que recién cumplidos los sesenta años sabemos qué queremos en la vida.

Y nuestro Quijote aventurero, audaz, mágico llegará con la medalla de oro a completar el ciclo desde el nacimiento hasta su cumpleaños.

Los deberes que no se hicieron se llevarán a marzo; deudas pendientes con amores, amigos, familiares serán saldadas en incómodas cuotas.

La llegada de una nueva manera de vivir, después de atravesar pérdidas, juicios, traiciones lo aliviará y dejará su corazón abierto para amar nuevamente.

Año de grandes revelaciones y orden en el clan.

GALLO DE TIERRA (1909-1969)

Este gallo purificará los siete cuerpos desde la dermis hasta la epidermis.

Con su tercer ojo intentará poner orden dentro del caos en el gallinero y en su profesión.

Revivirá situaciones que sanará con ayuda terapéutica y podrá agradecer cada día, sin protestar, lo que la vida le da y le quita.

Un acontecimiento dentro de su entorno de amigos o en un viaje le marcará el rumbo de su destino.

Texto de Mashenka:

Soy una gallina de pura sangre.

Porque le canto a la vida cada mañana (la nota que cada día me su-

surra) pero siempre canto y suelto alguna que otra pluma al viento.
Porque soy obediente al sol; al aire, al fuego, al agua y a la tierra que sostiene mis patas. Amo ser humana.
Porque cuido sin miedo, mi espacio vital.

Soy una gallina de pura sangre.
Porque recuerdo el principio de cada día, desde el principio de los días y celebro la eternidad en cada amanecer.
Porque me reconozco parte de un gallinero infinito
y me regocijo ante lo pequeño, entonces... todo se vuelve grande.
Amo ser divina.
Soy una gallina de pura sangre.
Asumo mi rol, la parte que me toca, mi destino fuera de *Matrix*. Mi reloj funciona con latidos (solté las agujas hace algún tiempo) gracias al pulso poderoso del amor.
Mi tiempo es hoy y solo hoy. Cada instante que trae el todo, la nada, el vacío en el que vuelo bajo y a veces muy alto y en cada viaje descubro, me nutro, escucho y aprendo. Todo me conmueve desde que acepté descansar en la danza constante de moverme con todo.

No espero nada. Recibo lo que llega.
Doy el paso y aguardo, suelto los planes sin dejar de soñar.
Cada año que llega se pierde en mi almanaque sin tiempo;
se desdibujan en experiencias suaves o intensas, todas buenas, incluso las que no... se derriten las horas y los días en visiones de mundos posibles que me invitan una y otra vez a explorar todo aquello que aún no vi y le dan oxígeno a cada instante.
Eso sí. Eso me mueve. Ver; siempre ver, por eso me trepo, busco las alturas para cacarear con la perspectiva de las cosas, el horizonte de la vida que creía conocer... Por encima de todo quiero ver y sí, ver de otra manera. Sé que hay otra manera, más que humana. Más que divina.
Una.
Una que tiene el sabor de los dos mundos.
Ahí me poso como una equilibrista, en el punto cero, en el filo de la navaja, en la plena incertidumbre que hace mucho que no quema.
Ahí, en el lugar del medio, en el que me entrego a no saber qué sigue; a volar, abrir mis alas anchas y recordar siempre, estar lo suficientemente despierta para escuchar lo que la vida me trae. Humilde.
Soberbia. Galla.

418 • Ludovica Squirru Dari

GALLO DE METAL (1921-1981)

Celebrará su año con bajo perfil asumiendo nuevas responsabilidades. Recuperará el hilo de ADN de la constelación familiar y ordenará al clan, tribu y familia con gratitud.

Sentirá ganas de iniciar nuevas empresas.

Un viaje al exterior en busca de sus raíces le abrirá un abanico de nuevas posibilidades para su imaginación, creatividad y estabilidad emocional.

Estará más receptivo a escuchar consejos, trabajar en obras solidarias en la comunidad de los hombres y crecer sistémicamente.

Año de fuerte aprendizaje en su desarrollo como persona.

GALLO DE AGUA (1933-1993)

Durante este año se enfrentará con dudas existenciales, reales y familiares que deberá resolver con armonía, equilibrio y sentido común.

Nuevas relaciones podrán ser positivas, o no tanto.

Su corazón deberá escuchar lo que es verdadero sin influencias que le alejen de su camino.

El amor lo sorprenderá y es posible que traiga al gallinero nuevos pollos o gallinas.

Año de cambios profundos en su posición familiar y en la relación con socios y amigos.

L. S. D.

Apunta el alba en el barrio del Este,
las estrellas titilan y van palideciendo.
El gallo mañanero de Ju Nan
se posa en la muralla y canta.
Cesa el canto del gallo, se para el reloj de agua,
mas las lluecas comienzan su cloqueo.
Esfúmase la luna, desaparecen las estrellas;
ha vuelto al mundo la mañana.
En mil verjas y en diez mil puertas
giran las llaves en forma de pez.
Alrededor del palacio y arriba, en el castillo,
vuelan cuervas y urracas.
Anónimo

Predicciones preventivas para el Perro basadas en el i ching, la intuición y el bazi

Me desperté de la madrugada soñando con mi madre perro, y siempre intento estirar el sueño para que me acompañe todo el día, produciéndome un estado de felicidad perenne.

En el umbral del año del gallo, el perro se entrega fervientemente a seguir el TAO (camino). Sabe que ha pasado fuertes sacudidas durante el año del primate y en más de una ocasión volvió a la caseta con la cola entre las patas, sin un hueso y de mal humor.

Los tiempos cambiaron abruptamente, y como es conservador en sus costumbres y hábitos debió adaptarse a nuevas formas de convivencia en la comunidad de los hombres.

Tiempo de entregarse con el fervor «de una yegua» a los designios del tiempo y seguir a un consejero, líder, pareja, padre o socio en el emprendimiento de nuevas empresas.

Es un año en que el perro recuperará su voz, su talento, y brillará en la plaza del pueblo o en los escenarios del mundo.

Al fin podrá consolidar su vocación, su esfuerzo de tantos años en su oficio, creatividad e ideas revolucionarias que se verán plasmadas a corto plazo, pues el gallo valorará la perseverancia, el sentido común, la humildad y la paciencia que le caracterizan.

Es un tiempo muy positivo, benéfico, de gran expansión.

Participará en grupos solidarios, ONG, ayuda a inmigrantes, comedores, planes de paz, ecología y medio ambiente con decisión de mando, gestión y altruismo. Su espíritu de libertad y justicia encontrará eco en nuevos amigos y discípulos.

Transmitirá con pasión su mensaje de ser puente entre mundos complementarios y fuente de inspiración para el nuevo paradigma.

Durante este año, el perro profundizará en las relaciones padre-hijo, esposa-esposo, maestro-discípulo y sentirá que tiene todo el permiso para ladrar sus verdades.

El año del gallo traerá algunas turbulencias en su vida afectiva; cambios de roles, cortocircuitos, desazón sexual y enfrentamientos por la distribución del tiempo dentro del hogar.

El I CHING les dice:

Extenso amor, con cuidado y protección existencial, recibir es darse, y más que dar la informe forma se hace espacial y la vida, realidad.

Es el tiempo de cuidar, proteger, mimar a quien se ama; puede ser una persona, obra de arte, alimento, hogar; preservarla de los envidiosos, entrometidos, invasores.

El perro está abierto, receptivo, atento a quien se acerca a su vida, a su caseta, y sobre todo a su corazón que estuvo a la deriva, golpeado por una tempestad de situaciones inevitables que lo desgarraron afectivamente.

Se prepara para estar en la vanguardia, abrir el tercer ojo, compartir el puchero y el alimento equilibrado con el zoo, soltar amarras del pasado rumbo a un nuevo tiempo en el que sabe que debe estar sano holísticamente para llegar a su año, 2018, donde como todo el zoo en su ciclo deberá pagar peaje kármico.

Las relaciones afectivas oscilarán desde el supramundo al inframundo; será protagonista y testigo de situaciones de ciencia ficción, y descubrirá sus poderes de clarividencia, intuición y sabiduría cada día, reflejándose como Narciso en el espejo.

Año de *revival*, de reencuentro con amigos del pasado, exparejas, y con el hilo de oro invisible que dejó en alguna travesía acompañando a quienes lo dejaron a la intemperie.

L. S. D.

El I CHING les aconseja:
2. K'un / Lo Receptivo

EL DICTAMEN
Lo receptivo obra elevado éxito,
propiciante por la perseverancia de una yegua.
Cuando el noble ha de emprender algo y quiere avanzar,
se extravía; mas si va en seguimiento encuentra conducción.
Es propicio encontrar amigos al Oeste y al Sur,
evitar los amigos al Este y al Norte.
Una tranquila perseverancia trae ventura.

Las cuatro direcciones fundamentales de lo Creativo: «Elevado éxito propiciado por la perseverancia», se encuentran también como calificación de lo Receptivo. Solo que la perseverancia se define aquí con mayor precisión como perseverancia de una yegua. Lo Receptivo designa la realidad espacial frente a la posibilidad espiritual de lo creativo. Cuando lo posible se vuelve real y lo espiritual se torna espacial, se trata de un acontecimiento que se produce siempre merced a un designio individual restrictivo. Esto queda indicado por el hecho de que aquí a la expresión «perseverancia» se le añade la definición más concreta «de una yegua». El caballo le corresponde a la tierra así como el dragón al cielo; en virtud de su infatigable movimiento a través de la planicie simboliza la vasta espacialidad de la tierra. Se elige la expresión «yegua» porque en la yegua se combinan la fuerza y velocidad del caballo con la suavidad y docilidad de la vaca.

Únicamente porque está a la altura de lo que es esencial en lo Creativo, puede la naturaleza realizar aquello a lo cual lo Creativo la incita. Su riqueza consiste en el hecho de alimentar a todos los seres y su grandeza en el hecho de otorgar belleza y magnificencia a todas las cosas. Da así origen a la prosperidad de todo lo viviente. Mientras que lo Creativo engendra las cosas, estas se materializan por lo Receptivo. Traducido a circunstancias humanas, se trata de conducirse de acuerdo con la situación dada. Uno no se encuentra en posición independiente, sino que cumple las funciones auxiliares. Entonces es cuestión de rendir algo. No se trata de conducir –pues así uno solo se extraviaría– sino de dejarse conducir: en eso consiste la tarea. Si uno sabe adoptar frente al destino una actitud de entrega, encontrará con seguridad la conducción que le corresponde. El noble se deja guiar. No avanza ciegamente, sino que deduce de las circunstancias qué es lo que se espera de él, y obedece esta señal del destino.

Puesto que uno debe rendir algo, le hacen falta ayudantes y amigos a la hora de la labor y del esfuerzo, una vez firmemente definidas las ideas que deben convertirse en realidad. Esa época del trabajo y del esfuerzo se expresa con la mención del Oeste y del Sur. Pues el Sur y el Oeste constituyen el símbolo del sitio donde lo Receptivo trabaja para lo Creativo, como lo hace la naturaleza en el verano y en el otoño; si en ese momento no junta uno todas sus fuerzas, no llevará a término la labor que debe realizar. Por eso, obtener amistades significa en este caso, precisamente, encontrar el rendimiento. Pero aparte del trabajo y del esfuerzo, también existe una época de planificación y ordenamiento; esta requiere soledad. El Este simboliza el sitio donde uno recibe los mandatos de su señor y el Norte el sitio donde se rinden cuentas sobre lo realizado. Ahí es cuestión de permanecer solo y de ser objetivo. En esa hora sagrada es necesario privarse de los compañeros a fin de que los odios y favores de las partes no enturbien la pureza.

LA IMAGEN

El estado de la Tierra es la receptiva entrega.

Así el noble, de naturaleza amplia, sostiene al mundo externo.

Así como existe un solo Cielo, también existe una sola Tierra. Pero mientras que en el caso del cielo la duplicación del signo significa duración temporal, en el caso de la tierra equivale a la extensión espacial y a la firmeza con que esta sostiene y mantiene todo lo que vive y actúa. Sin exclusiones, la tierra, en su ferviente entrega, sostiene el bien y el mal. Así el noble cultiva su carácter haciéndolo amplio, sólido y capaz de dar sostén de modo que pueda portar y soportar a los hombres y las cosas.

El tránsito del Perro durante el año del Gallo

PREDICCIÓN GENERAL

El perro se siente agotado tan solo con la presencia de los tiempos del gallo: el año del gallo (2017), el mes del gallo (septiembre), las horas del gallo (17 a 19) y los días del gallo que no podemos describir aquí por falta de espacio. El agotamiento energético hará que el perro se sienta aturdido, cansado. Le costará ser positivo y concluir con sus planes; es importante que busque alianzas con el tigre, el caballo, y con el conejo, que además será una especie de amuleto, porque juntos producen la energía fuego que conquista al metal del gallo. El primer semestre será más sencillo, pero después del invierno austral/verano boreal, el perro deberá buscar la compañía de los monos, que servirán de intérpretes entre ambas energías, y así podrá trabajar a gusto y sacar adelante el año.

Enero

El mono aún está controlando la energía del planeta, pero viene combinado con el mes del búfalo, lo cual trae energías contradictorias que provocan desplazamientos cortos que dificultan la concreción de trabajos y proyectos. No importa cuánto trabajo tenga, no podrá obtener resultados satisfactorios; por eso le recomendamos que detenga la marcha, deje de esforzarse, y se concentre en el aquí y ahora. Sin pelear, sin argumentar nada. Solo por medio de una mente tranquila, el perro podrá serenarse y preparar su energía para lo que trae el año del gallo.

Febrero

Con el mes del amigo tigre, el perro sentirá energía suficiente para devorar el mundo, pero a partir de ahora solamente tendrá seis meses estables. El segundo semestre sentirá que lo encierran en su caseta, entonces deberá prepararse. Necesita alimentarse bien, hacer ejercicio y sobre todo dormir bien, y eso al perro no le apetece porque siempre encuentra algo más importante o divertido, o atractivo. Dormir le servirá para inspirarse y concretar las ideas, además impedirá que enferme, cosa que podría ocurrir este mes si no toma en serio estas recomendaciones.

Marzo

El mes del conejo será grato. Amistades que creía perdidas para siempre volverán a entrar en contacto, aún si la separación ocurrió por causa de un pleito. Hay oportunidades para desvelarse, jugando o bailando, con las nuevas y viejas amistades. La energía del conejo mima al perro, y podría también tentarlo para acceder a algunos vicios. Es importante que no abuse del ocio; tendrá mil proyectos por venir y necesitará toda su energía para mantenerse despierto, alerta e inteligente.

Abril

Será un mes de pleitos. El perro lo vivirá sin un rasguño si aprende a no perder la paciencia utilizando el pensamiento crítico, el método científico y la mayéutica, o incluso usando la técnica del debate budista. Los perros de todas las edades estarán dispuestos a defender sus argumentos, ya sea en redes sociales o en la vida real. Muchos perros dedicados a la farándula y la política se podrían ver envueltos en escándalos, por lo que se les pide también discreción. Si no puede evitar esas discusiones, deberá comprender que la gente pelea con la idea que tienen de él y no con su yo verdadero.

Mayo

El mes de la serpiente tendrá una tonalidad parecida a la del mes anterior, pero con la ventaja de que en esta ocasión recibirá ayuda incondicional por parte de amigos o inclusive de alguna de sus exparejas. Eso le dará más confianza en sí mismo, aunque es importante que esa confianza la utilice en cosas más productivas que en tratar de sostener un argumento. Se le recomienda que busque posibilidades en otros círculos de trabajo o que mantenga a la familia y su carrera completamente separadas. Es tiempo también de delegar responsabilidades en otros y de aprender a relajarse.

Junio

El caballo vendrá a reponer la fuerza de voluntad y la energía que se le agotó en los meses anteriores, y sentirá que le quitan la correa. Terminará con los encargos y el trabajo atrasado, ¡pero cuidado! no hay que exagerar, todavía necesita ahorrar energía para resistir lo que vendrá después de este mes. Es muy probable que los perros de 1994 sientan que pueden con todo y sufran algún accidente que los frene. Los de 1934 y 1982 saben muy bien lo que es «perder el piso» por intentar hacer varias cosas a la vez. A todos los demás les será más sencillo calmarse.

JULIO

El mes de la cabra atrae calma en cuestiones de trabajo y remuneración, pero también problemas de relaciones amorosas o amistosas con mujeres jóvenes. Se le recomienda no revelar ningún secreto o confidencia. Como la comunicación no será el mejor aliado durante este mes, es importante no tratar de exponer temas en clase o inscribirse para algún examen de grado. Todo lo que diga saldrá torcido y cada quien interpretará lo que se le dé la gana, así que más vale mantener un voto de silencio. Para aligerar esa carga, le conviene irse al campo y evitar tumultos o salones de clase.

AGOSTO

Es posible que el perro esté verdaderamente agotado para cuando llegue el mes del mono. La energía metal significa para el perro la riqueza material o de recursos, y equivaldrá a cargar con una bolsa pesada llena de metales preciosos en medio del desierto. Estará tan cansado que no podrá aprovechar esa energía de riqueza aun con la certidumbre de alcanzar la meta, y es posible que la despilfarre en ocio. Se le recomienda meditar, dormir bien y tener una dieta equilibrada para cumplir sus compromisos y sobrellevar con lucidez este mes y lo que resta del año.

SEPTIEMBRE

Durante el mes del gallo, en el año del gallo, el perro deberá soltar todas las aprensiones que tenga y aligerar la carga emocional porque la energía provocará incidentes desagradables: desde la pérdida de algún objeto o una amistad valiosa hasta algún accidente, y también es posible que encuentre falta de solidaridad o empatía de quienes están a su alrededor. Es importante que trate de equilibrar sus sentimientos a través de terapia o constelaciones, y que además aprenda a defender sus argumentos sin agotarse: practique el debate clásico.

OCTUBRE

Con la llegada de su mes, el perro podrá hacer lo que más le gusta: concentrarse en su trabajo, y así recibir el premio del reconocimiento a sus labores. Al margen de la energía de choque con el gallo (entre el perro y el gallo existe una energía de choque, y se resienten a la interacción, sobre todo en el mes de octubre en el año del gallo) el perro podrá sentirse a sus anchas, trabajar con ahínco, retozar en horas de recreo y conocer gente nueva que le ayudará. Esto último es de suma importancia porque a partir de este mes tendrá que poner atención y ahorrar Ki, prana, energía, contactos y hasta dinero, por lo que pueda ocurrir en su año propio, el que sigue. ¡Es hora de prepararse para lo que venga!

Noviembre
No hay tiempo más complejo para el karma del perro que los meses, las horas y los años del cerdo. Representa muchas cosas positivas y destructivas a la vez, y el perro tendrá que jugar con las reglas que le fije el gallo. En estos treinta días necesitará poner mucha atención a los lugares por los que pasa, evitar usar tacones o hacer acrobacias peligrosas, porque existe el riesgo de torceduras y caídas. También hay posibilidad de cambios pequeños y desplazamientos largos en los cuales puede sufrir accidentes de tráfico, sobre todo cuando conduce. ¡Tranquilo!

Diciembre
El mes de la rata representa la primera llamada, como en el teatro, antes del estreno del año propio. Los perros de 1958 serán los más sacudidos ya que cumplirán lo que los chinos llaman un «siglo zodiacal». El karma del perro indica que lo que más detesta es la falta de lealtad y el rechazo, por lo tanto este mes necesita recopilar todas las personas y herramientas adecuadas para resolver los conflictos en cuanto aparezcan. La rata no es una aliada, tendrá que arreglárselas de la mejor manera desde su caseta y pasar las fiestas decembrinas en familia y con la mayor calma posible.

Predicciones para el Perro y su energía

Perro de Madera (1934-1994)
Recibirá el año con esperanza, energía y cambios sistémicos en la constelación familiar. Podrá recuperar el tiempo para estudiar, trabajar y abrir la puerta para ir a jugar.

Tendrá sobredosis de proyectos innovadores: ONG, fundaciones, cooperativas en la comunidad y será líder en el zoo.

Su ánimo mejorará si sigue los designios de quien puede aconsejarlo, guiarlo y recuperar la trama del tejido vital.

Viajes cortos por estudios, una beca, o por amor lo mantendrán con la maleta lista y el pasaporte al día.

Nuevos amigos del otro lado del océano serán parte de su nueva tribu afectiva.

AÑO DE LOGROS, AVANCES Y DESPEDIDAS.

PERRO DE FUEGO (1946-2006)

Después de la batucada simia se preparará nuevamente para participar en la comunidad de los hombres.

Las heridas aún abiertas, los golpes, las traiciones tendrán que ser sanados con conciencia, cariño y buenas compañías.

Proyectará transmitir su experiencia en ámbitos en los que pueda ser captado. Los ladridos deben tener eco, *feedback,* y ser parte del sentimiento del prójimo.

Deberá resolver situaciones judiciales, alguna querella y deudas afectivas.

En la constelación familiar habrá sorpresas: nuevos miembros llegarán y otros partirán manteniendo el equilibrio ecológico.

Su carisma deberá estar al servicio de guías y personas que sepan ponerle límites en momentos de rabia.

AÑO DE RESPUESTAS A DUDAS EXISTENCIALES.

PERRO DE TIERRA (1958-2018)

Durante este año sentirá que está receptivo a las influencias cósmicas y se guiará por ellas.

Aprenderá a delegar, a participar con sensatez cuando lo convoquen y a dejar abiertos nuevos puentes en la comunicación con sus opositores.

Sentirá palpitar su corazón al ritmo de un *blues* o de *zamba de mi esperanza,* reinventándose ante una relación del pasado que tendrá un nuevo colorido.

Un viaje inesperado le llevará a decidir un nuevo lugar para vivir, mudarse o pasar una temporada.

Estará estimulado por nuevas ideas, amigos que retornan, propuestas decentes e indecentes para coordinar nuevas empresas, ONG, grupos de autoayuda o espectáculos musicales y sociales.

EL GRAN APRENDIZAJE SERÁ DEJARSE GUIAR CON FE EN EL MISTERIOSO AÑO DEL GALLO.

PERRO DE METAL (1910-1970)

Año de introspección y asentamiento en la constelación familiar.

Se dejará guiar por el Gran Espíritu y su vida tomará un nuevo rumbo. Dejará atrás relaciones tóxicas y participará en nuevos emprendimientos y sociedades.

Estará muy estimulado por amigos que vienen del exterior y saldrá a la aventura sin billete de vuelta. Sentirá ganas de rebelarse a la rutina y a los jefes que no perciban su talento, honestidad y sentido común.

Un golpe de suerte o azar lo mantendrá en estado de vigilia y dormirá soñando con un nuevo porvenir.

AÑO DE GRANDES AVANCES EN SU AUTOESTIMA Y LA RELACIÓN CON SUS SERES QUERIDOS.

PERRO DE AGUA (1922-1982)

Retornará a la caseta en su lugar en el mundo y la compartirá con todo el zoo.

Sentirá alas de libertad e independencia de mandatos, condicionamientos, y de gente que lo subestimaba.

Renacerá una pasión, una vocación, y pondrá su tiempo, talento y estudio al servicio de la comunidad de los hombres.

Sentirá que protege desde el más allá a sus seres queridos y los guiará por caminos hacia un nuevo porvenir.

Año de revelaciones, búsqueda espiritual y realización de utopías.

Déjese guiar por sabios, maestros y por su olfato e intuición.

GUAUAAU GUAUA-QUIQUIRIQUÍ.

L. S. D.

¿Por qué ladra tan furioso el perro?
Está a la puerta un funcionario.
Me visto a toda prisa y salgo a recibirlo.
Es el recaudador de la contribución,
Soy un pobre y suplico moratoria,
pero el recaudador se enfada,
está detrás de mí en la casa.
En la casa no encuentra nada que llevarse.
Voy a pedir un préstamo al vecino,
y el vecino me dice que están vacías sus arcas.
¡Qué difícil, dinero, conseguirte!
Por ti, dinero, me veo solo y triste.
(Canciones populares de los siglos II al VI)

Predicciones preventivas para el Cerdo basadas en el i ching, la intuición y el bazi

Hoy arranca julio y en la Argentina «el segundo semestre» es una esperanza, utopía o *déjà vu* de nuestra historia argentina «en el trabajo en lo echado a perder».

Mauricio Macri es cerdo de tierra y está en el ojo de la tormenta durante el furioso año simio.

El cerdo está bailando al ritmo de *zamba de mi esperanza*, intentando sobrevivir con lo que es, puede y tiene para no ir al matadero y llegar íntegro al año del gallo.

Sus herramientas son multifacéticas; integra técnicas de autoayuda, pide asilo en pocilgas ajenas, busca amigos exiliados que le asistan en su ataque de pánico, y también intenta mantener a salvo las pertenencias que el tsunami de los últimos años no le arrebató de golpe.

Su «reseteo» es existencial: desde el ADN hasta el *look*, el FENG SHUI, las relaciones que tenía blindadas, los oficios que resucitará para ganarse el maíz de cada día están en el escenario de sus prioridades.

La modestia es el hexagrama que le marcará al cerdo su destino durante el reinado de su protector el gallo de fuego.

Hará un revisionismo histórico de su existencia.

Deberá aceptar sus errores, extirpar culpas y mantenerse sano desde lo físico, lo mental y lo espiritual. Es un año de alineación y equilibrio para disfrutar plenamente de los siguientes: el del perro y el propio.

El empujón del año simio le trajo muchas oportunidades que podrá contemplar en su pradera, debajo de la parra, y con sus seres queridos.

Podrá acondicionar su casa, mudarse, iniciar un nuevo oficio relacionado con sueños de la juventud que quedaron interrumpidos, y dejar que el revoloteo del gallo le sorprenda a medida que pasan los días y los meses.

Su corazón necesita masajes, emociones para latir fuerte nuevamente.

Estará entusiasmado por el *feedback* que recibirá en su carrera, profesión o simplemente en su labor como madre, padre, hermano y asistente social.

Podrá complementarse con gente de distintas culturas y opiniones y los integrará sin prejuicios.

Renacerán vínculos interrumpidos que le dejaron traumas, marcas y rencores. Brotarán del corazón, como un manantial, sentimientos altruistas y solidarios; integrará ayuda social en comedores, en dispensarios, en centros de ayuda para adictos.

El cerdo sabe que necesita una tregua para recolocarse, reformular su tejido afectivo y vislumbrar un futuro para los tiempos que se avecinan.

El gallo le hará más sociable, contará con asesores de imagen para mejorar su *look*, sus modales y su inserción en un mundo que está cambiando demasiado velozmente para su biorritmo y sensibilidad.

Con su pareja o cónyuge pasarán gratos momentos de convivencia, de planes a medio y largo plazo, y se inspirará con la energía en la comunidad de los hombres.

Deberá definir su nueva pocilga o convivir en ajenos hasta «encontrarle el agujero al mate»[39].

La solidaridad será la base fundamental del éxito del año; abrir compuertas con su experiencia, con amigos, socios y gente joven.

El cerdo tendrá noticias agridulces que lo mantendrán alejado, deprimido o en estado de WÚ WĒI (no acción).

Tiempo de cosechar la siembra tardía de su vida, recuperar el timón de sus profundas decisiones, de plantar un árbol, escribir un libro, y si no tiene hijos adoptar a quien se acerque a su corazón hibernado.

El mundo lo necesitará en acción; recuperando su buen humor, su sentido común, amistades del pasado y del presente y aprendiendo a cultivar la modestia como ejercicio en la vida de cada día.

El planeta estará muy hostil y harán falta corazones como el del Dalai Lama para que integren la espiritualidad con planes complementarios de salud, educación y arte.

Un universo lleno de nuevas posibilidades afectivas, sociales y profesionales le esperan para recompensarlo después del agitado tren bala del año del mono de fuego.

El I CHING les aconseja:
15. Ch'ien / La Modestia
EL DICTAMEN
La Modestia va creando el éxito.
El noble lleva a buen término.

La ley del Cielo vacía lo lleno y llena lo modesto: cuando el sol se halla en su punto más alto, debe declinar, de acuerdo con la ley del Cie-

---

lo; y cuando se encuentra en lo más hondo bajo la tierra, se encamina hacia un nuevo ascenso. Conforme a la misma ley, la luna, una vez llena, comienza a decrecer, y estando vacía vuelve a aumentar. Esta ley celeste actúa también y tiene sus efectos en el sino de los hombres. La ley de la Tierra es modificar lo lleno y afluir hacia lo modesto: las altas montañas son derruidas por las aguas y los valles se rellenan. La ley de los poderes del sino es dañar lo lleno y dispensar la dicha a lo modesto. Y también los hombres odian lo lleno y aman lo modesto.

Los destinos se guían por leyes fijas que actúan y se cumplen con necesariedad. El hombre, empero, tiene en sus manos el recurso de configurar su destino, y su éxito depende de ello si se expone mediante comportamiento al influjo de las fuerzas cargadas de bendición o de destrucción. Si el hombre está en elevada posición y se muestra modesto, resplandece con la luz de la sabiduría. Cuando está en baja posición y se muestra modesto, no puede ser pasado por alto. De este modo logra el noble llevar a término su obra sin vanagloriarse de lo hecho.

LA IMAGEN
En medio de la tierra hay una montaña:
la imagen de La Modestia.
Así disminuye el noble lo que está de más
y aumenta lo que está de menos.
Sopesa las cosas y las iguala.

La tierra, en cuyo interior se oculta una montaña, no ostenta su riqueza, pues la altura de la montaña sirve para compensación de las hondonadas y cavidades. Así se complementan lo alto y lo profundo, y el resultado es la llanura. Este es el símbolo de la modestia, que señala que aquello que ha requerido una prolongada acción y efecto, aparece como obvio y fácil. Así procede el noble cuando establece el orden sobre la tierra. Él compensa los opuestos sociales que son fuente de desunión, de falta de paz, y crea con ello condiciones justas y llanas.

El tránsito del Cerdo durante el año del Gallo

PREDICCIÓN GENERAL
Este año será menos accidentado que el anterior, aunque no por eso más tranquilo. Una de las relaciones más conflictivas en el zodíaco chino

es la que existe entre el gallo y el cerdo, más aún si el cerdo tiene por hora, día o mes de nacimiento alguna relación con los signos del caballo o el dragón (por ejemplo, nacido en el mes del caballo a la hora del dragón, año del cerdo). Este año, para resolver conflictos antes de que aparezcan, hay que tener cuidado en las horas del dragón (7 a 9), las del caballo (11 a 13) y en los meses de abril y junio. También hay que tener en orden todos los papeles que involucren asuntos financieros y legales.

Enero

El mono sigue haciéndole algunas jugarretas. Lo bueno es que el cerdo tiene excelente disposición y optimismo, porque cualquier otro signo estaría sumido en el desorden o la desesperanza. El mes del búfalo le trae un descanso, ocio para disfrutar a sus anchas, pero le recomendamos que utilice el tiempo libre para organizar muy bien todos los papeleos legales, impuestos y finanzas ya que el año del gallo no le va a dar tregua. Las asociaciones que haga este mes podrán ser de mucha ayuda más adelante.

Febrero

El mes del tigre es accidentado pero entretenido, siempre encontrará algún detalle divertido o sabio del cual aprender. Pero como con el mes se refuerza el año del gallo, le recomendamos poner en orden todo lo que tiene, so pena de acabar en el asado. Necesita prestar atención cuando camina, analizar a quién le revela secretos o en quién confía sus ingresos, porque este es el mes de los malentendidos y por un descuido podría meterse en problemas que no resolverá por sí mismo y deberá buscar ayuda, acumulando así más karma ¡todo un círculo vicioso! Cuidado.

Marzo

El mes del conejo pondrá manos a la obra al cerdo, pero será trabajo bien remunerado y creativo, cosa que el cerdo disfrutará mucho. Podrá sacar a relucir su capacidad para resolver problemas rápidamente o convertir en realidad proyectos visualmente hermosos. Las horas de la cabra (13 a 15) le ayudarán a completar todo lo que tiene pendiente y a trabajar bajo el precepto del wú wèi (hacer sin esfuerzo, sin estrés). Este mes –y también julio– será de lo mejor; se le recomienda disciplina y constancia para prevenir incidentes desagradables el resto del año.

ABRIL

La relación con el mes del dragón es cordial. El dragón atrae unión entre amistades y felicidad conyugal o emocional. Pero si se combina con gallo, cerdo o caballo pueden ocurrir incidentes desagradables. Es fundamental que no haga nada importante en las horas del caballo (11 a 13). Los incidentes varían según el signo anual de cada cerdo: 1935, 1983 y 1995 podrían tener problemas en los órganos internos. 1947 y 2007, problemas financieros; los demás cerdos serán propensos a sufrir accidentes. Todos estarán mejor si ponen atención en lo que hacen.

MAYO

Es posible que todos los cerdos se sientan atrapados en situaciones incómodas o en las que no quieren estar. Esto por la influencia combinada del gallo y la serpiente, y se agudiza en las horas del búfalo (1 a 3 de la madrugada) por lo tanto es muy importante que no se desvele en esas horas. Trate de evitar a las personas de los signos mencionados hasta que pase el mes de la serpiente. También puede ayudar que esté en contacto con la energía agua por medio de la natación y los deportes invernales.

JUNIO

La combinación del caballo y el gallo complicará la vida del cerdo, específicamente durante las horas del dragón (7 a 9). En este mes y las horas mencionadas, el cerdo tiene que evitar cualquier actividad arriesgada, salvo natación. Es posible que a menudo se encuentre ensimismado, por lo cual podría cometer algunos errores garrafales en el trabajo, sobre todo en lo que a diplomacia y organización se refiere; mejor que guarde sus opiniones, por muy atinadas que sean, y que asiente todo por escrito hasta que termine el mes equino.

JULIO

La cabra vendrá al rescate del cerdo. Con todo lo que tiene que hacer, los compromisos y la falta de tiempo, la cabra le va a traer un poco de capacidad para relajarse y disfrutar de la vida y sus placeres. Los mejores momentos serán de las 5 a las 7 de la mañana, por lo que valdrá la pena que se levante temprano. Si utiliza esas horas valiosas para salir a caminar o hacer ejercicio moderado, podrá comenzar una rutina que le ahorrará problemas de salud el resto de su vida. Este mes podrá usarlo para salir de vacaciones, ya que la energía del gallo estará debilitada.

Agosto

El mes del mono será complejo y frenético, es muy importante que los cerdos se preparen organizándose cada día de este mes, de tal manera que todo esté controlado, sea cita, papel o un detalle en su vida profesional o estudiantil. Es posible que pierda la armonía constantemente por tratar de defenderse de ataques emocionales o hacia su reputación. Necesitará aprender a debatir, a manejar el método científico y la filosofía. Al cerdo le sienta mejor seguir su intuición en negocios y relaciones, pero este mes tendrá que ser más sistemático.

Septiembre

Si el cerdo ha seguido los consejos dados desde el principio de estas páginas, es posible que aún permanezca sin un rasguño, pero si sigue yendo a la deriva, como acostumbra, este mes del gallo en el año del gallo podría ser de una gravedad tal que le resultaría imposible recuperarse en lo que resta del año. Entonces, para revertir cualquier curso destructivo, necesita poner atención en lo que hace, comer de manera ordenada y organizar todos sus papeles legales y financieros. Si se siente maniatado por las circunstancias, busque la ayuda de sus amigos cabra, tigre y rata, y podrá tener más libertad de movimiento.

Octubre

El mes del perro será un poco mejor que los anteriores pues le trae sorpresas agradables. Pero deberá poner atención en no ofender a mujeres más jóvenes porque podrían envolverlo en rumores. Cerdas y cerdos estarán igual de expuestos, pero ambos deberán reaccionar de distinta manera: las cerdas con sororidad (hermandad y solidaridad entre mujeres) y empatía; los cerdos con distancia. No caigan en provocaciones y manejen esos rumores con sensibilidad. Sigan con su rutina de ejercicios para evitar el agotamiento emocional.

Noviembre

El mes propio le servirá para reflexionar y para aclarar por escrito todas sus intenciones y razones, ya sea a través de documentos legales o el simple diario íntimo. Las horas de la cabra (13 a 15) serán las más creativas, por lo que los cerdos que aún están estudiando y los que viven del arte o la gastronomía deberán trabajar durante ese tiempo. Para inspirarse, es bueno que busquen el consejo de tigres y ratas. Unos le aportarán buenas ideas, y los otros, energía para poder concretar todos sus proyectos. Siga la recomendación de cuidar su salud y hacer ejercicio.

DICIEMBRE

Con las fiestas decembrinas, es posible que se sienta algo triste. Para equilibrar eso deberá buscar la compañía de la cabra y el tigre. Tal vez también tenga los instintos sexuales bien entonados, pues el mes de la rata ayudará para que encuentre una pareja estable o se enamore de nuevo. Los más propensos son los cerdos de 1995, aunque los de 1947 estarán muy románticos y querrán revivir las tácticas románticas de otros tiempos. Este será un mes de tregua, en el que se recuperará y ayudará a otros a sentirse mejor con respecto a la vida. ¡Felicidades!

Predicciones para el Cerdo y su energía

CERDO DE MADERA (1935-1995)

Año de movimientos sólidos y eficaces en planes a medio y largo plazo.

Sentirá la energía sísmica del gallo y concretará asignaturas pendientes, espirituales y económicas.

Su gran virtud será cultivar la paciencia china ante los impedimentos: WÚ WÈI, ho'oponopono y fluir serán las mejores formas de resolver situaciones legales y mediáticas.

El amor lo visitará imprevistamente, algún compromiso le dará fuerzas para proyectar gallitos en la pocilga.

Confíe en nuevas asociaciones laborales que respalden sus sueños.

CERDO DE FUEGO (1947-2007)

Bienvenidos al despertar del tercer ojo.

Su recorrido holístico le brindará riqueza en experiencias que plasmará con el zoo.

Aliviará su equipaje, estará más focalizado en sus prioridades, se radicará definitivamente en el terruño que siempre amó.

Los conflictos laborales deberán ser asistidos por especialistas que le hagan entrar en razón; no desgaste su CHI, energía, en situaciones que le chupen el prana.

La familia pedirá S.O.S. Es necesario que busque alianzas pacíficas para el bienestar del zoo, y por su salud.

Sentirá ganas de iniciar una carrera o estudio que quedó en *stand by*. ¡¡Es hora de recuperarla!!

Su sentido común le abrirá nuevas posibilidades humanistas y será convocado para ser líder en la comunidad de los hombres.

Cerdo de Metal (1911-1971)

AÑO DE METAMORFOSIS Y CAMBIOS SISTÉMICOS.

Será convocado por personas de poder para participar en grupos de ayuda humanitaria.

Su vocación le abrirá nuevas puertas y podrá ganarse el maíz de cada día con su arte, ciencia u oficio.

El amor lo sacudirá de la dermis a la epidermis y tal vez traiga gallitos al corral con alegría.

Cerdo de Agua (1923-1983)

Brindará por la llegada del año del gallo y despertará su tercer ojo para concretar proyectos que quedaron a medio camino.

Su familia lo potenciará y surgirán negocios, sociedades en común, en las que será el líder y podrá trabajar en su domicilio.

Algunas relaciones tóxicas resurgirán y es bueno que ponga límites; si no puede hacerlo solo, busque ayuda terapéutica.

Sentirá nuevos estímulos. El arte, los viajes, las charlas de filosofía podrán renovar su cosmovisión y darle un nuevo rumbo a su destino.

Cerdo de Tierra (1959)

Año de fuertes decisiones en su TAO (camino).

Podrá plasmar el trabajo, el amor y el conocimiento, y sembrar nuevas ideas para establecerse con solidez en su nueva vida.

Aparecerán ofertas del exterior y hará viajes cortos para renovar su cosmovisión, su salud, y descubrir nuevas formas de trabajo en equipo.

Sentirá que puede desarrollar una vocación o estudio que quedó estancado por cuestiones afectivas, y conseguirá entusiasmar al zoo con nuevas ideas para recuperar el tiempo perdido.

Año de equilibrio, búsqueda intuitiva y reencuentro consigo mismo.

La modestia es el camino para no desbordarse ante las situaciones nuevas y recuperar la autoestima.

L. S. D.

El fresco viento de los pinos
tiembla en las cuerdas del laúd:
es una vieja melodía que ya solo yo la amo;
pasó de moda y ya nadie la toca.
Liu Chang King

Escribe tu propia predicción

Los años lunares exactos desde 1912 a 2020

SIGNO					
Rata	18/02/1912	a	05/02/1913	agua	+
Búfalo	06/02/1913	a	25/01/1914	agua	-
Tigre	26/01/1914	a	13/02/1915	madera	+
Conejo	14/02/1915	a	02/02/1916	madera	-
Dragón	03/02/1916	a	22/01/1917	fuego	+
Serpiente	23/01/1917	a	10/02/1918	fuego	-
Caballo	11/02/1918	a	31/01/1919	tierra	+
Cabra	01/02/1919	a	19/02/1920	tierra	-
Mono	20/02/1920	a	07/02/1921	metal	+
Gallo	08/02/1921	a	27/01/1922	metal	-
Perro	28/01/1922	a	15/02/1923	agua	+
Cerdo	16/02/1923	a	04/02/1924	agua	-
Rata	05/02/1924	a	24/01/1925	madera	+
Búfalo	25/01/1925	a	12/02/1926	madera	-
Tigre	13/02/1926	a	01/02/1927	fuego	+
Conejo	02/02/1927	a	22/01/1928	fuego	-
Dragón	23/01/1928	a	09/02/1929	tierra	+
Serpiente	10/02/1929	a	29/01/1930	tierra	-
Caballo	30/01/1930	a	16/02/1931	metal	+
Cabra	17/02/1931	a	05/02/1932	metal	-
Mono	06/02/1932	a	25/01/1933	agua	+
Gallo	26/01/1933	a	13/02/1934	agua	-
Perro	14/02/1934	a	03/02/1935	madera	+
Cerdo	04/02/1935	a	23/01/1936	madera	-
Rata	24/01/1936	a	10/02/1937	fuego	+
Búfalo	11/02/1937	a	30/01/1938	fuego	-
Tigre	31/01/1938	a	18/02/1939	tierra	+
Conejo	19/02/1939	a	07/02/1940	tierra	-
Dragón	08/02/1940	a	26/01/1941	metal	+
Serpiente	27/01/1941	a	14/02/1942	metal	-
Caballo	15/02/1942	a	04/02/1943	agua	+
Cabra	05/02/1943	a	24/01/1944	agua	-
Mono	25/01/1944	a	12/02/1945	madera	+
Gallo	13/02/1945	a	01/02/1946	madera	-
Perro	02/02/1946	a	21/01/1947	fuego	+
Cerdo	22/01/1947	a	09/02/1948	fuego	-

SIGNO					
Rata	10/02/1948	a	28/01/1949	tierra	+
Búfalo	29/01/1949	a	16/02/1950	tierra	-
Tigre	17/02/1950	a	05/02/1951	metal	+
Conejo	06/02/1951	a	26/01/1952	metal	-
Dragón	27/01/1952	a	13/02/1953	agua	+
Serpiente	14/02/1953	a	02/02/1954	agua	-
Caballo	03/02/1954	a	23/01/1955	madera	+
Cabra	24/01/1955	a	11/02/1956	madera	-
Mono	12/02/1956	a	30/01/1957	fuego	+
Gallo	31/01/1957	a	17/02/1958	fuego	-
Perro	18/02/1958	a	07/02/1959	tierra	+
Cerdo	08/02/1959	a	27/01/1960	tierra	-
Rata	28/01/1960	a	14/02/1961	metal	+
Búfalo	15/02/1961	a	04/02/1962	metal	-
Tigre	05/02/1962	a	24/01/1963	agua	+
Conejo	25/01/1963	a	12/02/1964	agua	-
Dragón	13/02/1964	a	01/02/1965	madera	+
Serpiente	02/02/1965	a	20/01/1966	madera	-
Caballo	21/01/1966	a	08/02/1967	fuego	+
Cabra	09/02/1967	a	29/01/1968	fuego	-
Mono	30/01/1968	a	16/02/1969	tierra	+
Gallo	17/02/1969	a	05/02/1970	tierra	-
Perro	06/02/1970	a	26/01/1971	metal	+
Cerdo	27/01/1971	a	14/02/1972	metal	-
Rata	15/02/1972	a	02/02/1973	agua	+
Búfalo	03/02/1973	a	22/01/1974	agua	-
Tigre	23/01/1974	a	10/02/1975	madera	+
Conejo	11/02/1975	a	30/01/1976	madera	-
Dragón	31/01/1976	a	17/02/1977	fuego	+
Serpiente	18/02/1977	a	06/02/1978	fuego	-
Caballo	07/02/1978	a	27/01/1979	tierra	+
Cabra	28/01/1979	a	15/02/1980	tierra	-
Mono	16/02/1980	a	04/02/1981	metal	+
Gallo	05/02/1981	a	24/01/1982	metal	-
Perro	25/01/1982	a	12/02/1983	agua	+
Cerdo	13/02/1983	a	01/02/1984	agua	-

SIGNO					
Rata	02/02/1984	a	19/02/1985	madera	+
Búfalo	20/02/1985	a	08/02/1986	madera	-
Tigre	09/02/1986	a	28/01/1987	fuego	+
Conejo	29/01/1987	a	16/02/1988	fuego	-
Dragón	17/02/1988	a	05/02/1989	tierra	+
Serpiente	06/02/1989	a	26/01/1990	tierra	-
Caballo	27/01/1990	a	14/02/1991	metal	+
Cabra	15/02/1991	a	03/02/1992	metal	-
Mono	04/02/1992	a	22/01/1993	agua	+
Gallo	23/01/1993	a	09/02/1994	agua	-
Perro	10/02/1994	a	30/01/1995	madera	+
Cerdo	31/01/1995	a	18/02/1996	madera	-
Rata	19/02/1996	a	06/02/1997	fuego	+
Búfalo	07/02/1997	a	27/01/1998	fuego	-
Tigre	28/01/1998	a	15/02/1999	tierra	+
Conejo	16/02/1999	a	04/02/2000	tierra	-
Dragón	05/02/2000	a	23/01/2001	metal	+
Serpiente	24/01/2001	a	11/02/2002	metal	-
Caballo	12/02/2002	a	31/01/2003	agua	+
Cabra	01/02/2003	a	21/01/2004	agua	-
Mono	22/01/2004	a	08/02/2005	madera	+
Gallo	09/02/2005	a	28/01/2006	madera	-
Perro	29/01/2006	a	17/02/2007	fuego	+
Cerdo	18/02/2007	a	06/02/2008	fuego	-
Rata	07/02/2008	a	25/01/2009	tierra	+
Búfalo	26/01/2009	a	13/02/2010	tierra	-
Tigre	14/02/2010	a	02/02/2011	metal	+
Conejo	03/02/2011	a	22/01/2012	metal	-
Dragón	23/01/2012	a	09/02/2013	agua	+
Serpiente	10/02/2013	a	30/01/2014	agua	-
Caballo	31/01/2014	a	18/02/2015	madera	+
Cabra	19/02/2015	a	07/02/2016	madera	-
Mono	08/02/2016	a	27/01/2017	fuego	+
Gallo	28/01/2017	a	15/02/2018	fuego	-
Perro	16/02/2018	a	04/02/2019	tierra	+
Cerdo	05/02/2019	a	24/01/2020	tierra	-

Correspondencia según fecha de nacimiento y ki nueve estrellas

AÑO	10 KAN		12 SHI		KI 9 ESTRELLAS
1917	Fuego menor	3	Serpiente	2	Tierra negra
1918	Tierra mayor	9	Caballo	1	Agua blanca
1919	Tierra menor	6	Oveja (cabra)	9	Fuego púrpura
1920	Metal mayor	3	Mono	8	Tierra blanca
1921	Metal menor	9	Gallo	7	Metal rojo
1922	Agua mayor	6	Perro	6	Metal blanco
1923	Agua menor	3	Jabalí (cerdo-cerdo)	5	Tierra amarilla
1924	Árbol mayor	9	Rata	4	Árbol verde oscuro
1925	Árbol menor	6	Vaca (buey-búfalo)	3	Árbol verde brillante
1926	Fuego mayor	3	Tigre	2	Tierra negra
1927	Fuego menor	9	Conejo (liebre-gato)	1	Agua blanca
1928	Tierra mayor	6	Dragón	9	Fuego púrpura
1929	Tierra menor	3	Serpiente	8	Tierra blanca
1930	Metal mayor	9	Caballo	7	Metal rojo
1931	Metal menor	6	Oveja (cabra)	6	Metal blanco
1932	Agua mayor	3	Mono	5	Tierra amarilla
1934	Árbol mayor	6	Perro	3	Árbol verde brillante
1935	Árbol menor	3	Jabalí (cerdo-cerdo)	2	Tierra negra
1936	Fuego mayor	9	Rata	1	Agua blanca
1937	Fuego menor	6	Vaca (buey-búfalo)	9	Fuego púrpura
1938	Tierra mayor	3	Tigre	8	Tierra blanca
1939	Tierra menor	9	Conejo (liebre-gato)	7	Metal rojo
1940	Metal mayor	6	Dragón	6	Metal blanco
1941	Metal menor	3	Serpiente	5	Tierra amarilla
1942	Agua mayor	9	Caballo	4	Árbol verde oscuro
1943	Agua menor	6	Oveja (cabra)	3	Árbol verde brillante
1944	Árbol mayor	3	Mono	2	Tierra negra
1945	Árbol menor	9	Gallo	1	Agua blanca
1946	Fuego mayor	6	Perro	9	Fuego púrpura
1947	Fuego menor	3	Jabalí (cerdo-cerdo)	8	Tierra blanca
1948	Tierra mayor	9	Rata	7	Metal rojo
1949	Tierra menor	6	Vaca (buey-búfalo)	6	Metal blanco

AÑO	10 KAN		12 SHI		KI 9 ESTRELLAS
1950	Metal mayor	3	Tigre	5	Tierra amarilla
1951	Metal menor	9	Conejo (liebre-gato)	4	Árbol verde oscuro
1952	Agua mayor	6	Dragón	3	Árbol verde brillante
1953	Agua menor	3	Serpiente	2	Tierra negra
1954	Árbol mayor	9	Caballo	1	Agua blanca
1955	Árbol menor	6	Oveja (cabra)	9	Fuego púrpura
1956	Fuego mayor	3	Mono	8	Tierra blanca
1957	Fuego menor	9	Gallo	7	Metal rojo
1958	Tierra mayor	6	Perro	6	Metal blanco
1959	Tierra menor	3	Jabalí (cerdo-cerdo)	5	Tierra amarilla
1960	Metal mayor	9	Rata	4	Árbol verde oscuro
1961	Metal menor	6	Vaca (buey-búfalo)	3	Árbol verde brillante
1962	Agua mayor	3	Tigre	2	Tierra negra
1963	Agua menor	9	Conejo (liebre-gato)	1	Agua blanca
1964	Árbol mayor	6	Dragón	9	Fuego púrpura
1965	Árbol menor	3	Serpiente	8	Tierra blanca
1966	Fuego mayor	9	Caballo	7	Metal rojo
1967	Fuego menor	6	Oveja (cabra)	6	Metal blanco
1968	Tierra mayor	3	Mono	5	Tierra amarilla
1969	Tierra menor	9	Gallo	4	Árbol verde oscuro
1970	Metal mayor	6	Perro	3	Árbol verde brillante
1971	Metal menor	3	Jabalí (cerdo-cerdo)	2	Tierra negra
1972	Agua mayor	9	Rata	1	Agua blanca
1973	Agua menor	6	Vaca (buey-búfalo)	9	Fuego púrpura
1974	Árbol mayor	3	Tigre	8	Tierra blanca
1975	Árbol menor	9	Conejo (liebre-gato)	7	Metal rojo
1976	Fuego mayor	6	Dragón	6	Metal blanco
1977	Fuego menor	3	Serpiente	5	Tierra amarilla
1978	Tierra mayor	9	Caballo	4	Árbol verde oscuro
1979	Tierra menor	6	Oveja (cabra)	3	Árbol verde brillante
1980	Metal mayor	3	Mono	2	Tierra negra
1981	Metal menor	9	Gallo	1	Agua blanca
1982	Agua mayor	6	Perro	9	Fuego púrpura

AÑO	10 KAN		12 SHI		KI 9 ESTRELLAS
1983	Agua menor	3	Jabalí (cerdo-cerdo)	8	Tierra blanca
1984	Árbol mayor	9	Rata	7	Metal rojo
1985	Árbol menor	6	Vaca (buey-búfalo)	6	Metal blanco
1986	Fuego mayor	3	Tigre	5	Tierra amarilla
1987	Fuego menor	9	Conejo (liebre-gato)	4	Árbol verde oscuro
1988	Tierra mayor	6	Dragón	3	Árbol verde brillante
1989	Tierra menor	3	Serpiente	2	Tierra negra
1990	Metal mayor	9	Caballo	1	Agua blanca
1991	Metal menor	6	Oveja (cabra)	9	Fuego púrpura
1992	Agua mayor	3	Mono	8	Tierra blanca
1993	Agua menor	9	Gallo	7	Metal rojo
1994	Árbol mayor	6	Perro	6	Metal blanco
1995	Árbol menor	3	Jabalí (cerdo-cerdo)	5	Tierra amarilla
1996	Fuego mayor	9	Rata	4	Árbol verde oscuro
1997	Fuego menor	6	Vaca (buey-búfalo)	3	Árbol verde brillante
1998	Tierra mayor	3	Tigre	2	Tierra negra
1999	Tierra menor	9	Conejo (liebre-gato)	1	Agua blanca
2000	Metal mayor	6	Dragón	9	Fuego púrpura
2001	Metal menor	3	Serpiente	8	Tierra blanca
2002	Agua mayor	9	Caballo	7	Metal rojo
2003	Agua menor	6	Oveja (cabra)	6	Metal blanco
2004	Árbol mayor	3	Mono	5	Tierra amarilla
2006	Fuego mayor	6	Perro	9	Fuego púrpura
2007	Fuego menor	3	Jabalí (cerdo-cerdo)	8	Tierra blanca
2008	Tierra mayor	9	Rata	7	Metal rojo
2009	Tierra menor	6	Vaca (buey-búfalo)	6	Metal blanco
2010	Metal mayor	3	Tigre	5	Tierra amarilla
2011	Metal menor	9	Conejo (liebre-gato)	4	Árbol verde oscuro
2012	Agua mayor	6	Dragón	3	Árbol verde brillante
2013	Agua menor	3	Serpiente	2	Tierra negra
2014	Árbol mayor	9	Caballo	1	Agua blanca
2015	Árbol menor	6	Oveja (cabra)	9	Fuego púrpura
2016	Fuego mayor	3	Mono	8	Tierra blanca
2017	Fuego menor	9	Gallo	7	Metal rojo

Un viaje por los años del Gallo

GALLO DE TIERRA 22-01-1909 AL 09-02-1910
El belga Leo Baekeland creó un plástico barato y no inflamable, la baquelita. • En París, el diario *Le Figaro* publicó el *Manifiesto futurista* de Filippo Marinetti. • En Liverpool (Reino Unido) comenzó la construcción del buque de vapor más grande de la época, el mítico *Titanic*. • Ocurrió la masacre de Adana, en la cual el gobierno otomano asesinó a unos 30.000 cristianos armenios. • El papa Pío X beatificó a Juana de Arco, guerrera francesa. • Sale a la luz, en episodios, *El fantasma de la Ópera* de Gastón Leroux. • En Buenos Aires, Argentina, se fundaron el Club Atlético Excursionistas y el club de fútbol Vélez Sarsfield.

GALLO DE METAL 08-02-1921 AL 27-01-1922
A Albert Einstein le fue otorgado el Premio Nobel de Física, y a Anatole France el de Literatura. • En Buenos Aires, se inauguró el Teatro Nacional Cervantes. • En Estados Unidos se inició el segundo proceso del controvertido caso de Nicola Sacco y Bartolomeo Vanzetti. Apenas en 1977, el gobernador de Massachusetts, Michael Dukakis, hizo una declaración diciendo que Sacco y Vanzetti fueron injustamente enjuiciados y encarcelados y que «cualquier desgracia debería ser para siempre borrada de sus nombres». • Por primera vez Leonard Thompson administró insulina a un paciente en el Hospital General de Toronto. • Se estrenó la película *Los cuatro jinetes del Apocalipsis*, de Rex Ingram.

GALLO DE AGUA 26-01-1933 AL 13-02-1934
En Alemania, la empresa Krupp puso a punto el motor diésel. • En Estados Unidos salió la revista *Newsweek* por primera vez. • Se inauguró el Monumento Nacional Monte Rushmore, en Estados Unidos. • En el estado de Chihuahua, México, se fundó la ciudad Delicias. • El científico Albert Einstein escapó de la Alemania nazi y llegó a Estados Unidos, donde vivió el resto de su vida. • Se estrenó *Bodas de sangre*, de Federico García Lorca en el Teatro Beatriz de Madrid. • En Estados Unidos, el dibujante Alex Raymond creó la historieta *Flash Gordon*. • Diego Rivera creó su obra *El hombre en el cruce de caminos*. • El Club San Lorenzo de Almagro obtuvo su primer título profesional: Campeón de Primera División de Argentina.

GALLO DE MADERA 13-02-1945 AL 01-02-1946

En la Alemania nazi, Heinrich Himmler ordenó el desmantelamiento de la planta de falsificación en Sachsenhausen. La Operación Bernhard ha sido considerada como la mayor operación de falsificación de todos los tiempos. • En Berlín, Alemania se rindió incondicionalmente ante los aliados. Terminó así la Segunda Guerra Mundial en Europa, aunque continuaba en Japón. • Un avión bombardero B-25 chocó contra el Empire State Building. Murieron once civiles y tres bomberos. • En Alemania comenzaron los Juicios de Núremberg contra la cúpula nazi. • Por primera vez se usó estreptomicina para el tratamiento de la tuberculosis. • Fueron galardonados con el Premio Nobel: Alexander Fleming, en Medicina, y Gabriela Mistral, en Literatura.

GALLO DE FUEGO 31-01-1957 AL 17-02-1958

Ghana y Malasia se independizaron del Imperio británico. • Pedro Infante, actor icono de la llamada Época de Oro del cine mexicano, murió en un accidente de avión en Mérida, Yucatán. • En la ciudad de Rosario, Argentina, se inauguró el Monumento Nacional a la Bandera. • En Liverpool, Inglaterra, Paul McCartney conoció a John Lennon. • Un fuerte terremoto en la ciudad de México DF, derribó la estatua del Ángel de la Independencia. • Se fundó la Comunidad Económica Europea. • En Estados Unidos, Bobby Fischer, de 14 años, ganó el Campeonato Nacional de Ajedrez. • Se estrenaron *Fresas salvajes*, de Ingmar Bergman, considerada una de las grandes películas del siglo, y *Senderos de gloria*, de Stanley Kubrick.

GALLO DE TIERRA 17-02-1969 AL 05-02-1970

El Concorde realizó su primera prueba de vuelo sobre Toulouse. • En Israel, Golda Meir se convirtió en la primera mujer con el cargo de primera ministra. • En Montreal, Canadá, John Lennon grabó *Give Peace a Chance*. • En el bar gay Stonewall Inn, en Nueva York, el 28 de junio, un grupo de personas homosexuales y transexuales se resistieron a una redada de la policía, episodio conocido como los Disturbios de Stonewall, y en esa fecha se celebra en el mundo el Día del Orgullo Gay. • Neil Armstrong pisó la superficie de la Luna. • En la ciudad de México DF se inauguró el Metro. • En Buenos Aires, el grupo Almendra, liderado por Luis Alberto Spinetta, lanzó su primer disco. • En Estados Unidos se realizó el primer Festival de Woodstock. • Samuel Beckett recibió el Premio Nobel de Literatura.

Gallo de Metal 05-02-1981 al 24-01-1982

En España, miembros de la Guardia Civil al frente del teniente coronel Antonio Tejero Molina, interrumpieron a tiros la sesión del Congreso de los Diputados mientras se estaba realizando la votación para nombrar presidente a Leopoldo Calvo-Sotelo. Se decretó el toque de queda en la ciudad y sacaron tanques a patrullar las calles. • El rey Juan Carlos I desautorizó el golpe de Estado en una alocución televisiva, y tras una larga negociación para la rendición de los rebeldes, los diputados retenidos en el congreso fueron liberados sin que se registrasen heridos. • En Buenos Aires se realizó la Marcha por la Vida, convocada por la Multipartidaria y los organismos de Derechos Humanos. Fue la primera manifestación multitudinaria de protesta por las violaciones de derechos humanos y en demanda de apertura política.

Gallo de Agua 23-01-1993 al 09-02-1994

La Unesco declaró la Ruta Jacobea española como Patrimonio de la Humanidad. • Israel y el Vaticano firmaron en Jerusalén un acuerdo de reconocimiento mutuo, y establecieron relaciones diplomáticas. • El británico Andrew Wiles solucionó el último teorema de Fermat. • Investigadores del Centro de Estudios del Polimorfismo Humano de París hicieron público el primer mapa físico del 90% del genoma humano. • En Puerto Madryn, Argentina, murieron veintiún bomberos en un incendio en el campo. Se considera la mayor tragedia de bomberos del país. • Una tormenta con récord de caída de nieve, en el este de los Estados Unidos, dejó un saldo de 184 personas muertas.

Gallo de Madera 09-02-2005 al 28-01-2006

En Rusia, el matrimonio formado por Svetlena y Semión Beliáyev presentó el mayor crucigrama del mundo, formado por 64.371 palabras; les costó más de siete años concluirlo. • Investigadores argentinos encontraron, en la Patagonia, el único yacimiento existente hasta ahora de huevos de dinosaurio con embriones en su interior. • Un científico español descubrió que el hongo *Cándida famata* causa ceguera. • En el Reino Unido se prohibieron por ley la caza del zorro, de la liebre y otros deportes que matan mamíferos salvajes. • En Uruguay, Tabaré Vázquez asumió la Presidencia de la República, y constituyó el primer gobierno de izquierdas en la historia del país. • En los Montes de Toledo se detectó una población de lince ibérico, que se creía extinguido desde hacía años.

Bibliografía

- MOLINERO, Carlos: *Qué es... I Ching*, Deva's. Buenos Aires, 2012.
- SOLARI PARRAVICINI, Benjamín: *Dibujos proféticos*. Tomo 2. Ediciones Acuarela, Buenos Aires, 2000.
- SQUIRRU, Ludovica: *Horóscopo chino*, Planeta, Buenos Aires, 1993.
- SQUIRRU, Ludovica: *Horóscopo chino*, Atlántida, Buenos Aires, 2009.
- WILHEIM, Richard: *I Ching*. Edhasa, Barcelona, 1981, y Sudamericana, Buenos Aires, 1991.

https://es.wikipedia.org
https://es.wikipedia.org/wiki/Juan_Díaz_de_Solís